진인진

한강유역의 구석기문화

The Paleolithic Culture in the Han River Basin

이정철 지음

진인진

사진 자료 제공

경기문화재단 경기문화재연구원, 재단법인 한국선사문화연구원, 충북대학교 박물관, 한국문화재보호재단
전곡선사박물관 김종헌

한강유역의 구석기문화

초판 1쇄 발행 2012년 9월 12일

지은이·이정철
발행인·김영진
발행처·진인진
등   록·제25100-2005-000003호
본문 편집·배원일
주   소·경기도 과천시 별양동 1-14 과천오피스텔 614호
전   화·02-507-3077~8
팩   스·02-507-3079
홈페이지·http://www.zininzin.co.kr
이메일·pub@zininzin.co.kr

ⓒ 진인진 2012
ISBN 978-89-6347-078-8 93900

출판에 부치며

　정확히 언제부터일까. 내 생각에는 아주 어린 시절 부모님이 한국사 관련 전집을 나에게 선물해주신 날부터인 것 같다. 이후로 우리나라 역사에 대한 관심은 점점 깊어만 갔고 반드시 그와 관련된 일을 하겠다고 소원했다. 따라서 고고학이라는 학문을 직업의 대상으로 삼은 나는 매우 행복한 사람이다.

　고고학과의 인연은 대학에서 이루어졌다. 내가 입학했던 대학교는 당시 수많은 조사를 적극적으로 진행하고 있었다. 따라서 항상 일손이 부족했던 바, 입학과 동시에 자의반 타의반으로 발굴현장을 접하게 되었다. 발굴현장은 선후배간의 엄격한 규율도 존재했지만 땅속에 묻혀있는 유적과 유물을 내손으로 만지고 내 눈으로 본다는 점은 무엇과도 바꿀 수 없는 보람이자 희열이었다. 이후 나의 대학 생활은 한계 출석률을 간신히 유지하며 들판으로 돌아다니길 반복하는 시간의 연속이었다.

　고고학의 여러 분야 중 구석기고고학과의 만남은 필연적이었다. 이는 구석기연구에 헌신하신 이융조 선생님의 영향이다. 즉 박물관과 연구실에서 가장 흔하게 접할 수 있었던 것이 여러 유적에서 출토된 구석기시대 유물이었으며, 또한 선생님과 오랜 시간을 같이 보낼 수 있는 기회를 얻으면서 많은 가르침을 받았기 때문이다.

　대학 졸업과 동시에 군에 입대하면서 나름대로 고민의 시간을 가졌던 것 같다. 당시 고고학 전공자의 진로는 불안정하였으며, 나 역시 제대 후 다가올 미래에 대한 확신이 없었다. 그 과정에서 군에 남아볼까도 고민하였지만, 은사님을 비롯한 수많은 선후배님의 설득은 결국 연구자로의 길을 선택하게끔 하였다.

　따라서 제대와 동시에 대학원에 진학하게 되었다. 모교를 떠나 새로운 대학에서 생활은 또다른 적응을 필요로 하였으며, 내 자신을 돌아볼 수 있는 기회가 되었던 것 같다. 특히 배기동 선생님과의 만남은 무엇과도 바꿀 수 없는 학문적 촉진제가 되었다. 다양한 연구방법과 해석 등에서 틀에 짜인 학문적 범위를 넘어서는 선생님의 연구경향은 나의 편협한 연구시야에 새로운 빛이 되어주셨다.

그리고 석사 수료 이후 몇몇 발굴전문기관에 근무하면서 여러 구석기유적을 발굴하게 된 것은 연구자로서 무엇과도 바꿀 수 없는 경험이다. 그중 여주 연양리 유적은 남한강을 중심으로 한 연구에 관심을 갖게 되는 계기가 되었으며, 이를 바탕으로 본 책의 주제까지 연구의 범위를 확장할 수 있었다.

이와같이 나는 몇몇 중요한 인연을 통해 현재까지 행복한 배움의 길을 걸어왔으며, 앞으로도 오랫동안 그 길을 걷고 싶다. 그 과정에서 발간하게 된 이 책은 나의 박사학위논문을 수정 및 보완한 것으로서, 이전의 학문적 탐구에 대한 하나의 정리이며 이후 연구를 위한 기초적 자료의 성격이 강하다. 그러므로 아쉽고 부족한 부분이 많은 것이 사실이며, 이 책을 보시는 여러분들의 조언과 첨언을 기대해 본다.

지금까지 공부해오며 수많은 분들의 사랑과 관심을 받아왔다. 특히 구석기 연구의 길을 열어주신 이융조 선생님, 학문의 깊이를 더해주신 배기동 선생님, 논문심사과정부터 이 책이 나오기까지 여러 조언을 아끼지 않으신 정영화, 최복규, 안신원 선생님을 비롯하여 사적이나 공적으로 언제나 관심을 가져주시는 여러 선생님과 선후배님께 감사의 인사를 올린다.

또한 부족한 글을 출판하시면서 느꼈을 수많은 고충을 내색하지 않으시고 단지 좋은 책이 될 수 있도록 무한한 도움과 노력을 아끼지 않으신 진인진의 김영진 사장님과 배원일 팀장님에게 고마운 마음을 전한다.

마지막으로 언제나 올바른 길로 이끌어주시며 든든한 지원을 자청하시는 부모님, 공부하는 사위를 예쁘게만 봐주시는 장모님, 외골수인 사람을 만나 여러 가지로 힘들면서도 항상 웃어주고 나를 믿어주는 아내, 그리고 사랑스러운 딸과 이 책의 출판을 기억하고 싶다.

2012. 9.

미추홀 땅에서
이 정 철

<h1 align="center">목　차</h1>

지도목차

표목차

그림목차

사진목차

I

머리말

I. 머리말

1. 연구목적

한강유역은 한반도 중부에 자리잡고 있다. 한강은 본류와 크고 작은 지류로 구성되는데, 양평 양수리를 기준으로 북동쪽에서 흘러내려온 줄기를 북한강, 남동쪽에서 흘러온 줄기를 남한강, 이 두 물줄기가 합해져 서쪽으로 흘러가는 지점부터 서해에 합류하는 지점까지는 한강본류로 지칭하고 있다(양보경·홍금수 2002).

이중 본 책에서 다루고자 하는 지역은 남한강유역과 한강본류역으로 한정하였다. 이는 수계적 특징으로 한강의 주류에 해당되며, 지형·지질적으로 연결되기 때문이다. 또한 북한강유역과 달리 유적간 비교연구를 통한 종합적인 연구가 이루어진 바 없다.

따라서 본 책에서 한강유역이라 함은 남한강유역과 한강본류역을 의미한다.

한강유역은 우리나라 구석기연구의 흐름으로 볼 때, 비교적 이른 시기부터 조사가 진행된 지역이며, 다수의 유적이 발굴조사된 곳이다. 즉 우리나라에서는 현재까지 약 160개소의 지점에서 구석기유적이 발굴조사되었는데, 이중 56개소가 한강유역에 분포하고 있다<그림 1>.

발굴조사된 유적은 시간적으로 시기 차이가 확인되며, 특정 유적의 경우 우리나라 구석기시대의 특징적인 석기공작을 대표하고 있다. 공간적으로는 남한강상류부터 한강본류의 하류에 이르기까지 폭넓은 지역에 분포하고 있는데, 유적 형성과정에서 차이를 있는 야외유적(한데유적, open site)과 동굴(cave site) 및 바위그늘유적(암음유적, rock-shelter site)이 모두 존재한다. 이들 유적간에는 지형·지질적으로 유사한 양상이 관찰되고 있으므로 비교가 용이한 편인데, 제4기 지질분석 및 자연과학분석이 이루어진 유적도 다수이다.

하지만 이러한 연구 이점에도 불구하고, 한강유역에서는 유적 조사보고를 중심으로 연구가 이루어진 경우가 대부분이며, 지형과 층서 편년, 석기공작에 대한 연구 역시 일부 유적을 중심으로만 진행되었다. 즉 구석기연구의 핵심이되는 유적간 비교를 통한 편년 체계의 설정이 논의된 바 없다.

우리나라 구석기연구의 편년은 서구의 전기·중기·후기라는 삼시대 구분법에 의거하고 있다. 그러나 조사 자료가 축적되면서 우리나라 구석기문화의 양상은 서구와 차이가 있고, 시대를 구분짓는 문화적 성격의 양상이 뚜렷하지 않다는 점에서 편년과 석기공작에 대한 다양한 논의가 지속되고 있다.

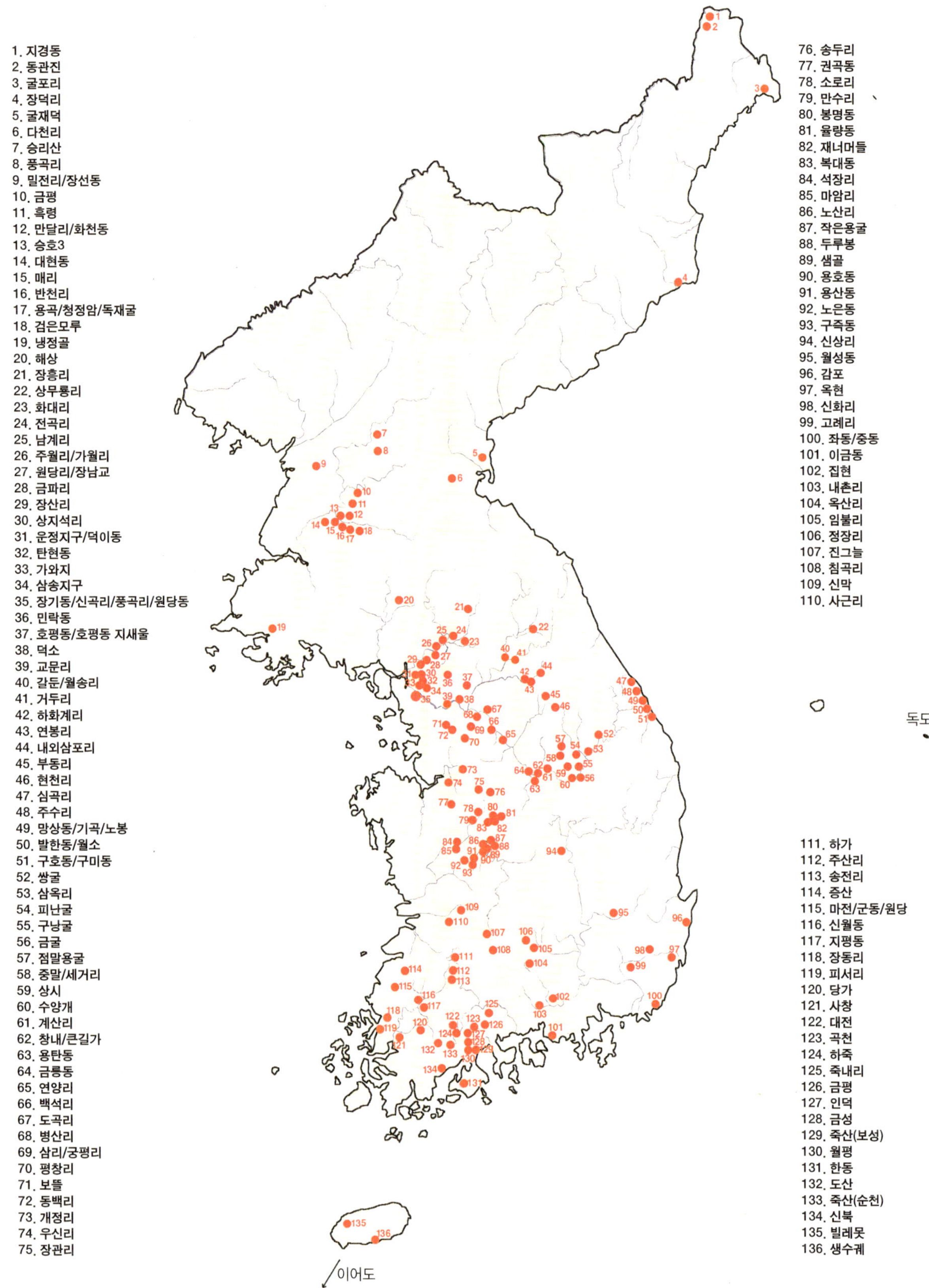

1. 지경동
2. 동관진
3. 굴포리
4. 장덕리
5. 굴재덕
6. 다천리
7. 승리산
8. 풍곡리
9. 밀전리/장선동
10. 금평
11. 흑령
12. 만달리/화천동
13. 승호3
14. 대현동
15. 매리
16. 반천리
17. 용곡/청정암/독재굴
18. 검은모루
19. 냉정골
20. 해상
21. 장흥리
22. 상무룡리
23. 화대리
24. 전곡리
25. 남계리
26. 주월리/가월리
27. 원당리/장남교
28. 금파리
29. 장산리
30. 상지석리
31. 운정지구/덕이동
32. 탄현동
33. 가와지
34. 삼송지구
35. 장기동/신곡리/풍곡리/원당동
36. 민락동
37. 호평동/호평동 지새울
38. 덕소
39. 교문리
40. 갈둔/월송리
41. 거두리
42. 하화계리
43. 연봉리
44. 내외삼포리
45. 부동리
46. 현천리
47. 심곡리
48. 주수리
49. 망상동/기곡/노봉
50. 발한동/월소
51. 구호동/구미동
52. 쌍굴
53. 삼옥리
54. 피난굴
55. 구낭굴
56. 금굴
57. 점말용굴
58. 중말/세거리
59. 상시
60. 수양개
61. 계산리
62. 창내/큰길가
63. 용탄동
64. 금릉동
65. 연양리
66. 백석리
67. 도곡리
68. 병산리
69. 삼리/궁평리
70. 평창리
71. 보뜰
72. 동백리
73. 개정리
74. 우신리
75. 장관리

76. 송두리
77. 권곡동
78. 소로리
79. 만수리
80. 봉명동
81. 율랑동
82. 재너머들
83. 복대동
84. 석장리
85. 마암리
86. 노산리
87. 작은용굴
88. 두루봉
89. 샘골
90. 용호동
91. 용산동
92. 노은동
93. 구즉동
94. 신상리
95. 월성동
96. 감포
97. 옥현
98. 신화리
99. 고례리
100. 좌동/중동
101. 이금동
102. 집현
103. 내촌리
104. 옥산리
105. 임불리
106. 정장리
107. 진그늘
108. 침곡리
109. 신막
110. 사근리

111. 하가
112. 주산리
113. 송전리
114. 증산
115. 마전/군동/원당
116. 신월동
117. 지평동
118. 장동리
119. 피서리
120. 당가
121. 사창
122. 대전
123. 곡천
124. 하죽
125. 죽내리
126. 금평
127. 인덕
128. 금성
129. 죽산(보성)
130. 월평
131. 한동
132. 도산
133. 죽산(순천)
134. 신북
135. 빌레못
136. 생수궤

그림 1. 우리나라에서 발굴조사된 구석기유적 분포도

특히 1990년대 후반부터 최근까지 행정구역과 수계망 등의 특정 지역을 중심으로 유적간 비교연구가 꾸준히 이루어지면서 시간의 변화에 따른 구석기문화상을 확립하려는 시도가 활발히 진행되었다. 이러한 지역단위의 비교연구는 구석기유적이 매년 증가하고 있는 현 상황에서 전국의 모든 유적을 대상으로 연구를 진행하기에 한계점이 있다는 점을 감안할 때 효과적인 연구방법이다. 즉 지역단위 연구가 종합되면 자연스럽게 우리나라 구석기문화에 대한 총체적인 파악이 가능하다.

이러한 연구경향에서 본 연구는 한강유역에서 발굴조사된 주요 구석기유적의 편년 체계를 확립하고, 각 시기별 구석기공작에서 나타나는 문화상을 복원하기 위해 진행하였다.

2. 연구대상

한강유역에서 지표조사와 발굴조사를 합해 구석기시대 유물이 출토된 곳은 약 200개소에 달한다. 하지만 지표조사에서 수습된 유물은 어느 지역에 구석기시대 유적이 존재할 가능성을 보여주는 예로서, 유적연구를 진행할 수 있는 정보는 거의 없다. 그러므로 연구를 진행하기 위해서는 유적의 층위양상 및 석기공작의 파악이 가능한 유적, 즉 발굴조사가 실시된 유적을 대상으로 할 필요가 있다.

한강유역에서 발굴조사가 실시된 유적은 모두 56개소이며<지도 1>, 유적은 크게 야외유적과 동굴 및 바위그늘유적으로 구분할 수 있다. 야외유적과 동굴 및 바위그늘유적은 유적 형성 과정과 토양·퇴적물의 성격에서 큰 차이를 나타내며, 주요 유물의 대상 역시 차이가 있다. 즉 야외유적에서는 석기를 제외한 유물은 거의 확인되지 않는데 비하여 동굴 및 바위그늘유적에서는 동물화석을 비롯한 뼈유물이 대부분을 차지하고 있고, 석기는 극히 적은 편이어서 야외유적과 동굴 및 바위그늘유적을 비교하기에는 무리가 있다. 따라서 본 책에서는 전체 유적 중 소수를 차지하는 동굴 및 바위그늘유적에 해당되는 제천 점말 용굴, 단양 금굴·구낭굴, 영월 연당리 피난굴, 평창 기화리 쌍굴 등 동굴유적 5개소와 단양 상시1 바위그늘유적 1개소 등 총 6개소를 제외하였다. 다만 이중에서 단양 구낭굴 유적은 식생자료 및 기후변화를 추론하기 위하여 참고자료로 활용하였다.

그리고 동굴 및 바위그늘유적을 제외한 다수의 야외유적 중에서도 자료의 수량이 제한적이어서 석기공작의 양상을 파악하는 것이 거의 불가능한 유적이 여러 곳이 있는데, 광주 궁평리, 김포 마송리, 여주 백석리, 인천 원당동·불로동, 제천 계산리, 충주 용탄동·금릉동, 횡성 부동리·현천리 유적 등이 해당되며 연구 대상유적에서 제외하였다. 또한 유물이 출토된 층위의 상태가 양호하지 못한 것으로 판단되는 의정부 민락동유적도 제외하였다.

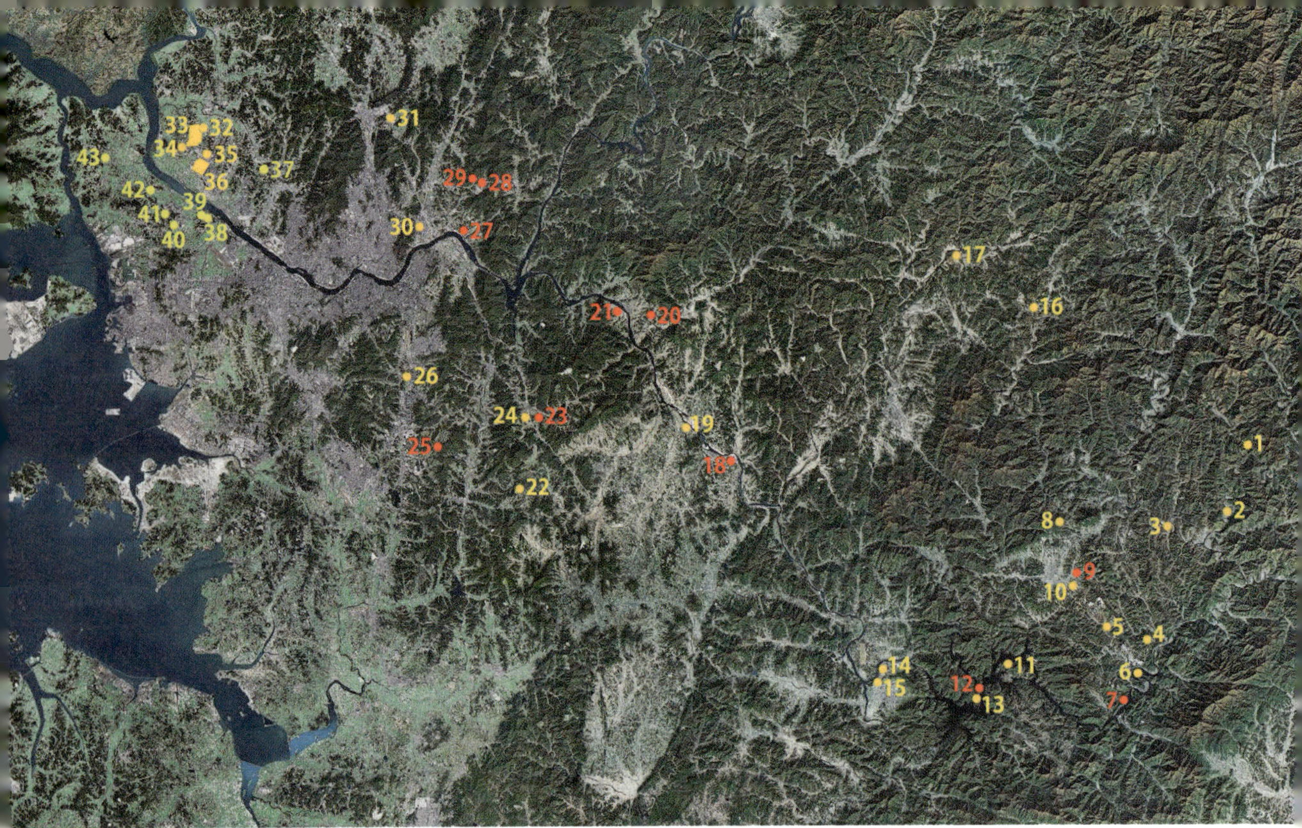

유역	번호	유적 명	유역	번호	유적 명
	1	평창 기화리 쌍굴		23	광주 삼리
	2	영월 삼옥리		24	광주 궁평리
	3	영월 연당리 피난굴		25	용인 동백리
	4	단양 구낭굴		26	성남 삼평동 보뜰
	5	단양 상시바위그늘		27	남양주 덕소
	6	단양 금굴		28	남양주 호평동
	7	단양 수양개 Ⅰ·Ⅲ지구		29	남양주 호평동 지새울
	8	제천 점말 용굴		30	구리 교문동
	9	제천 두학동 중말		31	의정부 민락동
	10	제천 고명동 세거리		32	파주 상지석리
	11	제천 계산리	한강	33	파주 운정(1) 유적군
남한강	12	제천 창내	본류역	34	고양 탄현동
유역	13	제천 명오리 큰길가		35	고양 일산 새도시
	14	충주 용탄동		36	고양 덕이동
	15	충주 금릉동		37	고양 삼송(신원동·원흥동)
	16	횡성 현천리		38	김포 신곡리
	17	횡성 부동리		39	김포 풍곡리
	18	여주 연양리		40	인천 원당동
	19	여주 백석리		41	인천 불로동
	20	양평 도곡리		42	김포 장기동
	21	양평 병산리		43	김포 마송리
	22	용인 평창리		※ 파주 운정(1) 유적군에는 13개 유적 포함	

지도 1. 한강유역에서 발굴조사된 구석기유적의 분포와 연구 대상 유적(□색)

이외에도 비교적 최근에 조사가 마무리되어 유물 정리 또는 보고서 작업이 진행되고 있는 유적도 여러 곳이 있는데, 이들 유적에 대해서는 현 단계에서 연구 대상으로 포함시키기에 한계가 있다. 따라서 구리 교문리, 고양 탄현동, 성남 삼평동 보뜰, 영월 삼옥리, 제천 고명동 세거리, 김포 풍곡리, 파주 운정(1)지구 내 여러 지점, 파주 운정(2)지구 상지석리 유적 등을 제외하였다. 이와 관련하여 한강본류의 하류에 해당되는 김포·파주·고양 일대의 몇몇 유적에서는 보고서가 출간되어 석기공작을 파악할 수 있는 자료가 확보되어 있지만, 이들 유적은 향후 한강본류 하류에 위치하는 다른 유적의 조사결과물과 통합적으로 연구되는 것이 지역단위 연구로 볼 때, 효과적일 것으로 판단하여 본 연구에서는 배제하였다.

그러므로 연구 대상 유적의 선정은 남한강유역과 한강본류 상류의 야외유적 중 유물의 수량이 풍부하고, 특징적인 석기공작 및 지형, 퇴적양상이 확인되는 유적으로 하였다. 즉 광주 삼리, 남양주 덕소·호평동·호평동 지새울, 단양 수양개 Ⅰ지구·Ⅲ지구, 양평 병산리·도곡리, 여주 연양리, 용인 동백리, 제천 두학동 중말·창내 유적 등 12개소의 야외유적을 대상으로 하였다<표 1>.

순번	유역	유적명	조사시기
1	한강본류역	광주 삼리 유적	2000
2		남양주 덕소 유적	2005
3		남양주 호평동 유적	2002-2004, 2007-2008
4		남양주 호평동 지새울 유적	2005
5		용인 동백리 유적	2002-2003
6	남한강유역	단양 수양개 Ⅰ지구 유적	1983-1985, 1996
7		단양 수양개 Ⅲ지구 유적	2001, 2008, 2011
8		양평 병산리 유적	1992, 1993-1994
9		양평 도곡리 유적	2005-2006
10		여주 연양리 유적	2004-2005
11		제천 두학동 중말 유적	2006
12		제천 창내 유적	1982, 1983

표 1. 연구 대상 주요 유적 일람표

연구 대상 유적에서 유물의 수량이 가장 많은 곳은 수양개 Ⅰ지구로 27,840점에 달하며, 반대로 그 수량이 적게는 45점으로 병산리 유적이다. 이를 자세히 보면, 석기의 수량이 10,000점 이상은 수양개 Ⅰ지구와 호평동 유적, 5,000~1,000점은 삼리, 호평동 지새울, 동백리, 연양리, 창내 유적 등이 있으며, 1,000~500점은 덕소와 도곡리 유적, 500점 이하는 수양개 Ⅲ지구, 두학동 중말, 병산리 유적이다.

연구 대상 유적이 발굴조사된 시기를 보면, 1980년대 2개소, 1990년대 1개소, 2000년대 9개소로 비교적 최근에 다수의 유적이 발굴조사되었다. 즉 1980년대 충주댐 수몰지구에 대한 조사를 시작으로, 수도권에 대한 개발이 본격화된 2000년대 이후에 그 조사 수가 급속히 증가하였다고 볼 수 있다. 2000년대 이후에 조사된 유적의 경우에는 대부분 제4기 지형 및 지질에 대한 자연과학적인 분석이 이루어졌다. 그 내용은 주로 유적의 입지 지형 및 토양·퇴적물에 대한 분석이 주를 이루고 있는데, 이는 유적의 형성시기를 검토하는데 있어 중요한 자료이다.

연구 대상 유적 중 유물출토층이 1매인 곳은 4개소, 2매인 곳은 5개소, 3매는 3개이다. 일반적으로 시기차를 반영하는 것으로 판단되는 복수의 유물출토층이 여러 유적에서 관찰되는 점은 동일 유적 내의 층위 구분에 따른 석기공작을 비교하여 그 변화에 따른 상대편년을 가능하게 하고, 이를 단일 유물출토층 유적의 석기공작에 대비시켜 볼 수 있는 기회를 제공한다.

한편 수양개 Ⅰ지구 유적의 경우 다량의 유물이 출토되었고 종합적인 보고서가 발간되지 않은 관계로 전체 유물의 70% 가량을 실견한 후 충북대학교 박물관에 전시된유물을 중심으로 후기 구석기문화층과 관련된 석기만을 살펴보았다. 그리고 유물의 수량 및 실견에 의거 수양개 Ⅲ지구는 2008년에 조사된 상부 유물층(2문화층)의 유물, 호평동 유적은 2002-2004년 사이에 조사된 유물만을 대상으로 하였다. 그리고 창내 유적의 유물은 다듬은 석기를 주 대상으로 석기공작을 분석하였고, 병산리 유적은 일부 문화층의 경우 유물 수량이 극히 적은 바 2문화층만을 대상으로 하였다.

3. 연구사

우리나라에서 최초로 구석기유적이 발견된 것은 일제 강점기 두만강가에 위치하는 종성 동관진이라고 할 수 있다. 하지만 일제 강점하 우리나라 구석기시대의 존재는 식민지사관에 의해 부정되었다. 그러므로 사실상 우리나라 구석기연구의 시작은 1960년대에 공주 석장리유적과 웅기 굴포리유적의 발굴조사부터라고 할 수 있다.

이들 유적의 조사 이후 북한에서는 주로 동굴유적의 조사에 집중되었다. 반면 남한에서는 동굴 및 야외유적의 조사가 병행되었는데, 특히 1970년대 후반에 발견되고 조사된 연천 전곡리유적에서는 주먹도끼를 비롯한 다양한 석기가 출토되어 주목되었다. 이후 대규모 국책사업 등에 따른 구제발굴로 수많은 구석기유적이 발견·발굴조사되었으며, 현재에도 여러 곳에서 조사가 이루어지고 있다.

현재까지 우리나라에서 발굴조사된 구석기유적은 160여개소에 달하며, 전국적인 분포 범위를 가지고 있다.

그중 본 연구에서 다루고자 하는 한강유역에서는 많은 수의 유적이 발굴조사된 지역으로 그 밀집도가 높은 지역이다. 이렇게 유적이 집중되는 것은 한강유역에 발달하고 있는 하안단구 상부와 카르스트 지형 내의 동굴 및 바위그늘 등이 사람이 거주하기 유리한 곳이며, 또한 한강유역의 치수는 수도 서울에 큰 영향을 미치는 바 몇몇 댐의 건설이 이루어지는 과정에서 구석기문화의 흐름과 특성을 이해할 수 있는 중요 구석기유적이 조사되었기 때문이다. 최근까지도 여러 개발과 관련하여 구제발굴이 이루어지고 있으며, 일부 동굴유적에 대한 학술조사가 지속되고 있다. 여기에서는 유적의 발견과 발굴조사를 시대의 흐름을 따라 2011년까지 살펴보고, 주요한 연구의 내용을 검토하였다.

1) 유적의 발견과 발굴조사

한강유역에서 구석기 유적의 조사는 1957년 단양 뒤뜰굴을 그 시작으로 볼 수 있다(김정학 1958). 이후 서울 면목동에서 다수의 석기가 수습되었으며(황용훈 1970), 충북 단양, 제천일대에서는 동굴유적의 존재 가능성이 확인되었다(손보기 1975, 1984a). 그리고 팔당댐 수몰지구에 대한 조사에서 양평 일대에 다수의 구석기유물 출토 지점을 확인하였고(孫寶基 1972 ; 손보기·이융조 1974 ; 이융조 1974), 양평 대심리에서는 표본조사가 실시되었다(金元龍 외 1974). 또한 서울의 암사동과 서대문구 무악산에서도 구석기유물이 수습되었다(이융조 1976).

본격적인 발굴조사는 1973년부터 1980년까지 진행된 제천 점말 용굴 유적에서 이루어졌다(손보기 1975, 1990 ; 손보기·한창균 1989 ; 제천시·연세대학교 박물관 2009). 점말 용굴은 우리나라에서 체계적인 동굴유적 발굴이 진행된 첫 사례로 동물화석 및 사람뼈 등과 함께 불땐자리도 확인되었다. 이 시기 여주 멱곡리·단현리 등에서 구석기유물이 수습되었으며(任孝宰 1978 ; 정영화 1980 ; 이선복 1988), 1979년과 1980년에는 충주댐 수몰지구에 대한 지표조사가 실시되어 제천과 단양 일대에서 다수의 구석기유물 출토지점과 구석기유적 가능성이 있는 동굴 및 바위그늘 등이 확인되었다(충북대학교 박물관 1980).

1980년대에는 남한강유역에서만 발굴조사가 이루어졌는데, 1981년에 단양 상시 바위그늘에서는 사람뼈·동물화석·석기 등이 출토되었고(손보기 1984a), 1982년에는 남한강의 지류인 섬강유역의 횡성 현천리에서 주먹도끼 등이 수습되었다(최복규 외 1999).

1983년부터 1985년까지는 충주댐 수몰지구에 대한 발굴조사가 본격화되었다. 단양 금굴유적은 다층위·다문화 유적으로써 우리나라 선사문화의 변화를 추론할 수 있으며(孫寶基 1984b,

1985), 단양 수양개 Ⅰ지구 유적과 제천 창내 유적의 경우에는 후기 구석기시대의 석기문화를 뚜렷히 보여주고 있다(李隆助 1984, 1985 ; 朴喜顯 1984). 이외에 제천 명오리 큰길가 유적도 조사되었다(崔茂藏 1984a, 1984b). 특히 단양 수양개 Ⅰ지구 유적에서는 50개소에 달하는 석기제작소와 돌날 및 좀돌날기법을 활용한 다수의 다듬은 석기가 출토되었는데, 동북아시아 구석기연구에 있어 중요한 위치를 차지하고 있다.

1986년에는 단양 구낭굴이 조사되었고(이융조 외 1991), 최근까지 5차례에 걸쳐 발굴조사가 이루어졌다(李隆助 외 1999 ; 李隆助·金慧伶 2007 ; (재)한국선사문화연구원 2011a). 구낭굴의 3층에서는 다수의 동물화석과 사람뼈, 석기가 확인되었으며, 다양한 자연과학분석이 이루어졌다.

그리고 단국대학교 중앙박물관에서는 1986년부터 남한강유역에 분포한 선사유적의 조사작업을 몇차례에 걸쳐 실시하였는데, 그 과정에서 양평, 단양, 영월 일대에서 구석기유물이 수습되었다(한창균 외 1989). 한편 1986년 한강본류역의 경기도 광주 궁평리에서는 고속도로 건설에 따른 고인돌 조사과정에서 구석기유물이 발견되어 일부 간략한 표본조사가 진행되었다(孫寶基 외 1986).

1991년에는 한강본류역의 일산 새도시 사업부지에서 본격적인 발굴조사가 진행되었다. 대부분의 지역에서 구석기유물이 수습되었으며, 그중에서도 2지역의 3지점과 3-1지점에서 여러 점의 석기가 출토되었다(이융조 외 1992).

1992년과 1994년에 걸쳐서는 1986년에 찾아진 양평 병산리유적에 대한 발굴조사가 이루어졌다(윤내현·한창균 1992, 1994). 조사결과 3개의 문화층에서 소량의 석기가 출토되었는데, 유적의 형성시기를 후기 플라이스토세의 기후변화에 대비하여 산소동위원소체비(Oxygen Isotope Stage)로 추정하였다.

충주 용탄동에서는 1992년 시굴조사가 진행되었는데(이선복·이교동 1993), 상부층이 삭박되었으며, 일부 석기가 자갈층 상면 내지 자갈층과 토양층의 경계에서 소량이 확인되었다.

1990년대 중반에는 의정부 민락동에서 삼국시대 유구를 정리하던 중 하부층에서 후기 구석기시대의 유물인 좀돌날몸돌·좀돌날, 둥근밀개 등이 일부 확인되었다(崔夢龍 외 1996a).

1990년대 중반부터는 그동안 조사가 활발하지 못했던 강원도일대에 대한 조사가 활기를 띤다. 특히 이 시기에는 지자체별로 역사와 문화유적을 확인하기 위한 지표조사가 활발히 이루어졌으며, 이와 맞물려 횡성, 원주, 영월 등지에서 여러 구석기유적이 찾아졌다(최복규 외 1995 ; 김남돈 1995 ; 盧爀眞 외 1995).

또한 한강본류 및 남한강 지류에 해당되는 용인과 이천 일대의 여러 지점에서 구석기유물이 확인되었으며(최몽룡 외 1996b ; 최몽룡 외 1998), 한강본류의 하류지역에 해당되는 김포에서도 구석기유적이 수습되었다(한양대학교 박물관 1999).

이러한 지표조사와 함께 강원도에서는 횡성댐 건설과 관련하여 1997년에 횡성 부동리유적(최복규·최승엽 1998), 도로개설로 인해 1999년에 횡성 현천리유적이 조사되었는데(최복규 외 1999), 소량의 유물만이 출토되었다.

1998년 용인 평창리유적에서는 석영계 소형석기가 중심을 이루는 석기공작이 확인되었으며, 우리나라 구석기유적에서 처음으로 일본기원의 광역화산재의 존재를 확인하였다(이선복 외 2000).

경기도 광주와 시흥에서는 1999년과 2000년에 걸쳐 문화유적 분포지도 제작을 위한 조사에서 여러 지점에서 석기가 수습되었다(기전문화재연구원 2000a, 2000b).

2000년에는 광주 삼리유적이 조사되었는데, 5개 지역에 3개의 문화층이 존재하고 있음을 확인하였다(한창균 외 2003). 다수의 유물이 출토된 가운데 5지역 1문화층에서는 흑요석을 이용하여 제작된 좀돌날 등도 출토되었다.

1990년대 후반부터 2000년대 중반까지는 남한강유역에서 문화유적 분포지도 작성 및 개별 지표조사가 활발히 이루어지면서 구석기유물이 여러 지점에서 수습되었다(한국토지박물관·양평군 1999 ; 상명대학교 박물관·양평군 2006 ; 한창균·김기태 2000 ; 세종대학교 박물관·여주군 2004 ; 기전문화재연구원 2005a).

그리고 충청북도 지역의 괴산·충주·제천·단양지역에서도 여러 구석기유물 출토 지점이 확인되었다(괴산군·(재)중원문화재연구원 2004 ; 단양군·(재)충청북도문화재연구원 2007 ; 청주대학교 박물관 2000 ; 충북대학교 박물관·제천시 2003 ; 충북대학교 박물관 2002, 2004 ; 청주대학교 박물관·한국철도시설공단 2004).

강원도에서도 2000년대 중반부터 문화유적 분포지도 제작에 따른 지표조사로 새롭게 영월, 원주, 정선, 평창, 횡성 등지에서 구석기유물이 발견되었다(문화재청 외 2004a, 2004b ; 원주시·연세대학교 원주박물관 2004 ; 정선군·강릉대학교 박물관 2007 ; 횡성군·강원문화재연구소 2008).

2000년대에 접어들어서는 단양 수양개 Ⅲ지구 유적에 대한 조사가 가장 먼저 이루어졌는데(李隆助 외 2003), 이후 2008년과 2011년에도 일부 구역이 조사되었다((재)한국선사문화연구원 2008, 2011b). 대부분의 유물은 수양개 Ⅰ지구 후기 구석기문화층과 유사한 석기구성을 보이고 있다.

2002년과 2003년에는 인천 원당동과 불로동에서 소량의 석기가 출토되었고(현남주 외 2007 ; 정훈진 외 2008), 2002년과 2003년에 걸쳐 진행된 용인 동백리 유적의 발굴조사에서는 세 매의 문화층에서 주로 후기 구석기시대에 속하는 다수의 유물이 확인되었다(정훈진·노선호 2005).

그리고 2002년에서 2004년에 걸쳐서는 남양주 호평동 유적이 발굴조사되었으며(홍미영·김종헌 2008), 이후 철도부지에 대해 2007-2008년에 걸쳐 추가 발굴조사가 진행되었다(김소영 2010). 호평동 유적은 전체적으로 2개의 문화층이 존재하는데, 돌날 및 좀돌날기법의 변화를 알수 있는 석기구성을 갖추고 있으며, 슴베찌르개, 좀돌날몸돌·좀돌날 등 후기 구석기시대의 대표적인 유물이 포함되어 있어 수양개 Ⅰ지구 유적과 마찬가지로 후기 구석기시대 연구에 있어 중요한 유적이다.

2004년에는 충주 금릉동에서 극히 적은 유물이 찾아졌다(禹種允 외 2007a). 한편 영월 연당리 피난굴이 학술조사되었는데(연세대학교 박물관 2004, 2009), 동굴 내에서 사람뼈 및 동물화석, 석기 등이 출토되었다.

2004년과 2005년에 걸쳐서는 단구층 상부에 위치하는 여주 백석리와 연양리에서 발굴조사가 이루어졌다(기전문화재연구원 2005b ; 이정철 2007a). 연양리 유적에서는 하나의 문화층에서 비교적 이른 시기에 해당되는 다수의 석기가 출토되어 비교연구의 자료로 중요하며, 백석리유적은 연양리와 유사한 층위 내에서 소량의 유물이 출토되었다.

2005년에는 제천 계산리에서 발굴조사가 이루어져 고위단구면 상부의 점토층에서 소량의 유물 출토를 확인하였다(禹鍾允 외 2007b). 그리고 남양주 덕소유적과 호평동 지새울 유적이 발굴조사되었는데(홍미영·김남호 2008 ; 노대석 외 2007), 덕소유적에서는 돌날 및 좀돌날 관련 유물이 출토되었으며, 지새울유적에서는 석영제 소형석기가 주로 출토되었다.

2005년과 2006년에 걸쳐서는 양평 도곡리 유적과 성남 삼평동 보뜰유적이 발굴조사되었다 (李隆助 외 2008 ; 안성민 2006). 도곡리 유적은 골짜기부에 유물이 집중적으로 퇴적된 양상을 보이고 있으며, 보뜰유적에서는 소량의 유물이 출토되었다.

2007년에는 제천 두학동 중말유적이 조사되었는데(李隆助 외 2009), 슴베찌르개, 좀돌날몸돌 등이 출토되어 주목되었다.

2007년과 2008년에 걸쳐서는 평창 기화리 쌍굴유적이 발굴조사되었는데(박영철 외 2007 ; 연세대학교 박물관 2008), 영월 연당리 피난굴 이후 새로운 동굴유적에 대한 지속적인 발굴조사로, 동물화석을 중심으로 일부 석기가 확인되었다. 그리고 이 시기에 영월 삼옥리에서도 발굴조사가 진행되어(강원문화재연구소 2008, 2009), 석회암지대에서 형성되는 돌리네 내부에서 석기가 출토되었다.

최근에는 제천 고명동 세거리 유적과 구리 교문동 실내체육관 옆산에 대한 발굴조사에서 다수의 석기가 출토되었는데,((재)한국선사문화연구원 2010a ; 최복규 2011). 고명동 세거리 유적에서는 불땐자리도 확인되었다.

순서	소재지	유적명	순서	소재지	유적명	순서	소재지	유적명
1	강원 정선	광하리	47		대랑동원알동굴	93		장지리
2	강원 평창	도돈리	48		대류리	94		상림리
3		덕포리	49		도곡리	95		유정리
4		방절리	50	충북 제천	두학동 중말	96	경기 광주	추자리
5		북쌍리	51		양평리	97		대쌍령리
6		북쌍리 남애	52		탄지리	98		지월리
7		북쌍리 문개실	53		호운리	99		도마리
8	강원 영월	삼옥리	54		금릉동	100		퇴촌읍
9		신천리	55		단월동	101	경기 남양주	삼봉2리
10		연하리	56	충북 충주	영평리	102		도곡리
11		영흥리	57		용교리	103	경기 하남	덕풍동
12		옹정리 사정	58		하담리	104		교산동
13		용석리	59	충북 괴산	검승리	105	경기 성남	판교동
14		후탄리 뒷들	60	경기 여주	검승리	106	경기 안양	내비산동
15		매곡리	61		내룡리	107	경기 의정부	민락동
16		석문1리	62		내양리	108		금남리
17		성산리	63		단현리	109		능내리
18		안흥1리	64	경기 여주	매룡리	110	경기 양주	마전동
19		안흥3리	65		멱곡리	111		송촌리
20		안흥4리	66		백석리	112		용암리
21		영랑리	67		연양리	113		진중리
22	강원 횡성	오산리	68		왕대리(영릉)	114		내발산동
23		조항1리	69		교평리	115	서울	면목동
24		지구리	70		단석리	116		무악산
25		청곡1리	71		대심리	117		암사동
26		청곡2리	72		도곡리(양평읍)	118		가좌동
27		횡성 춘당리	73		도곡리(양서면)	119		주엽동
28		횡성 하대리	74		병산리	120	경기 고양	일산동
29		횡성 현천리	75		삼성리	121		마두동
30		법천1리	76	경기 양평	상자포리	122		백석동
31		법천3리	77		송학리	123		가좌동
32	강원 원주	보통리	78		양덕리	124		계수동
33		안창리	79		양근리	125		도창동
34		홍호리	80		양수리	126	경기 시흥	매화동
35		가대리	81		오빈리	127		목감동
36		도담리	82		전수리	128		부곡동
37		도담리 박쥐굴	83		회현리	129		월곶동
38		상2리	84		갈담리	130		검단지구
39	충북 단양	상진리	85	경기 용인	용인읍	131	인천	당하지구
40		애곡리	86		덕성리	132		선학동
41		애곡리바위그늘	87		둔전리	133		신곡리
42		하리	88		이평리	134	경기 김포	운양동
43		하진리	89		신성리	135		월곶 보구곶
44		계산리	90	경기 이천	지석리	136		다율리
45	충북 제천	고명동	91		소정리	137	경기 파주	신촌리
46		능강리	92		대서리	138		문산읍

표 2. 남한강과 한강본류에서 구석기유물이 수습된 지점

유역	순번	유적명	유적입지	발굴사유	조사연도	조사기관
남한강유역	1	제천 점말 용굴	동굴	학술	1973-1980(7차례)	연세대 박물관
	2	단양 상시1 바위그늘	바위그늘	학술	1981	연세대 박물관
	3	제천 사기리 창내	야외	구제	1982, 1983	청주사범대
	4	제천 명오리 큰길가	야외	구제	1983, 1984	건국대 박물관
	5	단양 도담리 금굴	동굴	구제	1983-1985	연세대 박물관
	6	단양 수양개 Ⅰ지구	야외	구제＋학술	1983-1985, 1996	충북대 박물관
	7	단양 구낭굴	동굴	학술	1986, 1988 1998, 2007, 2011	충북대 박물관, (재)한국선사문화연구원
	8	충주 용탄동	야외	구제	1992	서울대
	9	양평 병산리	야외	학술	1992, 1993-4	단국대 박물관
	10	횡성 부동리	야외	구제	1997	강원고고학연구소
	11	용인 평창리	야외	구제	1998	경기도박물관 · 서울대
	12	횡성 현천리	야외	구제	1999	강원대
	13	단양 수양개 Ⅲ지구	야외	구제+학술	2001, 2008, 2011	충북대 박물관, (재)한국선사문화연구원
	14	충주 금릉동	야외	구제	2004	충북대 박물관
	15	영월 연당리 쌍굴	동굴	학술	2004	연세대 박물관
	16	여주 연양리	야외	구제	2004-2005	(재)기전문화재연구원
	17	여주 백석리	야외	구제	2004-2005	(재)기전문화재연구원
	18	제천 계산리	야외	구제	2005	충북대 박물관
	19	양평 도곡리	야외	구제	2005-2006	(재)한국선사문화연구원
	20	제천 두학동 중말	야외	구제	2006	(재)한국선사문화연구원
	21	평창 기화리 쌍굴	동굴	학술	2007-2008	연세대 박물관
	22	영월 삼옥리	야외	구제	2007, 2008	강원문화재연구소
	23	제천 고명동 세거리	야외	구제	2009-2010	(재)한국선사문화연구원
한강본류역	1	광주 궁평리	야외	구제	1986	연세대
	2	고양 일산 새도시	야외	구제	1991	한국선사문화연구소 · 단국대 · 충북대
	3	의정부 민락동	야외	구제	1995	서울대 박물관
	4	광주 삼리	야외	구제	2000	(재)기전문화재연구원
	5	인천 원당동	야외	구제	2002	한국문화재보호재단
	6	용인 동백리	야외	구제	2002-2003	한국문화재보호재단
	7	남양주 호평동	야외	구제	2002-2004, 2007-2008	(재)기전문화재연구원
	8	인천 불로동	야외	구제	2003	한국문화재보호재단
	9	남양주 호평동 지새울	야외	구제	2005	(재)기전문화재연구원

10	남양주 덕소리	야외	구제	2005	수원대 박물관
11	성남 삼평동 보뜰	야외	구제	2005-2006	(재)고려문화재연구원
12	김포 장기동	야외	구제	2005-2007	한국문화재보호재단
13	고양 덕이동	야외	구제	2006-2007	(재)기전문화재연구원
14	파주 운정(1) 11지점	야외	구제	2006-2007	(재)기전문화재연구원
15	파주 운정(1) 19지점	야외	구제	2006-2007	(재)기전문화재연구원
16	파주 운정(1) 12지점	야외	구제	2006-2007	(재)기전문화재연구원
17	파주 운정(1) 16지점	야외	구제	2006-2007	(재)기전문화재연구원
18	고양 탄현동	야외	구제	2007	(재)국방문화재연구원
19	파주 운정(1) 5지점	야외	구제	2007	(재)한국선사문화연구원
20	김포 마송리	야외	구제	2007	(재)기호문화재연구원
21	김포 신곡리	야외	구제	2007-2008	한국문화재보호재단
22	파주 운정(1) 15지점	야외	구제	2007-2008	(재)기전문화재연구원
23	파주 운정(1) 47지점	야외	구제	2007-2008	(재)기전문화재연구원
24	파주 운정(1) 34지점	야외	구제	2008	(재)한국선사문화연구원
25	파주 운정(1) 35지점	야외	구제	2008	(재)한국선사문화연구원
26	파주 운정(1) 36-4지점	야외	구제	2008	(재)한국선사문화연구원
27	파주 운정(1) 7-1지점	야외	구제	2009	(재)한국선사문화연구원
28	파주 운정(1) 36-1지점	야외	구제	2009	(재)한국선사문화연구원
29	파주 운정(2) 상지석리	야외	구제	2009	한국문화재보호재단
30	고양 삼송지구	야외	구제	2009	(재)한국선사문화연구원
31	파주 운정(1) 36-5지점	야외	구제	2010	(재)한국선사문화연구원
32	김포 풍곡리	야외	구제	2010-2011	(재)겨레문화유산연구원
33	구리 교문리	야외	구제	2011	(재)국방문화재연구원

표 3. 남한강과 한강본류에서 발굴조사된 구석기유적

한편 2000년대 중반부터 최근까지 한강본류의 하류지역에 속하는 김포 장기동·신곡리·마송리·풍곡리, 파주 운정(1)지구 유적군, 고양 덕이동·탄현동 유적 등에서 집중적인 발굴조사가 실시되었는데(이정철 2006a; (재)기호문화재연구원 2008 ; 이승원 2008a, 2008b ; 김기태·송용식 2009 ; 송용식 2009 ; (재)한국선사문화연구원 2009, 2010b ; 조병구 외 2010 ; 김영화 외 2010 ; 박성진 외 2011 ; 전범환 외 2011 ; 조병택 외 2011), 기반암풍화층 상부의 각력이 포함된 층위 내에서 다수의 석기가 확인되고 있다는 공통점을 가지고 있어 주목된다.

이밖에 고양 삼송지구의 신원동·원흥동 유적 및 파주 운정(2)지구에 위치하는 상지석리 유적은 한강하류에 위치하는 다른 유적과 층위 양상에서 차이가 있다(전범환 2009 ; 이승원 외 2011). 삼송지구의 경우 출토 유물의 수량이 적다는 한계가 있지만, 상지석리 유적의 경우에는 여러 점의 주먹도끼를 포함한 다수의 석기가 비교적 안정적인 지층에서 출토되어 한강하류 구석기연구에 있어 중요한 표준유적이 될 가능성이 크다.

현재에도 지속적인 지표조사 등을 통해 서울 외발산동 등 여러 지점에서 구석기유물이 수습되고 있는 바((재)한국선사문화연구원 2010c), 구석기유물의 분포범위가 확장되고 있으며, 그에 따라 발굴조사될 유적의 수 역시 증가할 것이다.

2) 주요 연구와 검토

한강유역에서 진행된 주요 연구는 야외유적과 동굴유적으로 구분하여 볼 수 있는데, 본고에서는 연구대상을 고려하여 야외유적에 대한 연구만을 살펴보고 그 내용에 대하여 검토하였다.

구석기연구는 발굴조사 직후 유적 소개의 차원에서 진행된 연구가 상당수를 차지하고 있다. 이들 연구에서는 유적의 층위와 석기에 대해 간략하게 기술하는 경우가 보통인데, 층위에 대해서는 야외관찰을 통해 확인된 토양의 색조와 입도, 층위 단면상의 특이 구조 등을 기술하고 있으며, 석기는 그 구성의 비율이나 주요 다듬은 석기에 대한 설명이 대부분이다. 유적의 연대와 관련된 편년에 대해서는 층위 단면상에서 관찰되는 쐐기구조(soil-wedge)가 최종 빙기의 추운기후에 형성되었다는 가설(이동영 1995, 1996) 아래 상대 편년을 진행하거나 또는 석기의 형태 및 손질의 양상으로 연대를 판단한다. 이외에 유럽의 특정 구석기문화의 주요 석기와의 유사성을 대비하여 시기를 추정하기도 한다. 한편 유적의 연대와 직결되는 절대연대측정 결과가 기술되는 경우는 드문데, 이는 절대연대측정이 실시되지 않았거나 혹은 실시되었더라도 그 결과물이 얻어지기 전에 보고가 이루어졌기 때문이다.

이러한 성격의 연구로는 박희현(1983)의 '충북 제원군 창내유적의 문화 성격', 한창균 외(1989)의 '남한강 상류의 구석기유적 조사예보', 김남돈(1995)의 '원주 월송리 구석기유적', 이융조 외(1996)의 '단양 수양개유적 발굴조사 개보(6·7차)', 이융조 외(2000a)의 '단양 수양개 Ⅰ지구의 최근 발굴성과', 이융조·공수진(2003)의 '수양개 Ⅲ지구의 구석기문화와 그 연대', 김기태·이정철(2006)의 '여주 연양리 구석기유적', 성현경·송용식(2006)의 '고양 덕이동 구석기유적 발굴조사', 안성민(2006)의 '성남 삼평동 보뜰 구석기유적 발굴 조사 보고', 이정철(2006a)의 '파주 운정(1) 택지개발지구 내의 구석기문화 양상', 이융조·이승원(2007)의 '양평 도곡리유적의 조사 성과', 이승원(2008a ; 2008b)의 '파주 운정(1) 택지개발지역 내 구석기유적(5·34·35지점) 발굴조사 개보', '파주 야당리 구석기유적의 발굴조사 성과' 등을 비롯하여, 전범환(2008 ; 2009)의 '김포 장기동 유적의 발굴조사 성과'·'파주 상지석리 구석기유적의 발굴조사 성과',

김성진(2009)의 '파주 운정(1)지구 내 구석기유적(7-1지점) 발굴조사 개보', 박성진 외(2011)의 '김포 풍곡리 구석기유적' 등이 있다.

위와 같은 연구는 2000년 이후에 그 양이 급증하였는데, 이는 대규모 국책사업에 따른 발굴조사의 증가와 2000년에 설립된 한국구석기학회의 영향이라고 할 수 있다.

한편 유적 소개 차원을 넘어서는 심도 있는 연구는 일부 유적을 대상으로 진행되었다. 즉 석기 및 편년 연구를 구체화시킨 것이다. 석기연구는 석기제작공정에 있어서 주요한 몇가지 부분을 중심으로 연구가 이루어졌으며, 편년 연구 역시 자연과학방법의 적극적 응용을 통한 유적 형성과정에 대한 논의를 통해 유적의 연대가 판단되었다.

이와 같은 연구로는 이융조(1988)에 의한 '단양 수양개 후기구석기문화', 박희현(1989 ; 1990)의 '제원 창내 후기구석기문화의 연구'·'창내 후기 구석기시대 막집의 구조와 복원', 이정철(2006b ; 2009)의 '남한강 구석기공작의 일례 -여주 연양리 구석기유적 II지점을 중심으로', '여주 연양리 구석기유적 연구'가 있다.

이융조의 연구는 유적연구를 체계적으로 진행한 사례로서, 토양분석을 통한 지층 구분의 보완, 화분·수종 분석을 통한 기후환경 복원, 구석기유물에 대한 분석 특히 좀돌날몸돌, 슴베찌르개 등의 속성분석에 따른 분류와 동북아시아 유물과의 비교가 진행되었다. 박희현의 연구 역시 이융조의 연구와 같은 선상에서 이해될 수 있으며, 석기분석은 긁개와 밀개에 주안점을 두고 있다. 한편 창내 유적의 막집은 석장리 유적 이후에 찾아진 구석기시대 유구로서 주목되는 것이며, 이후 화순 대전 유적 등에도 영향을 미쳤다.

이들 연구는 발굴조사된 유적을 정리하고 연구하는 과정에서 얻어진 결과물이라 할 수 있으며, 이융조의 연구는 이후 수양개 유적과 관련된 이후 연구를 진행함에 있어 기준이 되었다. 다만 이들 연구는 완성된 석기를 중심으로 진행되었으며, 수양개 유적의 좀돌날몸돌을 제외한 다른 몸돌 및 격지 등에 대한 박리기법 연구는 거의 이루어지지 않았다. 특히 유적의 성격을 석기제작소 또는 임시 거주지라고 판단하고 있는 점에 비추어 볼 때, 박리기법에 대한 연구의 부재는 아쉬운 점이다. 또한 유적 형성과정에 대한 심도있는 논의가 이루어지지 못한 점은 이후 유적에 대한 연대에 대한 의문을 불러일으켰다.

이정철의 연구는 하안단구 상부의 점토성 퇴적물 상부에 위치하는 연양리 유적의 형성과 관련된 지질고고학적 접근이 시도되었으며, 석기공작의 양상을 박리기법과 주요 다듬은 석기를 중심으로 파악하고 있다.

유적에 대한 소개와 종합적 성격의 심도 있는 연구를 제외하면, 구석기연구의 대부분은 석기연구에 집중되어 있다. 석기연구의 주제로는 돌감의 선택 요인, 몸돌과 격지를 통한 박리기법의 파악, 다듬은 석기의 기술·형태적 특성, 다듬은 석기의 사용흔 분석 등이 있다.

돌감의 선택 요인에 대해서는 유용욱(2003)의 '석영계 석재의 재고찰 : 평창리 유적의 예'가 유일한데, 석영계 돌감의 사용이 반드시 저급하고 조악한 석기의 생산과 관계되는 것은 아니며, 오히려 석영계 돌감의 기계적 특성을 효과적으로 이용한다면 나름대로 효율적이고 정교한 석기를 제작할 수 있음을 제시하였다. 다만 예로 제시한 평창리 유적의 몇몇 다듬은 석기는 잔손질이 뚜렷하지 않고 형태적으로만 구분된 경향이 있다.

몸돌과 격지를 통한 박리기법의 파악은 공수진(1987)의 '금굴유적의 구석기격지연구', 김기태(2001)의 '광주군 삼리 구석기유적(2지역)의 석기 연구', 윤승희(2003)의 '광주 삼리 구석기유적의 박리기법 변화에 대한 연구'가 있다.

이중 금굴과 삼리 유적을 대상으로 한 연구는 다문화층을 대상으로 분석이 진행되었다. 특히 계량적 속성의 변화는 뚜렷한데 크기와 무게는 늦은 시기로 갈수록 작고 가벼워지는 양상을 나타낸다. 반면 박리기법과 직접 관련되는 속성의 변화는 큰 차이를 보이고 있지 않은 것으로 판단하고 있다.

박리기법에 대해서는 공수진 이후 한동안 연구가 진행되지 않다가 2000년대 이후 다시금 활성화되었는데, 다양한 속성분석이 이루어진 것에 비해 이를 통한 기술적 특징 등의 파악은 거의 진행되지 못하였다. 이러한 배경에는 박리기법의 변화를 이해할 수 있는 비교 자료가 없기 때문이다. 하지만 박리기법에 대한 연구는 지속되어야 하며 다양한 시각에서 진행될 때 그 특징을 이해할 수 있는 주요한 연구 대상이다(배기동 2006).

그리고 일반적인 몸돌과 격지를 통한 박리기법의 분석 이외에 좀돌날몸돌에 대한 분석이 지속적으로 진행되었다. 주로 수양개 Ⅰ지구 자료를 바탕으로 한 연구로서 이융조(1989)의 '단양 수양개 후기 구석기시대의 배모양석기의 연구', Lee와 Yun(1992a ; 1992b)의 'Micro- Blade Cores from Suyanggae Site, Korea'와 'Tanged-points and Micro-blade Cores from Suyanggae Site, Korea', 이융조와 윤용현(1994 ; 1996)의 '한국 좀돌날몸돌의 연구 -수양개수법과의 비교를 중심으로', '수양개 좀돌날 몸돌과 한국의 좀돌날몸돌의 비교연구', 윤용현(2004)의 '한국 좀돌날몸돌 제작기술의 재고찰', Lee와 Otani(2010)의 'Preliminary Study on Microblade-cores in Siberia with Suyanggae Typology' 등이 있다.

좀돌날몸돌에 대한 연구는 동북아시아 지역의 석기문화 맥락에서 우리나라 후기 구석기문화의 흐름을 이해할 수 있게 하였다. 주로 형식분류와 동북아시아 지역에서 수양개유적의 중요성을 바탕으로 연구가 진행되었는데, 그중 중국과 일본 등의 좀돌날몸돌 출토 유적의 절대연대와 단순 비교를 통해 석기문화의 전파를 제시하였다는 점에 대해서는 재고가 필요하다. 근래에 이루어진 윤용현의 연구에서는 전파에 대한 논의를 배제하고 형식분류에 대한 수정안의 제시 예고 등을 통해 재고찰하려는 노력이 있다. 그리고 Lee와 Otani의 연구에서는 기존의 11개의 형식분류에 5개의 형태를 추가하여 기술하고 있는데, 이러한 형식분류를 바탕으로 중국, 일본 뿐만이 아니라 시베리아 좀돌날몸돌과의 비교연구가 진행되고 있다. 다만 형식분류를 통한 좀돌날몸돌의 유형이 편년의 차이 등을 반영하는지에 대한 논의가 필요하다.

다음은 석기에 대한 기술·형태적 특성에 대한 연구는 Lee와 Yun(1992b)의 'Tanged-points and Micro-blade Cores from Suyanggae Site, Korea', 손기언(1996)의 '병산리 유적의 구석기시대 찍개 연구', 이융조 외(2001)의 '수양개 I 지구 후기 구석기시대 밀개', 이융조·공수진(2006)의 '수양 개 유적 슴베연모에 대한 새로운 연구', 김소영(2011)의 '남양주 호평동 후기구석기유적의 밀 개 연구'가 있다.

이융조와 윤용현의 슴베찌르개에 대한 연구는 형식분류에 집중되어 있는데, 슴베부가 명확 하지 않은 석기도 일부가 그 대상에 포함되어 있어 자료적인 문제가 있다. 그러나 슴베찌르개 에 대한 연구는 일본 큐슈에서 출토되는 박편첨두기(剝片尖頭器)와 동일한 석기로써 일본학 자의 큰 관심을 불러일으켰으며, 더 나아가 동북아시아 후기 구석기시대의 대표적인 석기로 인지되었다. 이후 이융조와 공수진의 연구에서는 슴베연모로 통합하여 분석하였는데, 슴베 연모 내에는 슴베찌르개와 슴베밀개로 구분되었다. 하지만 이 역시 슴베가 형성되어 있지 않 은 석기가 포함되어 있어 슴베찌르개나 슴베밀개에 대한 정의를 재정립할 필요가 있다.

이융조·우종윤·공수진의 밀개 연구는 후기 구석기시대의 보편적인 잔손질석기에 대한 분 석이라는 점에서 의의가 있는데, 그 제작과 관련된 속성을 자세하게 분석하여 형식분류를 진 행하였다. 하지만 형식분류의 기준이 형태 또는 몸체의 소재와 잔손질 등으로 통일되지 않아 혼란을 초래하고 있다. 이후 김소영은 호평동 유적의 두 개의 문화층에서 출토된 밀개를 대상 으로 연구를 진행하였는데, 이를 통해 이른 시기(1문화층)보다 중간 시기(2문화층)의 시기에 다양한 돌감을 이용한 다양한 형태의 밀개가 증가하고 있음을 파악하였고 또한 2문화층의 시 기에는 최종 빙기 최성기와 관련된 기후영향으로 좀돌날과 다양한 형태의 밀개의 제작이 이 루어진 것으로 판단하고 있다.

손기언의 연구는 우리나라에서 찍개를 대상으로 진행된 최초의 연구 사례인데, 찍개 제작 과 관련된 다양한 속성분석이 진행되었다. 하지만 문화층을 구별하지 않았으며, 주변에서 수 습된 찍개도 포함하여 분석하였는데, 찍개가 비교적 단순한 제작과정을 거쳐 제작되었다하 더라도 시기차를 고려하지 않은 바 결론의 한계가 있다.

이밖에 사용흔 분석이 이루어진 경우가 있는데, 이융조(1988)의 복합적 연구를 제외하면 홍 미영과 나나 코노넨코(2005)의 '남양주 호평동 유적의 흑요석제 석기와 그 사용'에서 분석이 진행되었다. 좀돌날몸돌, 밀개와 새기개를 비롯하여 좀돌날을 이용하여 제작된 뚜르개, 잔손 질되지 않은 좀돌날과 격지를 대상으로 하였다. 그 결과 줄자국, 이빠짐, 마모, 갈린 흔적이 확인되었는데, 좀돌날몸돌은 고정의 행위, 다른 석기는 고기의 절단, 나무의 껍질 벗겨내기나 긁기, 털이나 가죽 긁기 등에 이용된 것으로 판단하였다. 한편 일부 유물에서는 식물성섬유질이나 나무진 등의 흔적이 관찰되었다. 다만 석기에 나타나는 흔적이 인류의 사용에 의한 것인지에 대한 근거가 추가적으로 필요할 것으로 판단되며, 구석기유적 형성과정에서 석기에 다양한 흔적이 남게 될 가능성에 대해서도 논의가 필요하다.

그리고 특징적인 석기나 특정 지역의 석기, 그리고 특정 주제에 대하여 비교연구가 진행된 경우가 있다. 즉 이융조·윤용현(1994)의 '한국 좀돌날몸돌의 연구 -수양개수법과의 비교를 중심으로-', 이융조·윤용현(1996)의 '수양개 좀돌날 몸돌과 한국의 좀돌날 몸돌의 비교연구', 이융조 외(2006)의 '남한강 유역의 후기 구석기시대의 문화적 양태 -수양개와 창내유적을 중심으로-', 이정철(2007b)의 '남한강유역 이른 구석기시대 유적의 지층과 편년', 박성진(2011)의 '후기 구석기시대 유적의 '기능'탐색을 위한 시론 -중원지역 한데유적을 중심으로-' 등이 있다.

이융조와 윤용현의 연구는 앞선 연구의 내용을 잇고 있는데, 수양개 유적의 좀돌날몸돌을 유형분류하여 이를 바탕으로 타 유적과 비교를 실시하였고, 중국과 일본 출토 좀돌날몸돌과 상호 대비하여 그 유사성에 주목하고 국내 좀돌날몸돌의 전파루트를 설정하였다. 그러나 연구자료의 한계에 기인하더라도 동반 유물에 대한 심도있는 고찰이 병행되지 않았고, 절대연대만을 참고한 것에 지나지 않는다.

이융조 외의 연구는 수양개와 창내 유적의 잔손질석기를 비교하였는데, 석기 구성을 통해 유적의 기능 및 집단의 차이를 제시하였다. 하지만 석기구성을 살펴보기 전 유적 형성과정에 대한 해석이 구체적으로 진행되지 않아 비교의 의미가 감소되었다. 또한 다듬은 석기의 종류를 기능상으로 구분하고 있는데 이에 대해서는 논의가 필요하다.

이정철의 연구는 남한강 유역의 중기 구석기시대 이전의 하안단구와 관련되는 유적에 대한 연구로서, 지층의 비교 이외에 석기구성의 차이를 판단하여 그 변화를 추론하였다. 즉 시·공간적 차이를 가지는 유적의 비교라는 점에서 의의가 있다. 다만 기존연구의 자료를 바탕으로 검토없이 연구가 진행된 바 해석의 한계가 있다.

박성진의 연구는 이융조 외(2006)의 연구 결과를 바탕으로, 수양개 Ⅰ지구, 창내, 두학동 중말 유적을 대상으로 돌감과 석기제작양상, 주요 석기를 대상으로 연구를 진행하였는데, 다양한 외국의 연구 결과를 바탕으로 유적의 기능에 대하여 기술하고 있다. 즉 기존의 유적 기능에 대한 논의를 이론적으로 정립하고 있다는 점에서 의의가 있다.

이상의 연구에서 일부를 제외하면, 편년의 설정은 절대연대와 층위 단면상에서 관찰되는 쐐기구조, 석기의 형태를 바탕으로 하는 편이다. 그러나 절대연대 측정이 이루어진 유적은 일부에 국한되며, 대부분의 편년은 석기의 형태를 외국의 자료와 비교하여 대략적인 시기를 설정하거나, 쐐기구조의 발달이 최종 빙기 최성기에 이루어졌다는 가설을 바탕으로 상대편년을 진행하였다. 절대연대의 경우 대부분 탄소연대측정과 광여기루미네센스연대측정(Optically Stimulated Luminescence : OSL)이 이루어진 편인데, 얻어진 연대값은 그리 많지 않다. 또한 광여기루미네센스연대측정은 물의 영향, 지표 노출 등에 영향을 받아 그 연대를 신뢰하기 어려운 경우도 있으므로 유적의 퇴적상황 등을 복합적으로 고려할 필요가 있다. 절대연대와 관련된 독립연구로는 이융조·김종찬(2006)의 '수양개 구석기유적의 연대측정에 대하여'가 유일하다.

쐐기구조는 추운 기후가 아니더라도 유적 내에서 발생할 수 있으며, 물의 이동로일 가능성도 제시되었는 바, 편년의 기준으로 삼기는 무리가 있다. 그리고 석기의 형태에 따라 유럽의 구석기문화의 주요 석기와 대비하여 편년을 설정하려는 경향이 있었는데, 그 등장 시기는 지역에 따라 차이를 나타내고 있으므로 단순 비교는 편년의 오류를 가져올 수 있다.

이밖에도 숯의 수종분석 등을 통해 환경을 추론하여 편년에 대입하는 경우가 있는데(박원규 외 2006), 숯이 된 목재가 반드시 당시 기후환경을 반영하는 특이 종이 아닐 수도 있으므로 그 해석에 주의가 요구된다.

최근에는 편년 연구에 있어 지형·지질분석을 통해 유적 형성과정을 파악하려는 시도가 활발히 진행되고 있다. 김주용·양동윤(2002)의 '한강유역 제4기 지질과 구석기유적 형성환경', 김주용 외(2006a ; 2006b)의 '여주 연양리 일대의 충적지형과 하성단구 퇴적층 형성 -DEM을 이용한 하천지형의 인식과 퇴적단면의 분석을 중심으로-', '단양 일대 남한강 유역의 제4기 하성퇴적층 형성환경 연구 -수양개 구석기 유적지를 중심으로-'가 있다.

주로 2000년 이후에 진행된 지형·지질학적 연구는 연구의 범위를 확대시켰다는 점에서 의의가 있으며, 특히 학제간 연구를 바탕으로 하였다는 점에서 지질고고학적 연구가 본격화되었다고 볼 수 있다. 그러나 일부 연구자를 중심으로 연구가 진행되어 유사한 분석과 해석이 반복되고 있으며, 그 내용을 검증할 수 있는 시스템이 구축되어 있지 못한 점은 한계이다.

이렇듯 한강유역 구석기문화에 대한 연구는 유적 조사 소개 수준의 연구를 제외하면, 광주 삼리, 단양 수양개, 여주 연양리, 제천 창내 등의 일부 유적을 중심으로 연구가 진행되었으며, 특히 단양 수양개 유적에 집중되고 있다. 더욱이 유적간 비교 연구는 수양개 유적과 창내 유적, 남한강 하류의 이른 구석기시대 유적군에 대해서만 연구가 진행되었다. 이는 개별 유적별로 우리나라 구석기공작 및 환경의 변화 등을 이해하는데 있어 주요한 자료를 제공할 수 있는 연구가 이루어진데 비해, 유적이 위치하고 있는 한강유역 구석기문화를 종합적으로 파악하기 위한 연구는 거의 진행되지 못했음을 의미한다. 즉 한강유역에 광범위하게 분포하고 있는 유적에 대한 비교연구가 거의 진행된 바 없고 유적간 선후관계 역시 정립되지 못하였다.

1990년대 후반부터 우리나라 구석기연구는 지역단위 연구가 활성화되었다. 1999년 '영남지방의 구석기문화'라는 학술발표회를 시작으로(嶺南考古學會 1999), 2001년 '호남지역의 구석기문화' 학술대회(湖南考古學會 2001), 2001년 연세대학교 박물관의 주최로 진행된 '우리나라의 구석기문화'라는 학술회의를 통해 한탄강과 임진강(배기동 2002a), 금강(최삼용 2002), 남한강(박희현 2002), 강원(최복규 2002), 호남(이기길 2002), 경남(박영철 2002)지역에 대한 연구종합이 이루어진 바 있고, 2004년에는 '강원지역의 구석기문화'라는 학술발표회(江原考古學會 2003), 2009년에는 '한탄강유역 선사문화의 특성'이라는 학술발표회(한국선사고고학회·한양대학교 문화재연구소 2009), 2011년에는 '한반도 중부내륙지역의 구석기문화'라는 학술발표회(한국구석기학회 2011)가 진행되었다.

이밖에도 각종 전시회와 연구논문, 한국연구재단의 지원을 통해 전남 서남해안(이헌종 2004a), 금강의 구석기 문화(국립공주박물관 2005), 영산강 중·상류지역(이헌종·김혜연 2006), 영산강유역(이헌종 외 2006), 중원지역(이융조 편 2006), 홍천강(최승엽 2006), 강원도 동해안(최승엽 2007), 대전충남(성춘택 2008), 호서지역(한창균 2008), 천안-아산지역(한창균 2009), 전북 임실지역(이형우 외 2009), 강원지역(최승엽 2009 ; 2010a ; 2010b), 만경강유역(이형우 2010)에 대하여 하천유역 또는 행정 단위별 연구가 진행된 바 있으며, 앞으로도 활성화될 것으로 판단된다.

이러한 연구는 우리나라 구석기문화의 양상을 밝혀나가는 과정으로써 주목되는 현상이다. 즉 발굴조사되는 구석기유적이 급속히 증가하는 현 시점에서 모든 유적을 연구대상으로 설정하여 연구를 진행하기에는 여러 한계점이 존재하기 때문에 지역단위 연구는 효과적인 연구방법이 되고 있다.

그러므로 이러한 우리나라 구석기연구의 경향 하에서 비교연구가 거의 진행된 바 없는 한강유역에 대한 연구는 지역연구 자료의 축적이라는 차원에서 필요한 것이다.

4. 연구방법

본 연구는 한강유역에서 발굴조사된 구석기유적의 편년 체계를 확립하고, 각 시기별 석기공작의 양상을 파악하여 구석기문화를 복원하고자 하였다. 그러므로 편년 체계의 확립을 위하여 지형과 층서를 분석하여 유적간 선후관계를 파악하고 시기를 설정한 후, 그 시간의 범위 내에 해당되는 석기공작을 분석하였다.

1) 편년

구석기유적의 편년은 지형과 층서, 그리고 석기공작을 통해 진행할 수 있다. 하지만 우리나라 구석기공작의 시간적인 변화를 파악할 수 있는 돌감의 변화나 기술적인 변화가 확인되는 것은 일부 유적에 제한되며, 상당수의 유적에서는 그 변화가 없는 석기공작이 관찰되는 바 편년 작업이 용이하지 않다. 또한 석기에 의한 편년은 상대적인 것으로서 바뀔 가능성이 충분하다. 따라서 편년의 설정에는 움직일 수 없는 증거가 필요한데 그 자료는 많지 않은 실정이다(배기동 2006).

다만 석기가 출토되는 퇴적층의 성격과 지형의 이해는 대체적으로 유적 형성과정을 판단할 수 있게 하는데, 야외관찰을 비롯하여 토양·퇴적물에 대한 여러 과학적 분석이 선행되어야 한다. 또한 그 과정에서 진행되는 지질연대측정은 그 신뢰에 대한 의문을 해소할 수 있다면, 일정한 연대 범위를 규정짓는 핵심적인 자료가 될 수 있다.

따라서 시기의 구분은 각 유적의 입지 지형과 층서와 관련된 분석 통해 구분하고자 하였으며, 특히 입도분석과 대자율, 지질연대자료를 중심으로 유적 연대의 범위 설정이 가능하다.

구석기유적은 그 시간적 범위를 고려할 때, 대단히 오랜 시간을 거쳐 현재에 발견된 것이다. 그러므로 유적 형성 이후 다양한 변화를 겪었을 가능성이 높다. 따라서 유적이 발견된 현재의 지형은 과거 인류가 생활하던 곳과 큰 차이가 있을 수 있으며, 유물이 놓이게 된 지점 역시 과거와 차이가 있을 수 있다. 다만 현재의 지형을 통해 볼 때, 구석기유적은 강안의 단구면 상부나 완만한 산사면에서 주로 발견되고 있으므로, 기본적인 입지 양상은 유사할 것으로 판단된다.

한강유역에서도 이러한 지형에 대부분의 유적이 위치하는데, 하안단구 지형과 산록완사면 지형으로 구분하였다. 하안단구에 대한 연구는 일부 자연과학자와 고고학자에 의해 이루어졌으며, 그 형성시기는 제4기 플라이스토세의 기후변동과 관련지어 추정되고 있다.

그리고 산록완사면은 대체적으로 조립질 사면퇴적물로 피복되어 있는데, 그 유입은 최종 빙기의 환경 변화를 근거로 하고 있다.

본고에서는 특정 지형의 형성시기를 파악하여 상한연대로 활용하고자 하였다. 즉 한강유역에서는 하안단구나 산록완사면의 상부에서 구석기 유물이 확인되고 있는데, 이들 하안단구 및 산록완사면을 피복하는 퇴적물의 형성시기를 파악하여, 이를 유적의 상한연대 또는 유적의 형성시기와 접목시켰다.

남한강 상류부터 한강본류의 상류에 발달한 여러 매의 하안단구는 그 상부의 퇴적물 속에서 구석기유물이 출토되어 각 단구의 형성시기 파악이 유적의 상대 연대를 추정할 수 있는 근거가 된다. 이에 연구 대상유적 중 가장 상류에 위치하는 단양 수양개 Ⅲ지구 유적부터 양평 병산리유적에 이르는 구간의 하안단구 발달을 확인하고, 기존의 연구 내용을 검토하여 단구의 형성시기를 파악하였다.

산록완사면은 한강의 주수계에서 거리를 두고 있는 지천변에 발달하는 경우가 대부분으로 평지에서 급경사의 산지로 넘어가는 구간에 발달되어 있으며, 다수의 구석기유적이 입지한다. 산록완사면은 쇄설물을 포함하는 사면기원퇴적물이 피복하고 있는경우가 대부분으로 그 형성 요인과 시기를 파악하여, 이를 통해 구석기유적의 상대적 연대를 추정하였다.

다음으로 구석기유적의 층서에 대한 분석을 통해 유적의 직접적인 형성 시기를 판단하고자 하였다. 구석기유적 층위는 야외관찰과 토양·퇴적물 분석을 통해 구분되어지며, 이를 바탕으로 유적간 지층의 대비를 통해 선후관계를 설정하였다.

층위의 야외관찰은 구석기유적의 지층에서 보여지는 몇가지 양상 주요한 양상, 즉 색조·쐐기구조·서관구조를 그 형성과 관련하여 살펴보았다. 이러한 양상은 토양·퇴적물 분석 자료와 결합시켜 지층 대비에 활용할 수 있다.

토양의 색조는 그 변화가 뚜렷하더라도 연구자의 주관에 의한 육안 관찰과 먼셀토양색상표(*Munsell Soil Colour Charts*)의 대비에 따라 차이가 발생한다. 특히 일정 부분 객관성을 제공하는 먼셀토양색상표를 이용하는 과정에서도 관찰 환경 요소(빛의 차이, 토양의 습기 차이)에 따라 미세한 차이가 발생할 수 있다.

쐐기구조 역시 그 형태와 내부의 충진물 등에 따라 구분될 있으며, 그 차이를 구분하는 작업이 필요하다. 그러나 현재의 연구는 아직 미진한 상태이다.

그러므로 야외관찰을 진행함에 있어 미세한 차이를 파악하기 보다는 전체적인 맥락에서 층위의 구분을 진행하고자 하였는데, 상부에서 하부층으로 갈수록 일정하게 토양 색조가 변화되는 양상과 그 경계를 이루는 쐐기구조에 대해 주로 논의하였다.

토양·퇴적물 분석은 크게 지질분석과 식생분석으로 구분되는데, 지질분석에서는 토양분석, 광물조성분석, 지화학분석, 지질연대측정이 있으며, 식생분석에는 화분·수종 분석이 있다.

지질분석은 다양한 방법을 이용하여 진행될 수 있지만 퇴적층의 형성과정이나 환경을 밝히는 작업은 간단하지 않다. 특히 퇴적층의 형성 시기와 기원 등의 문제에 대해서는 논란이 많은 편이다. 또한 식생분석에서 화분은 공중을 떠다니기 때문에 오염의 가능성을 충분히 염두해 두어야 하며, 유적 형성과정에서 혼입되었는지에 대한 판단이 요구된다. 수종분석의 자료인 숯 역시 특정 종의 빈도가 반드시 자연상태의 다수 수종을 지시하는 것은 아니며, 퇴적과정에서 혼입되었을 가능성도 존재한다(배기동 1999).

본 연구에서는 이러한 연구상의 문제점을 인식하여, 복수의 분석결과를 조합하고자 하였다. 즉 지질분석의 경우 입도분석, 대자율, 지질연대측정 자료를 복합적으로 검토하고 비교하였으며, 식생분석도 지질분석에서 퇴적물의 변형이 우려되는 경우에는 분석에서 제외하고, 비교적 안정적인 퇴적과정을 거친 것으로 판단되는 동굴유적의 연구 사례를 참조하여 대비하였다.

지질분석에서는 토양분석 중 입도분석과 대자율, 그리고 지질연대측정의 내용을 바탕으로 층서를 구성하는 퇴적물의 기원과 시기를 가늠하였으며, 이에 따라 유물이 출토되는 층에 대한 연대의 범위가 설정되었다. 특히 한강유역에서 지질연대측정은 탄소연대측정과 광여기루미네센스연대측정이 주로 이루어졌는데, 탄소연대측정은 비교적 늦은 시기에 해당되는 유적에서 복수의 시료를 바탕으로 분석이 이루어진 바 그 신뢰성을 어느 정도 인정할 수 있다. 광여기루미네센스연대측정은 토양·퇴적물 분석을 통해 연대의 오차가 발생할 가능성이 높은 충적퇴적물에서 얻어진 연대를 제외하였고, 복수의 연대가 얻어진 자료를 활용하고자 하였다. 단 단일 자료라 하더라도 탄소연대측정이 동시에 이루어져 유사한 연대가 얻어진 경우에는 활용하였다.

지질분석을 통한 연대의 범위를 보완하기 위하여, 식생분석의 내용을 검토하였다. 비교적 안정적인 퇴적물 내에서 얻어진 화분·수종 분석의 자료를 중심으로 하였는데, 야외유적에서 이러한 자료는 많지 않다. 따라서 비교적 안정적인 자료로 판단되는 동굴유적인 단양 구낭굴의 자료를 참고하여, 제4기 기후환경을 해석하였다.

그리고 유적의 입지와 토양·퇴적물 분석 내용을 바탕으로 몇몇 유적간 유사한 층위 양상이 나타나고 있음이 확인되는 바, 이들 층위를 비교하여 유적간 선후관계를 밝히고자 하였다.

최종적으로는 이상의 내용을 종합적으로 고려하여 한강유역 구석기유적에 대한 시기 구분을 실시하였다.

2) 석기공작

지형과 층서를 통해 설정된 편년 체계를 바탕으로 각 시기별로 석기공작을 파악하고자 하였다.

석기연구는 연구자가 유물의 분석을 보다 효과적으로 진행하기 위한 하나의 방법일 뿐이며, 유적과 유물의 특성에 따라 그 방법을 달리할 수 있다. 그러므로 다양한 석기 분석 사례가 확인되는데, 주로 서구의 연구자를 중심으로 진행되었다. 특히 불란서를 중심으로 한 석기공작과 아프리카의 석기공작을 파악하기 위한 방법으로 계발되었다(Brézillon, M. N. 1971 ; Leakey, M. D. 1971 ; Clark, J.D. and Kleindienst, M.R. 1974 ; Isaac, G. Ll. 1977 ; Bordes. F. 1979 ; de Lumley. H. 1979 ; Inizan. M.-L. et al. 1992, 1999 ; Debénath, A. and Dibble, H.L. 1994). 우리나라에서도 이러한 외국의 석기분석 방법론을 인용한 경우가 대부분이다. 즉 본 연구의 대상 유적 중 일부에서도 석기공작을 파악하기 위한 방법론이 제시되었는데(이융조 외 2000b ; 한창균 외 2003b ; 이정철 2007a ; 노대석 외 2007 ; 홍미영·김종헌 2008), 대부분 외국의 연구방법을 차용하거나 변용한 것이다.

석기분석의 방법은 대부분의 유적에서 공통적으로 돌감의 분류와 형태를 기본적으로 진행하고 있다. 돌감의 분류는 석영(quartz)과 규암(quartzite) 및 기타 돌감에 주안점이 맞추어져 있으며, 일부 유적에서는 기타 돌감 중 다수를 차지하는 흑요석을 따로 구분하거나, 혹은 기타 돌감을 자세하게 구분하는 경우도 있다. 돌감의 형태는 석기 몸체에 남아있는 양상을 바탕으로 자갈돌 혹은 덩이돌로 구분되거나, 미상을 추가하는 편이다.

석기의 분류 방법은 유적간 차이가 확인되는데, 이는 방법론의 바탕을 어디에 두고 있는가와 관련된다.

삼리, 덕소, 호평동, 호평동 지새울 유적 등은 불란서에서 진행된 석기분류 체계를 적용하고 있으며, 연양리의 경우에는 아프리카의 석기분류 체계를 적용하였다. 즉 전자는 1차 분류에서 몸돌·격지·조각·몸돌석기 혹은 자갈돌석기·잔손질된 석기·자연돌로 구분하고 있지만, 후자의 1차 분류는 다듬은 석기, 반입석재, 폐기석재로 구분하였다.

2차 분류 역시 삼리를 비롯한 유적에서는 1차 분류의 내용을 심화시켜, 몸돌을 일반몸돌·돌날몸돌·좀돌날몸돌, 격지는 일반격지·돌날·좀돌날, 몸돌석기 혹은 자갈돌석기 그리고 잔손질석기를 기능·형태에 따라 다양하게 세분하며, 자연돌 역시 망치·모루 등의 사용된 자연돌과 운반된 자연돌로 분류된다. 반면 연양리에서는 다듬은 석기를 몸돌석기와 격지석기로 구분하고, 반입석재에는 모루·망치·자갈돌, 폐기석재는 몸돌·격지·조각 등으로 분류하였다.

석기의 속성과 분류를 위한 작업은 방법론이 제시된 유적에서 유사하게 진행되었는데, 박리작업을 파악할 수 있는 몸돌, 격지를 비롯하여 몸돌석기(혹은 자갈돌석기)와 잔손질석기를 중심으로 진행되었으며, 연양리에서는 망치에 대한 분석도 진행되었다.

몸돌에 대한 분류기준과 속성은 몸체, 작업면과 타격면에서 관찰되는 특성을 중심으로 몸체의 돌감, 형태, 자연면의 빈도, 작업면의 수와 유형, 박리방향, 타격면의 성격, 타격면의 수 등을 중심으로 진행되었다. 다만 일부 늦은 시기에 해당되는 유적에서는 몸돌의 상태 및 체계적인 박리기법의 적용 정도를 중심으로 준비된 몸돌, 단순몸돌, 불규칙한 몸돌, 고갈된 몸돌, 깨진 몸돌로 세분하는 경우가 있다.

격지에 대한 분류기준과 속성분석은 몸체, 등면, 타격면, 배면 등을 중심으로 분석이 진행되는데, 몸체는 돌감과 크기에 따른 구분, 등면에서는 격지 박리 방향, 타격면에서는 그 형태, 배면은 혹의 발달 여부를 중심으로 분석이 진행되고 있다. 일부 늦은 시기의 유적에서는 온전한 격지와 깨진 격지로 구분하기도 하며, 온전한 격지는 그 크기에 따라 일반격지, 작은격지, 잔격지로 세분된다.

조각에 대한 분석은 일부 유적에서 그 계량적 속성을 중심으로 분석이 진행되었다.

다듬은 석기에 대한 분석은 몸돌석기와 잔손질석기로 구분하고 몸체, 날과 사용면을 중심으로 이루어졌다.

몸돌석기의 경우에는 몸체는 돌감, 원석의 형태, 자연면의 비율을 파악하고, 날과 사용면에서는 날의 형태, 날길이지수, 박리면의 범위, 박리된 수, 날의 각도 등을 중심으로 분석이 이루어지고 있으며, 잔손질석기나 격지석기는 몸체에서 돌감, 소재와 함께 날과 사용면에서 잔손질된 위치, 날의 모양, 잔손질 종류, 잔손질한 방향, 날의 기울기, 잔손질된 범위 등의 속성을 중심으로 분석이 진행되었다.

즉 한강유역에서 석기공작의 분석을 위한 방법론이 정리되어 있는 유적의 경우에는 1차 분류와 2차 분류에 있어 차이가 확인되지만, 몸돌과 격지, 다듬은 석기의 속성분석에서는 대체적으로 유사한 방법이 이용되었다.

따라서 본고에서 석기공작의 분석을 위한 방법의 구축은 그 차이가 분명한 석기의 1차 및 2차 분류 기준의 통일안을 마련하는 것이 우선이었다.

그러므로 본 연구에서는 앞서 몇몇 유적에서 진행된 석기연구 방법론에 일부 수정을 가하여 분류체계와 속성을 선정하였다.

우선 돌감과 석기의 구성을 파악하는 것으로써, 돌감은 석영·규암계와 기타 돌감으로 크게 양분한 후, 다시금 기타 돌감을 세부적으로 파악하고자 하였다.

석기의 구성은 박리작업 유물과 다듬은 석기, 기타로 삼분하여 각 유적별 구성을 파악하고자 하였다. 박리작업 유물에는 몸돌·격지, 돌날몸돌·돌날, 좀돌날몸돌·좀돌날, 조각, 망치, 모루를 포함하였으며, 다듬은 석기는 몸돌석기와 잔손질석기를 포함하였고, 기타에는 반입자갈돌 등이 포함된다.

2차적으로는 석기의 기술·형태적 분석을 진행하고자 하였는데, 박리작업과 다듬은 석기에 대한 분석을 중심으로 진행하였다.

박리작업에 대한 분석은 박리작업과 관련된 유물의 구성비를 살펴보는 것부터 시작하였다. 즉 몸돌·격지, 돌날몸돌·돌날, 좀돌날몸돌·좀돌날, 조각, 망치, 모루의 빈도를 파악하였다. 이를 통해 유적 내의 석기공작에 대한 기초적인 분석이 가능하였다.

그리고 구체적으로 석기공작과 그 변화를 파악하기 위해 모든 시기에 걸쳐 확인되는 박리작업 유물, 즉 일반적인 몸돌과 격지를 대상으로 시기별로 구분하여 분석을 실시하였다. 그 과정에서 깨진 몸돌과 재활용된 몸돌은 배제되었으며, 몸돌과 격지의 분석은 실견이 이루어진 유적의 유물을 중심으로 하였다. 한편 특정 시기를 반영하는 돌날몸돌과 돌날, 좀돌날몸돌과 좀돌날에 대해서는 유물이 출토된 유적이 제한적이고, 수양개 Ⅰ지구 유적을 제외하면 그 수량이 많지 않으므로 별도의 분석을 진행하지 않았다.

몸돌의 분석은 몸체와 작업면, 타격면으로 구분한 후, 그 내의 몇몇 속성을 자세하게 살펴보았다. 몸체는 크기와 무게·돌감·원석의 형태, 작업면은 그 수와 유형, 박리방향, 타격면은 그 수와 종류를 파악하였다.

격지는 몸체와 등면, 타격면으로 삼분한 후, 몇몇 속성을 중심으로 분석을 실시하였다. 몸체에는 돌감과 크기, 등면에는 박리방향의 유형, 타격면에는 크기와 종류·박리각을 중심으로 이루어졌다.

이상의 시기별로 구분되어 진행된 몸돌과 격지의 분석 내용에 대한 비교를 실시하여 박리작업의 변화를 파악하고자 하였다. 우선 시기별 박리작업을 비교하였으며, 면밀하게 그 변화를 파악하기 위해 다문화층 유적의 유물층별 차이를 판단하였다. 또한 같은 시기에도 그 연대의 폭이 넓은 경우에는 대표 유적간 비교를 실시하여, 변화를 확인해보았다.

다듬은 석기는 각 시기별로 나타나는 석기의 구성을 살펴본 후, 이를 종합하여 다듬은 석기의 구성 변화를 파악하고자 하였다.

다듬은 석기는 몸돌석기와 잔손질석기로 구분하였다. 그 내에 기술·형태적으로 차이를 보이는 석기를 종류별로 살펴보았는데, 대체적으로 유적 내에서 다수를 차지하는 석기로 몸돌석기는 찍개·여러면석기·주먹도끼류·기타, 잔손질석기는 긁개·밀개·홈날·기타이다.

다듬은 석기의 구성과 변화를 통해 일부 유물은 시기 구분과 상관 없이 공통적으로 관찰되거나 특정 시기를 대표한다. 그러므로 다듬은 석기에 대해 비교가 가능한 정도의 수량이 확인되는 유적을 중심으로 주요 석기의 분석를 실시하여 시기차에 따른 석기제작의 변화를 판단하고자 하였다. 이 과정에서 주먹도끼는 그 수량이 극히 적고 일부 유적에서만 확인되어 제외되었다.

따라서 주요 석기의 분석은 몸돌석기 중 찍개, 잔손질석기에는 긁개, 밀개, 홈날, 슴베찌르개를 대상으로 진행하였으며, 시기를 달리하는 유적 내에서 출토된 이들 유물의 속성을 비교하여 그 차이를 확인하고자 하였다.

분석 방법을 살펴보면, 찍개는 크기와 무게, 몸체, 날과 사용면에 대하여 분석하였는데, 몸체에는 돌감과 종류, 날과 사용면은 날의 위치·형태·날길이지수·날의 각도를 중심으로 분석을 진행하였다.

긁개와 밀개, 홈날은 몸체와 날을 중심으로 분석하였다. 긁개의 몸체에는 돌감과 소재, 크기의 분포를 확인하였으며, 날에서는 그 수와 위치, 형태를 파악하였다. 밀개의 몸체에서는 돌감·소재·크기·형태, 날에서는 그 형태를 파악하였다. 홈날은 몸체의 돌감과 소재, 크기에 대한 분석과 날의 제작 유형을 파악하였다.

슴베찌르개는 몸체, 슴베, 날, 등면, 배면, 타격면으로 구분하였으며, 몸체에는 돌감과 크기, 슴베에서는 손질방향과 부위, 날은 잔손질부위와 날각도, 등면은 박리면의 수와 자연면의 유무, 배면은 두덩부분의 제거여부, 타격면은 종류와 크기·박리각 등으로 세분하여 살펴보았다.

최종적으로 이상의 내용을 종합하여, 각 시기별 석기공작의 양상을 파악하였다.

II

지형과 층서 편년

Ⅱ. 지형과 층서 편년

연구 대상 유적이 분포하고 있는 지역은 남한강유역과 한강본류역의 상류에 해당한다. 이 지역에는 한강의 흐름을 따라 강안에 해발 고도를 달리하는 하안단구가 형성되어 있으며, 한강에서 내륙으로 들어가면 평지에서 급경사의 산지로 넘어가는 구간에 산록완사면이 형성되어 있다. 이들 지형은 기후의 영향을 받아 형성되는 것으로 알려져 있으며, 구석기유적은 이 지형의 상부에 위치한다. 따라서 유적의 입지와 관련된 지형의 형성시기를 판단하여 구석기유적의 상한 연대를 파악할 수 있다.

그리고 구석기유적의 층서에 대한 분석을 통해 유적의 형성시기를 판단하였다. 우선 각 유적의 층위를 포괄적으로 파악하고, 토양·퇴적물 분석을 검토하여, 유적간 지층의 비교를 통해 유적의 형성시기와 환경을 가늠하고자 하였다.

1. 유적의 입지

한강유역의 주요 구석기유적은 대부분 하안단구와 산록완사면과 관계되며, 이러한 지형의 형성시기와 요인을 판단하여 유적과의 관계를 파악할 수 있다. 특히 이들 지형의 형성시기는 구석기유적과 직접적인 관계가 없다할지라도 유적의 상한연대를 지시하는 것으로써 의미가 있다.

1) 하안단구

하안단구와 관련된 연구 대상 유적은 단양 수양개 Ⅰ·Ⅲ지구, 제천 창내, 여주 연양리, 양평 병산리 유적 등 5개소이며, 하안단구 상부의 퇴적물 내에 유적이 위치하고 있다.

하안단구는 남한강 상류부터 한강 본류의 상류에 이르기까지 강의 양안에 발달하고 있는데, 상류로 갈수록 여러 매의 단구면이 발달하고 있으며, 반면 하류에서 그 발달은 미약하다. 즉 현재까지의 하안단구 연구 결과, 연구대상 유적이 분포하는 단양에는 세 매의 단구가 발달되어 있으며, 충주 일대부터 남한강 하류까지는 두 매의 단구가 발달하고 있다고 알려져 있다 (任昌周 1989, 1994, 1997 ; 朴喜斗 1992 ; 송언근 1998 ; 김주용 외 2004, 2006a, 2006b ; 김주용·김진관 2007).

하안단구는 다양한 성인을 가지고 있는데, 우리나라 구석기유적의 입지와 연관되는 것은

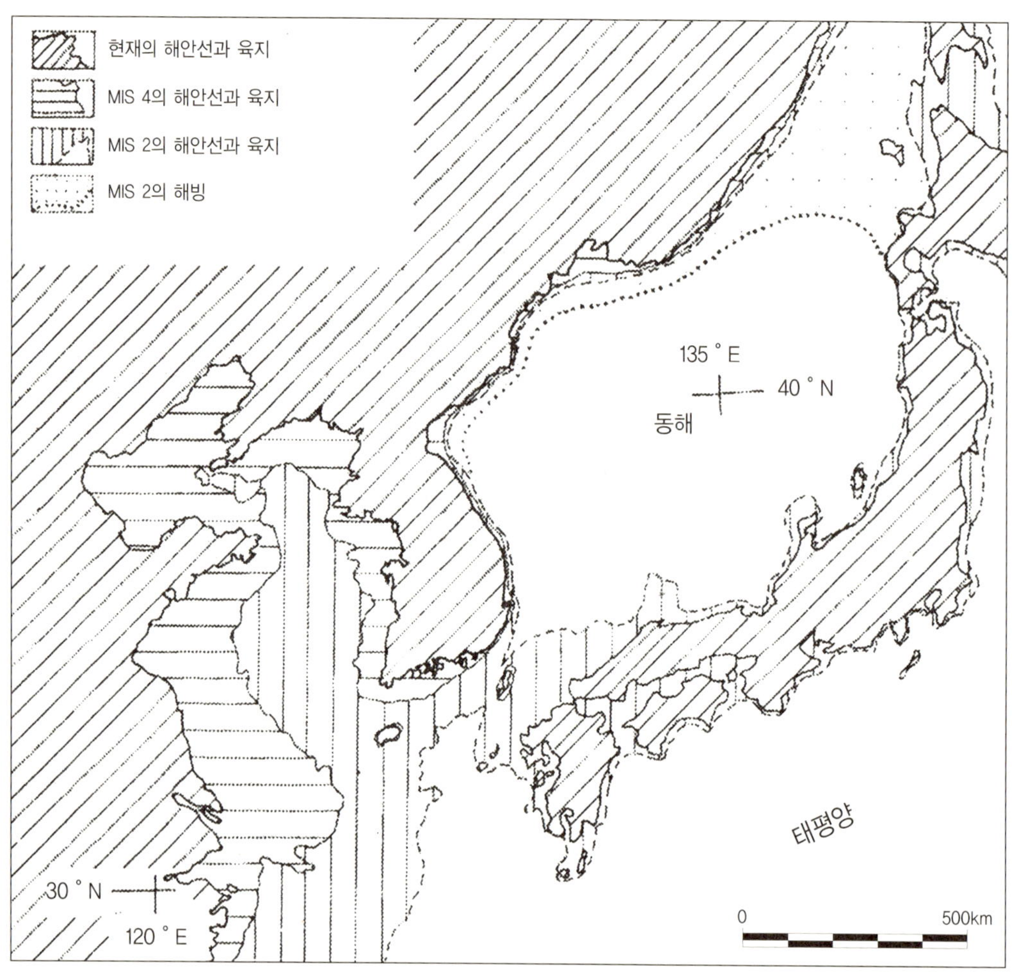

그림 2. 최종 빙기 한반도 주변 해안선과 육지(최성길 2007)

대체로 중기 플라이스토세 이후에 발달한 것으로 기후변동에 따른 해수면변동과 관계가 깊다. 즉 제4기 플라이스토세 기간 동안 여러 번 반복된 빙기와 간빙기의 교차에 따라 해수면이 변동되었으며[1], 특히 최종 빙기에는 해수면의 하강으로 우리나라 현재의 해안선에서 바다쪽으로 더 나아가고, 각 하천은 하안에 단구를 발달시키면서 하각을 지속되었다. 그 결과 하천의 연장부는 합류하고, 커다란 하곡을 형성하면서 바다에 도달하였다. 이 시기에 중국과 우리나라, 일본은 연결되었으며, 동해는 마치 호수와 같았을 것으로 추정하고 있다<그림 2>(최성길 2007).

하안단구는 하상비고와 단구력층의 풍화도 등을 통해 선후관계를 추론할 수 있다. 단구력

---

1) 산소동위원소체비(MIS)에 근거할 때, 빙기는 고위도의 대륙·고산지역의 빙상, 빙하가 확대되는 한랭기후의 시기를 의미하며, 간빙기는 범지구적으로 온난화가 진행되어 현재와 같이 대륙빙상이 남극대륙과 그린란드에서만 보여지는 시기이다. 즉 MIS의 시기가 짝수로 기술되면 한랭, 홀수로 기술되면 온난한 기후를 의미한다(町田 洋 외 2003).

의 풍화가 거의 없고 하상비고가 낮은 경우 흔히 2단구로 판단하며, 반면 역의 풍화에 의해 부서짐이 심하고 하상비고가 일정 고도 이상에 해당되는 경우 3단구 이상으로 판단한다. 따라서 단구력의 풍화가 심한 3단구 이상의 면은 2단구에 비해 이른 시기에 형성되었다고 볼 수 있다. 지형학에서는 2단구의 경우 저위면단구 또는 하위면단구, 3단구는 중위면단구, 그 이상은 고위면단구 또는 상위면단구로 지칭하고 있다(任昌周 1989 ; 朴喜斗 1992 : 송언근 1998).

이러한 단구의 선후관계를 바탕으로 유적 내에서 이루어진 지형분석의 결과를 검토하면 다음과 같다.

남한강 상류에 위치하는 수양개 Ⅰ지구에서 단구층은 해발 125m 상부에 위치하고 있으며, 수양개 Ⅲ지구에서는 2001년도에 조사된 11구덩을 참조할 때, 해발 156.6~159m에 분포한다. 이는 충주댐 담수 이전의 하상고도 110m에 대비할 때, Ⅰ지구는 하상비고 15~20m, Ⅲ지구는 하상비고 46.6~54m의 범위에 분포한다. 두 지구 내에서 확인되는 단구력층은 그 풍화도에 상당한 차이가 있는데, Ⅰ지구에서는 풍화가 거의 진행되지 않은데 비하여 Ⅲ지구에서는 풍화가 심하게 이루어졌다. 따라서 단구력층의 형성 시기는 서로 차이가 있는 것으로 판단된다.

기존연구에 의하면(任昌周 1989, 朴喜斗 1992, 김주용 외 2004 ;2006b), 단양일대에는 세 매의 단구면이 발달하고 있으며, 낮은 고도부터 저위면(2단구), 중위면(3단구), 고위면 등의 순으로 불리우는데, 수양개 유적에서는 Ⅰ지구는 저위면, Ⅲ지구는 중위면에 해당되는 것으로 판단된다.

수양개 유적의 하류에 위치하는 제천에는 창내 유적이 해발 약 88~90m에 위치하는데, 유물이 출토되는 모래층 하부에는 단구력층이 해발 88m 부근부터 확인되며, 풍화는 거의 이루어

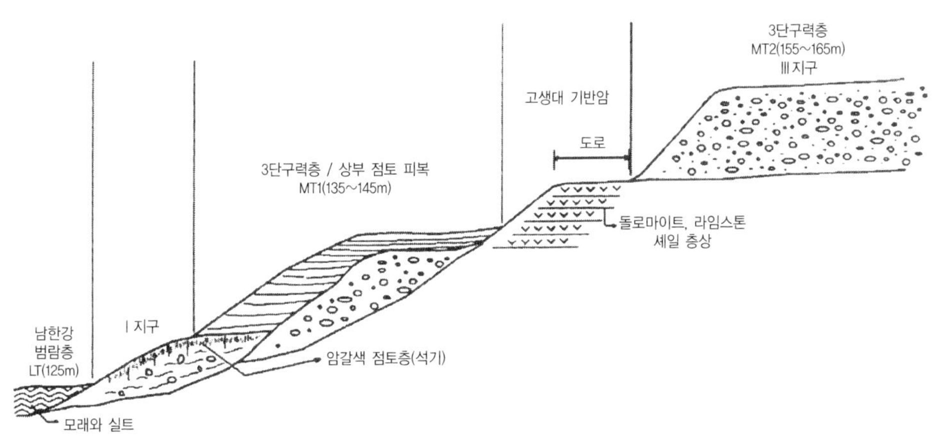

그림 3. 수양개 유적 일대의 단구 모식도(Lee and Kim 2010에서 일부 수정)

지지 않았다. 단구력층의 풍화상태로 미루어 수양개 Ⅰ지구의 단구력층과 연관되는 것으로 볼 수 있다. 한편 창내 유적 부근에는 연구 대상 유적에서는 제외되었지만, 제천 계산리·명오리 큰길가, 충주 금릉동·용탄동 유적 등이 위치하는데, 이들 유적의 하부에서도 단구력층이 확인되어 이 지역의 하안단구 지형을 이해할 수 있는 자료를 제공하고 있다.

계산리 유적은 해발 156.8m에 위치하며, 유적 하부에는 해발 146.5m 부근에 풍화가 심하게 진행된 단구력층이 발달되어 있으며, 명오리 큰길가 유적은 창내 유적과 비슷한 해발 88m 부근에 단구력층이 형성되어 있다. 큰길가 유적의 하부 단구력층은 그 양상으로 볼 때, 창내 유적과 동일한 것으로 판단할 수 있다. 그리고 계산리 유적은 창내보다 60m 상부에 위치하는 또다른 단구력층으로 판단되는데, 하상고도로 미루어 볼 때 수양개 Ⅲ지구 하부의 단구력층보다도 그 형성시기가 오래된 층으로 판단된다(禹鍾允 외 2007b).

충주부근에서 하안단구의 발달은 세 매에서 두 매로 감소하는데, 이는 남한강 상류유로에 형성되었던 상위단구면이 충주-여주 유로 부근에서 충적단구의 두터운 충적물에 의해 매몰되었을 가능성이 제시되고 있다(任昌周 1997).

충주 금릉동 유적에서는 단구의 양상은 파악하지 못하였지만, 유적 주변의 지형에 대한 연구를 통해 볼 때(김주용·김진관 2007), 저위면과 중위면이 발달하여 있고, 저위면은 해발 85-95m의 저위Ⅰ면과, 75-85m의 저위Ⅱ면으로 구분되고, 중위면은 해발 95m 보다 상부에 발달한 것으로 추정하였다<그림 4>.

충주 용탄동에서는 유적의 하부에 모래와 자갈이 층서를 이루는 단구퇴적이 이루어졌는데, 자갈층의 풍화는 거의 없는 편이다(이선복·이교동 1993). 자갈층은 해발 85-86m 정도부터 확인되는 점으로 미루어 금릉동 저위Ⅰ면과 관계된

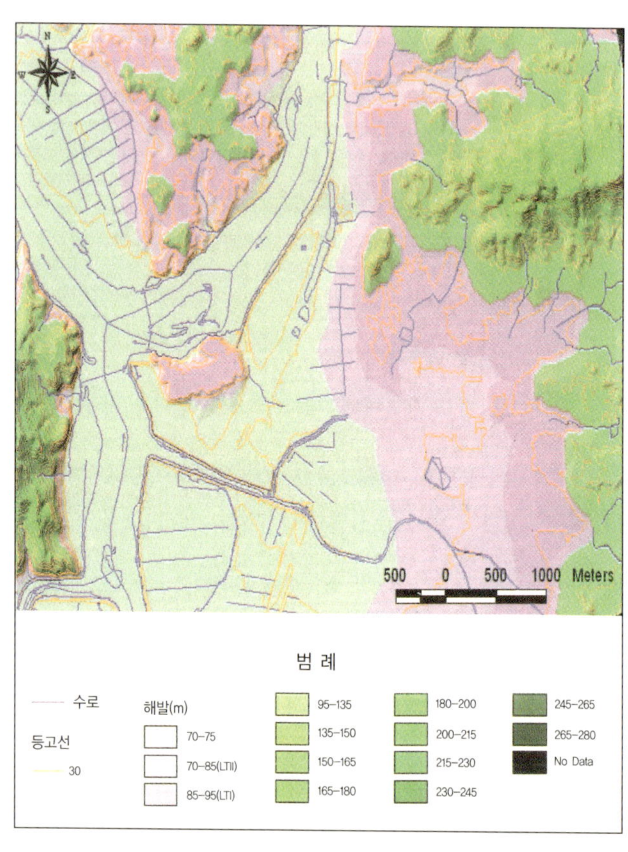

그림 4. 충주일대 단구면 분포도(김주용 · 김진관 2007)

48

사진 1. 연양리 유적 하부의 단구퇴적층(필자 촬영)

다고 볼 수 있다.

　따라서 제천과 충주 일대에는 대체적으로 하류로 갈수록 하상종단면의 고도가 낮아지는 점을 고려할 때, 해발 90~85m 사이에 저위면단구가 형성되어 있고 그 상부의 퇴적물에 구석기유적이 분포하는 빈도가 높은 편이다.

　남한강 하류의 여주와 양평 일대에 하안단구가 발달하고 있으며, 여주 연양리와 양평 병산리에서 단구층이 확인되었다.

　여주 연양리 유적 일대에서는 지형관찰을 통해 단구를 확인하였고, 이를 유적 하부의 단구퇴적층과 대비할 수 있었다. 지형관찰을 통해 해발 45m 지점 상부에 마모되지 않은 자갈층이 발달해 있으며, 해발 60m 전후에는 유적의 층위조사에서 확인된 풍화가 심하게 진행된 또 다른 자갈층이 확인된다. 따라서 고도를 달리하는 두개의 단구층이 존재하고 있으며, 그 형성 시기는 차이가 있다고 볼 수 있다(김주용 외 2006a ; 김주용 2007 ; 이정철 2009).

　그리고 양평 병산리유적과 주변에는 해발 31m 정도에 단구력층이 형성되어 있는데, 양평교의 하상고도가 20m인 점을 통해 보면, 연양리에서 확인된 해발 45m 지점의 단구층과 관계되며, 이보다 약 20m 높은 위치에도 자갈층이 발달하여 있는데, 이는 연양리 해발 60m 단구력층과 관계된다. 이로써 연양리와 병산리 유적 일대에는 대비되는 두 매의 단구가 존재하는 것으로 판단된다. 이는 기존의 연구와 유사한 결과이다(任昌周 1997 ; 韓昌均 1997).

단구의 형성시기에 대해서는 남한강 상류에서 저위면은 후기 플라이스토세, 중·고위면은 중기 플라이스토세로 추정하였는데(任昌周 1989, 1994 ; 朴喜斗 1992 ; 김주용 외 2004, 2006a), 구체적인 시기를 판단하기 위해서는 홍천강과 북한강유역에서 이루어진 하안단구 형성시기에 대한 논의를 참고하였다.

윤순옥과 이광률(2000)은 홍천강 중·하류부의 하안단구 지형 발달에 대한 연구에서 단구를 하상으로부터의 고도에 따라 47-78m는 고위1면, 28-57m는 고위2면, 20-43m는 중위면, 11-30m는 저위1면, 7-18m는 저위2면으로 분류하였다. 그리고 그 형성시기에 대해서는 고위1면과 고위2면이 MIS 8기, 중위면이 MIS 6기, 저위1면이 MIS 4기, 저위2면을 MIS 2기로 판단하였다.

그리고 이광률(2003)은 북한강유역의 하안단구 퇴적물 특성과 지형발달의 연구에서 홍천강 중류부의 하안단구를 6개의 면으로 재분류하였는데, 가장 높은 하상비고 76-81m는 T6면, 43-64m는 T5면, 33-49m는 T4면, 24-37m는 T3면, 16-26m는 T2면, 6-15m는 T1면으로 구분하였고, 그 형성시기는 각각 MIS 12이상, MIS 10, MIS 8, MIS 6 중·후반기, MIS 6 전반기, MIS 2로 구분하였다.

또한 이광률(2004)은 북한강 하안단구 퇴적층의 풍화 특성 연구를 통해 북한강에는 하안단구의 발달이 대체로 빈약하며, 하상비고 18-29m의 T1면과 하상비고 25-39m의 T2면이 분포하는데, T1면의 형성시기는 MIS 4, T2면의 형성시기는 MIS 6로 판단하였다.

그리고 신재봉 외(2005)는 홍천강 중류의 하안단구면 중에서 가장 높고 오래된 단구면은 제1하안단구로 하상비고 31m(해발고도 150m), 제2하안단구는 하상비고 14m, 제3하안단구는 하상비고 10m, 제4하안단구는 하상비고 6m에 위치하여 발달하고 있다고 파악하였으며, 뢰스-고토

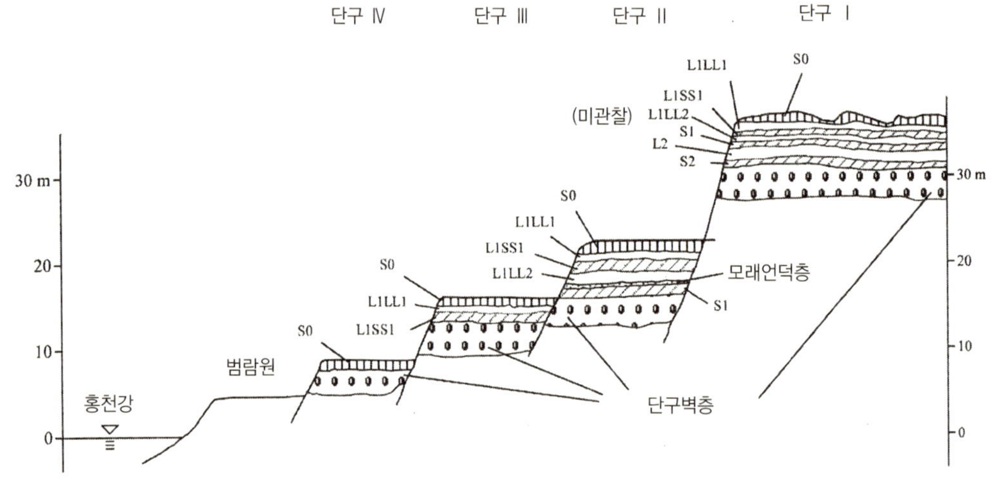

그림 5. 홍천지역의 단구 단면도와 퇴적 층위(신재봉 외 2005에서 일부 수정)

50

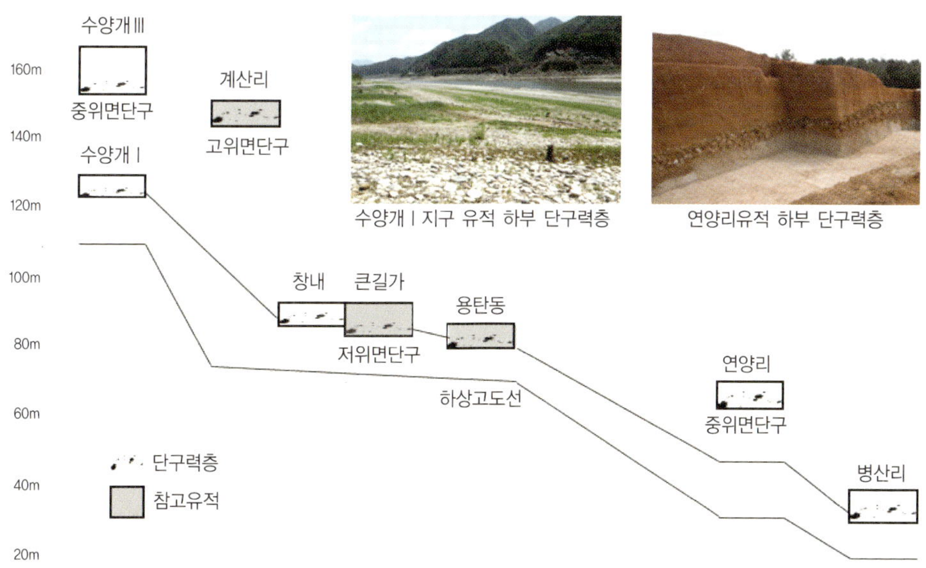

그림 6. 하안단구의 형성과 구석기유적

양 퇴적층의 연대로 각 하안단구의 자갈퇴적층의 연대를 추정한 바, 제1하안단구는 MIS 7 이전인 MIS 8, 제2, 3, 4하안단구는 각각 MIS 6, 4, 2에 형성된 것으로 유추하였다.

그러므로 이러한 연구 내용을 참조할 때, 북한강과 인접하고 있는 남한강 하류의 저위면(2단구)은 MIS 4기, 중위면(3단구)은 MIS 6기에 대비될 가능성이 높으며, 남한강 중·상류의 고위면은 MIS 12~10기, 중위면은 MIS 8~6기, 저위면은 MIS 4기의 범위에 해당될 가능성이 높다.

즉 단양 수양개Ⅰ지구, 제천 창내, 제천 명오리 큰길가, 충주 금릉동, 양평 병산리 유적의 하부에 형성된 하안단구는 MIS 4기, 여주 연양리 유적 하부의 단구는 MIS 6기, 단양 수양개Ⅲ지구 하부의 단구는 MIS 6~8기에 형성된 것으로 볼 수 있으며, 제천 계산리의 경우에는 MIS 12기에 형성된 고위면단구와 관련된다.

2) 산록완사면

한강유역에서 산록완사면에 위치하는 구석기유적은 하안단구 지형과 관련된 유적보다도 그 수가 많다.

산록완사면이란 성인에 관계없이 산록에 분포하는 모든 완사면의 지형을 의미한다(권동희 2008). 따라서 산록완사면은 산록의 어떤 특정한 침식사면이나 퇴적사면을 의미하는 것이 아니고 단순히 형상적인 특징만을 나타낸다. 산록완사면은 대부분 편암이나 편마암 등과 접하고 있는 화강암류 지역에 발달하며, 산록완사면을 피복하는 퇴적물은 적색이나 황갈색토와

사진 2. 호평동 일대의 산록완사면(김종헌 제공)

혼합된 각력퇴적물로 구성되며 암괴를 포함하기도 한다.

산록완사면의 퇴적물은 최종 빙기 동안 우리나라 지형 형성 및 토양형성과 관련된 기후의 특징으로 보고 있다(김주용·양동윤 2002). 그 지형 특징은 결빙과 해빙작용이 반복됨으로써 물리적 풍화작용이 우세하며, 암편은 쪼개져 하부로 이동하면서 암쇄류의 퇴적 작용이 활발해진다. 그리고 해빙시 토양이 흘러내리는 젤리플럭션(gelifluction)현상과 사면의 토양이 동결과 융해가 반복될 때 조금씩 아래로 움직이는 동상포행(frost creep)이 나타나는데, 이때 상부의 퇴적물이 하부로 이동하게 된다.

이러한 양상은 여러 유적에서 관찰되는데, 삼리, 덕소, 호평동, 호평동 지새울, 동백리, 두학동 중말 유적 등의 하부에는 모래질이 우세하거나 각력 및 암괴로 구성된 퇴적물이 발달하여 있으며, 이들 퇴적물 상부에 구석기유적이 형성되어 있는 경우가 대부분이다.

호평동 유적에서는 유물출토층 상부에 다시금 각력이 퇴적되는 등의 양상으로 보아, 사면부에 위치하는 지형적 특성에 따라 고도가 높은 지역에 있던 퇴적물이 지속적으로 밀려 내려와 유적에 영향을 미쳤을 것으로 판단된다.

그리고 동백리 유적의 제Ⅲ문화층에서는 모래성분이 강한 퇴적물 내에서 구석기유물이 혼재되어 출토되는데, 사면에서 흘러내려온 퇴적물의 영향을 받은 것으로 볼 수 있다.

산록완사면에 위치하는 유적은 사면기원퇴적물의 상부에 위치하는데, 유적의 연대는 후기 구석기시대에 해당되는 경우가 대부분이다. 이를 통해 사면기원퇴적물은 물리적 풍화작용 및 토양의 동결과 융해가 활발히 일어나는 최종 빙기의 아간빙기인 MIS 3기에 활발하게 퇴적된 것으로 추정되며, 유적의 연대는 적어도 MIS 3기 또는 그 이후에 형성된 것으로 판단된다.

한편 도곡리 유적에서는 앞서 살펴본 유적과 달리 지형의 침식이 활발하게 진행되었던 곳으로 판단된다. 즉 사면과 사면 사이의 골짜기를 피복한 각력이 다수 포함된 퇴적물 내에서 구석기유물이 혼재되어 출토되고 있는데, 과거 급격한 침식과정을 통해 골짜기 형태의 지형이 형성된 후, 유물과 각력 퇴적물이 섞여 들어간 것으로 볼 수 있다. 유물과 같이 뒤엉킨 각력 퇴적물의 유입은 최종 빙기의 초기 말에서 중기 초(4~6만년 전)와 관련되는 것으로 판단되고 있다(김주용 외 2008c).

도곡리 유적의 유물은 형태적으로 비교적 이른 구석기시대에 속할 것으로 판단되는데, 원래 완만한 사면과 구릉지에 산재해 있던 유물이 사면퇴적이 활발해지는 시점에 각력퇴적물 등과 같이 혼재되어 골짜기부를 매몰시켰던 것

사진 3. 호평동 유적 유물출토층(3층) 하부의 사면기원퇴적물의 발달
(김종헌 제공)

사진 4. 동백리 유적 문화층 하부의 사면기원퇴적물의 발달(필자 촬영)

사진 5. 도곡리 유적 골짜기 퇴적물의 양상(재단법인 한국선사문화연구원 제공)

으로 판단된다. 그러므로 유적의 변형 과정을 거쳤던 것으로 해석되며, 유물의 연대는 적어도 MIS 3기 이상에 해당될 가능성이 크다.

2. 구석기유적의 층서

구석기유적의 층서는 야외관찰이나 토양·퇴적물 분석 등 과학적 방법을 동원하여 구분될 수 있다.

육안에 의해 구분되는 특징은 여러 가지가 있는데, 특히 색조와 입도, 쐐기구조를 바탕으로 층위 구분이 이루어지고 있다. 그러나 색조와 입도의 경우에는 그 차이가 뚜렷하게 나타나지 않는다면 객관성을 유지하기 어렵다.

그러므로 층위의 구분은 과학적 분석에 중점을 두고 진행되어야 한다. 특히 토양·퇴적물 분석에서 진행되는 토양분석, 지질연대측정 등의 지질분석과 화분·수종 분석 등의 식생분석은 유적의 형성시기 및 환경을 지시하는 바 편년의 설정에 중요한 자료를 제공한다.

여기에서는 연구 대상 유적의 층서를 야외관찰에서 확인되는 제양상을 중심으로 살펴보고, 토양·퇴적물 분석이 이루어진 유적의 내용을 검토하여 한강유역 구석기유적의 형성시기와 기후환경을 파악하여, 시기적 편년을 설정하고자 하였다.

1) 야외관찰

유적의 층서는 1차적으로 야외관찰에 의해 구분된다.

층위는 색조와 입도, 쐐기구조 등으로 구분되는 경우가 많다. 대부분의 구석기유적은 점성이 강한 세립질 퇴적물 내에서 확인되고 있는데, 이 퇴적물을 구분하는 기준은 색조와 쐐기구조에 집중되어 있다.

특히 구석기유물은 대체적으로 지표 아래의 명갈색(황갈색)·암갈색(갈색)·적갈색(적색)으로 구분되는 점토층 내에서 출토되는 경향이 우세하며[2], 쐐기구조는 색조를 달리하는 층의 사이에 발달되어 경계를 이루고 있다.

한강유역의 구석기유적도 대부분 색조와 쐐기구조를 바탕으로 층위가 구분되었으며, 유적의 입지와 관련하여 유사성을 찾아볼 수 있다.

남한강 하류의 하안단구 상부에 위치하는 여주 연양리와 양평 병산리는 유사한 층위 구성을 나타내고 있는데, 단구퇴적층 상부에는 적갈색·암갈색·명갈색으로 변화되는 점토층이 확인되며, 색의 변화를 나타내는 경계부에 쐐기구조가 발달하고 있다. 유물출토층은 병산리에서는 적갈색·암갈색·명갈색 점토층 내에서 모두 확인되며, 연양리에서는 적갈색 점토층 내에서 출토된다.

단양 수양개 Ⅰ지구 역시 하안단구 상부에 위치하고 있는데, 연양리나 병산리에서 관찰되는 적갈색 점토층은 확인되지 않으며, 그 상부에 해당하는 암갈색(갈색) 점토층 내에서 유물이 출토되고 있는데, 쐐기구조의 발달이 확인된다.

그리고 단양 수양개 Ⅲ지구에서는 단구력층 상부에 적갈색, 암갈색, 명갈색을 띠는 점토층이 퇴적되어 있는데, 다른 유적과 달리 쐐기구조의 발달이 뚜렷하지 않다. 구석기유물은 명갈색과 암갈색점토층 내에서 확인된다. 일부 석기는 단구력층과 적갈색 점토층의 사이에 분포하는 사력층 내에서도 출토되는데, 이 층은 산록완사면의 사면기원퇴적물과 비슷한 형성시기를 가지고 있는 것으로 추정된다.

산록완사면 지형과 관련된 대부분의 유적에서는 모래·각력·암괴로 구성된 사면기원퇴적물의 상부에 암갈색(갈색)을 띠는 점토층이 발달되어 있고, 그 상부에 명갈색 점토층이 관찰되는 경우가 확인된다. 그 사이에는 쐐기구조가 관찰된다. 유물출토층은 이 두 층에서 모두 확인되는데, 대체적으로 암갈색(갈색)의 층에서 그 빈도가 높은 편이다.

한편 도곡리 유적은 침식에 의해 형성된 골짜기 내에 각력과 혼재되어 유물이 확인되고 있으며, 동백리 유적 Ⅲ문화층의 경우에는 사면에서 유입된 조립질 퇴적물 내에서 유물이 출토되는 사례도 있다. 또한 창내 유적의 경우에는 유물이 모래성분이 강한 조립질 퇴적물 내에서 확인되는 경우가 있는데, 이에 대해서는 토양·퇴적물 분석에서 자세히 다루도록 하겠다.

---

2) 색조의 기술은 먼셀토양색상표에 따르거나 또는 육안 관찰로 결정된다. 먼셀토양색상표에 의해 연양리 유적의 명갈색점토층은 7.5YR 5/2, 암갈색점토층은 7.5YR 3/4, 적갈색점토층은 2.5YR 4/4으로 구분된 바 있으며, 일부 유적에서도 먼셀토양색상표에 의해 표기가 이루어졌지만 유적간 같은 색조로 표기되는 경우는 드물다. 즉 유적마다 토양의 화학적 변화에 색조의 미세한 차이가 존재한다. 따라서 여러 유적의 먼셀토양색상표에 의한 표기를 바탕으로 명갈색(황갈색)·암갈색(갈색)·적갈색(적색)으로 구분하였다.

따라서 연양리, 병산리 3문화층, 창내, 도곡리, 동백리 Ⅲ문화층을 제외하면, 대부분의 유적에서 구석기유물이 출토되는 층위는 명갈색(황갈색)과 암갈색(갈색)의 점토층 내에 집중되고 있으며, 그 사이에는 쐐기구조가 확인된다.

명갈색(황갈색) 점토층은 현재의 지표면과 면하고 있어 삭박 등의 영향을 받은 경우가 많다. 그 두께가 두텁지 않지만, 암갈색(갈색) 점토층과 적갈색(적색)점토층의 경우에는 유적에 따라 층이 두텁고 동일한 층 내에서 높이를 달리하는 상하부에서 유물이 출토되어 시기차를 반영하는 경우도 있다.

이렇듯 구석기유적의 층위를 구분짓는 주요한 기준은 토양·퇴적물의 색조와 쐐기구조에 기인하고 있다. 특히 그 형성과 관련하여 환경적인 성인에 대하여 논의가 진행된 바 있으며, 쐐기구조는 지질연대측정이 이루어지지 않은 유적의 편년 작업에 이용되기도 하는데 그 내용을 살펴볼 필요가 있다.

(1) 색조

우리나라에서 구석기유적의 토양·퇴적물 색조에 대한 연구는 거의 이루어진 바 없고 다만 단구퇴적층의 상부나 평지 및 완경사지형의 기반암풍화층 상부에 존재하는 적갈색 토양에 대한 연구가 거의 유일하다고 볼 수 있다.

구석기유적에서 발견되는 적갈색 토양은 점토층을 이루고 있는데, 이 층의 상부에는 암갈색이나 명갈색을 띄는 점토층이 발달하여 있는 경우가 많다.

우리나라의 적갈색 토양은 고생대의 석회암, 중생대의 화강암, 화산암, 고위

사진 6. 여주 연양리 유적 Ⅰ지점 기준층위 내의 다양한 색조 / 상부부터 명갈색-암갈색-적갈색-회색조(물영향)-적갈색으로 변화 (필자 촬영)

단구퇴적층 등 특정의 모재와의 관성을 보이지 않고 다양한 모재 위에 발달하고 있으며(강영복·이상민 2005), 이는 고토양으로 파악되고 있다.

적갈색 점토층이 상부의 층과 다른 기후에서 토양발달이 이루어진 것은 토양색조와 점토광물의 차이로 파악이 가능하다. 특히 점토광물의 발달과 철산화물에 의한 적갈색의 색조는 현재 기후보다 온난 다습한 기후에서 발생한 것으로 판단되고, 이에 따라 적갈색점토층의 형성 시기는 현재의 기후보다 고온 다습하였던 최종 간빙기에 형성된 것으로 판단되지만(이동영 1995, 1996 ; 강영복·신광식 2005), 최근 구석기유적에서 발견되는 적갈색토양은 몇 매에 걸쳐 확인되고 있으므로 그 시기에 대한 해석은 토양·퇴적물에 대한 다양한 분석을 통해 이루어져야 할 것이다.

한편 평지 및 사면말단부의 하부에는 회색조를 보이는 토양·퇴적물이 발달하고 있는데, 구석기유적에서도 자주 발견된다. 이 토양은 지하수 혹은 장기적인 담수에 의한 물의 영향으로 생성되는데, 토양의 회색화 과정은 과잉수로 인하여 유리산소가 결핍됨으로써 철화합물을 환원시킴으로써 진행된다(쿠마 다쯔다케·나카즈카 시즈오(최대웅·정영상) 1994).

이외에도 최근 이루어진 뢰스-고토양의 색조에 대한 연구 내용을 살펴볼 필요가 있다. 뢰스는 중국 대륙의 서부 및 북부에서는 회황색을 보이는데, 우리나라 및 중국남부에서는 최종 빙기에 풍화가 이루어져서 담황갈색에서 황등색(먼셀토양색상표 10YR~7.5YR)을 나타내며, 특히 우리나라의 뢰스는 선명한 황색을 보이는 경우가 많은데 그것은 고토양이 불투수층을 형성하여 그 위에 퇴적된 뢰스층에 물이 고이므로 환원상태화되기 때문으로 보고 있다(成瀨敏郎 외 2008).

(2) 쐐기구조

우리나라 구석기유적의 층서는 대체적으로 상부부터 표토층, 점토층, 모래층, 기반풍화층(또는 자갈층, 기반풍화층)으로 이루어저 있다. 점토층은 여러 색으로 구분되어지며, 다양한 색을 보이는 층위 사이에 토양쐐기 구조가 발달되어 있다. 우리나라 구석기유적의 층위에서 관찰되는 토양쐐기 구조는 1매부터 수매까지 나타난다.

쐐기구조에 대해 이동영을 위시한 일부 연구자는 그 성인이 주빙하기후의 영향으로 판단하였으며 대체적으로 두 매의 쐐기구조가 확인되는 바, 최종 빙기의 가장 추웠던 시기 즉 MIS 4기와 MIS 2기의 기후변동을 나타내는 양상으로 판단하였다(이동영 외 1992 ; 이동영 1992a, 1992b, 1994 ; 이동영·김주용 1992, 1993 ; 오경섭·김남신 1994 ; 한창균 2003a). 이러한 견해는 결국 상·하의 쐐기구조를 15,000BP와 65,000BP라는 시기로 설정함으로써, 우리나라 구석기유적의 층위 단

면에서 관찰되는 쐐기구
조를 편년에 적용하게 하
는 계기를 만들었다.

하지만 전국 각지의 구
석기유적에 대한 조사가
활발해지면서, 유적 내의
층위 단면에서 두매 이상
의 쐐기구조가 관찰되고,
쐐기구조가 발달된 층에
대한 절대연대측정이 기
존의 견해와 차이를 보이
기 시작하면서 새로운 의
견이 제기되었다.

이선복(1996)은 쐐기구
조는 기후인자로 유발된
것이기보다는 토양내 점
토광물의 함수팽창과 건
조수축 운동의 반복결과
형성된 것으로써 건흔(dry
crack)일 가능성이 매우 크
며, 일부는 식물뿌리에 의

사진 7. 백령도에서 관찰되는 쐐기구조-서해도서를 비롯한 전국에서 관찰-(필자 촬영)

한 유기물 기원현상으로 보았다. 그리고 배기동(2001, 2004) 역시 수분의 이동에 따라 탈색된 쐐
기구조는 영구동토라기 보다는 현재와 같은 기후 하에서도 계절적인 동결작용에 의해 일어날
수 있는 것으로 판단하여, 쐐기구조가 반드시 주빙하기후를 반영한다고 볼 수 없으며 추운 시
기를 지시하는 증거로 활용되는 것은 주의가 필요하다는 의견을 제시하였다.

필자 역시 전곡리와 만수리 등에서 수매의 쐐기구조와 지질연대 자료를 근거로 쐐기구조를
편년에 활용하는 것에 대하여 신중한 접근이 필요하다는 의견을 제시하였으며, 또한 쐐기구
조의 형성은 반드시 동토환경이 아닌 다른 환경에 의해 형성되었을 가능성도 있는 만큼 이에
대한 연구가 지속적 필요하다고 보았다(이정철 2009).

사진 8. 쐐기구조의 평면형태(필자 촬영)

(3) 서관구조

일부 구석기유적에서는 서관구조도 확인되는데, 연천 전곡리, 나주, 아산, 용인, 순천, 정동진 등 전국에 걸쳐 유사한 구조가 관찰된 바 있으나(임현수 외 2004), 한강유역에서는 여주 연양리 유적에서만 자세한 분석이 이루어졌다.

연양리 유적에서는 총 48개의 서관에 대하여 크기를 측정하였는데, 그 지름은 6-14cm의 범위를 가지고 있으며, 평균 9.1cm였다.

서관구조 내부는 두가지 양상이 확인되는데, 주변의 토양과 비슷한 물질로 구성된 것은 동물들이 굴을 파면서 앞으로 전진할 때 뒤로 밀어 놓았거나 서관이 버려진 이후 입구로부터 흘러 들어온 토양으로 채워진 것, 엽층리상의 점토성 물질로 이루어진 것은 서관이 버려진 후 세립질 퇴적물이 지하수 및 강수에 의해 상부로부터 채워진 후 점차 가라앉아 퇴적된 것으로 추정하였다. 그리고 서관구조 내에서는 이를 만든 동물의 구체적인 흔적을 찾을 수 없었는데, 서관구조의 크기와 구조로 볼 때 설치류에 의해 만들어진 것으로 추정하였다. 서관구조의 형성시기에 대해서는 가10ㄱ칸과 다15ㄷ칸의 서관구조 내부 토양에 대해 탄소연대측정을 실시하였는데, 그 결과 각각 17,600±610BP, >36,540 BP의 절대연대가 얻어졌다(이용일 2007).

이러한 서관구조의 연구는 그것을 만든 설치류의 번성과 관련하여 향후 고기후 및 고환경

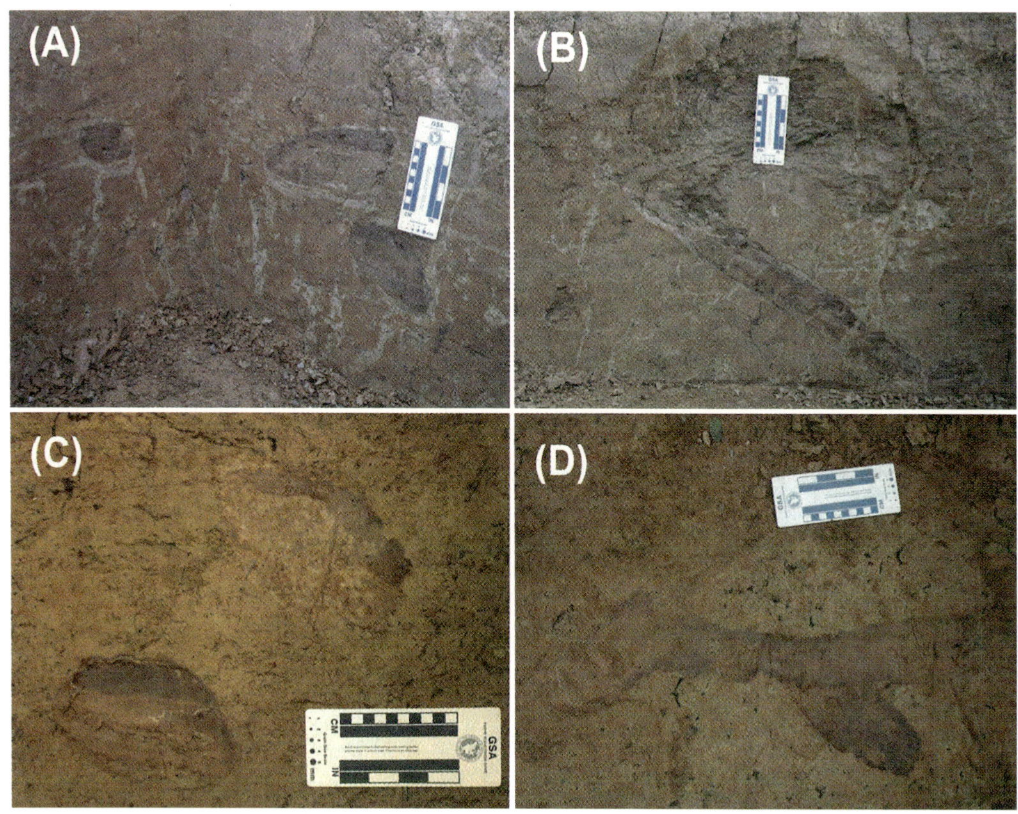

사진 9. 연양리 유적의 다양한 서관구조(이용일 2007)

의 복원에 적용할 수 있다. 다만 아직 연구가 활발하지 않아 향후 새로운 연구 성과가 제시될
가능성이 높다.

2) 토양·퇴적물 분석

토양·퇴적물에 대한 분석은 크게 토양분석, 광물조성분석, 지화학분석, 지질연대측정 자료
등의 지질분석과 화분·수종 등의 식생분석으로 구분된다.

한강유역의 연구 대상 유적 중 토양·퇴적물 분석은 그 방법의 차이가 존재할 뿐, 모든 유적
에서 진행되었다.

이들 유적에서 이루어진 분석 내용을 살펴보면, 다음의 <표 4>와 같다.

토양·퇴적물 분석은 대부분 토양분석과 지질연대측정에 집중되어 있다. 한편 일부 유적에
서는 광물조성분석과 지화학분석, 화분·수종 분석이 진행되었다. 유적의 연대설정과 직접적
인 관계를 가지는 지질연대측정은 7개 유적에서 진행되었는데, 탄소연대측정과 광여기루미

네센스법을 이용한 연대측정이 대부분이며[3], 연양리 유적에서는 화산재를 이용한 연대추정도 실시되었다. 여기에서는 토양분석 중 입도분석과 대자율, 지질연대측정 등의 지질분석과 화분·수종 분석의 식생분석을 중심으로 살펴보았다.

분석내용 유적명	토양분석			광물 조성 분석	지화학 분석	지질연대측정			화분 수종 분석
	입도 분석	대자율	기타			탄소 연대	OSL	화산회	
광주 삼리	●			●	●				
남양주 덕소	●	●				●	●		
남양주 호평동	●	●				●	●		●
남양주 호평동 지새울						●			
단양 수양개 I	●				●	●			●
단양 수양개III	●								
양평 도곡리	●	●					●		
양평 병산리	●		●	●					
여주 연양리	●	●	●	●	●		●	●	
용인 동백리						●			
제천 두학동 중말	●	●							
제천 창내	●				●				●

표 4. 연구 대상 유적에서 진행된 토양 · 퇴적물 분석의 내용

(1) 지질분석

유적의 입지에 따라 지질의 양상은 차이가 존재할 것으로 판단하였다. 따라서 앞서 살펴본 바와 같이 유적의 입지에 따라 하안단구 지형과 관련되는 유적과 산록완사면 지형과 관련되는 유적으로 양분하여 지질분석을 실시하였다.

지질분석을 통해 유적의 층서를 구성하고 있는 퇴적물의 기원과 유물출토층의 형성 시기를 판단하였다.

가. 하안단구 관련 유적

하안단구와 관련되는 유적의 층위 단면 하부에는 수성기원퇴적물이 발달되어 있는 경우가 대부분이며, 상부의 퇴적물은 사면기원퇴적물 혹은 새로운 기원의 점토성 퇴적물로 이루어져 있다.

---

3) 본고에서 탄소연대측정의 경우 BP, 광여기루미네센스연대측정의 경우 BC로 표기하였다.

    먼저 수양개 Ⅰ지구의 층위별
토양 입도분포도을 보면<그림
7>, 문화층 상부의 Ⅲㅁ층과 Ⅲ
ㄹ층에서는 모래 등의 조립질 물
질이 우세한 양상이다. 유적의
입지로 볼 때 강가에 인접하는
바 홍수퇴적과 관련된 퇴적물로
판단되며, 퇴적층 내에서는 신석
기 및 청동기시대 유물이 확인되
고 있어 후빙기의 일정 시기를
지시한다. 그리고 문화층이 위치
하는 Ⅳ층(후기 구석기문화층,
그림 10의 UCL)과 Ⅴ층(중기 구
석기문화층, 그림 10의 MCL)에

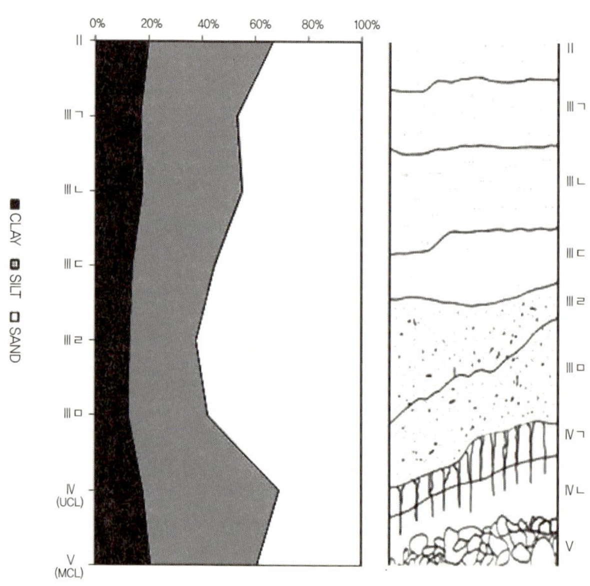

그림 7. 수양개 Ⅰ지구 유적의 층위도와 층위별 입도분포도
(이융조 1985와 Lee and Kim 2010에서 재구성)

서는 실트의 비율이 다른 층에 비해 높고, 다음으로 모래와 점토의 순으로 구성된다. 층위도를
보면 Ⅳ층에서 점토성 퇴적물 내에서 관찰되는 쐐기구조가 확인되고 있다. 만약 Ⅳ층이 물의
범람을 심하게 받았다면 토양 입도는 조립화되어 쐐기구조가 나타나기 어려우므로, 이 층에
서 물의 영향은 상부층에 비해 제한적이었을 것이다.

    또 다른 문화층인 Ⅴ층은 단구력층 내의 자갈 사이에서 유물이 출토되었는데, 저위면단구
형성 이후에 인류의 점거가 있었던 것으로 볼 수 있다. 토양 입도는 Ⅳ층에 비해 조립질이 우
세하다는 점에서 물의 영향은 Ⅳ층 보다 컸을 것으로 판단되며, 유물의 출토상황으로 미루어
퇴적물 유실 등의 변형에 따른 유물 이동의 가능성이 존재한다.

    한편 Ⅳ층에서는 절대연대측정이 이루어졌는데, 이 층에서 출토된 숯의 탄소연대를 측정한
결과 18,630BP, 16,400±600BP의 연대와 15,410±130BP, 15,350±200BP가 얻어져 퇴적층의 형성시
기에 참고할 수 있다(이융조·김종찬 2006).

    강가에 위치한 수양개 Ⅰ지구보다 고도가 높은 사면에 자리잡고 있는 수양개 Ⅲ지구의 토
양 입도분포도<그림 8>는 하부층에서는 모래와 실트가 우세한 회색조의 퇴적물이 반복되어
나타나 물의 영향을 받았던 것으로 판단되지만, 상부층으로 갈수록 실트와 점토 등 세립질 퇴
적물은 증가하며 모래는 감소하는 양상을 보인다(김주용 외 2003a). 하지만 상부 퇴적층의 일
부면에서는 조립질 퇴적물의 비율이 갑자기 급증하는 구간이 확인되는데, 이는 층위 단면 하
부에서 보여진 물의 영향과는 차이가 있는 것으로써 배후 산지에서 사면기원퇴적물이 흘러

62

내려온 쌓인 것으로 판단된다.

수양개 Ⅲ지구 유적에서 유물층은 상부와 하부의 유물층으로 양분되는데, 상부 유물층(그림 8의 Ⅷ층 상부에 존재)은 사면기원퇴적물로 판단되는 조립질 퇴적물이 급격히 증가한 층의 상부에 위치하며 유물의 구성은 수양개 Ⅰ지구 후기 구석기문화층과 유사하다. 그리고 하부의 유물층은 토양·퇴적층 분석이 이루어지지 않은 구역에 위치하고 있어 구체적으로 논의하기 어렵지만, 조사자는 중위면단구의 단구력층 윗부분에서 유물이 출토된 것으로 보고하였다(이융조·공수진 2003). 유적 조사시 관찰한 결과, 단구력층을 구성하는 자갈의 상부는 풍화가 거의 이루어지지 않은 상태로 중위면단구와 직결시키기는 어렵고 오히려 경사면에 자리잡은 유적의 입지상 배후사면에서부터 자갈과 유물이 혼합되어 흘러내려와 퇴적된 것으로 양상으로 판단된다.

수양개 유적 하류의 강가와 연접한 곳에 위치하는 창내 유적의 층위도와 토양 입도분포도<그림 9>를 보면, 유물이 출토된 면

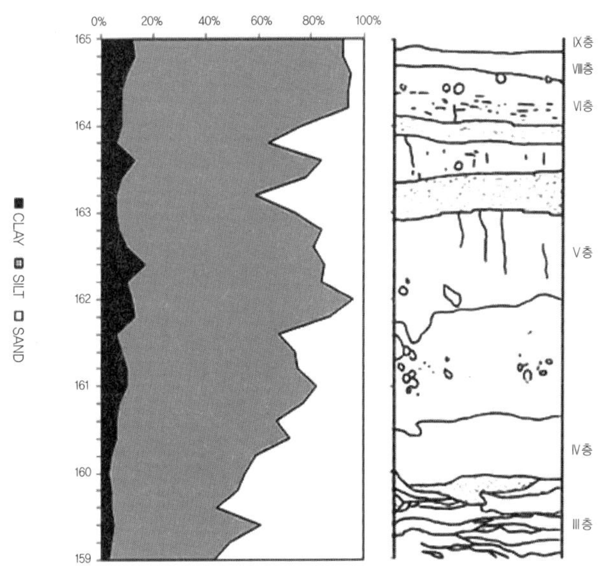

그림 8. 수양개 Ⅲ지구 유적의 층위도와 층위별 입도분포도
(이융조 외 2003에서 수정 및 재구성)

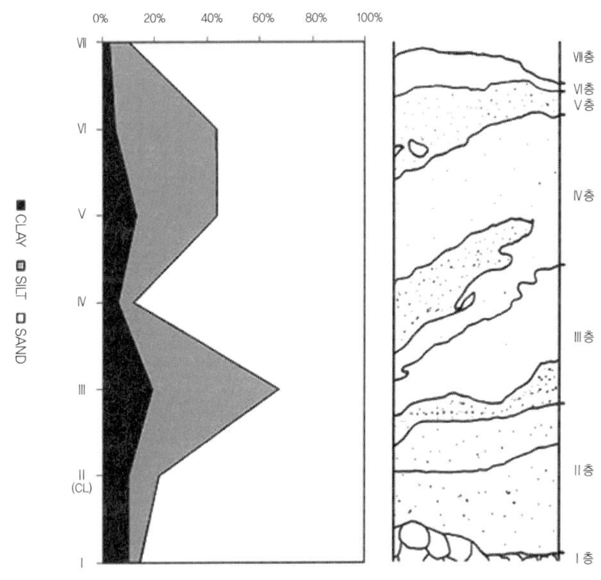

그림 9. 창내 유적의 층위도와 층위별 입도분포도
(박희현 1989에서 수정 및 재구성)

(그림 9의 CL)을 포함한 하부의 층에서는 모래를 위시한 조립질 퇴적물이 우세한데, 이는 입지상 하천의 범람에 의한 것이다(박희현 1984,1989). 문화층이 위치하는 하부에서 상부층으로 올

라가면서 Ⅲ층에서는 실트와 점
토의 세립질 퇴적물이 증가하는
데 이는 토양화과정 혹은 사면기
원퇴적물이나 새로운 퇴적물의
유입으로 판단되며, 이후 Ⅳ층에
서 다시금 하천의 범람에 의한 조
립질 퇴적물의 증가가 뚜렷하게
나타난다. Ⅳ층에서는 신석기시
대 유물이 수습되고 있다는 점에
서 후빙기 초기의 기후변화와 연
동되는 것으로 파악할 수 있으며,
수양개 Ⅰ지구의 Ⅲ지층 일부와
관련되는 것으로 보여진다.

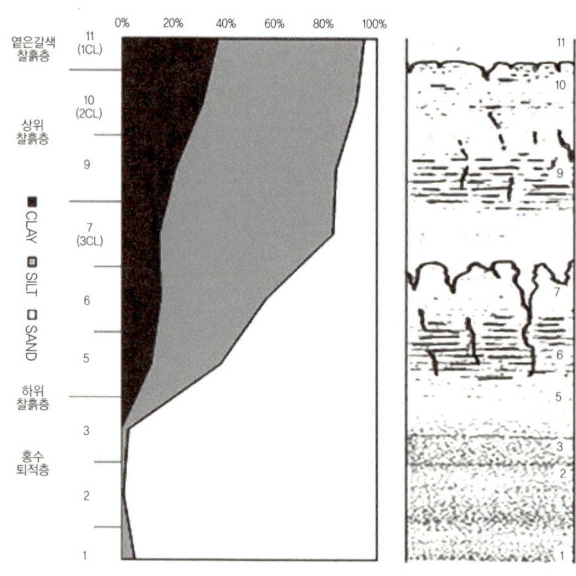

그림 10. 병산리 유적의 층위도와 층위별 입도분포도
(이동영 1994에서 수정 및 재구성)

　　다음으로 양평 병산리 유적의
층위 및 입도분포도를 보면<그림 10>, 병산리 유적은 저위단구면의 상부에 위치하고 있지만,
수양개 Ⅰ지구 및 창내 유적의 토양 입도분포도와 큰 차이를 보이고 있다. 또한 유물이 출토하
는 면에서도 차이가 있다.

　　병산리 유적에서 단구력층 상부에 위치하는 홍수퇴적층에는 조립질 퇴적물인 모래가 차지
하는 비율이 90%를 상회하여 압도적이며, 하위찰흙층에서부터 실트와 점토 등의 세립질 퇴적
물이 증가하기 시작하면서 3문화층(그림 10의 3CL)에 이르러 실트>점토>모래의 입도 구성으
로 변화한다(이동영 1994). 이는 상부의 1·2문화층에서도 동일하게 나타나며, 1·2문화층에서는
보다 세립한 점토성 퇴적물이 증가한다. 이러한 양상은 기후환경의 변화 및 새로운 퇴적물의
유입을 반영하는 것으로 판단된다.

　　병산리 유적의 토양 입도분포의 변화는 중위면단구 상부에 위치하는 연양리 유적에서도 유
사하게 나타난다. 즉 하부에서는 조립질 퇴적물이 우세하지만 상부층으로 가면서 실트와 점
토라는 세립질 퇴적물이 우세해지며, 문화층에서는 병산리의 문화층들과 유사한 토양 입도
분포도를 보인다. 그러므로 병산리와 연양리 유적의 토양·퇴적물은 대단히 유사한 과정을 거
쳐 퇴적된 것으로 판단된다.

　　또한 연양리 유적에서는 토양 입도분석과 함께 대자율 및 지질연대측정이 진행되었는데<그
림 11>(김주용 2007), 대자율은 문화층에서 급격한 변화를 보인다. 문화층인 4층에서는 대자율
의 피크가 증감을 반복하지만 3지층 하부부터 피크가 감소하다가 2지층에 이르러 매우 낮아진

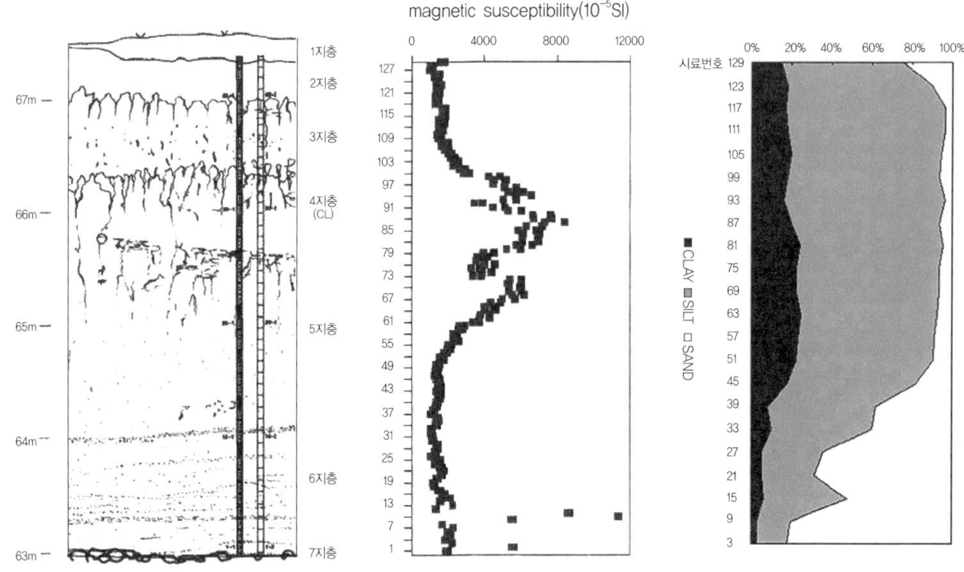

그림 11. 연양리 유적의 층위도와 대자율 및 입도분포도 결과(김주용 2007에서 일부 수정 및 재구성)

다. 대자율은 기후환경의 영향을 받는데, 일반적으로 피크의 증가는 온난한 시기를 피크의 감소는 한랭한 시기를 지시한다. 그러므로 2지층과 3지층의 상부는 한랭한 기후를 반영하며, 3지층의 하부부터 4지층에서는 온난과 한랭한 기후가 반복되고, 5지층 상부는 온난한 기후를 반영한다고 볼 수 있다. 이를 범지구적인 해양산소동위원소체비(Marine Oxygen Istope Stage)에 대비하면 2지층과 3지층의 상부는 MIS 2기, 3지층의 하부와 4지층의 상·중부는 MIS 3기, 4층의 하부는 MIS 4기, 5지층의 상부는 MIS 5기와 관계될 가능성이 높다. 이러한 결과는 문화층의 지질연대자료와 조금의 차이가 있는데, 문화층의 토양 시료를 대상으로 광여기루미네센스연대측정을 실시한 바 그 연대는 63,000±4,000BC, 67,000±3,000BC, 70,000±7,000BC, 64,000±7,000BC의 값이 얻어졌다. 따라서 연대의 범위는 MIS 4기~MIS 3기 전반부에 해당되며, 그중에서도 MIS 4기의 늦은 시기와 관련될 가능성이 보다 크다.

이밖에도 연양리 2지층과 3지층의 경계에는 쐐기구조가 발달하고 있고, 쐐기구조의 상하부에서 일본 기원의 아이라탄자와 화산재(始良丹澤 : AT)가 검출되어 퇴적층의 형성 시기에 참고할 수 있다(이용일 2007). 즉 분출시기를 고려할 때, 최대 24,000BP로 볼 수 있다(임현수 외 2006).

구석기유물이 출토되는 점토성 퇴적물의 기원에 대해서는 새로운 퇴적물의 유입으로 판단되는데, 새로운 퇴적물은 최근에 연구가 활발히 진행되고 있는 뢰스의 가능성이 크지만(成瀬 敏朗 외 2008 ; 檀原 徹 2008), 이에 대해서는 향후 연구성과를 지켜볼 필요가 있다.

나. 산록완사면 관련 유적

산록완사면과 관련된 유적은 대체적으로 사면기원퇴적물의 영향을 받으며, 일부 사면기원 퇴적물 하부에 고기하성퇴적층 등 수성기원퇴적물이 확인되는 경우가 있다.

수성기원퇴적물은 남양주 덕소 및 광주 삼리 유적의 하부에서 관찰되는데, 남양주 덕소 유적 7지층은 한강 본류의 영향을 받은 것이며, 삼리 유적 7지층은 곤지암천의 영향에 의한 것으로 볼 수 있다.

사면기원퇴적물의 성격은 유적의 입지와 환경에 따라 다양하게 나타나는데, 특히 토양 입도분포의 차이가 두드러진다.

광주 삼리 유적의 2·3지역을 중심으로 보면, 최하부부터 최상층까지 모래가 우세한 편인데, 일부 구간에서는 모래와 자갈의 비율이 급격히 변한다. 한편 2지역과 3지역의 퇴적물은 기준 층위의 위치에 따라 조금씩 다른 구성을 나타내는데, 이는 각 지역의 여러 지점이 사면부에 위치하고 있더라도 그 고도차 및 구릉의 형태에 따라 퇴적물 유입 및 토양화과정의 차이가 존재하는 것이기 때문으로 판단된다. 예를 들어 2지역 L21칸과 3지역 R6칸의 입도구성을 비교해 보면 전반적으로 조립질 퇴적물이 우세하기는 하지만 세부적으로는 입도량에서 큰 차이를 나타내며, 특히 문화층의 입도분포에서 3지역 R6칸의 3문화층에서는 급속한 조립질 퇴적물의 증가가 두드러져 2지역 L21칸 3문화층 구간과는 다른 양상을 나타내고 있다<그림 12>.

남양주 덕소 유적에서는 하부층과 달리 상부층으로 가면서 실트와 점토의 세립질 퇴적물

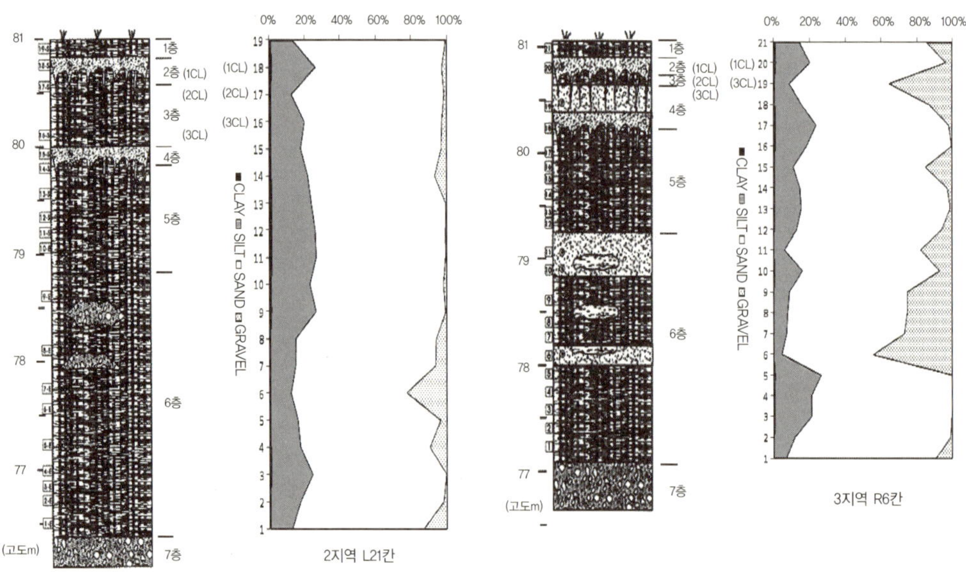

그림 12. 삼리 유적의 2·3지역 층위도와 층위별 입도분포도(김주용 외 2003b에서 일부 수정 및 재구성)

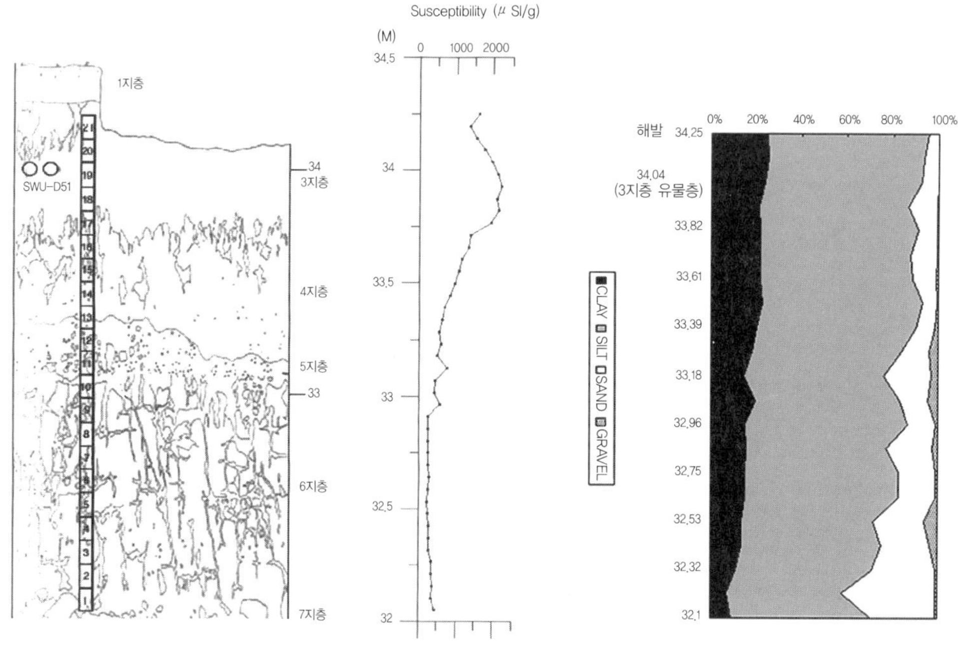

그림 13. 덕소 유적의 층위도와 대자율 및 입도분포도 결과(김주용 외 2008b에서 일부 수정 및 재구성)

이 우세한데 이는 토양화과정 또는 새로운 퇴적물의 유입과 관련될 수 있고, 부분적으로 모래의 증가가 미약하게 반복되는 점으로 미루어 사면기원퇴적물의 꾸준한 유입도 이루어졌다고 보여진다<그림 13>. 덕소 유적의 대자율은 3지층에서 그 수치가 높게 나타나고 3지층 상부에서 감소하는데, 이는 3지층 내에서 환경적인 변화가 진행되었거나 혹은 2지층이 후대 유구에 의해 교란된 바 2지층과 3지층의 경계가 모호해지면서 나타난 것으로 판단되며, 후자의 가능성이 보다 크다. 절대연대를 참조하면 2지층에서는 16,700±100BP~18,400±400BP, 3지층에서는 24,500±1,400BC~ 37,300±200BP가 얻어져, MIS 3기에서 2기로의 전환이 이루어졌던 것으로 볼 수 있으며, 이러한 결과를 대자율의 결과와 대비할 필요가 있다.

한편 3지층의 연대는 토양시료를 대상으로 한 연대와 숯시료를 대상으로 한 연대가 차이를 나타내고 있는데, 토양시료는 26,020±200BP, 24,500±1,400BC, 25,400± 1,400BC, 숯시료는 37,300±200BP, 36,800±200BP를 나타내고 있다(김종찬 2008a ; 송기웅·김명진 2008). 이러한 차이는 3지층의 유기 지화학 내지 생물학적 토양화작용에 의해 연대의 폭이 발생한 것으로 추정하고 있으므로(김주용 외 2008b), 숯시료의 연대를 중심연대로 판단하였다.

호평동 유적에서는 지역에 따라 입도분포의 양상에 차이가 있는데, 1지역의 경우 전층에 걸

쳐 모래를 중심으로 한
조립질 물질이 우세하게
퇴적되어 있으며[4]<그림
14>, 삼리 유적과 유사한
양상을 나타낸다. 문화층
의 아래에 위치하는 지층
에서는 자갈의 비율도 높
게 나타나고 있는데, 각
력과 암괴 등의 쇄설물
을 포함하고 있다. 문화층
하부의 4지층부터 6지층
까지의 형성시기는 절대
연대측정을 통해 31,000±
500BP~46,400±2,000BP라
는 연대폭을 가지고 있다.

문화층인 3지층은 상
부의 3a층(2문화층)과 하
부의 3b층(1문화층)으로
구분되며, 1문화층은 2문

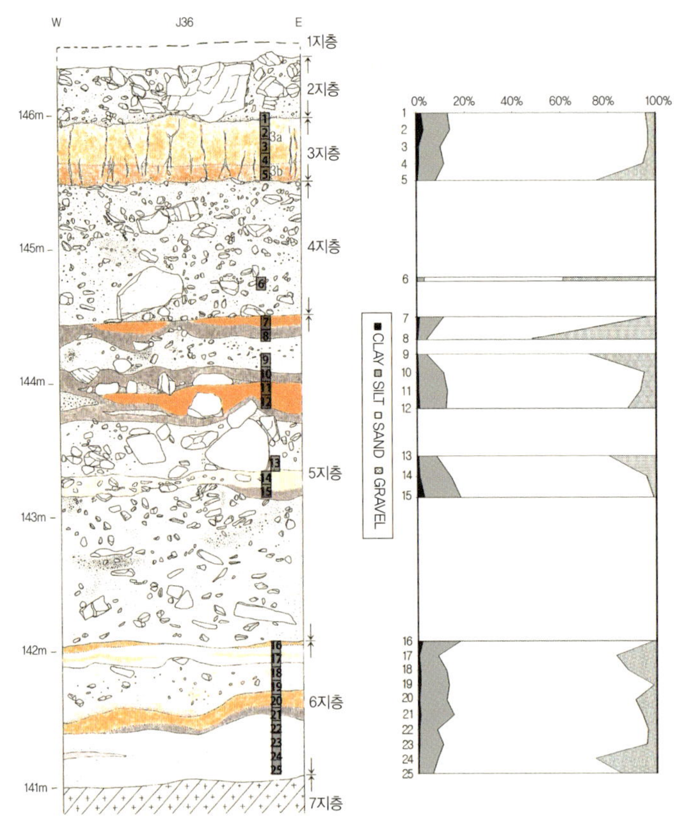

그림 14. 호평동 유적의 층위도(1지역)와 입도분포도 결과(김주용 외 2008a에서 일부 수정 및 재구성)

화층 보다 조립질의 퇴적물로 구성되어 있는데, 이는 4지층과 인접하고 있기 때문으로 판단
된다. 3지층 상부의 절대연대는 15,000±1,100BC~24,100± 200BP, 하부는 27,500±300BP~29,200±
900BP의 연대폭을 지니고 있는 바 MIS 2기에서 MIS 3기에 해당한다.

그리고 2지역에서는 문화층을 중심으로 대자율과 입도분석이 진행되었는데, 1지역과 달리
실트와 점토를 중심으로 한 세립질 퇴적물이 우세하게 나타나고 있으나, 문화층 내에서도 모
래와 자갈을 중심으로 한 조립질 퇴적물의 증감으로 미루어 지속적인 사면퇴적이 진행되었
다고 볼 수 있다<그림 15>. 유물이 집중되는 3층의 최하부의 절대연대는 30,000±1,500BP인데, 1
지역의 1문화층과 비슷한 연대 범위에 해당된다. 따라서 지역에 따른 입도분포의 차이는 삼리
유적과 마찬가지로 지형의 형태에 따른 사면기원퇴적의 영향 차이라고 판단된다.

두학동 중말 유적의 지질분석 내용을 보면<그림 16>, 지층 단면의 일부 구역에서 조립질 퇴
적물이 급증하고 이후 상부층에서는 비교적 안정적인 토양·퇴적물 퇴적이 나타난다. 대자율

---

4) 보고서상의 오류가 있어 보고자와의 연락을 통해 재구성하였다.

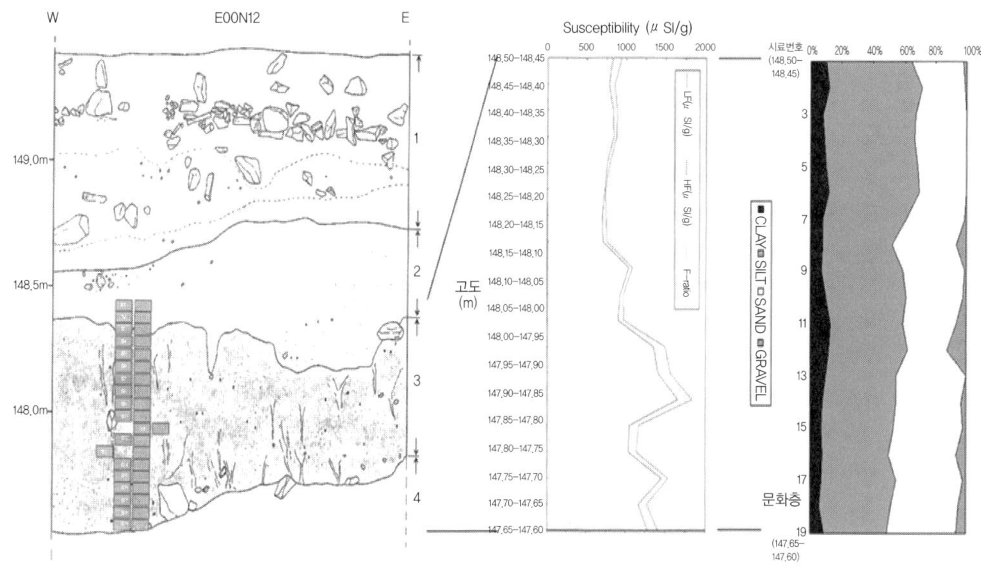

그림 15. 호평동 유적의 층위도(2지역)와 대자율 및 입도분포도 결과(김주용 외 2008a에서 일부 수정 및 재구성)

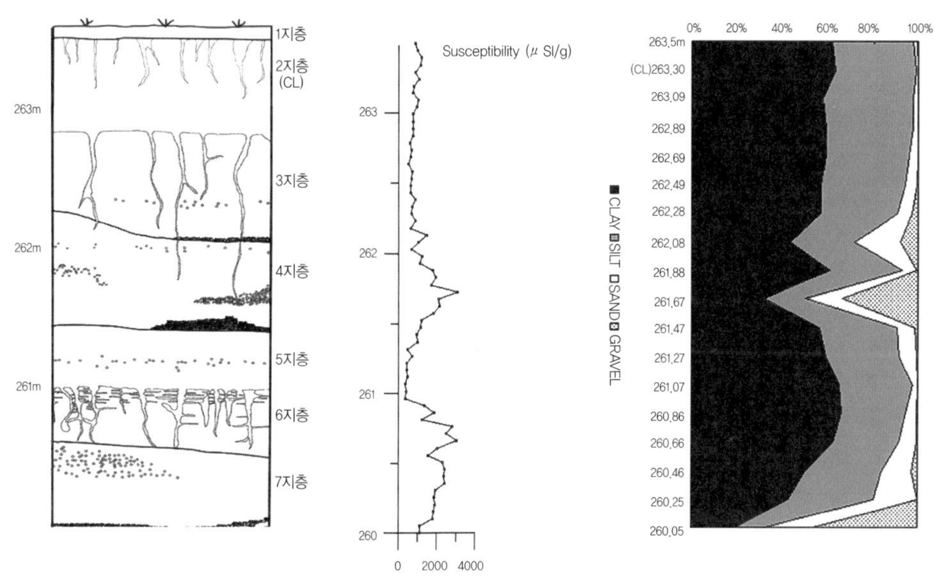

그림 16. 두학동 중말 유적의 층위도와 대자율 및 입도분포도 결과(김주용·오근창 2009에서 일부 수정 및 재구성)

은 조립질 퇴적물이 급증한 구간에서 높게 나타나고 이후 급감한다(김주용·오근창 2009). 대자율로 볼 때, 4지층의 조립질 퇴적물은 비교적 온난한 기후와 연관되고, 그 상부층은 한랭한 기후와 연관되는 것으로 판단된다. 이는 MIS 3기에서 MIS 2기로의 전환을 의미하는 것으로 보여지며, 유물출토층은 MIS 2기의 일정시기에 해당하는 것이라 할 수 있다.

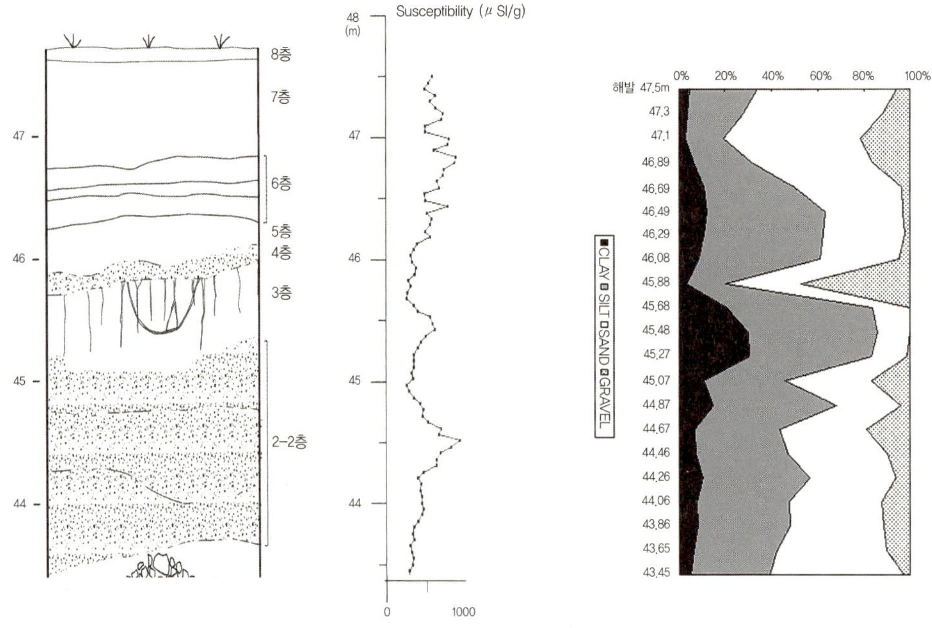

그림 17. 도곡리 유적의 층위도와 대자율 및 입도분포도 결과(김주용 외 2008c에서 일부 수정 및 재구성)

한편 절대연대측정만이 진행된 용인 동백리와 남양주 호평동 지새울 유적에서는 조사시 관찰한 결과, 대체적으로 문화층 하부에 조립질 퇴적물이 풍부하게 퇴적되어 있었다. 그 상부의 문화층에 대한 절대연대 결과 호평동 지새울 유적에서는 20,680±80BP, 동백리 유적에서는 20,670±410BP~31,100±300BP가 얻어져 앞서 살펴본 유적의 유적형성 시기와 대비된다. 용인 동백리 Ⅲ문화층과 같이 일부 유물은 조립질의 사면기원퇴적물 내에 혼재되어 있는데, 유물의 재퇴적 가능성이 높다. 그리고 절대연대의 범위는 넓은 편인데, 이는 비교적 두터운 암갈색점토층의 상하에서 시료를 채취하여 연대측정을 실시한 결과에 기인한다.

지층의 양상이 상기한 유적과 차이를 보이는 양평 도곡리 유적에서는 층위 단면의 입도분석 내용을 보면<그림 17>, 반복적인 모래, 점토의 증가와 감소가 심한 편인데, 이는 퇴적과 침식의 영향이 상당히 컸다는 것을 의미한다.

토양·퇴적물 분석을 바탕으로 도곡리 유적 형성과정을 추론해 본 바에 의하면, 기반암 상면의 사면기원각력층 바로 위층을 대상으로 실시한 지질연대측정 결과를 보면 광여기루미네센스법을 이용하여 81,000±6,000BC, 99,000±9,000BC가 얻어져, 원래는 간빙기 지층이 있었을 것으로 추정되지만 원지형이나 원토층은 후기 삭박작용 등에 의하여 사라지거나 재이동되어 있어 그 연대를 추정하기 곤란하다(김주용 외 2008c). 그리고 모래와 자갈의 비율 증가는 대자율의 증가와 연관되므로, 습윤한 기후와 연관되는 기후환경의 변화가 토양·퇴적물의 형성에 큰 영향을 미쳤다고 볼 수 있다.

다. 지질분석 고찰

한강유역에서 연구 대상 유적의 토양·퇴적물을 통한 지질분석의 내용을 정리하면 다음과 같다.

남한강 상류의 단양 수양개 Ⅲ지구의 하부는 물의 영향에 의한 퇴적물이 형성되어 있지만, 그 상부는 사면기원의 조립질 퇴적물과 기원 미상의 세립질 퇴적물이 형성되어있다. 조립질 퇴적물 상부의 세립질 퇴적물에서는 구석기 유물이 출토되고 있는데, 수양개 Ⅰ지구의 후기 구석기문화층과 유사한 석기군을 가지고 있다. 수양개 Ⅰ지구의 절대연대를 고려할 때, 사면 기원의 조립질 퇴적물의 연대는 산록완사면의 사면기원퇴적물이 활발했던 시기와 연관될 수 있다.

또한 비슷한 입지를 가지고 있는 저위면단구 상부의 단양 수양개 Ⅰ지구와 제천 창내 유적 에서는 유사한 퇴적환경을 거쳐 퇴적물이 쌓인 것으로 판단된다. 창내유적 Ⅲ층의 토양 입도 는 수양개 Ⅰ지구 Ⅳ층과 유사한 실트>모래>점토의 구성을 가지고 있다. 그 상부인 창내유적 의 Ⅳ층에서는 모래가 급증하고 점토, 실트는 급감하는데 물의 범람에 의해 기존 퇴적물이 쓸 려나갔을 것으로 판단된다. 이러한 양상은 수양개 Ⅰ지구의 Ⅳ층 상부에 위치하는 Ⅲㅁ층과 Ⅲㄹ층에서도 관찰되는데, 비슷한 시점에 물의 범람의 영향을 받은 것으로 볼 수 있다. 따라서 창내 Ⅲ·Ⅳ층 퇴적물의 형성은 수양개 Ⅰ지구의 Ⅳ~Ⅲㄹ층과 유사한 환경의 영향 하에서 이 루어졌다고 판단된다.

그러나 문화층은 수양개 Ⅰ지구에서는 창내의 Ⅲ층에 대비할 수 있는 Ⅳ층에서 대부분의 유 물이 출토되며, 창내 유적의 경우에는 Ⅲ층 하부에 위치하는 또 다른 물의 범람에 의해 모래가 우세하게 나타나는 Ⅱ층에서 출토되고 있어 시간의 차이를 내포하고 있을 가능성이 높으며, 제 천 창내의 문화층이 수양개 Ⅰ지구 Ⅳ층의 문화층에 비해 상대적으로 이른 시기에 해당된다.

남한강 하류의 단구면 상부에 위치하는 여주 연양리와 양평 병산리 유적에서는 단구면의 형성은 그 시기를 달리하고 있지만, 그 상부에 퇴적되어 있는 퇴적물은 매우 유사한 구조를 가 지고 있다. 유적의 하부에는 단구력층과 물의 범람에 의한 모래층이 형성되어 있고, 그 위로는 점토성 퇴적물이 피복하고 있다. 토양 입도의 변화 역시 거의 비슷한 양상을 나타내고 있는데, 이는 대체적으로 유사한 퇴적환경 하에서 퇴적물이 형성되었음을 의미한다. 그리고 점토성 퇴적물 내에서는 구석기유물이 출토되는데, 일부 유물출토층은 비슷한 시기에 해당될 가능 성이 크다. 특히 연양리 문화층과 병산리 3문화층의 관계가 주목된다.

산록완사면과 관계되는 유적은 고도차 및 배후 능선의 형태에 따라 퇴적물의 유입과 토양 화과정에 차이를 나타낼 가능성이 높은데, 이를 반영하듯 유적마다 토양 입도에 차이를 보이 고 있었으며, 광주 삼리 유적의 경우에는 동일 유적 내 지역을 달리하는 곳의 토양 입도분석도

상이한 결과가 얻어졌다.

하지만 앞에서도 언급하였듯이 산록완사면을 피복하는 사면기원퇴적물은 동경과 융해가 활발한 시기와 연관되고, 그 상부에 형성된 대부분의 구석기유적이 후기 구석기시대에 해당되는 점, 사면기원퇴적물에 대한 절대연대측정이 이루어진 호평동의 예를 통해 볼 때, 조립질의 사면기원퇴적물의 영향은 MIS 3기와 관련되는 것으로 판단되며, 그 상부의 유물출토층은 MIS 3기 또는 MIS 2기와 관련된다.

이러한 내용에 주안점을 두고 산록완사면 관련 유적의 지질 분석의 내용을 살펴보면, 광주 삼리 유적의 경우에는 지층 단면의 하부부터 상부에 이르기까지 모래가 우세한 가운데, 자갈과 실트의 빈도는 반대되고, 점토는 드물게 나타난다. 따라서 사면에서 유입되는 퇴적물은 입도의 차이는 있지만 유적의 형성에 지속적으로 영향을 미쳤을 가능성이 높다.

남양주 덕소 유적의 하부는 물의 영향을 받아 퇴적된 것으로 판단되지만, 상부로 가면서 실트와 점토가 증가하고, 모래와 자갈은 그 빈도가 줄어든다. 이러한 양상은 토양화과정 또는 새로운 퇴적물의 유입과 관련된다. 대자율 역시 물의 영향에 의한 구간에서는 낮은 수치를 나타내며, 실트와 점토 입자가 증가하는 구간부터 서서히 그 수치가 증가하다가 유물이 출토되는 3지층에서 최고점을 나타낸다. 대자율의 상승은 온난습윤한 기온에 의한 것이고, 절대연대자료를 참고하면 최종 빙기의 아간빙기에 해당될 가능성이 큰 바 MIS 3기 후반부에 비정된다. 한편 3지층 상부[5]에서는 대자율이 급감하고 절대연대도 3지층의 연대에 비해 젊은 편인데, MIS 2기를 지시한다고 볼 수 있다.

호평동 유적에서는 1, 2지역을 중심으로 살펴보았는데, 1지역에서는 모래가 우세한 조립질 퇴적이 우세하며, 이러한 양상은 전반적인 양상이다. 다만 문화층인 3지층에서 상부로 갈수록 실트와 점토 등의 세립질 물질이 조금씩 증가하고 있다. 그리고 2지역에서는 토양 입도와 대자율, 절대연대자료를 통해, 문화층인 3지층에서는 모래>실트>점토>모래 입자 빈도가 실트>모래>점토>자갈로 변화하며, 실트의 비율이 서서히 늘어나며 최상층까지 이어진다. 1지역과 2지역의 이러한 변화는 한랭한 기후 하에서 퇴적물은 그 양도 줄고 세립화된다는 점에서 기온의 하강을 의미한다고 볼 수 있다. 2지역의 대자율을 통해서도 3지층에서 1지층으로 가면서 기후변동이 있었던 것으로 추정할 수 있다. 3지층 하부의 문화층의 절대연대는 MIS 3기의 후반부를 지시하고 있다. 1지역에서 문화층 하부의 암괴와 각력을 포함하는 사면기원퇴적물의 절대연대가 MIS 3기 중반부를 나타내는 바, 조립질 사면기원퇴적물의 발달은 MIS 3기와 연관되며, 급격한 사면기원퇴적이 이루어진 후에 구석기유적이 형성되었다고 판단된다.

제천 두학동 중말 유적에서 퇴적물은 하부의 경우에는 물의 영향에 의해 자갈과 모래가 우

---

5) 본문에서 논의하였듯이 2지층으로 볼 수 있다.

세한 양상이었지만, 상부층으로 갈수록 점토가 급증하고, 모래와 자갈은 급감한다. 하지만 층위 단면의 중간부에서 갑자기 모래와 자갈이 급증하고, 반면에 실트와 점토는 급감하는데, 이 시점에 물의 영향에 의한 급격히 조립질 퇴적물이 유입되었다. 이러한 퇴적물의 형성은 상대적으로 온난한 기후와 관계되는데, 대자율의 값도 이를 반영한다. 문화층에서 토양 입도는 점토>실트>모래의 양상을 나타내는데, 토양화과정과 관련되는 것으로 판단되며 대자율의 피크가 낮은 것으로 볼 때, 대체적으로 MIS 2기와 연관되는 것으로 판단하였다.

그리고 용인 동백리와 남양주 호평동 지새울 유적의 문화층에서 얻어진 절대연대와 그 하부에 형성된 조립질 사면기원퇴적물의 관계로 미루어 퇴적물의 형성 시기는 위의 유적들과 유사한 시기에 대비될 가능성이 높다.

이상으로 산록완사면 관련 유적에서는 유물출토층 하부에 조립질의 사면기원퇴적물이 우세한 양상을 보이는 편이며, 일부는 유물출토층에도 영향을 미쳤을 것으로 판단된다. 한편 사면기원퇴적물의 발달은 MIS 3기와 밀접한 관계를 가지는 것이다.

한편 양평 도곡리 유적에서는 하부층부터 서서히 세립질 물질이 증가하다가 특정 시기에 조립질 물질이 급격히 증가한 후 다시금 이와 같은 과정이 반복되고 있다. 이 과정에서 급속한 침식이 이루어졌으며, 구석기유물은 이렇게 침식된 골짜기에서 각력과 혼재되어 출토되는데 재퇴적된 것으로 볼 수 있다.

(2) 식생분석과 기후환경

일부 유적에서는 토양·퇴적물 분석 과정에서 식생분석이 이루어졌다. 그 내용은 대부분 화분·수종 분석이 중심을 이루고 있다. 이중 화분분석은 단양 수양개 I 지구, 제천 창내 유적에서 이루어졌으며, 수종분석은 남양주 호평동, 단양 수양개 I 지구 유적에서 진행되었다.

한편 남한강 상류에 위치하는 단양 구낭굴 유적에서는 층위별로 화분·수종 분석이 자세하게 진행되었는데, 야외유적에 비해 비교적 안정적인 분석 결과를 나타낸다고 볼 수 있다. 따라서 몇몇 유적에서 진행된 화분·수종 분석의 내용과 대비를 통하여 제4기 기후환경을 파악해 보았다.

가. 화분 · 수종 분석

유물출토층 내에서의 화분분석 자료를 보면(李隆助 1985 ; 박희현 1989), 단양 수양개 I 지구 유적에서는 후기 구석기문화층인 Ⅳㄴ층에서 나무화분(Arboreal Pollen)으로는 소나무속이 우세한 가운데 참나무속이 확인되었으며, 비나무화분(Non-Arboreal Pollen)에는 사초과가 우세한 가운데 벼과, 백합과, 명아주과 등이 확인되었다. 그리고 중기 구석기문화층인 Ⅴ층에서는 나무화분은 Ⅳㄴ층과 유사한 양상이며, 비나무화분에서는 벼과가 우세한 가운데 사초과, 부들과, 국화과 등이 관찰되었다. 이를 통해 기후환경을 추론하였는데, 중기 구석기문화층인 Ⅴ층에서는 서늘하고 습지성이 강했던 환경, 후기 구석기 문화층인 Ⅳㄴ층에서는 Ⅴ층보다 조금은 온난하고 습기가 적어지는 환경으로 설정하였다.

　제천 창내 유적에서는 문화층인 Ⅱ층에서 나무화분으로 참나무속, 비나무화분으로 벼과 명아주속이 확인되었는데, 참나무속으로 볼 때 비교적 따뜻한 기후를 지시하는 것으로 판단하였다(박희현 1989).

　숲의 수종분석은 단양 수양개 Ⅰ지구 유적과 남양주 호평동 유적에서 진행되었다.

　단양 수양개 Ⅰ지구 유적에서는 Ⅳㄴ층의 불땐자리에서 출토된 숯을 대상으로 수종분석이 진행되었는데(박원규 외 2006), 소나무가 압도적으로 우세하고 가문비나무도 일부 확인되었다. 가문비나무는 기온의 한랭화와 관련된다.

　남양주 호평동 유적의 문화층인 3a층(2문화층)과 3b층(1문화층)의 내용을 보면(박원규·김요정 2008), 3a층에서는 잎갈나무속이 3b층에서는 잎갈나무속과 소나무속이 확인되었는데, 잎갈나무속이 우세하다. 이는 주로 침엽수로 이루어진 식생분포를 나타내는 것이며, 소나무속보다는 잎갈나무속이 우점종으로 나타나고 있다. 3a층은 잎갈나무속으로 미루어 한랭한 식생환경, 3b층에서는 소나무속의 관찰로 3a층보다 조금은 기후가 따뜻하였던 것으로 추정하였다.

　이상의 내용과 함께 구낭굴 유적에서 진행된 화분·수종 분석의 내용을 참고할 필요가 있다. 야외유적의 토양·퇴적물은 변형을 겪는 경우가 많은데, 구낭굴 유적에서는 동굴유적의 특성상 비교적 안정적인 퇴적물 내에 다량의 화분·수종 분석 자료가 확보·분석되었고, 그 시기를 추론할 수 있어 한강유역 구석기시대의 기후환경을 복원할 수 있는 중요한 자료가 되고 있다.

　구낭굴에서 지층별로 확인된 화분[6]과 그에 따른 기후환경은 다음의 <표 5>와 같이 추정되었다.

　그리고 수종분석은 3차와 4차 발굴에서 출토된 숯을 대상으로 진행되었다(박원규 외 2005, 2007; 김경희 외 2007). 3차 발굴에서 제1퇴적층 내에는 소나무류, 참나무, 시무나무속, 개살구류, 팽나무속 등이 확인되어 온난건조한 기후로 추정하였다. 제2퇴적층에서는 벚나무속, 상수리류, 뽕나무과, 느릅나무속, 팽나무속, 장미나무속, 소나무류, 가문비나무류 등이 출토되었는데, 가문비나무는 추운기후를 지시하지만 나머지 대부분의 수종은 온난습윤한 기후를 지시하는 바 3층에서는 온난습윤 및 한랭한 기후양상이 나타난다. 그 하부의 제3퇴적층에서는 소나무속 등이 확인되었다.

　이후 4차 발굴에서는 3층인 제2퇴적층의 숯을 대상으로 하였는데, 물푸레나무속이 우세한

---

6) 여기에서는 나무화분과 비나무화분만을 동정개수로 산정하였으며, 4층에서는 분석이 이루어지지 않았다.

지층	화분 동정개수	나무화분	비나무화분	기후환경
제1퇴적층 (1층)	285	소나무속(44), 참나무속(42), 오리나무속(23), 자작나무속(17), 버드나무속(16), 가래나무속(13) 등	벼과(48), 사초과(27), 명아주과(11) 등	온난습윤
제1석회마루층 (2층)	22	참나무속(4), 소나무속(2) 등	벼과(5), 사초과(5) 등	온난건조
제2퇴적층 (3층)	261	소나무속(64), 참나무속(34), 가래나무속(7), 자작나무속(6), 젓나무속(4), 오리나무속(4) 등	벼과(86), 사초과(20), 쑥속(11) 등	온난/한랭반복
제2석회마루층 (5층)	8	참나무속(2)	벼과(6)	
제3퇴적층 (6층)	49	소나무속(15), 참나무속(8) 물푸레나무속(4) 등	벼과(13), 사초과(2), 쑥속(2) 등	온난건조/ 한랭습윤 반복
제3석회마루층 (7층)	9	소나무속(5), 참나무속(2)	벼과(2)	
제4퇴적층 (8층)	44(상부)	소나무속(9), 참나무속(7), 오리나무속(2), 물푸레나무속(2) 낙엽송속(2) 등	벼과(12), 명아주과(5), 사초과(3)	온난습윤
	26(하부)	소나무속(4), 참나무속(2), 젓나무속(1)	벼과(9), 명아주과(7), 사초과(2)	한랭

표 5. 단양 구낭굴 유적의 지층별 화분 및 기후환경의 추정(강상준 · 김정희 1999에서 재구성)

가운데 벚나무속과 고로쇠나무류가 확인된다. 3층은 상부의 3a부터 하부의 3e까지 구분되었는데, 3층의 상부에 해당하는 3a층에서는 물푸레나무속, 활엽수재, 벚나무속, 고로쇠나무류가 확인되며, 그 하부인 3b층에서는 침엽수재와 물푸레나무속이 확인되었다. 이러한 수종은 대체적으로 온난습윤한 기후를 반영하는 것으로 판단하였다.

나. 제4기의 기후환경

화분·수종 분석을 내용을 참조하여 기후환경을 추론해 보았다. 앞서 유적의 입지와 지질 분석을 통해 유적을 형성하는 퇴적물에 대해 살펴보았는데, 그 결과 유적의 퇴적물은 새로운 곳에서 유입되었거나 혹은 침식의 과정을 거쳤을 가능성도 있었다. 즉 화분·수종 분석이 이루어진 야외유적 중 창내 유적의 유물출토층인 Ⅱ층의 자료 및 수양개 Ⅰ지구 중기 구석기문화층(Ⅴ층)의 자료에 대해서는 그 화분·수종의 분석 결과가 반드시 유적 형성 당시의 기후를 대변하지 않을 가능성이 크다.

그러므로 기후환경의 추론은 그나마 퇴적물이 안정적이라 할 수 있는 남양주 호평동과 단양 수양개 Ⅰ지구 후기 구석기문화층의 자료만을 이용하였고, 대부분의 자료는 단양 구낭굴의 분석 결과를 참조할 수 밖에 없었다.

다행히도 이들 유적에서는 화분·수종 분석이 이루어진 지층에 대한 지질연대가 얻어져 있는 바, 시간의 흐름에 따른 기후환경의 추론이 진행될 수 있었다.

우선 단양 수양개 Ⅰ지구의 Ⅳㄴ층의 절대연대는 18,640BP~15,350±200BP의 폭을 지니는 MIS 2기에 해당되며, 화분·수종 분석 결과도 대체적으로 추운 기후를 지시하고 있다.

남양주 호평동 유적의 3a층(2문화층)과 3b(1문화층)층의 절대연대는 각각 24,100± 200BP~15,000±1,100BC, 30,000±1,500BP~27,500±300BP의 범위에 해당되는데, 각각 MIS 2기, MIS 3기를 지시하고 있으며, 화분·수종 분석도 3a층보다 3b층에서 상대적으로 따뜻한 기후를 나타 낸다.

단양 구낭굴 유적에서는 제3석회마루 형성시기는 퇴적속도가 일정하다는 가정하에서 98ka 로 추정되는 바, 그 하부에 위치하는 제4퇴적층에서 그 보다 이른 시기에 해당된다고 볼 수 있 다. 제4퇴적층(Ⅷ층)의 상부면은 Ⅶ층~Ⅴ층의 식생과 유사하여 비슷한 기후로 판단되지만, Ⅷ 층의 하부에서는 화분분석을 통해 서늘하거나 추운기후를 지시한다.

제2석회마루(5층, 80ka)와 제3석회마루(7층, 98ka) 사이에서는 한랭건조 및 온난습윤의 반복 적인 기후가 관찰되며, 제2퇴적층(3층)에서는 지질연대측정을 통해 >52,000 ~25,100±700BP의 범위를 갖는 연대가 얻어졌는데, 온난한 기후와 한랭한 기후가 반복된 것으로 볼 수 있다. 제1 석회마루층(2층)에서는 12,500±1,200BP의 절대연대가 얻어졌는데, 이 층의 화분분석을 통해 따 뜻하면서도 건조한 시기로 추정할 수 있다.

한편 구낭굴유적의 절대연대를 보면, 대 부분의 층에서 화분·수종 분석을 위한 자 료가 검출되었지만 얇게 퇴적된 4층에서는 자료가 얻어지지 않았다. 그리고 2층과 3층 의 절대연대 자료로 볼 때, 그 시기의 폭이 대단히 넓게 나타나는데, 그 원인으로는 동 굴유적의 형성 및 퇴적과 밀접하게 관련된 다고 볼 수 있다.

동굴내부의 퇴적물은 기온이 상승하는 간빙기 혹은 기온이 온난한 시기에 동굴 외 부의 지표로부터 동굴 내의 틈새를 따라 유 수와 함께 이동하는 니질물과 사질물 유입 도 활발해지는 반면에 빙기나 추운 시기에 는 퇴적물의 유입이 적어지고 일부 세립질

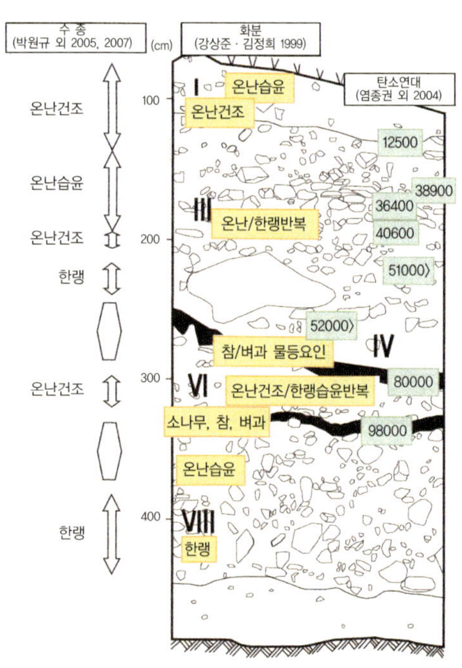

그림 18. 단양 구낭굴 유적의 연대 및 기후변화(박원규 외 2007 에서 수정)

물질이 퇴적되는 양상을 나타내는데, 기후적 양상과 관계된다고 볼 수 있다(김주용 외 2006c). 즉 2층과 3층 사이에서 관찰되는 절대연대의 간극과 4층 퇴적물의 약한 발달은 빙기 및 추운시기와 관련된 현상으로 판단되는데, 최종 빙기의 추운시기인 MIS 2기와 4기에 동굴퇴적물의 발달이 미약했다고 추론된다.

이러한 연구 내용을 MIS에 의한 후기 플라이스토세 기간의 해수면 온도변화<그림 19>에 대비해 볼 수 있는데,

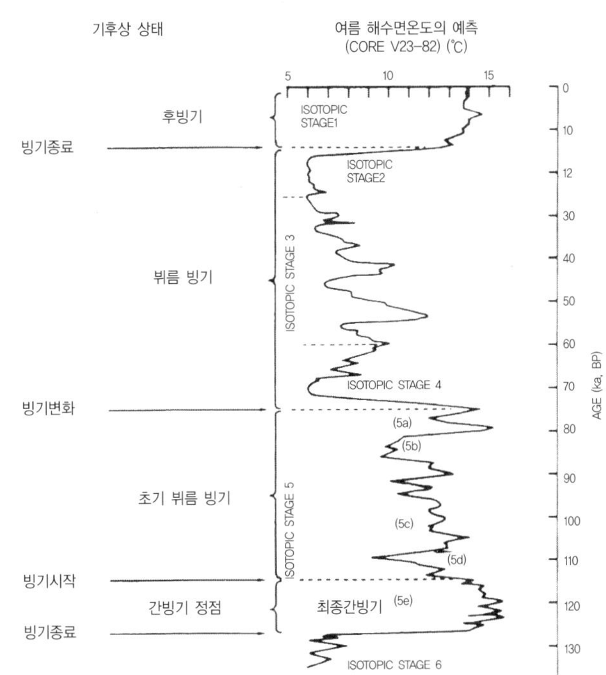

그림 19. 후기 플라이스토세의 해수면 온도변화와 산소동위원소체비(MIS)의 대비
(Williams, M.A.J. et al., 1998에서 일부 수정)

남양주 호평동, 단양 수양개, 단양 구낭굴의 화분·수종 분석 결과를 종합하고, 이를 최종 빙기 내의 기후변동과 관련하여 보면 <표 6>와 같이 정리된다.

유적의 층위	주요 화분 · 수종	절대연대 및 연대추론	기후환경	MIS
단양 구낭굴 8층 하부	소나무, 젓나무, 가문비나무	8층 상부보다 이른시기	서늘하거나 추운 기후	5d?
단양 구낭굴 8층 상부~5층	소나무, 참나무, 오리나무, 벼과, 사초과, 쑥속	80ka ~ 〉98ka	한랭건조 및 온난습윤의 반복	5c?~5a
단양 구낭굴 3층	소나무, 참나무, 젓나무, 낙엽송, 느릅나무, 물푸레나무, 벚나무, 고로쇠나무	〉52,000BP ~ 25,100±700BP	한냉과 온난 기후의 반복	3
남양주 호평동 3b층	잎갈나무, 소나무	27,500±300BP ~ 30,000±1,500BP	호평동 3a층에 비해 상대적 따뜻	3
남양주 호평동 3a층	잎갈나무	15,000±1,100BC ~ 24,100±200BP	한랭한 기후	2
단양 수양개 Ⅳㄴ층	소나무, 가문비나무	15,350±200BP ~ 18,640BP	추운 기후	2
단양 구낭굴 2층	참나무, 소나무, 향나무, 가래, 버드나무, 자작나무, 개암나무, 느릅나무, 쑥속	12,500±1,200BP	따뜻하고 건조	2말기~1

표 6. 화분 · 수종 분석을 통한 기후환경의 추론 및 MIS와의 대비

3) 층위 비교와 시기 구분

앞서 살펴본 유적의 입지와 토양·퇴적물 분석 내용을 바탕으로 할 때, 몇몇 유적은 유사한 층위 양상을 나타내고 있다. 따라서 층위의 비교를 통해 유적간 선후관계를 파악하고자 하였다.

유사한 층위구조를 가지고 있는 유적으로는 연양리와 병산리 유적(윤내현·한창균 1994 ; 이정철 2007), 수양개 Ⅰ지구와 창내 유적(Lee and Kim 2010 ; 박희현 1989), 그리고 호평동, 호평동 지새울, 동백리 유적과 삼리유적이 있다(한창균 외 2003 ; 정훈진·노선호 2005 ; 노대석 외 2007 ; 홍미영·김종헌 2008)

연양리와 병산리 유적의 층위를 비교하면, 연양리의 2·3·4지층은 병산리 2·3·4지층과 대비된다. 특히 연양리 4지층과 병산리의 지층에서는 유물이 출토되고 있음으로 그 선후관계를 판단할 수 있다<표 7>.

여주 연양리 유적의 4지층은 기후환경을 반영하는 대자율의 증감 등으로 볼 때(김주용 2007), MIS 3기 전반에서 MIS 4기에 해당되는 것으로 추정되며, 유적의 절대연대자료를 통해서는 63,000±4,000, 67,000±3,000, 70,000±7,000, 64,000±7,000BC의 값이 얻어져(김명진·이병철 2007), 대체적으로 MIS 4기의 늦은 시기에 해당된다고 볼 수 있다. 또한 2지층과 3지층의 경계부에서는 AT화산물질이 검출되어 상대편년의 자료로 활용할 수 있다(이용일 2007).

따라서 연양리 유적의 문화층인 4지층은 MIS 4기나 MIS 3기 전반의 연대범위를 나타내지만, 그중에서도 MIS 4기의 늦은 시기의 가능성이 크다. 3지층은 MIS 3기, 3지층 상부부터 2지층까

연양리 유적	지층	지층명칭	유물층	유물층	지층명칭	지층	병산리 유적
	1	표토/교란층			겉흙층	1	
	2	명갈색 점토층		1	옅은갈색 찰흙층	2	
	3	암갈색 점토층		2	갈색 찰흙층	3	
	4	적갈색 점토층	단일	3	짙은갈색-황적색찰흙층	4	
	5	황색걸색 니사질층					
	6	모래퇴적층			모래퇴적층	5	
	7	자갈층			단구퇴적층	6	
	8	기반암					

표 7. 연양리 유적과 병산리 유적의 지층과 유물출토층 비교

지는 MIS 2기와 관계되는 것으로 판단된다. 이에 따라 비슷한 층서를 보이는 병산리 유적의 4 지층은 MIS 4기의 늦은 시기, 3지층이 MIS 3기, 2층이 MIS 2기에 대비되는데, 유물이 출토되는 면의 연대는 3문화층은 지층의 형성시기와 유사하며, 2문화층은 3지층의 하부에 형성되어 있는 바 MIS 3기 후반의 가능성이 높고, 1문화층은 MIS 2기와 관련된다.

그리고 수양개 I지구의 IV지층, III ㅁ지층 및 III ㄹ지층은 창내 유적의 III지층, IV지층과 대비되는데, 하천 범람의 영향은 수양개 III ㅁ·III ㄹ과 제천 창내 유적의 IV층에서 후빙기의 비슷한 시기에 이루어진 것으로 볼 수 있다. 수양개의 주 유물층인 IV층(이중 IV ㄴ층이 후기 구석기문화층)은 창내 유적의 III층과 대비되는데<표 8>, 창내 유적의 III지층에서는 유물이 출토되지 않고, 오히려 그 하부의 또 다른 하천 범람 관련층에서 유물이 대부분 출토되므로, 유적의 선후관계는 창내 문화층이 수양개 후기 구석기 문화층보다 이른 시기에 해당될 가능성이 높다.

한편 수양개 I지구의 후기 구석기문화층의 절대연대가 15,350±200BP~18,630BP가 얻어진 바(이융조·김종찬 2006), 연대설정에 참고할 수 있다.

다음으로 유사한 층서를 보이는 유적은 한강본류의 상류에 위치하는 남양주 호평동, 남양주 호평동 지새울, 용인 동백리 유적이 있다(정훈진·노선호 2005 ; 노대석 외 2007 ; 홍미영·김종헌 2008). 이들 유적의 유물층은 모두 산록완사면 상부의 세립질 퇴적물과 관계한다.

특히 호평동과 호평동 지새울 유적은 거의 동일한 층서를 이루고 있다. 유물출토층 하부에

수양개 I지구 유적	지층	지층명칭	유물층	유물층	지층명칭	지층	창내 유적
	I	표토층			표토층	VII	
	II III ㄱ	부토층			부토층	VI	
	III ㄴ III ㄷ	고운 모래층			암황갈색 고운모래층	V	
	III ㄹ III ㅁ	모래 찰흙층			황갈색 고운모래찰흙층	IV	
	IV ㄱ IV ㄴ	가는모래 찰흙층	후기 구석기 문화층 (IV ㄴ)		암황갈색찰흙층	III	
				단일	암황갈색모래층	II	
	V	자갈층	중기 구석기 문화층		자갈층	I	

표 8. 수양개 I지구 유적과 창내 유적의 지층과 유물출토층 비교

호평동 유적	지층	지층명칭	유물층	유물층	지층명칭	지층	호평동 지새울 유적
	1	경작층/교란층			표토층	1	
	2	사면붕적기원쇄설층			황갈색 점토층	2	
	3	갈색점토층	2(3a)	1(3a)	암갈색 점토층	3	
			1(3b)	2(3b)			
	4	사면붕적기원쇄설층			적갈색 쇄설층	4	
	5	사면붕적기원쇄설층			황갈색실트 점토층	5	
	6	담회청색 암회색 니사질층			갈색 쇄설층	6	
	7	기반암 풍화대			기반암 풍화대	7	

표 9. 호평동 유적과 호평동 지새울 유적의 지층과 유물출토층 비교

는 쇄설물이 다수 포함된 사면기원퇴적물이 있고, 그 상부에 구석기유적이 형성되어 있다. 유물은 암갈색 또는 갈색의 층 내에 상하로 구분되는 두개의 면에서 출토되고 있다.

유적의 하부를 이루고 있는 쇄설물이 다수 포함된 사면기원퇴적물은 MIS 3기에 활발히 퇴적된 것으로써 남양주 호평동 1지역에서 이루어진 사면기원퇴적물의 연대측정결과 31,000~46,400BP의 범위가 제시되었다. 또한 조립질의 사면기원퇴적물 상부에 위치하는 여러 유적의 유물층에 대한 절대연대는 37,300±200BP~16,700±100BP의 범위에 해당되는데(정훈진·노선호 2005 ; 김종찬 2008a, 2008b ; 홍덕균·김명진 2008)MIS 3기 후반에서 MIS 2기를 지시한다.

한편 삼리 유적의 경우(한창균 외 2003), 지층 전체에 걸쳐 지속적인 사면기원의 퇴적이 진행되었다고 관찰되는데, 특히 삼리 4지층에서 양상이 현저하다. 특히 3지역 3문화층은 4지층과 3지층의 경계에 위치하는데, 이 층 내에서도 조립질 퇴적이 우세하므로 유물은 사면기원퇴적의 영향 하에 놓였던 것으로 보인다. 반면 삼리 3지역에 비해 퇴적양상이 양호한 2지역의 3문화층은 사면기원퇴적의 영향이 약했던 것으로 관찰되며, 삼리 2문화층은 호평동 2문화층, 호평동 지새울 1문화층과 대비되며, 삼리 1문화층은 용인 동백리 1문화층과 대비될 수 있다.

그러므로 산록완사면에 위치하는 유적의 층위 선후관계는 <그림 20>과 같다.

시기구분은 산록완사면에서 관찰되는 조립질의 사면기원퇴적물 유입 이전과 이후로 양분할 수 있다. 사면기원퇴적물의 유입은 MIS 3기에 활발했던 것으로 판단되는데, 시기의 구분을 위해 MIS 3기의 특정 시점을 경계로 삼을 필요성이 있다.

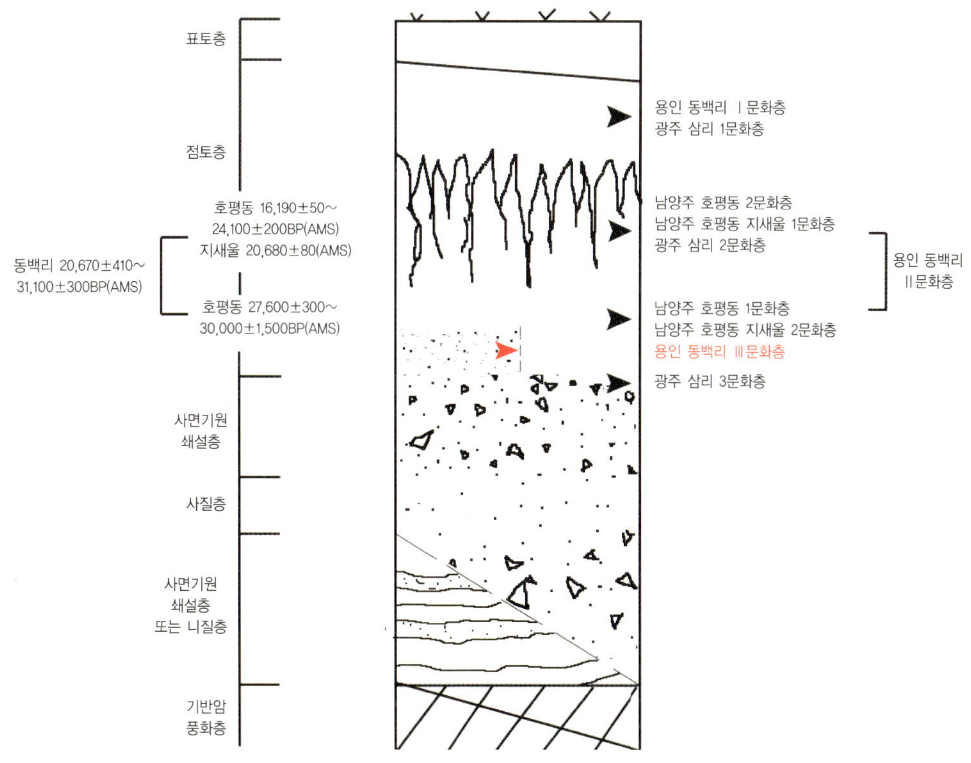

그림 20. 한강본류 상류 유적의 지층과 유물출토층의 대비를 통한 선후관계

이에 조립질의 사면기원퇴적물의 연대와 그 상부에 형성된 구석기유적의 절대연대를 확인하였다. 사면기원퇴적물의 연대는 호평동 유적 문화층 하부의 층에서 얻어진 절대연대를 주목하였는데, 그 범위는 31,000±500BP~46,400±2,000BP이다. 그 상부에 위치하는 몇몇 유적의 이른 절대연대는 30,000±1,500BP(호평동 1문화층), 31,100±300BP(동백리 Ⅱ문화층), 37,300±200BP(덕소 3지층)로 확인되는데, 사면기원퇴적물과 구석기유적의 문화층 연대 범위가 일부 중복된다. 즉 31,000~37,000BP 사이를 경계구간으로 판단할 수 있는데, 광주 삼리 유적 등 일부 유적에서는 입지 차이에 의해 그 연대가 구간 내에서 이른 시기에 해당될 가능성이 크다. 그러므로 남양주 덕소 3지층의 절대연대를 감안하여 경계구간 중 가장 이른 시점인 37,000BP를 하나의 경계점으로 설정하였다.

그리고 37,000BP 이내의 시간적 범위에서는 토양·퇴적물 분석 내 대자율 등과 단양 구낭굴 등의 화분·수종 분석의 식물분석 자료를 통해 환경의 변화가 확인되는데(박원규 외 2007), 이러한 양상은 범지구적인 현상으로 특히 MIS 3기에서 MIS 2기로의 변화에 주목하였으며, 여러 유적에서 얻어진 절대연대도 특정 시점을 중심으로 구분되었다. 즉 24,000BP를 경계로 또 하나의 구분이 이루어질 수 있었다.

이와 같은 시기의 경계를 바탕으로 한강유역 주요 구석기유적을 37,000BP 이전의 Ⅰ기, 37,000~24,000BP의 Ⅱ기, 24,000~11,000BP의 Ⅲ기로 삼분하였다.

시기 구분에 따른 연대 범위, 유적과 절대연대는 다음의 <표 10>과 같다.

시기 구분	연대 범위	유적과 절대연대	기 타	비고
Ⅲ기	MIS 2기 (11~24ka)	삼리 1문화층 동백리 Ⅰ문화층 병산리 1문화층		토색은 주로 명갈색/황갈색
		수양개Ⅲ 2문화층 수양개Ⅰ Ⅳㄴ층 (15,350±200BP~18,630BP) 두학동 중말 덕소 2지층 (16,700±100BP, 18,400±400BP) 호평동 2문화층 (15,000±1,100BC~24,100±200BP) 지새울 1문화층 (20,680±80BP) 삼리 2문화층		토색은 주로 갈색/암갈색 (쐐기구조)
Ⅱ기	MIS 3기 후반 (24~37ka)	호평동 1문화층 (27,500±300BP~30,000±1,500BP) 지새울 2문화층 동백리 Ⅱ문화층 (27,000±300BP~31,100±300BP) 덕소 3지층 (24,500±1,400BC~37,300±200BP)	창내 (퇴적층 교란) 동백리 Ⅲ문화층 (퇴적층 교란)	
Ⅰ기	MIS 3기 전반 (37~59ka)	삼리 3문화층 병산리 2문화층	수양개 Ⅲ지구 1문화층	
	MIS 4기 (59~74ka)	연양리 (63,000±4,000BC~70,000±7,000BC) 병산리 3문화층	도곡리 (퇴적층 교란)	토색은 주로 적색/적갈색 (쐐기구조)

표 10. 한강유역 구석기유적의 시기 구분

III

석기공작

Ⅲ. 석기공작

연구 대상 유적에서 하나의 유물층이 존재하는 유적은 양평 도곡리, 여주 연양리, 제천 두학동 중말, 제천 창내 유적 등 4개소, 두매의 유물층은 남양주 덕소·호평동·호평동 지새울, 단양 수양개 Ⅰ·Ⅲ지구 등 5개소, 세매의 유물층은 광주 삼리, 양평 병산리, 용인 동백리 유적 등 3개소에서 확인되었다.

이상 12개 유적 23개 유물층이 확인되지만, 일부 유적의 경우에는 특정 자료에 대해서만 분석을 진행하였다.

수양개 Ⅰ지구에서는 5차례에 걸쳐 발굴조사가 이루어졌고 유물의 양이 27,840여점에 달하고 있지만 전체 유물에 보고가 이루어진 바 없다. 따라서 대표성을 띄고 있는 충북대학교 박물관의 후기 구석기문화층 전시유물을 분석 대상으로 제한하였다[7]. 수양개 Ⅲ지구는 2001년과 2008년, 2011년에 걸쳐 조사되었는데, 자료의 양이 적거나 최근에 조사된 유물을 제외하고, 2008년의 조사 자료 중 2문화층 유물만을 분석 대상으로 하였다. 그리고 남양주 호평동 유적의 경우에는 1~4지역에 걸쳐 조사가 진행되었고, 또한 1지역 북쪽의 철도부지에 대한 추가 조사가 이루어졌는데, 이중 1·2지역에서 출토된 유물만으로 국한하였다. 이외에도 유물의 수량이 극히 적은 병산리 1문화층과 3문화층은 제외하였다. 따라서 여기서 다루어질 유적과 유물층은 총 12개 유적 19개 유물층이다.

연구는 실견이 이루어진 유물을 중심으로 하였으며, 일부는 보고서의 내용을 통해 한계점을 보완하였다.

석기공작에 대한 연구는 우선 분류체계와 속성을 설정한 후 돌감과 석기 구성, 박리작업, 다듬은 석기의 분석을 실시하였다. 분석의 주안점은 지형과 층서 편년에서 설정된 시기별로 석기공작의 양상을 파악하는데 있다.

1. 분류체계와 속성

1) 기본 분류

석기의 기본 분류는 우선 돌감과 유물 구성을 중심으로 하였다.

---

7) 전시유물을 대상으로 분석이 이루어진 바, 연구의 한계가 있었다. 다만 전체 유물 중 70% 이상을 실견한 결과 돌감의 양상과 주요 석기의 양상은 박물관에 전시되어 주요 유물로 대비가 가능하였다. 물론 앞으로의 정식 보고서의 출간과 함께 보완적인 연구를 진행할 예정이다.

돌감은 석영·규암계 돌감과 기타 돌감으로 구분하였는데, 기타 돌감의 비율이 3%를 초과하는 경우에는 세부 돌감을 기술하였다. 그 안에는 흑요석·응회암·사암·유문암·셰일·편마암·화강암 등이 있다.

유물 구성은 전체 석기를 몸돌·돌날몸돌·좀돌날몸돌, 격지·돌날·좀돌날, 조각, 망치, 모루 등의 박리작업 유물과 석기제작을 통해 완성된 다듬은 석기, 그리고 미상석기, 반입자갈돌 등의 기타로 삼분하였다.

2) 박리작업

박리작업을 파악하기 위해서 각 유적 내의 박리작업 관련 유물인 몸돌·돌날몸돌·좀돌날몸돌, 격지·돌날·좀돌날, 조각, 망치·모루의 분포 비율을 파악하였다.

다음으로 여러 유적에서 공통적으로 확인되는 몸돌과 격지를 대상으로 속성분석을 진행하였는데[8], 분석 내용은 다음과 같다.

(1) 몸돌의 속성분석

몸돌은 박리작업에서 필요한 격지를 박리하고 남은 것으로써 타격면과 작업면을 가지고 있는 석기를 말하는데, 다른 작업 후 몸돌로 재이용한 것과 깨진 몸돌은 분석에서 제외하였다[9].

몸돌은 몸체, 작업면, 타격면으로 삼분하여 그 세부 속성을 파악하였다.

가. 몸체

ㄱ. 방향잡기와 크기계측

몸돌의 방향잡기는 타격면을 윗부분으로 놓고 박리가 집

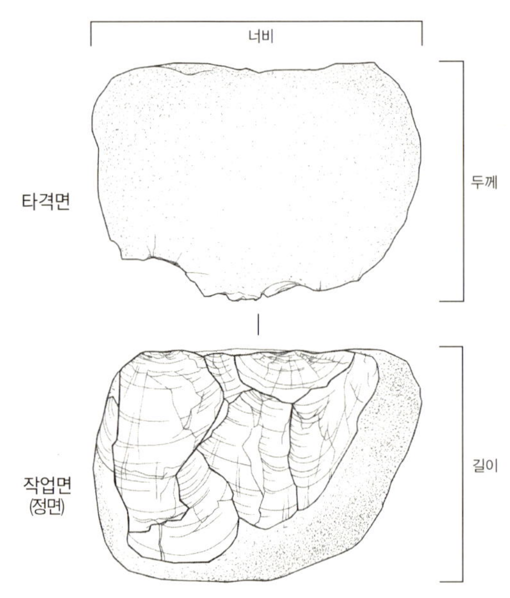

그림 21. 몸돌의 방향잡기와 크기계측법

---

8) 시기적 편년을 반영하는 돌날몸돌 및 돌날, 좀돌날몸돌 및 좀돌날은 그 수량이 적고, 출토된 유적이 제한적이므로 분석에서 제외하였다.
9) 덕소, 호평동, 호평동 지새울 유적에서는 깨진 몸돌의 비율이 높은 편이다.

중적으로 이루어진 작업면을 정면으로 놓은 상태에서 관찰하였다.

- 길이 : 타격면부터 아래면까지의 최대길이

- 너비 : 주작업면에서 길이에 수평이 되는 두점 사이의 최대길이

- 두께 : 정면에서 뒷면까지의 최대길이

- 무게 : 전자저울을 이용하여 g단위까지 측정

ㄴ. 돌감

돌감은 석영·규암계, 기타 돌감으로 구분하였다.

ㄷ. 원석의 형태

자갈돌, 모난돌, 미상으로 구분하였다.

나. 작업면

작업면은 타격시 격지가 박리되는 면이다.

ㄱ. 작업면의 수

몸돌을 도식화된 정육면체(cube, hexahedron)에 넣어 작업면의 개수를 파악하였다. 그러므로 최소 작업면은 1면, 최대 작업면은 6면이다.

ㄴ. 작업면의 유형

작업면의 유형을 파악하기 위해 정육면체의 면을 기준으로 분류하였다.

그 원리를 기술하면, 정육면체의 면은 모두 6면으로 a~f면으로 임의로 명칭을 부여하였다. 정면은 a면, 좌측면은 b면, 뒷면은 c면, 우측면은 d면, 윗면은 e면, 아래면은 f면이다<그림 22>.

분류는 a면을 기준으로 유형을 구분하였다. a면에서만 작업이 이루어진 경우 단일작업면, a면과 인접한 b·d·e·f면에서 동시에 작업이 이루어진 경우는 인접작업면, a면과 반대되는 c면에서 작업이 이루어진 경우는 반대작업면, 세면 이상에서 작업이 이루어진 유형은 여러작업면으로 구분하였다.

ㄷ. 박리방향의 유형

박리방향은 한방향, 엇갈린방향, 맞선방향, 여러방향, 중심점방향으로 구분되었다.

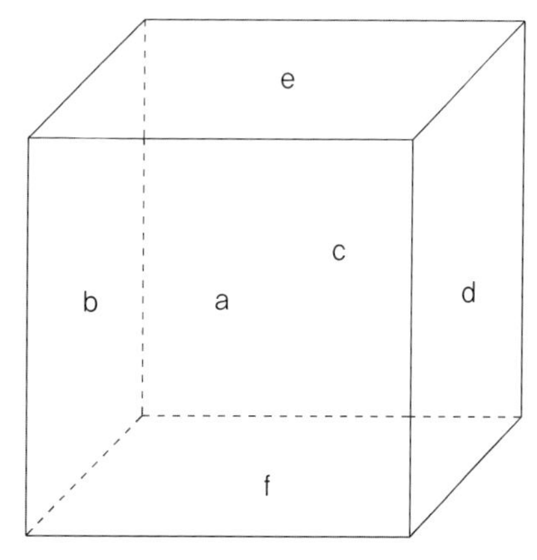

그림 22. 몸돌 작업면의 유형 모식도

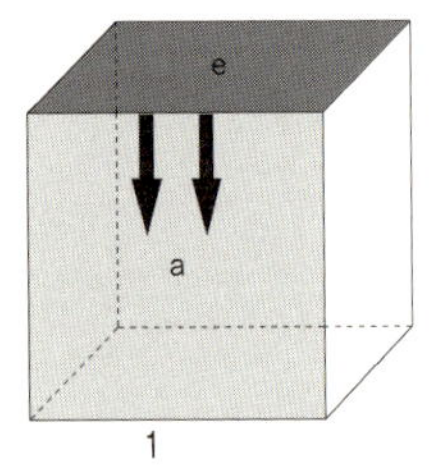 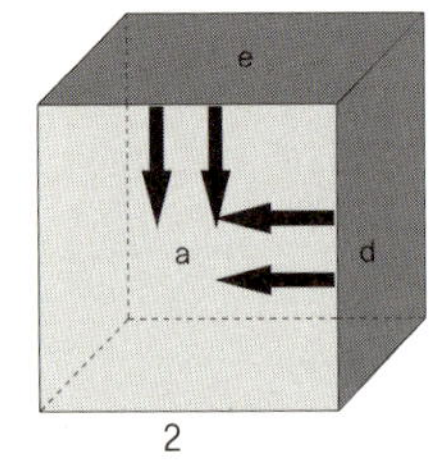 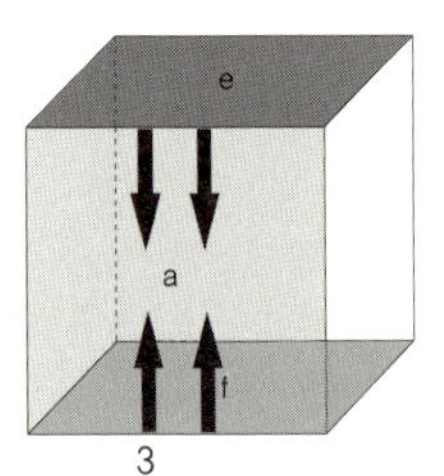 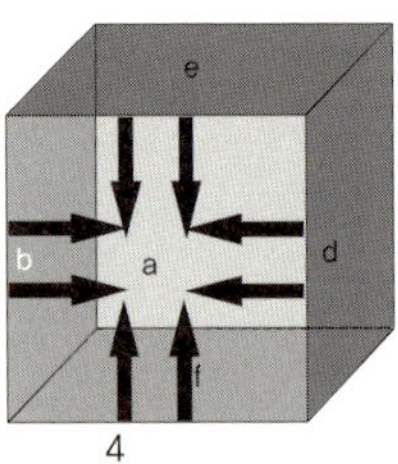

그림 23. 몸돌 박리방향의 유형 모식도

한방향 박리는 하나의 타격면에서 한면~네면의 작업면에 대해 박리가 이루어진 것이며, 예를 들면 타격면을 e면으로 하고 작업면인 a면에 대해 박리가 이루어진 경우이다<그림 23의 1>.

엇갈린방향 박리는 인접한 두면의 타격면에서 하나의 작업면에 대해 박리가 이루어져 'ㄱ'자 또는 'ㄴ'자 모양으로 박리가 이루어진 것으로, 예를 들면 타격면인 e면과 d면의 두 면에서 작업면인 a면에 대해 박리가 이루어진 경우라 할 수 있다<그림 23의 2>.

맞선방향 박리는 반대되는 두면의 타격면에서 한면~네면의 작업면에 대해 박리가 이루어지는 것으로서, 예를 들면 서로 반대되는 면인 e면과 f면에서 작업면인 a면을 박리한 경우이다<그림 23의 3>. 이러한 엇갈린방향 박리와 맞선방향 박리는 두방향 타격에 해당된다.

중심점방향 박리는 네면의 타격면을 돌려가며 하나의 작업면을 박리하는 것으로써, 박리는 한면의 중심을 향하여 이루어진다. 예를 들면 b, d, e, f면의 타격면에서 a면의 중심을 향하여 박리가 진행된다<그림 23의 4>.

여러방향 박리는 위에서 살펴본 박리방향이 복합적으로 나타나는 경우이다.

다. 타격면

타격면은 박리작업을 위해 타격이 이루어진 면이다.

ㄱ. 타격면의 수

타격면의 수 역시 작업면과 마찬가지로 정육면체의 면을 기준으로 분류하였다. 따라서 최소 타격면은 1면, 최대 타격면은 6면이다.

ㄴ. 타격면의 종류

타격면의 종류는 자연면, 박리면, 돌결면, 복합면, 기타로 구분하였는데, 복합면은 자연면+박리면, 자연면+돌결면 등 두 종류 이상 타격면이 이용된 경우이며, 미상은 기타에 포함된다.

몸돌의 분류에 따른 기준 및 관찰 속성은 다음의 <표 11>과 같다.

분류	기준	관찰속성
몸체	크기와 무게	길이 · 너비 · 두께, 무게
	돌감	석영 · 규암계, 기타 돌감
	원석의 형태	자갈돌, 모난돌, 미상
작업면	작업면의 수	작업이 이루어진 면의 수
	작업면의 유형	단일작업면, 인접작업면, 반대작업면, 여러작업면
	박리방향의 유형	한방향, 두방향(엇갈린, 맞선), 여러방향, 중심점방향
타격면	타격면의 수	타격이 이루어진 면의 수
	타격면의 종류	자연면, 돌결면, 박리면, 복합면, 기타

표 11. 몸돌 속성분석의 기준

(2) 격지의 속성분석

격지란 몸돌 또는 원석에 타격을 가하여 박리되어진 조각인데, 몇가지 특징이 확인된다. 즉 타격면(striking platform)과 타격점(point of percussion), 그리고 주요 박리면에 두덩(bulb), 두덩흠(bulbar scar), 파문(fissures), 방사선(ripples or waves) 등이 나타난다. 따라서 본 연구에서 격지는 타격면과 타격점이 뚜렷한 온전한 격지로 제한하여 분석을 진행하였다.

가. 몸체

ㄱ. 돌감

석영·규암계, 기타 돌감으로 양분하였다.

ㄴ. 방향잡기와 크기 계측

격지를 관찰하는데 있어 가장 중요한 것은 격지박리축(axis of flaking)이다. 격지박리축은 타격에 의해 박리된 격지의 중심축이며, 타격점과 격지말단부에 힘이 전해지는 것에 의해 결정된다. 이 축을 중심으로 타격면이 있는 면을 아래로 향하게 놓고 관찰하였다. 몸돌에서 마지막으로 박리된 면이 배면이며, 최종 박리 이전에 박리된 흔적이 남아있는 면이 등면이다.

- 길이 : 격지박리축을 중심으로 놓았을 때 타격면부터 격지 끝까지의 최대길이
- 너비 : 길이에서 수평이 되는 두점 사이의 최대길이
- 두께 : 배면에서 등면까지의 최대길이

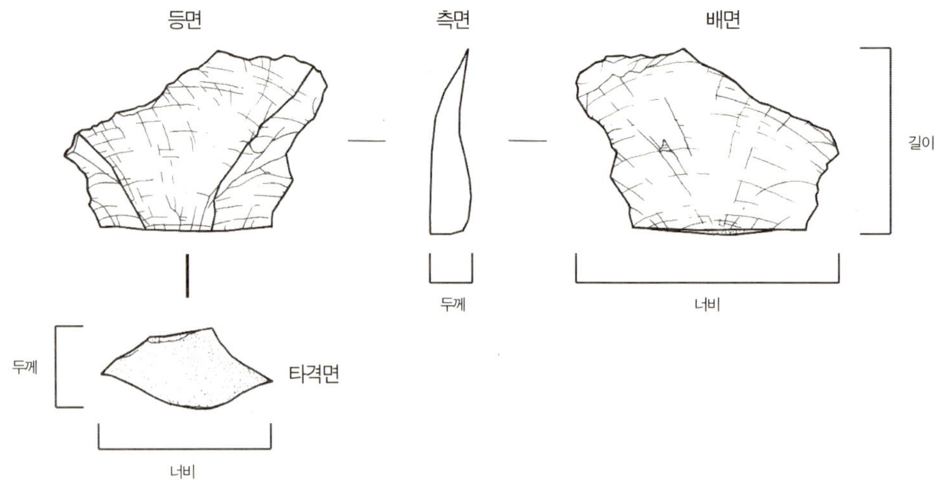

그림 24. 격지의 방향잡기와 크기계측법

나. 등면

등면의 속성은 박리방향의 유형만을 확인하였다.

격지 등면의 박리방향은 몸돌의 타격방향 유형과 연관된다. 박리방향의 유형은 격지박리축을 기준으로 같은방향, 마주방향(반대방향 포함), 엇갈린방향(수직방향 포함), 여러방향, 자연면으로 구분하였다.

다. 타격면

ㄱ. 타격면의 크기

타격면은 등면을 정면으로 하여, 너비와 두께를 계측하였다.

ㄴ. 타격면의 종류

타격면의 종류는 자연면, 박리면, 돌결면, 복합면, 기타로 구분하였다. 복합면은 자연면+돌결면, 자연면+박리면 등 2면 이상이 관찰되는 면이다.

ㄷ. 박리각

박리각의 측정은 타격면을 a, 타격점을 b, 두덩 바로 아래점을 c로 할 때, 이 세 점을 연결할 때의 각으로 설정하였다.

격지의 분류에 따른 기준 및 관찰 속성은 다음의 <표 12>과 같다.

분류	기준	관찰속성
몸체	돌감	석영·규암계, 기타 돌감
	크기	길이·너비·두께
등면	박리방향의 유형	같은방향, 마주방향, 엇갈린방향, 여러방향, 자연면 (격지박리축 기준)
타격면	타격면의 크기	너비×두께(길이)
	타격면의 종류	자연면, 박리면, 돌결면, 복합, 기타
	박리각	각도의 측정

표 12. 격지 속성분석의 기준

3) 다듬은 석기

다듬은 석기는 몸돌석기와 잔손질석기로 구분하였는데, 몸돌석기는 자갈돌이나 모난돌 등의 덩이돌에 특정한 기능이나 형태를 갖추도록 손질한 석기이며, 잔손질석기는 도구의 몸체보다도 특정 기능이나 형태를 갖추도록 잔손질을 통해 날을 형성한 석기를 의미한다[10].

다듬은 석기의 분석은 우선 석기 구성과 변화를 파악하기 위해 각 유적별로 몸돌석기와 잔손질석기의 세부 종류의 빈도를 파악한 후, 시기에 따른 변화를 확인하였다.

그리고 시기를 달리하면서도 중복적으로 확인되는 석기 중에서 그 수량이 많은 주요 다듬은 석기에 대하여 속성분석을 실시하였는데, 몸돌석기 중에는 찍개, 잔손질석기에는 긁개, 밀개, 홈날, 슴베찌르개를 대상으로 하였다.

(1) 찍개의 속성분석

찍개는 일반적으로 자갈돌의 측면을 박리하여 날을 만든 석기라고 할 수 있으며, 날의 제작 형태에 따라 외면찍개와 양면찍개로 구분된다.

몸체, 날과 사용면에 대하여 속성분석을 실시하였다.

가. 몸체

ㄱ. 방향잡기와 크기의 계측

찍개의 방향잡기는 석기의 장축방향

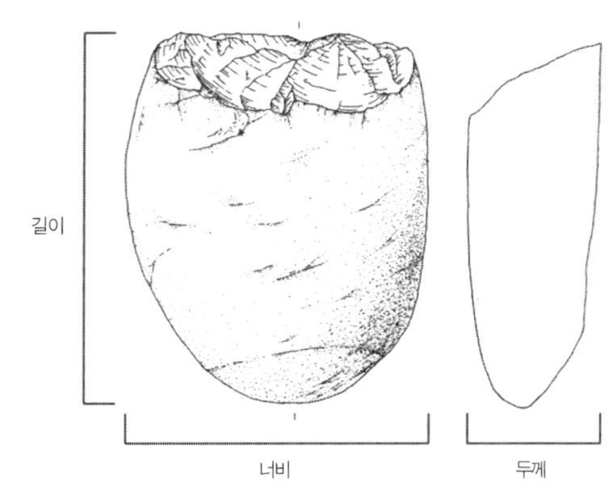

그림 25. 찍개의 방향잡기와 크기계측법

---

10) 잔손질석기의 몸체는 격지와 조각으로 구성된 경우가 많다.

을 세로가 되도록 놓은 상태에서 관찰하였다.

   - 길이 : 세로 방향의 최대길이

   - 너비 : 길이에 수평하는 최대길이

   - 두께 : 앞면에서 뒷면까지 최대길이

   - 무게 : 1g까지 측정할 수 있는 전자저울을 사용하여 측정

ㄴ. 돌감

   돌감은 규암, 석영, 편마암, 기타로 구분하였다.

나. 날과 사용면

ㄱ. 날의 위치

찍개의 방향잡기를 통하여 날이 위치하는 면을 중심으로 가로날, 세로날, 기운날, 가로날+세로날, 세로날+세로날, 세면의 날이 나타나는 경우 복합날로 구분하였다<그림 26>.

ㄴ. 날의 형태

날의 형태는 곧은날, 볼록날, 오목날, 휜날(볼록+오목), 기타로 구분하였다.

ㄷ. 날길이지수

날길이지수는 날의 길이÷전체 둘레의 길이를 의미하며, 전체 둘레를 1이라 했을 때, 날길이지수를 확인할 수 있다.

ㄹ. 날의 각도

날의 각도는 석기의 중심축에서 박리된 면의 끝을 계측하는 방법을 사용하였다<그림 27>.

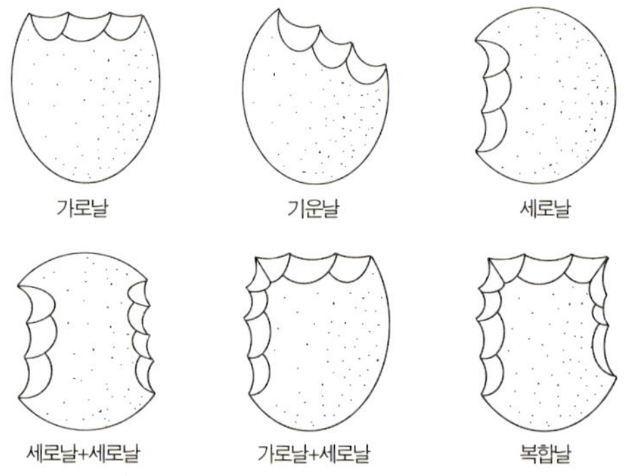

그림 26. 날의 위치에 따른 구분(한창균 · 김기태 2000에서 일부 수정)

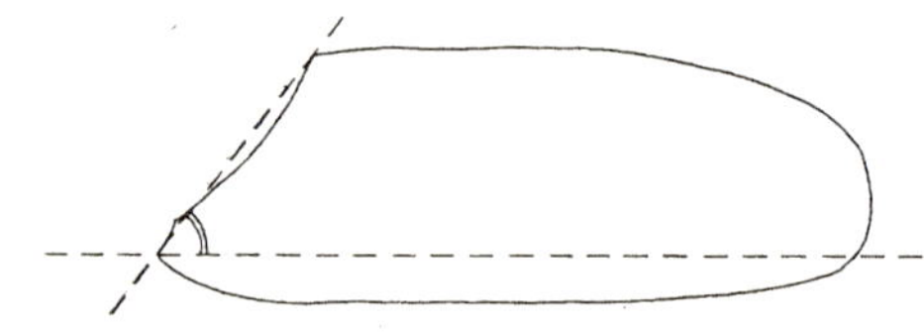

그림 27. 날의 각도 계측방법(孫其彦 1996)

(2) 긁개의 속성분석

긁개는 격지나 돌날의 한변 또는 여러변에 의도적으로 잔손질을 가하여 날을 형성한 석기를 의미한다(Bordes 1979).

92

긁개의 분석은 몸체와 날을 중심으로 진행하였다.

가. 몸체

ㄱ. 방향잡기와 크기의 계측

긁개의 방향잡기는 격지와 돌날을 이용하여 제작된 긁개의 경우에는 격지박리축을 중심으로 타격면이 아래에 위치하도록 하였으며, 일부 조각과 몸돌을 소재로 하는 경우에는 석기의 장축 방향을 최대길이로 설정하였다.

ㄴ. 돌감

석영, 규암, 기타로 삼분하였으며, 기타 돌감의 비율이 높은 경우 세부 돌감을 기술하였다.

ㄷ. 소재

몸체의 소재는 몸돌, 격지, 조각, 돌날로 구분하였다.

나. 날

ㄱ. 날의 수와 특징

외날,· 두날, 집중날로 구분하였다. 집중날에는 격지박리축을 중심으로 집중날(convergent d'axe)과 격지박리축을 중심으로 비낀날(convergent déjeté)이 포함된다.

ㄴ. 날의 위치

긁개의 방향잡기를 통하여 날의 위치는 세로날, 가로날, 모서리날로 구분하였다.

ㄷ. 날의 형태

볼록날, 곧은날, 오목날, 복합날로 구분하였는데, 복합날은 두변 이상에 상이한 날이 형성된 경우를 의미한다.

(3) 밀개의 속성분석

밀개는 격지나 돌날의 한 끝에 가파르지 않고 연속되는 잔손질을 실시하여 둥근 형태로 날을 다듬은 석기를 말하는데(Bordes 1979, Piel-Desruisseaux 2007), 일부는 타격면 부위를 잔손질하여 날을 형성하기도 한다.

가. 몸체

ㄱ. 방향잡기와 크기의 계측

밀개에서는 소재와 상관없이 가장 중요한 특징은 날부분이라고 할 수 있다. 날부분을 윗면으로 놓고 크기를 계측하였다. 윗면부터 아래면까지의 최대길이를 길이, 길이에 직각하는 최대길이는 너비, 앞면부터 뒷면까지의 최대길이를 두께로 설정하였다.

ㄴ. 돌감

석영, 규암, 기타로 구분한 후, 기타 돌감의 비율이 높은 경우에는 세부 돌감을 기술하였다.

ㄷ. 소재

몸돌, 격지, 조각, 돌날로 구분하였다.

ㄹ. 몸체의 형태

원, 타원, 반원, 부채꼴, 긴네모, 네모, 엄지손톱형으로 구분하였다.

나. 날

날은 형태만을 대상으로 분석을 실시하였으며, 넓은 둥근날, 좁은 둥근날, 콧등날로 삼분하였다.

(4) 홈날의 속성분석

홈날은 격지나 조각, 또는 몸돌의 한변 이상에 타격을 가하여 홈을 만든 석기이다.

가. 몸체

ㄱ. 방향잡기와 크기의 계측

홈날은 격지를 이용한 경우 격지박리축을 중심으로 타격면이 아래를 향하도록 한 다음 아래면과 윗면의 최대길이를 길이, 이와 직각하는 최대길이를 너비, 앞면부터 뒷면까지의 최대길이를 두께로 하였으며, 조각이나 몸돌을 이용한 경우에는 장축방향을 세로방향으로 놓은 뒤 그 길이를 최대길이로 하였으며, 너비와 두께는 격지를 소재로 한 경우와 동일하게 계측하였다.

ㄴ. 돌감

석영, 규암, 기타로 구분한 후, 기타 돌감의 비율이 높은 경우에는 세부 돌감을 기술하였다.

ㄷ. 소재

몸돌, 격지, 조각, 돌날로 구분하였다.

나. 날의 제작형태

여러 번 잔손질을 통해 형성된 잔손질된 홈날(ordinary or complex notchs)과 한번의 타격에 의해 날을 형성한 클락토니안식 홈날(Clactonian notchs)로 구분하였다.

(5) 슴베찌르개의 속성분석

슴베찌르개는 몸돌에서 박리한 격지나 돌날을 소재로 하여 타면부 양쪽을 손질하여 슴베를 만들어 낸 석기가 대부분이며(이정철 2008a), 일부 타면부의 반대편에 슴베를 만드는 경우가 있다[11].

가. 몸체

ㄱ. 방향잡기와 크기 계측

슴베찌르개의 경우 긴격지나 돌날을 소재로하여 제작되므로, 타격면을 아래에 놓고, 석기 끝이 위로 향하게 놓은 다음, 그 장축방향을 길이, 이에 직각하는 최대길이를 너비, 그 측면의 최대길이를 두께로 설정하였다.

ㄴ. 돌감

모두 기타 돌감을 활용하고 있으므로, 세부 돌감을 기술하였다.

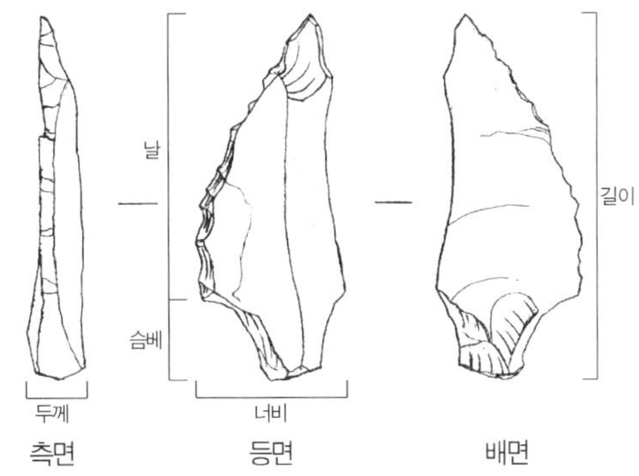

그림 28. 슴베찌르개의 방향잡기와 크기계측법

나. 슴베

ㄱ. 손질방향

배면→등면, 등면→배면, 등면↔배면으로 구분하였다[12].

ㄴ. 손질부위

슴베가 'V'의 형태를 이루도록 두 측을 손질한 경우와 한 측을 손질한 경우로 구분하였다.

다. 날

ㄱ. 잔손질부위

잔손질 없음, 한측면 전부 잔손질, 한측면 일부 잔손질, 좌우측면 일부 잔손질, 한측면 일

---

11) 대전 용호동에서는 슴베의 형성이 격지박리방향이 아닌 반대편에 위치하는 경우가 확인된다.
12) 등면↔배면의 경우는 슴베부의 한측은 등면→배면, 다른 한측은 배면→등면으로 손질한 경우이다.

부 잔손질+한측면 전부 잔손질로 구분하였다.

ㄴ. 날의 각도

배면을 수평으로 설정한 상태에서 날의 각도를 계측하였다.

라. 등면

ㄱ. 격지자국의 수

슴베찌르개 등면에 남은 격지자국의 수를 파악하였다.

ㄴ, 자연면의 유무

자연면이 남아있는 경우와 없는 경우로 양분하였다.

마. 배면

두덩부분의 제거 여부를 파악하였다.

바. 타격면

ㄱ. 타격면의 종류

박리면과 자연면으로 양분하였다.

ㄴ. 크기

방향잡기를 통해 너비와 두께를 계측하였다.

ㄷ. 박리각

격지의 박리각을 계측하는 방법과 동일하게 진행하였다.

2. 돌감과 석기 구성

1) 돌감

구석기시대에 석기를 제작하기 위해 양질의 돌감을 얻고자 하는 노력은 구석기인의 주된 관심사였을 것이다. 우리나라에서는 주변에서 쉽게 구할 수 있는 석영·규암 등을 주로 이용하여 석기를 제작하였다. 그러나 정밀한 석기제작이 요구되는 후기 구석기시대에 이르러 흑요석·셰일·유문암·혼펠스·안산암 등의 새로운 돌감이 등장하기 시작한다.

여기에서는 우리나라 구석기시대 돌감의 보편적인 양상을 배경으로 석영·규암계 돌감과 기타 돌감으로 구분하여 살펴보고 시기차에 따른 변화를 관찰해보고자 하였다.

돌감을 분류하는데 있어 우선 모스경도가 높은 석영과 규암 등은 석영계 암석이라는 점에서 석영·규암계 돌감이라는 하나의 범주로 묶었는데, 이는 엄밀한 의미에서 볼 때 석영을 기간 조암 광물로 하는 암석들을 총칭한다(俞鏞郁 2003). 그리고 석영·규암계 돌감을 제외한 모든 돌감은 기타 돌감으로 묶어 구분하였으며, 기타 돌감의 비율이 3% 이상을 차지하는 경우 세부 돌감을 확인하였다.

앞서 지형과 층서 편년을 통해 설정된 구석기유적의 시기구분을 바탕으로, 시기별 돌감의 차이를 파악하였다.

Ⅰ기의 유적에서는 석영·규암계 돌감의 비율이 높게 나타난다. 그중 삼리 3문화층과 도곡리 유적에서는 석영·규암계 돌감의 비율이 각각 100%, 98%에 달한다. 연양리 유적과 병산리 2문화층에서는 기타 돌감의 비율이 각각 24%와 17%로 나타나는데, 이중 편마암의 비율이 각각 14%, 13%를 차지하고 있어 그 빈도가 높은 편이다<표 13>.

Ⅱ기의 유적에서는 동백리 Ⅱ·Ⅲ문화층에서는 석영·규암계 돌감이 거의 100%에 가깝게 나타나며, 호평동 지새울 유적에서는 석영으로만 구성된다. 그리고 호평동 1문화층에서도 석영·규암계 돌감의 비율이 97%에 달한다. 반면 덕소 3지층과 창내 유적에서는 기타 돌감의 비율이 각각 36%, 61%가 확인된다[13]. 덕소 3지층에서는 기타 돌감 중 사암과 응회암, 창내 유적에서는 화강암, 셰일, 사암, 편마암의 비율이 높게 나타난다<표 14·15>.

Ⅲ기의 유적에서는 삼리 2문화층, 호평동 지새울 1문화층, 동백리 Ⅰ문화층에서는 석영·규암계 돌감의 비율이 100%에 가깝게 나타나는데 비해, 수양개 Ⅰ지구 충북대 박물관, 수양개 Ⅲ지구 2문화층과 두학동 중말, 호평동 2문화층에서는 기타 돌감의 비율이 각각 98%, 79%, 70%, 45%로 매우 높게 관찰되어 주목된다. 수양개 Ⅰ지구 충북대 박물관 및 수양개 Ⅲ지구 2문화층의 기타 돌감은 대부분은 셰일이며[14], 수양개 Ⅰ지구 충북대 박물관에서는 흑요석도 일부 관찰된다. 두학동 중말에서는 응회암과 사암의 비율이 높고, 호평동 2문화층에서는 흑요석이 많은 가운데 혼펠스와 유문암도 보여진다. 한편 덕소 2지층과 삼리 1문화층에서는 석영·규암계 돌감의 비율이 각각 90%, 96%로 높은 편이지만, 기타 돌감으로 덕소 2지층에서는 타 유적에서 관찰되는 사암과 응회암, 삼리 1문화층에서는 흑요석이 관찰되고 있다<표 16·17·18>.

특히 기타 돌감 중 흑요석은 Ⅲ기의 유적에서만 확인되므로, 다른 돌감과 차이가 있다. 흑요석은 구석기집단의 적응전략과 영역성, 이동성 등을 파악할 수 있는 자료로 평가되는데, 단양 수양개와 남양주 호평동에서 출토된 흑요석에 대한 조성분석을 통해 각각 기원지 미상과 백

---

13) 창내 유적의 경우 몸돌·격지·조각 등을 제외한 것으로, 유물 실견을 통해 본 바에 의하면, 석영·규암계 돌감의 비율이 높은 편이다.

14) 수양개Ⅰ지구의 경우 충북대 박물관 전시유물뿐만이 아니라 전체 유물의 돌감 역시 셰일이 다수를 차지하고 있다(본인의 실견에 의함).

두산 기원이라는 결과를 얻었다(손보기 1989 ; 趙南哲 2005 ; 김종찬 2008c). 우리나라의 구석기 유적에서 출토된 흑요석의 경우에는 기원지를 파악할 수 없는 것이 많은데, 앞으로 백두산 이외의 우리나라 흑요석 산지의 위치가 확인된다면 보다 활발한 연구가 진행될 것이다.

시기별 돌감의 변화를 확인하면, Ⅰ기에서 Ⅲ기로 갈수록 기타 돌감의 비율이 증가한다. 그러나 Ⅲ기의 유적 중에서 삼리 2문화층, 호평동 지새울 1문화층, 동백리 Ⅰ문화층에서는 기타 돌감이 거의 확인되지 않고 있다<표 18>. 이러한 양상에는 지질적 차이가 크겠지만, 석영·규암계 돌감을 지속적으로 이용해야 하는 기술적 요인이 존재했을 가능성과 굳이 양질의 기타 돌감을 사용하지 않고도 기능상으로 필요한 도구의 제작이 용이하였기 때문일 수도 있다. 이밖에도 기타 돌감은 돌날 및 좀돌날기법과 관련되는 경우가 많으므로 석기공작의 차이에서 나타나는 석기제작 집단의 차이도 고려해야 해야 할 필요가 있다(Bae 2009).

한편 남한강유역과 한강본류역으로 구분하여 돌감의 양상을 확인하여 보았다. 이는 돌감의 형태와 질감은 지형·지질적인 요인에 기인하기 때문이다. 그 결과 동일한 시기의 유적에서는 남한강유역에서 기타 돌감의 비율이 높게 관찰되었다. 특히 제천·단양의 남한강 중·상류의 유적에서 그 양상이 뚜렷하다<표 19>. 남한강 상류의 정선·여량 일대는 암회색, 담회색, 갈색, 담홍색 석회암과 암회색 셰일 및 백색 규암으로 된 정선석회암층이 정선을 포함한 북동-남서로 넓게 분포하여(朴喜斗 1992), 기타 돌감의 획득이 비교적 유리하기 때문으로 판단된다.

따라서 한강유역의 구석기유적에서 확인되는 돌감의 변화는 시기와 지질의 차이를 모두 반영하며, 일부 Ⅲ기 유적에서 나타나는 석영·규암계 돌감의 압도적 이용은 앞서 설명하였듯이 다양한 각도에서 이해되어야 할 것이다.

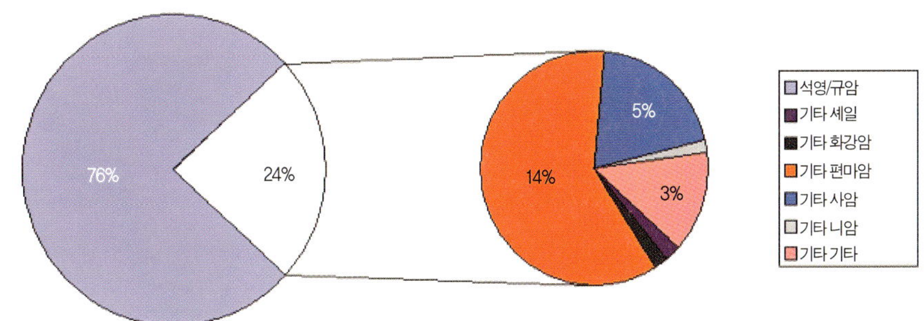

〈연양리 (n=1,782)〉

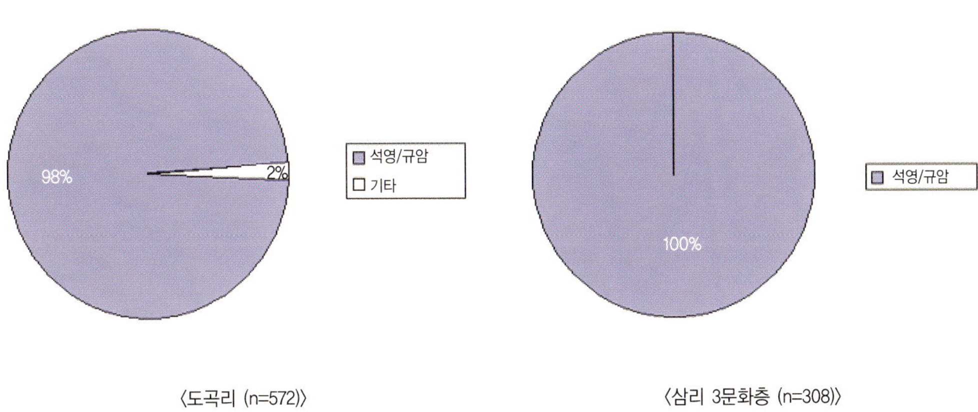

〈도곡리 (n=572)〉   〈삼리 3문화층 (n=308)〉

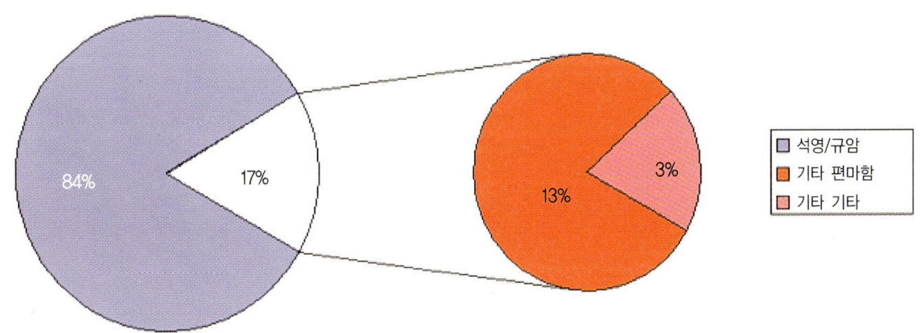

〈병산리 2문화층 (n=30)〉

표 13. I기 유적의 돌감 구성

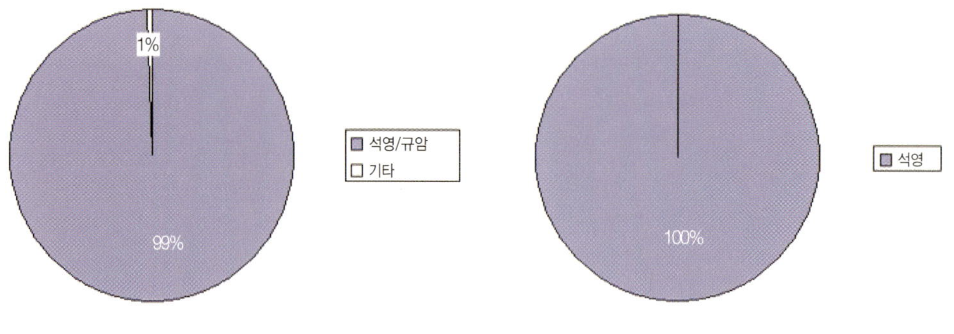

〈동백리 Ⅲ문화층 (n=1,763)〉 〈지새울 2문화층 (n=429)〉

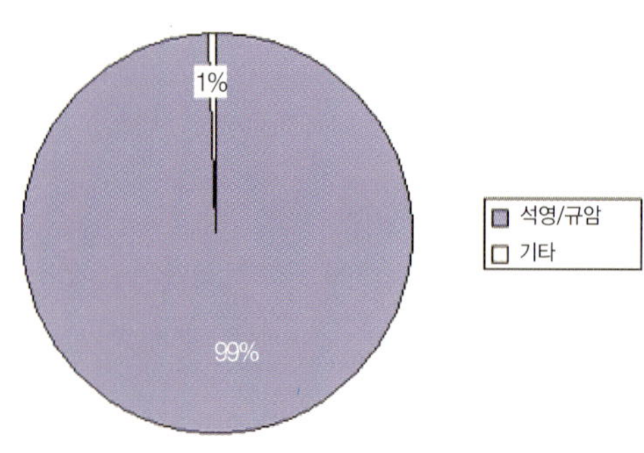

〈동백리 Ⅱ문화층 (n=1,366)〉

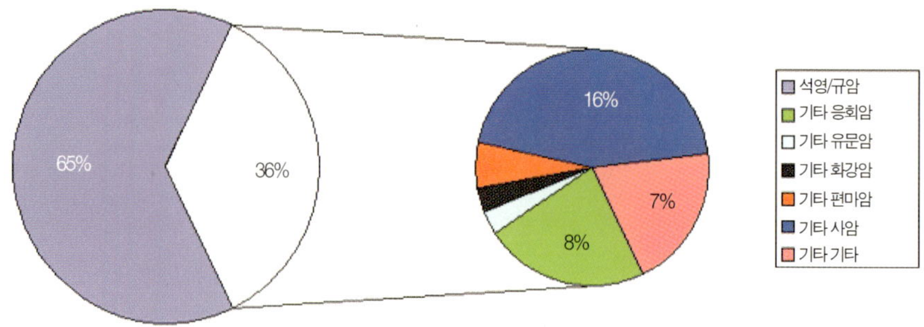

〈덕소 3지층 (n=87)〉

표 14. Ⅱ기 유적의 돌감 구성-1

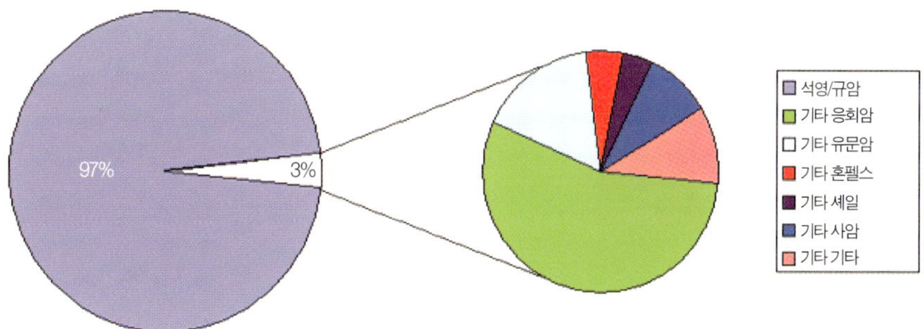

〈호평동 1문화층 (n=3,023)〉

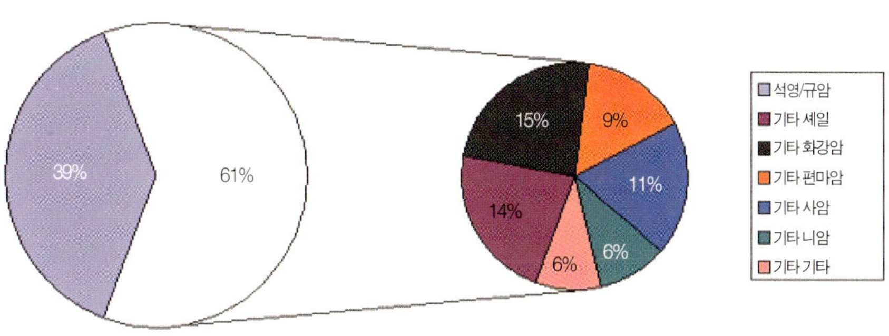

〈창내 (n=782)〉

표 15. Ⅱ기 유적의 돌감 구성-2

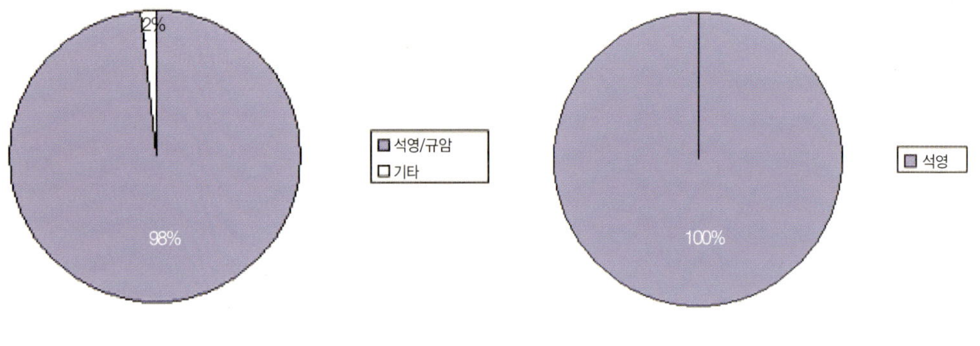

〈삼리 2문화층 (n=1,785)〉　　　　　〈지새울 1문화층 (n=686)〉

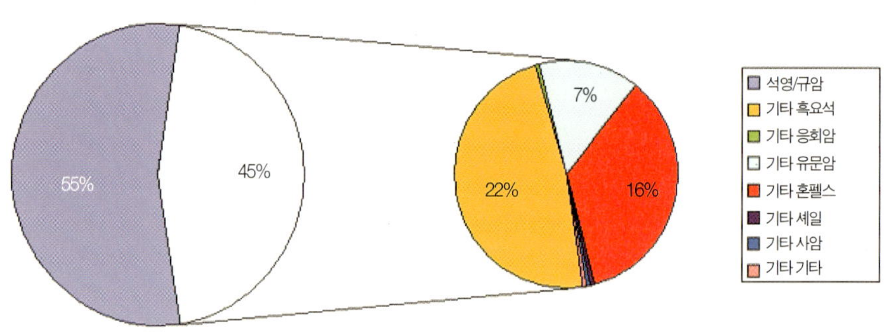

〈호평동 2문화층 (n=4,761)〉

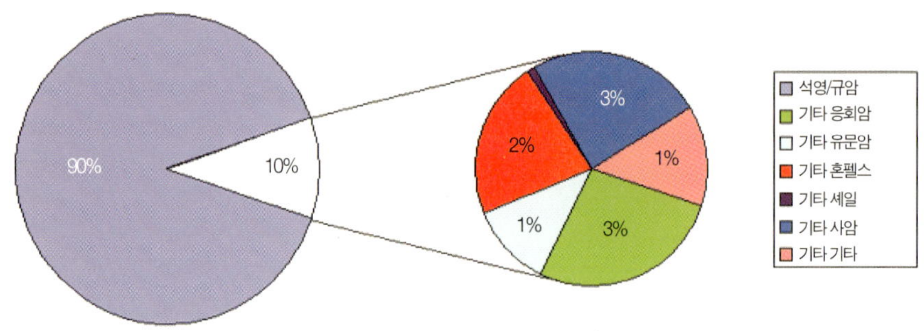

〈덕소 2지층 (n=896)〉

표 16. Ⅲ기 유적의 돌감 구성-1

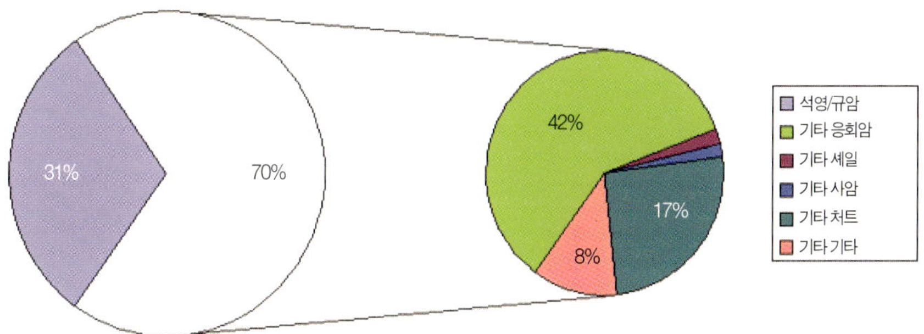

〈두학동 중말 (n=75)〉

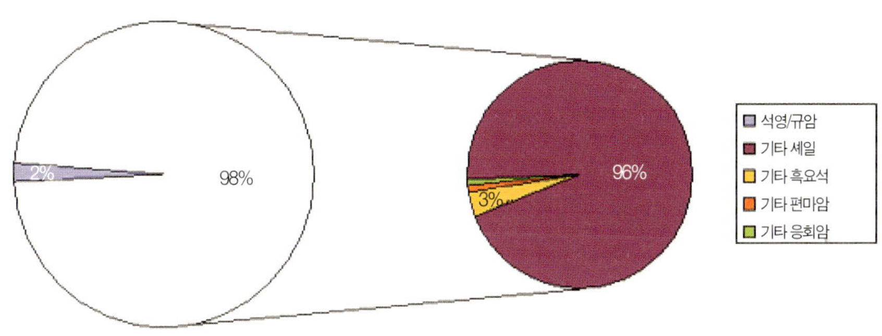

〈수양개 Ⅰ지구 충북대 박물관 (n=420)〉

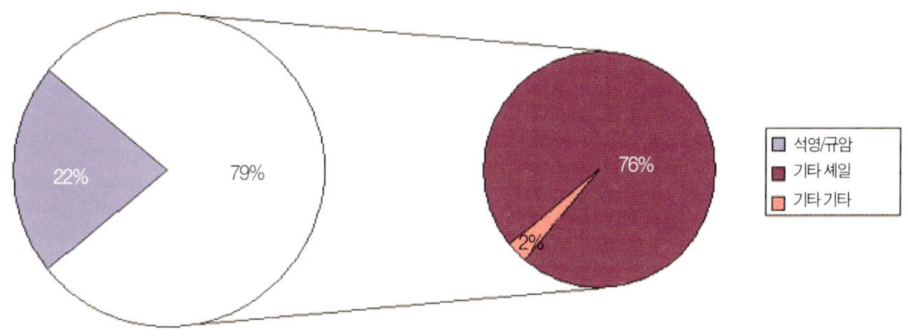

〈수양개 Ⅲ지구 2문화층 (n=252)〉

표 17. Ⅲ기 유적의 돌감 구성-2

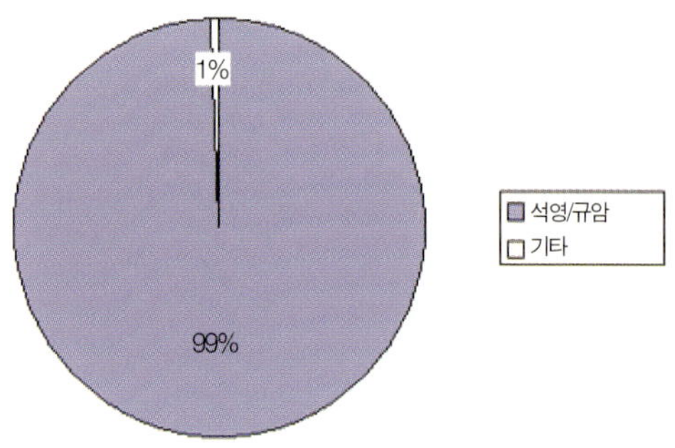

〈동백리 Ⅰ문화층 (n=902)〉

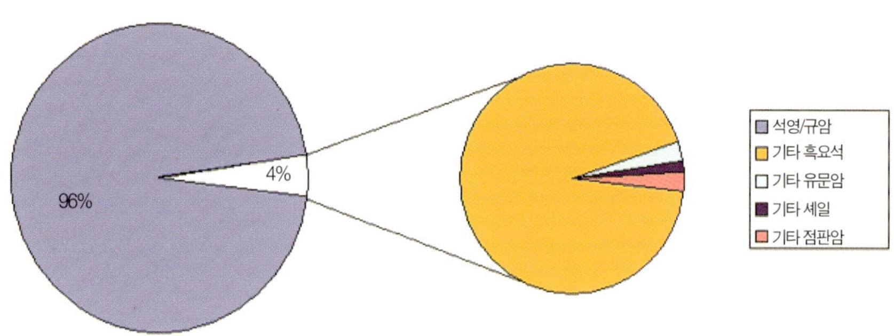

〈삼리 1문화층 (n=1,807)〉

표 18. Ⅲ기 유적의 돌감 구성-3

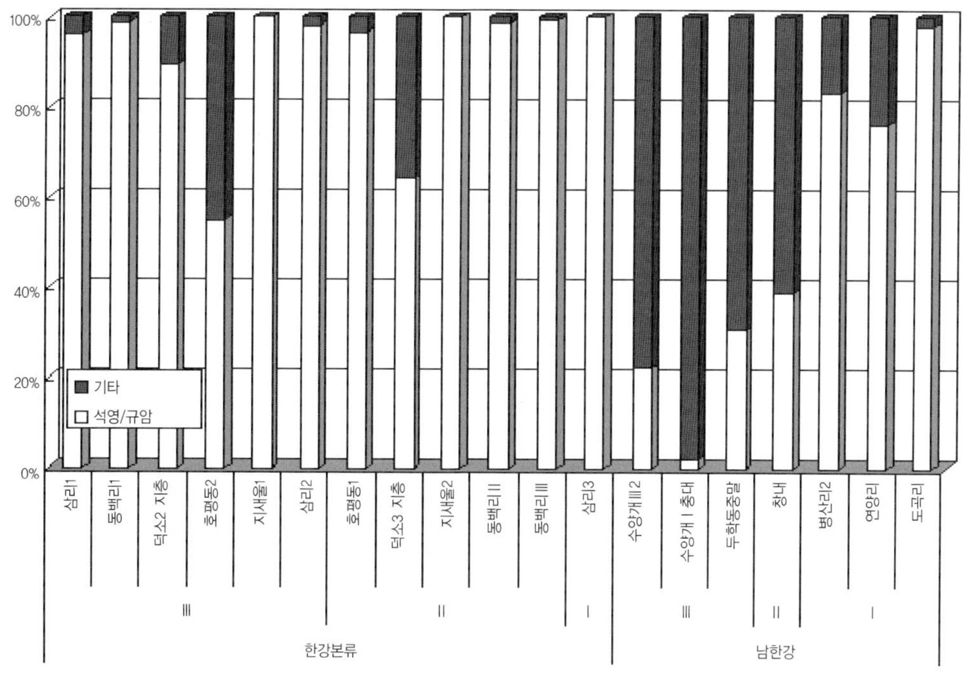

표 19. 한강본류와 남한강유역 유적의 돌감 분포

2) 유물의 구성

　시기별로 유물의 구성을 살펴보면, Ⅰ기의 유적 중 유물수가 적은 병산리 2문화층에서는 박리작업 유물과 다듬은 석기의 비율이 비슷하게 나타나지만, 삼리 3문화층과 도곡리, 연양리 유적에서는 박리작업 유물이 우세하게 관찰된다. 다만 삼리 3문화층과 도곡리에서는 다듬은 석기의 비율이 높은 반면, 연양리에서는 적은 편이다. 한편 병산리 2문화층을 제외한 유적에서는 기타도 다수 확인되는데, 대부분이 반입자갈돌이다<표 20>.

　Ⅱ기에는 Ⅰ기 유적에 비해 박리작업 유물의 빈도가 더 높아지고 있다. 다듬은 석기의 비율은 호평동 지새울 2문화층, 호평동 1문화층, 덕소 3문화층에서는 5% 이하이며, 동백리 Ⅱ문화층에서는 15% 이하, 동백리 Ⅲ문화층에서는 25%에 달하고 있다<표 21>.

　Ⅲ기의 유적에서는 박리작업 유물의 빈도가 높게 나타나며, 다듬은 석기는 충북대 박물관에 전시유물을 대상으로 한 수양개 Ⅰ지구 유적을 제외하고는 대체적으로 그 비율이 낮다. 한편 기타는 삼리 1·2문화층, 두학동 중말, 수양개 Ⅲ지구 2문화층에서 일부만이 확인되고 있다<표 22>.

　Ⅰ·Ⅱ·Ⅲ기의 유적 중 양평 도곡리·병산리 2문화층, 광주 삼리 3문화층, 용인 동백리 Ⅲ문화층에서는 다른 유적에 비해 다듬은 석기의 비율이 높은 편인데, 이는 사면기원퇴적물의 유입 과정에서 유물이 이동되었을 가능성이 있으며, 병산리 유적의 경우에는 조사가 제한적인 범

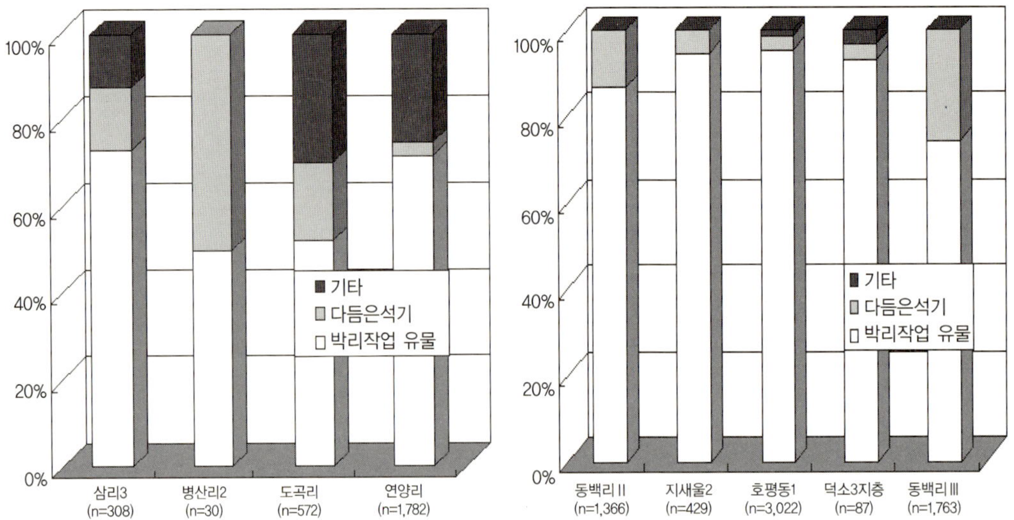

표 20. I기 유적의 유물 구성

표 21. II기 유적의 유물 구성

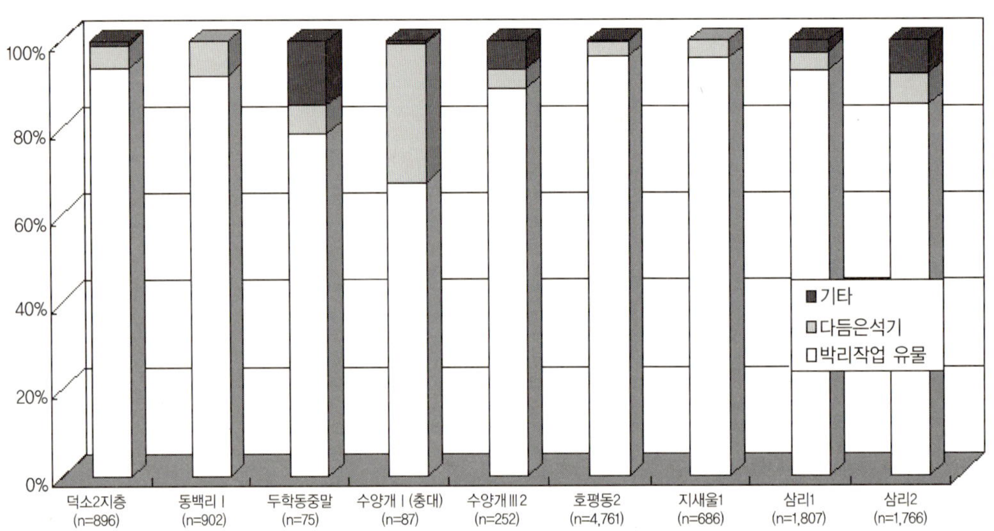

표 22. III기 유적의 유물 구성

위에서 진행되었다는 점을 감안해야 한다.

3. 박리작업

박리작업을 이해하기 위해서 우선 박리작업 유물의 구성 비율을 시기별로 확인하였으며,

다음으로 몸돌과 격지에 대한 속성분석을 통해 그 양상을 파악하였다. 특히 몸돌과 격지를 통해 시기차에 따른 박리작업의 변화를 확인하고자 하였다.

1) 박리작업 유물의 구성

박리작업 유물에는 몸돌·돌날몸돌·좀돌날몸돌 및 격지·돌날·좀돌날, 그리고 조각, 망치·모루 등이 있다. 이들 유물의 분포 비율을 지형과 층서 편년에 따라 유적별로 살펴보았다. 그 과정에서 박리작업 유물의 빈도를 명확히 파악하기 어려운 수양개 Ⅰ지구 유적과 창내 유적은 제외하였다.

Ⅰ기의 유적을 보면, 병산리 2문화층에서는 몸돌과 격지, 망치만이 관찰되었는데, 이는 제한적인 범위에 대해서 발굴조사가 실시되어 유물 수량이 적기 때문으로 보인다. 삼리 3문화층과 도곡리, 연양리 유적에서는 몸돌, 격지, 조각, 망치 등이 모두 확인되는데, 삼리 3문화층 및 도곡리 유적에서는 격지에 비해 몸돌의 비율이 높게 나타나고 있어 연양리 유적과 차이가 있다<표 23>.

일반적으로 안정적인 유적이라면 하나의 몸돌이 출토되면 적어도 격지는 하나 이상이 출토되어야 하는데, 이러한 양상

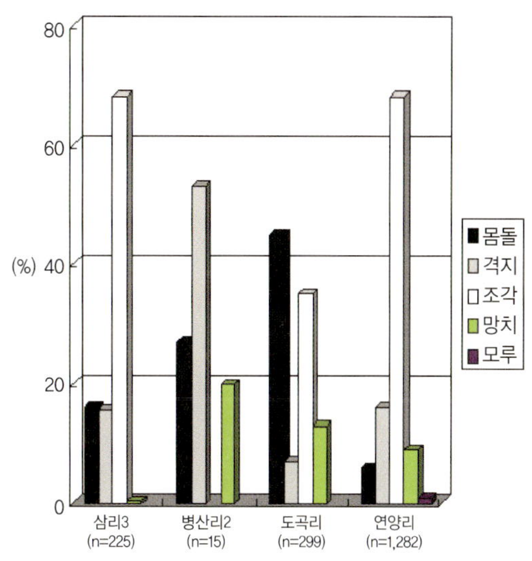

표 23. Ⅰ기 유적의 박리작업 유물의 빈도

이 나타나지 않는다면 유물이 출토된 환경 및 지층의 퇴적양상을 고려하거나 조사범위 또는 조사과정의 문제를 생각해야 한다. 삼리 3문화층과 도곡리 유적의 경우에는 앞서 지형과 층서에 대한 연구에서 유물의 재이동을 상정하였으며, 이와 같은 유적의 변형과정이 유물구성에 영향을 미친 것으로 보여진다.

Ⅱ기 유적의 박리작업 유물의 분포는 모든 유적에서 격지, 조각의 비율이 높은 가운데, 몸돌, 망치, 모루 등이 확인된다. Ⅱ기 유적에서 주목되는 점은 돌날몸돌 및 돌날의 등장이다. 호평동 1문화층과 덕소 3지층에서는 돌날몸돌과 돌날이 확인되는데, 호평동 1문화층에서 그 수량은 극히 적은 편이며, 반면 덕소 3지층에서는 박리작업 유물에서 그 빈도가 어느 정도 관찰된다<표 24>. 돌날기법은 박리작업에서 체계화된 새로운 기술을 내포하고 있는데, 시대 구분에

있어 중요한 표지적 유물이다.

Ⅲ기의 모든 유적에서는 몸돌에 비해 격지 및 조각의 비율이 높게 나타나고 있다. 덕소 2지층, 두학동 중말, 수양개 Ⅲ지구 2문화층, 호평동 2문화층에서는 돌날몸돌·돌날, 좀돌날몸돌·좀돌날 등이 출토되고 있으며, 삼리 1문화층에서는 좀돌날만이 확인되고 있다. 돌날몸돌과 돌날은 수양개 Ⅲ지구 2문화층에서 그 빈도가 높으며, 좀돌날은 호평동 2문화층에서 다수 관찰된다<표 25>.

박리작업 유물의 구성에서 주목되는 것은 주요한 석기공작을 대변하는 유물이

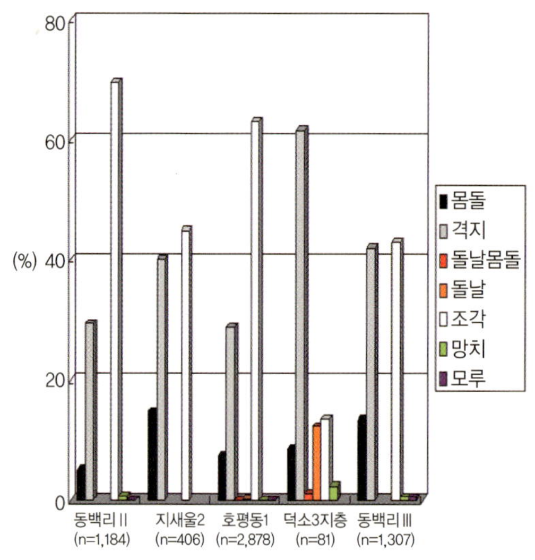

표 24. Ⅱ기 유적의 박리작업 유물의 빈도

Ⅱ기와 Ⅲ기의 여러 유적에서 확인되는 것이다. 즉 돌날 및 좀돌날기법의 출현이다.

위에서 분석한 유적 외에도 Ⅱ기의 창내 유적에서는 돌날기법이 확인되며, Ⅲ기의 수양개 Ⅰ지구에서는 돌날몸돌과 돌날, 좀돌날몸돌과 좀돌날이 모두 확인되고 있다. 이들 유물이 출토되는 유적의 절대연대를 참조할 때, 돌날기법은 37,000~24,500BP 사이에 발생하여 이후까지 이어지며, 좀돌날기법은 15,350~24,100BP 사이에 등장하여 발전한 것으로 판단된다<표 26>. 따

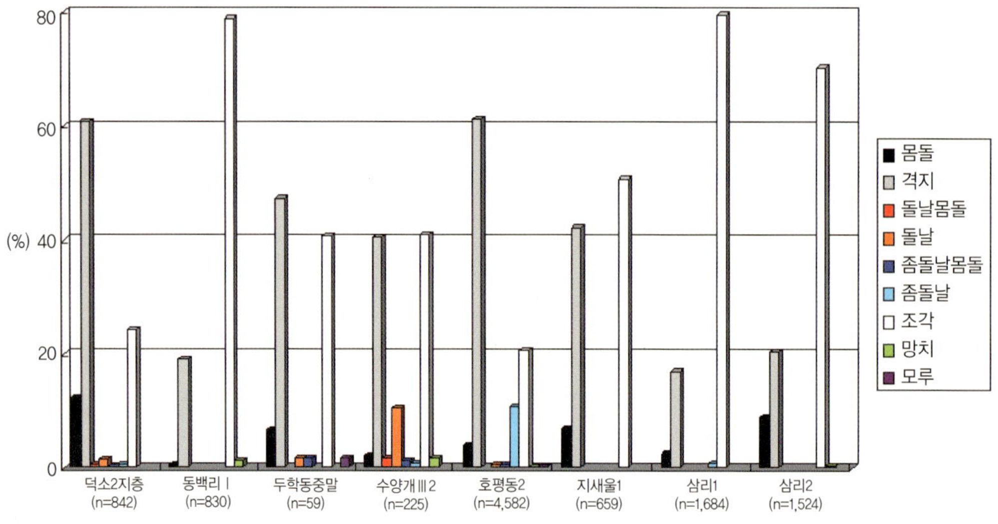

표 25. Ⅲ기 유적의 박리작업 유물 빈도

108

라서 이들 유물의 출현은 시기를 대표하는 하나의 편년 기준이 될 수 있다<표 27>.

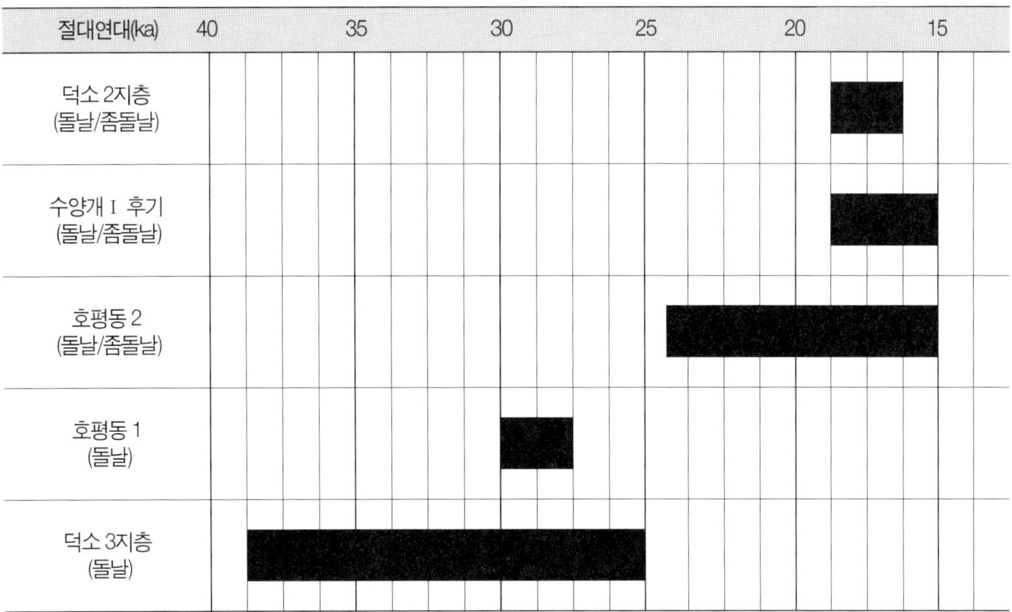

표 26. 돌날 및 좀돌날 제작기법이 확인되는 유적의 절대연대 범위

유적명	제작기법 반영유물	절대연대	시기구분
광주 삼리 1	좀돌날	미상	
남양주 덕소 2지층	돌날몸돌 · 돌날 좀돌날몸돌 · 좀돌날	16,700±100BP-18,400±400BP	
단양 수양개Ⅲ 2	돌날몸돌 · 돌날 좀돌날몸돌 · 좀돌날	수양개 Ⅰ 지점 15,350±200BP-18,600BP	Ⅲ기
단양 수양개 Ⅰ 후기			
제천 두학동 중말	돌날 좀돌날몸돌	미상	
남양주 호평동 2	돌날 좀돌날몸돌 · 좀돌날	15,000±1,100BC-24,100±200BP	
제천 창내	돌날몸돌 · 돌날[9]	미상	
남양주 호평동 1	돌날몸돌 · 돌날	27,500±300BP-30,000±1,500BP	Ⅱ기
남양주 덕소 3지층	돌날몸돌 · 돌날	24,500±1,400BC-37,300±200BP	

표 27. 돌날기법 및 좀돌날기법으로 추론한 유적의 시기 편년

---

15) 창내에서는 좀돌날몸돌의 제작과정에서 발행하는 스폴격지 1점이 출토되었으나, 이에 대해서는 유적의 층서를 고려할 때 그 해석에 주의가 필요하므로, 창내 유적은 돌날기법 관련 유적으로만 판단하였다.

2) 몸돌 및 격지의 분석과 비교

몸돌과 격지는 박리작업과 관련된 여러 가지 정보를 가지고 있다. 따라서 시기별 유적의 몸돌과 격지에 대한 속성분석을 진행하고, 그 내용을 비교하여 차이를 파악하고자 하였다. 분석은 보고서의 내용과 유물 실견을 병행하여 실시하였다.

분석 대상은 광주 삼리 1·2·3문화층, 남양주 덕소 2·3지층, 남양주 호평동 1·2문화층, 남양주 호평동 지새울 1·2문화층, 단양 수양개 Ⅲ지구 2문화층, 양평 도곡리, 여주 연양리, 제천 두학동 중말 유적이다.

몸돌과 격지의 분석은 연구자마다 각기 다른 속성분석 기준을 적용하고 있어, 그 서술에 차이가 있다. 그러므로 앞서 기술하였듯이 본고에서는 이를 취합하는 과정에서 그 변화를 확인할 수 있는 몇가지 속성에 주안점을 두었다.

(1) Ⅰ기 유적

Ⅰ기에 해당되는 유적으로는 도곡리, 병산리 2문화층, 삼리 3문화층, 연양리 등이 있다. 이중 몸돌 및 격지의 수량을 고려하여, 몸돌의 분석은 도곡리, 삼리 3문화층, 연양리, 격지의 분석은 삼리 3문화층과 연양리의 유물을 대상으로 진행하였다.

보고서상에 기술되어 있는 유물의 수량과 실제 분석을 실시한 유물의 수량은 <표 28>과 같다.

유적명		연양리	도곡리	삼리 3
보고서수량	몸돌	79	136	36
	격지	204	20	35
분석수량	몸돌	79	74	17
	격지	204	분석미실시	21

표 28. Ⅰ기 유적의 몸돌과 격지의 보고서 수량과 분석 수량

가. 몸돌

연양리와 도곡리, 삼리 3문화층의 몸돌을 분석하였다.

몸체에서 우선 크기와 무게를 분석하였다. 크기와 무게는 최대·최소·평균값을 산출하였다<표 29>. 평균값을 통해 볼 때, 연양리의 몸돌은 너비가 길이에 비해 넓은 편이며, 도곡리와 삼리 3문화층의 몸돌은 길이와 너비가 비슷하거나, 약간 길이가 긴 편이다. 무게는 연양리에서 크고, 삼리 3문화층에서 작다.

몸체의 돌감은 세 유적에서 모두 석영·규암계 돌감의 비율이 매우 높게 나타나는데, 연양리

에서는 석영·규암계 돌감이 70점(88.6%), 도곡리에서는 73점(98.6%), 삼리 3문화층에서는 17점 (100%)이다. 기타 돌감으로는 편마암이 대부분을 차지하며, 연양리에서는 니암을 이용한 몸돌 1점이 있다.

몸체를 이루고 있는 원석의 형태는 주로 둥근 자갈돌이 이용되었는데, 연양리에서는 62점 (78.5%), 도곡리에서는 71점(95.9%), 삼리 3문화층은 7점(41.2%)이다. 한편 자갈돌 외에는 박리 가 다수 이루어져 원석의 형태를 파악할 수 없는 미상의 것이 대부분이다.

유적명	크기(mm)/무게(g)	최대값	최소값	평균값
연양리	길이	150.3	30.1	72.75
	너비	246	49.9	102.13
	두께	360.15	37.65	86.69
	무게	12,600	84.4	1,177
도곡리	길이	141	54	94
	너비	128.2	55.3	94.3
	두께	116	37.3	80.3
	무게	2,085	346.5	998
삼리3	길이	225	42	88.4
	너비	147	37.8	79
	두께	125	36	67
	무게	5,000	96	883

표 29. Ⅰ기 몸돌 크기와 무게에 대한 최대 · 최소 · 평균값

다음으로 작업면의 속성을 분석하였다. 작업면의 수는 연양리와 도곡리에서는 2 면의 빈도가 조금 높고, 삼리 3문화층에서 는 3면이 약간 많은 편이다<표 30>.

작업면의 유형은 연양리에서는 인접작 업면 29점(36.7%), 여러작업면 26점(32.9%), 단일작업면 16점(20.3%)의 순으로 나타 나며, 도곡리에서는 여러작업면 30점 (40.5%), 단일작업면 21점(28.4%), 인접작업 면 16점(21.6%)의 순, 삼리 3문화층에서는

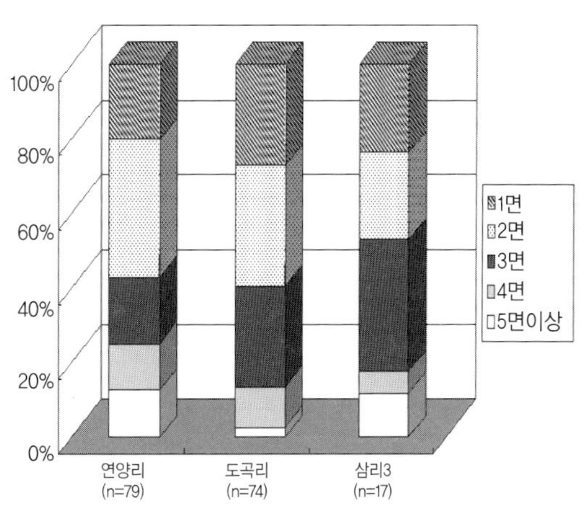

표 30. Ⅰ기 유적의 몸돌 작업면 수

여러작업면 9점(52.9%)으로 그 빈도가 높다<표 31>.

　박리방향의 유형은 연양리에서는 한방향, 맞선방향, 엇갈린방향, 여러방향이 다양하게 나타나고 있으며, 도곡리에서는 여러방향이 45점(60.8%)으로 우세한 가운데 맞선방향도 21점(28.4%)이 나타난다. 삼리 3문화층은 도곡리와 유사한데 여러방향이 7점(41.2%), 맞선방향이 5점(29.4%)으로 많은 편이다<표 32>.

　타격면에 대한 분석은 그 수와 타격면의 종류로 구분하여 진행하였다.

　타격면의 수는 연양리에서는 2면이 32점(40.5%), 1면이 21점(26.6%), 3면이 18점(22.8%)의 순서이며, 도곡리에서는 2면이 29점(39.2%), 3면과 4면이 각각 19점(25.7%)을 차지하고 있다. 삼리 3문화층에서는 2면이 7점(41.2%), 3면이 6점(35.3%)으로 그 수가 많다<표 33>.

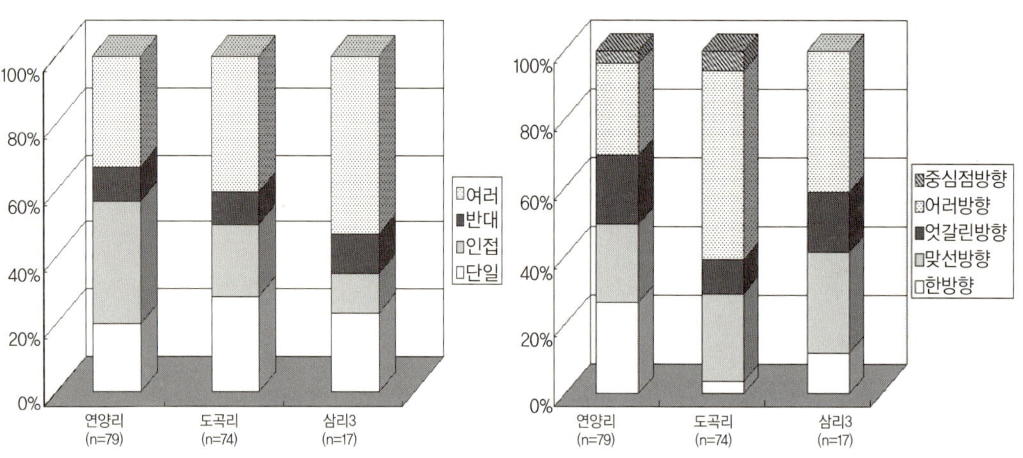

표 31. Ⅰ기 유적의 몸돌 작업면의 유형　　　　　표 32. Ⅰ기 유적의 몸돌 박리방향의 유형

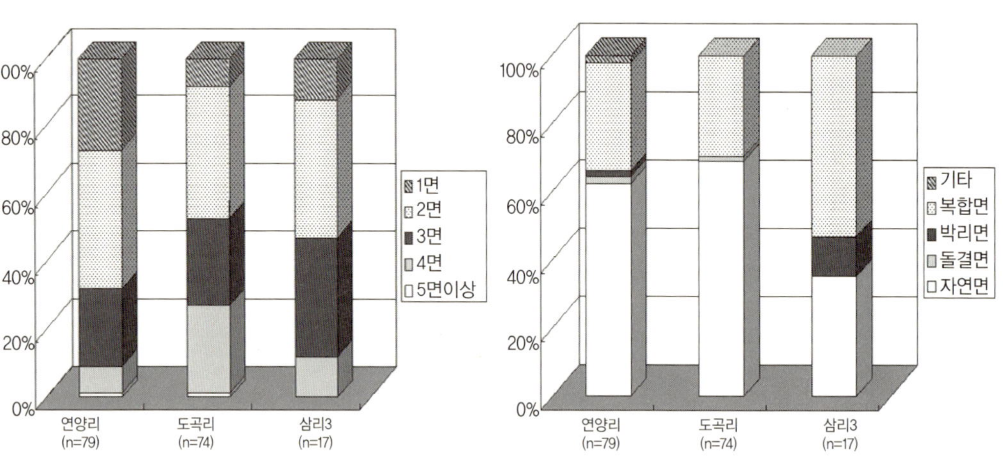

표 33. Ⅰ기 유적의 몸돌 타격면의 수　　　　　표 34. Ⅰ기 유적의 몸돌 타격면의 종류

타격면의 종류는 자연면이 우세하며, 자연면+박리면, 자연면+돌결면과 같은 복합면도 다수 확인된다. 연양리에서는 자연면 49점(62%), 복합면이 25점(31.6%)인데, 복합면 중 자연면+박리면이 21점이다. 도곡리에서도 연양리와 큰 차이를 보이지 않는데, 자연면 51점(68.9%), 복합면이 22점(29.7%)이며, 복합면에는 자연면+박리면이 17점을 점유하고 있다. 삼리 3문화층에서는 복합면이 9점(52.9%), 자연면이 6점(35.3%)이다<표 34>.

나. 격지

격지의 분석은 연양리와 삼리 3문화층의 유물만을 대상으로 진행하였다.

격지의 돌감은 대부분 석영·규암계 돌감으로 구성되는데, 연양리에서는 181점(88.7%), 삼리 3문화층에서는 21점 모두이다. 연양리에서 석영·규암계 돌감을 제외한 기타 돌감으로는 편마암이 20점을 차지하고 있다.

격지의 크기에 대한 최대·최소·평균값은 <표 35>와 같다. 평균값을 통해 볼 때, 연양리와 삼리 3문화층의 격지는 대체적으로 길이와 너비는 일정한 양상을 보이지만, 최대값을 통해 삼리 3문화층에서 보다 큰 격지가 생산되었다.

유적명	크기(mm)/무게(g)	최대값	최소값	평균값
연양리	길이	98.8	14.5	44.9
	너비	108.6	18	44.6
	두께	80.8	8.8	20.2
삼리3	길이	165	23	49.5
	너비	148	21	50
	두께	71	11	21

표 35. Ⅰ기 격지 크기에 대한 최대 · 최소 · 평균값

격지 등면의 박리방향 유형을 살펴보면, 연양리에서는 격지박리축과 평행한 같은 방향 박리가 108점(53.4%)이며, 박리가 이루어지지 않은 1차 격지도 39점(19.1%)을 차지하고 있다. 삼리 3문화층에서도 격지박리축과 평행한 같은 방향 박리가 9점(42.8%)으로 많은 편이다. 한편 엇갈린 방향, 마주 방향, 여러 방향으로 박리된 격지도 4점씩 확인된다.

타격면의 평균크기는 연양리에서는 32.3×15.5mm이며, 삼리 3문화층에서는 33×16.6mm이다.

타격면의 종류는 연양리에서는 자연면이 150점(73.5%)으로 압도적이며, 나머지는 모두 박리면이다. 반면 삼리 3문화층에서는 자연면과 박리면이 각각 9점(42.9%)이며, 일부 돌결면도 타

격면으로 활용되었다.

박리각은 연양리에서는 81~110도 사이에 집중되며(161점), 그 평균값은 93.4도이다. 삼리 3문
화층에서는 81~120도(15점)에 집중되며, 그 평균값은 102.3도이다.

(2) II기 유적

II기의 유적 중 몸돌의 분석은 남양주 호평동 1문화층과 호평동 지새울 2문화층을 중심으
로 하였으며, 격지의 분석은 남양주 덕소 3지층 유물을 추가하여 진행하였다.

보고서상에 기술되어 있는 유물의 수량과 실제 분석을 실시한 유물의 수량은 <표 36>와 같
은데 그 차이가 크다. 그 원인으로는 몸돌에서 재활용된 몸돌과 깨진 몸돌을 제외하였고, 격지
의 경우에는 타격면과 타격점이 뚜렷하게 남아있는 온전한 격지를 중심으로 분석이 이루어
졌기 때문이다[16]. 이렇게 선정된 몸돌과 격지 중에서 실견이 이루어진 유물을 대상으로 분석
을 실시하였다.

유적명		호평동 1	지새울 2	덕소 3지층
보고서수량	몸돌	216	60	7
	격지	829	163	50
분석수량	몸돌	37	14	분석미실시
	격지	136	36	24

표 36. II기 유적 몸돌과 격지의 보고서 수량과 분석 수량

가. 몸돌

몸체에서 우선 크기를 계측하였다. 크기의 최대·최소·평균값을 산출하였다. 대체적으로 호
평동 1문화층과 호평동 지새울 2문화층의 몸돌은 길이에 비해 너비가 두터운 양상을 보이고
있다. 그리고 평균 무게는 비슷하다[17]<표 37>.

몸체의 돌감은 두 유적에서 모두 석영이 우세하게 나타나고 있는데, 호평동 1문화층에서는
1점을 제외한 36점, 호평동 지새울 2문화층에서는 모두 석영을 이용하였다.

몸체를 이루고 있는 원석의 형태는 주로 모난돌이 이용되었는데, 호평동 1문화층에서는 1
점의 자갈돌을 제외한 36점, 호평동 지새울 2문화층에서는 모두 모난돌을 이용하였다.

---

16) 호평동 1문화층에서 재활용된 몸돌과 깨진 몸돌은 167점에 달하고, 호평동 지새울 2문화층에서는 21점이 깨진 몸돌이
　　다. 격지의 경우에는 호평동 1문화층에서 온전한 격지는 311점, 호평동 지새울 2문화층에서는 103점이다.
17) 호평동 지새울 2문화층 몸돌의 무게는 직접적으로 계측하지 못하여, 보고서상의 평균값만을 기술하였다.

유적명	크기(mm)/무게(g)	최대값	최소값	평균값
호평동1	길이	116	22	48.2
	너비	110	10	51.5
	두께	95	9	38.4
	무게	915	3	176.1
지새울2	길이	122	54	50
	너비	121	55.3	60.5
	두께	65	37.3	40
	무게	계측미실시	계측미실시	180

표 37. II기 몸돌 크기와 무게에 대한 최대 · 최소 · 평균값

다음으로 작업면을 살펴보면, 작업면의 수는 호평동 1문화층에서는 3면(13점)이 많은 가운데, 2면(6점)과 4면 작업면(10점)도 다수 관찰된다. 호평동 지새울 2문화층에서는 2면이 가장 많으며(5점), 1면, 3면, 4면도 관찰된다.

작업면의 유형은 두 유적에서 모두 인접작업면과 여러작업면이 우세하게 나타난다.

타격면의 수는 호평동 1문화층에서는 2면(13점), 호평동 지새울 2문화층에서는 1면과 2면이 우세하게 나타난다.

타격면의 종류는 호평동 1문화층에서는 복합면이 우세하며, 주로 박리면+돌결면으로 구성된 것이다. 호평동 지새울 2문화층에서는 돌결면으로 구성된 것이 가장 많고, 다음으로 복합면의 순인데, 복합면은 자연면+돌결면으로 이루어진 것이 많은 편이다.

나. 격지

격지의 분석은 호평동 1문화층과 호평동 지새울 2문화층, 덕소 3지층의 유물을 대상으로 진행하였다.

우선 몸체의 돌감을 파악하였다. 돌감은 호평동 1문화층과 호평동 지새울 2문화층에서는 석영의 비율이 높은 반면에 덕소 3지층에서는 규암과 기타의 비율이 높은 편이다<표 38>. 그리고 기타 돌감은 호평동 1문화층에서는 응회암이 대부분

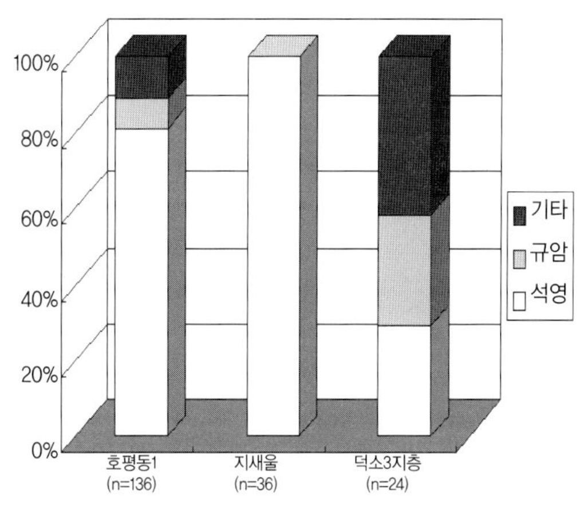

표 38. II기 유적의 격지 돌감

이며, 덕소 3지층에서는 사암이 많은 수를 차지하고 있다.

격지의 크기에 대한 최대·최소·평균값은 <표 39>과 같은데, 호평동 1문화층과 덕소 3지층의 격지는 길이가 너비에 비해 긴 형태를 보이고 있으나, 호평동 지새울 2문화층에서는 크기와 너비가 거의 비슷하다.

유적명	크기(mm)	최대값	최소값	평균값
호평동1	길이	128	11	40.5
	너비	61	7	28
	두께	35	2	13.2
지새울2	길이	75	9	34
	너비	56	6	33
	두께	32	1	14
덕소3지층	길이	118	21	43.1
	너비	31	5	29.4
	두께	40	4	13.5

표 39. Ⅱ기 유적의 격지 크기에 대한 최대 · 최소 · 평균값

한편 격지의 평균 크기를 석영·규암계 돌감과 기타 돌감을 구분하여 살펴보면, 호평동 1문화층의 석영·규암계 돌감 격지의 평균 크기는 38.9×27.1×13mm, 기타 돌감 격지의 평균 크기는 53.7×35.6×14.5mm로 기타 돌감을 이용한 격지의 크기가 크게 나타나며, 이러한 양상은 덕소 3지층의 격지에서도 동일하게 나타나는데, 석영·규암계 격지의 평균 크기는 41.5×28.4×13.1mm, 기타 돌감 격지는 45.3×30.8×14.1mm이다.

격지 등면의 박리방향 유형을 보면, 모든 유적에서 격지박리축과 평행한 같은 방향 박리가 우세하게 나타나며, 엇갈린방향 박리도 일부 관찰된다<표 40>.

타격면의 평균 크기는 호평동 1문화층에서 17.6×8.1mm, 호평동 지새울 2문화층에서 20×9.4mm, 덕소 3지층에서 18.4×7.4mm로 나타난다.

타격면의 종류는 호평동 1문화층에서는 한면 박리면이 우세하게 나타나며, 호평동 지새울 2문화층에서는 돌결면이 다수를 차지하고 있다. 그리고 덕소 3지층의 격지는 자연면과 박리면이 비슷하게 관찰된다<표 41>.

박리각의 평균값은 호평동 1문화층에서 102.2도, 호평동 지새울 2문화층에서 103.7도, 덕소 3지층에서 104도이다.

116

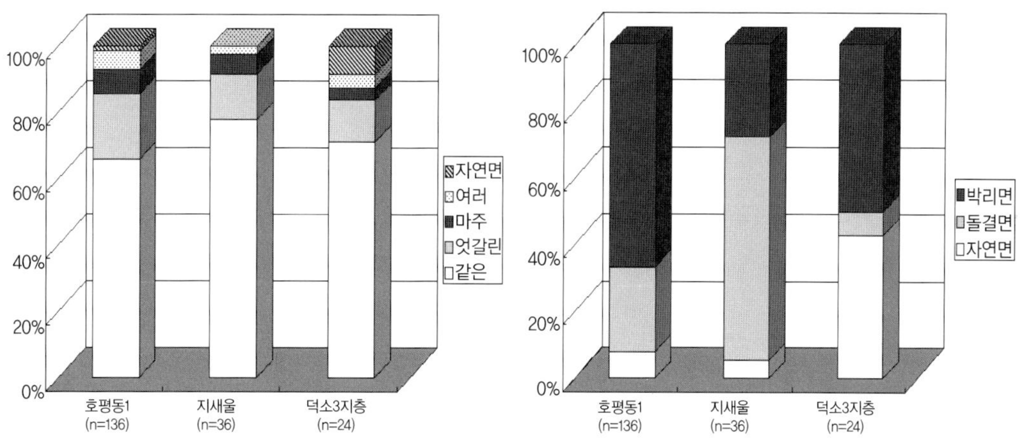

표 40. II기 유적의 격지 등면의 박리방향 | 표 41. II기 유적의 격지 타격면의 종류

(3) III기 유적

III기에 해당되는 유적 중 몸돌 분석을 실시한 유적은 광주 삼리 1·2문화층, 호평동 2문화층, 호평동 지새울 1문화층, 덕소 2지층 유물이며, 격지분석은 이상의 유적에 제천 두학동 중말 유적을 추가하여 분석하였다.

보고서상에 기술되어 있는 유물의 수량과 실제 분석을 실시한 유물의 수량은 <표 42>과 같다. II기 유적과 마찬가지로 일부 유적의 경우에는 그 수량의 차이가 큰 편이다. 이는 몸돌 중 재활용된 몸돌과 깨진 몸돌을 제외하였고, 격지는 온전한 것을 대상으로 하였기 때문이다[18].

유 적 명		삼리2	지새울1	호평동2	덕소2지층	두학동 중말	삼리1
보고서수량	몸돌	135	46	182	103	4	43
	격지	311	286	2,812	512	28	286
분석수량	몸돌	27	15	48	17	분석미실시	6
	격지	145	100	291	58	28	191

표 42. III기 유적 몸돌과 격지의 보고서 수량과 분석 수량

가. 몸돌

삼리 1·2문화층, 호평동 지새울 1문화층, 호평동 2문화층, 덕소 2지층의 몸돌을 대상으로 분석을 진행하였다.

---

18) 삼리 2문화층에서 재활용된 몸돌과 깨진 몸돌은 59점, 온전한 격지는 145점, 호평동 지새울 1문화층에서 깨진 몸돌은 5점이며, 온전한 격지는 151점이다. 호평동 2문화층에서 재활용된 몸돌과 깨진 몸돌은 134점, 온전한 격지는 640점이다. 덕소 2지층에서 재활용된 몸돌과 깨진 몸돌은 77점, 온전한 격지는 157점이다. 삼리 1문화층에서 재활용된 몸돌과 깨진 몸돌은 27점, 온전한 격지는 191점이다.

몸체에서 크기와 무게는 최대·최소·평균값으로 구분하였는데, 각 유적의 계측치는 다음의 <표 43>와 같다. 그 내용을 보면, 삼리 2문화층에서 몸돌의 크기와 무게가 가장 크게 나타나고, 덕소 2지층의 몸돌이 가장 작은 편이다.

유적명	크기(mm)/무게(g)	최대값	최소값	평균값
삼리2	길이	306	23	77
	너비	195	24	83.8
	두께	111	21.5	62.4
	무게	5,000이상	43	709.4
지새울1	길이	91	47	73.2
	너비	74	35	52
	두께	76	29	42.7
	무게	계측미실시	계측미실시	계측미실시
호평동2	길이	90	20	47.8
	너비	128	10	49.9
	두께	106	9	36.1
	무게	1,370	3	138.5
덕소2지층	길이	120	21	53.5
	너비	136	23	42.5
	두께	62	10	29.8
	무게	420	5	91.05
삼리1	길이	90	35	64.75
	너비	82	40.5	57.6
	두께	73	34.2	46.03
	무게	965	75	313

표 43. Ⅲ기 유적의 몸돌 크기와 무게에 대한 최대 · 최소 · 평균값

몸체의 돌감은 모든 유적에서 석영이 우세하게 나타나며, 그 다음으로는 규암이 일부 확인된다. 그리고 호평동 2문화층과 덕소 2지층 몸돌에서는 기타 돌감이 관찰된다. 호평동 2문화층에서는 2점으로 혼펠스와 응회암을 이용하였으며, 덕소 2지층에서는 4점으로 응회암과 사암을 이용하였다<표 44>.

몸체를 이루고 있는 원석의 형태는 유적에 따라 차이가 있다. 삼리 2문화층과 덕소 2지층에서는 자갈돌이 17점(60.7%)와 7점(41.2%)을 나타내는데 비해, 호평동 지새울 1문화층에서는 모난돌만 이용하였으며, 호평동 2문화층에서도 모난돌이 33점(68.8%)에 달한다<표 45>.

다음으로 작업면의 속성을 보면, 작업면의 수는 삼리 2문화층에서는 1면과 2면 작업면이 많

은 편이지만, 호평동 지새울 1문화층, 호평동 2문화층, 덕소 2지층에서는 3면 이상의 작업면을 지닌 몸돌이 다수를 차지하고 있고, 삼리 1문화층에서는 1면과 3면이 다수를 차지한다.<표 46>.

작업면의 유형은 대체적으로 여러작업면에서 그 빈도가 높게 나타나고, 다음으로 호평동 지새울 1문화층, 호평동 2문화층, 덕소 2지층에서는 인접작업면, 삼리 1·2문화층에서는 단일작업면의 비율이 두드러진다<표 47>.

박리방향의 유형은 유적별로 약간의 차이가 확인되는데, 호평동 2문화층, 덕소 2지층의 몸돌은 여러방향이 많은 편이며, 호평동 지새울 1문화층에서는 한방향 박리가 다수 관찰된다. 그리고 엇갈린 방향 박리도 모든 유적에서 확인되며, 덕소 2지층에서 중심점방향 박리가 높게 나타나 다른유적과 차이가 있다<표 48>.

다음으로 타격면을 보면, 그 수는 삼리 1·2문화층, 호평동 2문화층에서는 2면이 우세하게 나

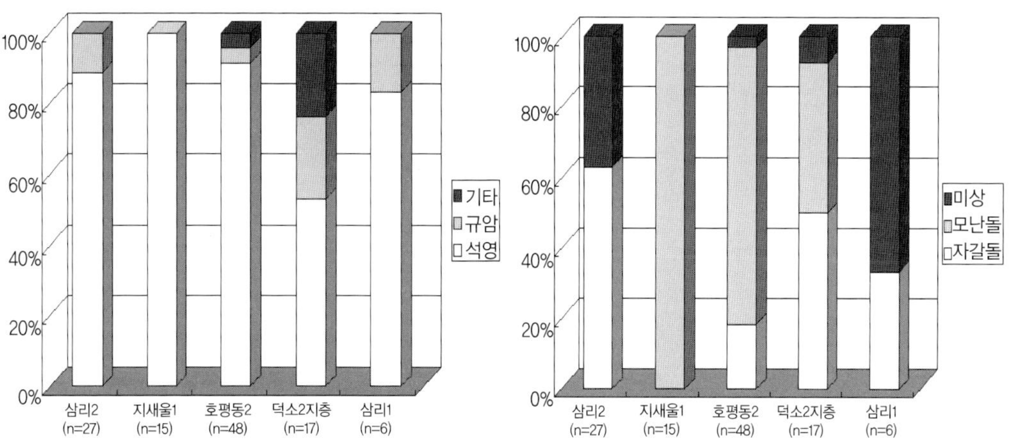

표 44. III기 유적의 몸돌 돌감의 빈도   표 45. III기 유적의 몸돌 원석의 형태

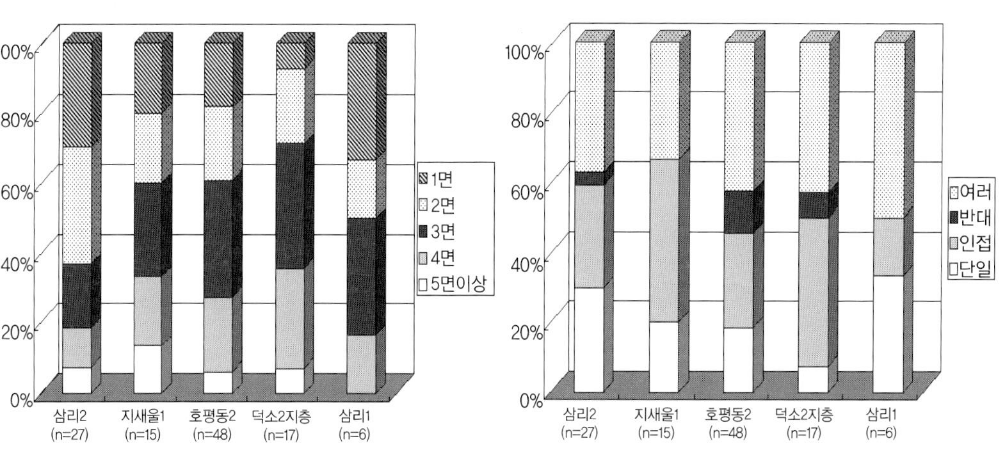

표 46. III기 몸돌 작업면의 수   표 47. III기 유적의 몸돌 작업면의 유형

119

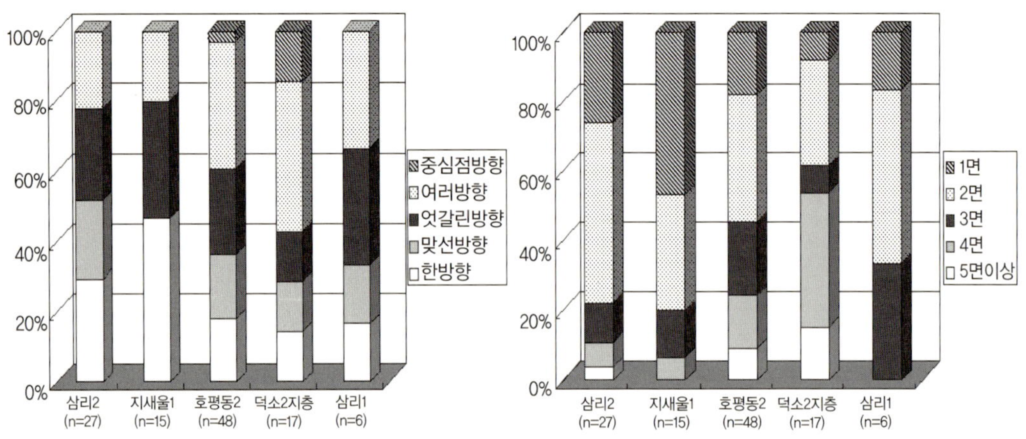

표 48. Ⅲ기 유적의 몸돌 박리방향의 유형
표 49. Ⅲ기 유적의 몸돌 타격면의 수

타나지만, 호평동 지새울 1문화층에서는 1면이 다수 확인되며, 덕소 2지층에서는 4면 이상이 많은 편이다. 한편 덕소 2지층, 호평동 2문화층, 삼리 1문화층에서는 3면 이상의 타격면이 많은 편인데, 작업면의 수 역시 많은 편으로써 몸돌의 활용을 극대화시켰던 것으로 볼 수 있다<표 49>.

타격면의 종류는 모든 유적에서 복합면이 우세하게 나타나는데, 삼리 2문화층에서는 자연면+박리면이 7점(29.2%)으로 다수를 차지하고 있으며, 다른 유적에서는 자연면+박리면, 돌결면+박리면이 다양하

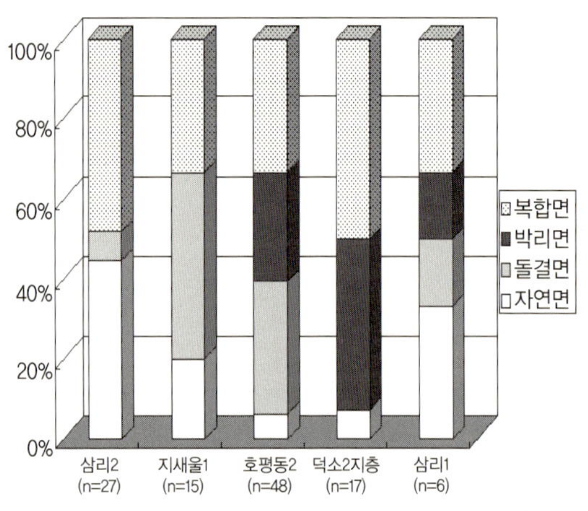

표 50. Ⅲ기 유적의 몸돌 타격면의 종류

게 확인되고 있다. 그리고 덕소 2지층, 호평동 2문화층, 삼리 1문화층에서는 타격면을 박리한 것이 다수 확인되고 있어 타격면 조정이 이루어졌던 것으로 판단된다<표 50>.

나. 격지

격지의 분석은 광주 삼리 1·2문화층, 남양주 호평동 2문화층, 호평동 지새울 1문화층, 덕소 2지층, 제천 두학동 중말 유적에서 진행되었다.

격지의 돌감을 살펴보면, 두학동 중말 유적을 제외하고 석영의 빈도가 높게 나타난다. 또한 호평동 지새울 1문화층을 제외하면 모든 유적에서 기타 돌감이 확인되는데, 그 양이 많은 편이다<표 51>.

120

기타 돌감의 종류를 자세히 보면, 삼리 2문화층에서는 응회암과 유문암 등이 일부 관찰되며, 호평동 2문화층에서는 흑요석이 86점(29.6%)으로 다수를 차지하는 가운데, 혼펠스 41점(14.1%), 유문암 21점(7.2%) 등이 나타난다. 덕소 2지층에서는 유문암이 13점(22.4%)으로 다수이며, 이외에도 사암, 응회암, 혼펠스 등도 확인된다. 두학동 중말에서는 응회암이 21점(80.1%)으로 대부분을 점유하고 일부 쳐트, 셰일도 있다. 삼리 1문화층에서는 거의 흑요석으로 구성된다.

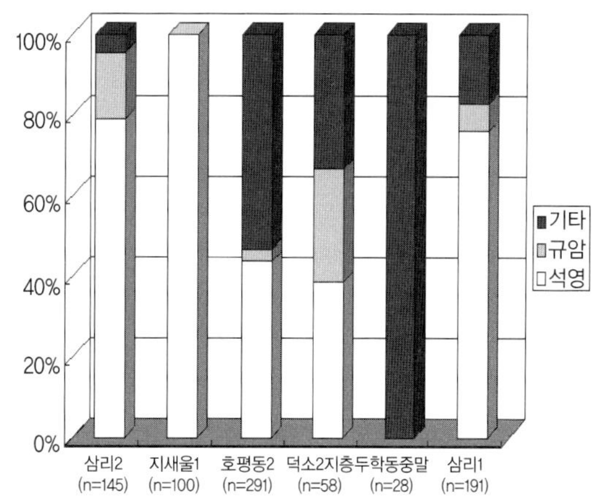

표 51. Ⅲ기 유적의 격지 돌감

격지의 크기는 최대·최소·평균값 산출하여 살펴보았다<표 52>. 크기의 평균값을 통해 볼 때, 다른 유적에 비해 호평동 2문화층에서 작은 격지가 우세한 것으로 판단되는데, 이는 돌감

유적명	크기(mm)	최대값	최소값	평균값
삼리2	길이	185	12	46
	너비	168	15	35
	두께	88	5	16
지새울1	길이	130	8	30.5
	너비	76	5	28.8
	두께	64	1	11.4
호평동2	길이	87	10	33
	너비	68	3	23.3
	두께	36	1	8.7
덕소2지층	길이	90	16	42.8
	너비	90	8	37.1
	두께	36	3	12.5
두학동중말	길이	62.8	27.2	41.7
	너비	52.8	19	33.4
	두께	19.5	3.7	12.7
삼리1	길이	83	4	33
	너비	70	3	25
	두께	40	0.5	11

표 52. Ⅲ기 유적의 격지 크기에 대한 최대·최소·평균값

의 영향에 의한 것으로 판단된다. 즉 호평동 2문화층의 흑요석제 격지만을 추려서 평균값을 산정하면, 24.6×16×4.6mm의 값이 나오는데, 석영·규암계 돌감을 묶어 파악한 평균값 37.4×26.9 ×12.2mm 보다 작은 양상을 나타낸다. 이러한 양상은 삼리 1문화층에서도 확인되는데, 흑요석 격지의 평균값이 12×8×2mm로 파악되어 격지의 소형화와 흑요석은 밀접한 관계가 있다. 반면 흑요석을 제외한 기타 돌감의 크기는 오히려 석영·규암계 돌감보다 약간 큰 편이다.

격지 등면의 박리방향 유형을 보면<표 53>, 대체적으로 모든 유적에서 격지박리축과 평행한 같은방향 박리가 우세하게 나타나며, 또한 여러방향 박리도 비교적 많이 확인되는데, 이는 몸돌의 활용도가 높아지면서 여러 번에 걸친 박리의 결과라고 판단된다.

격지 타격면의 종류를 보면<표 54>, 삼리 2문화층을 제외하고 여러 유적에서 박리면이 우세하게 관찰된다. 그리고 삼리 1·2문화층에서는 자연면도 다수 보여지는데, 이는 몸돌과 동일한 양상이다. 한편 호평동 2문화층에서는 기타의 비율이 높게 나타나는데, 대부분이 깨어진 면이거나 미상이다.

격지 타격면의 크기는 삼리 2문화층을 제외하고, 일정한 편이다<표 55>. 한편 타격면의 크기 역시 돌감의 영향을 받는데, 호평동 2문화층의 흑요석 격지의 타격면의 평균 크기는 9.2× 2.5mm로써 평균값보다 작다.

격지 박리각의 평균값은 삼리 2문화층에서는 104도, 호평동 지새울 1문화층에서는 99도, 호평동 2문화층에서는 102.8도, 덕소 2지층에서는 102도, 두학동 중말에서는 110도, 삼리 1문화층에서는 100.1도를 나타낸다.

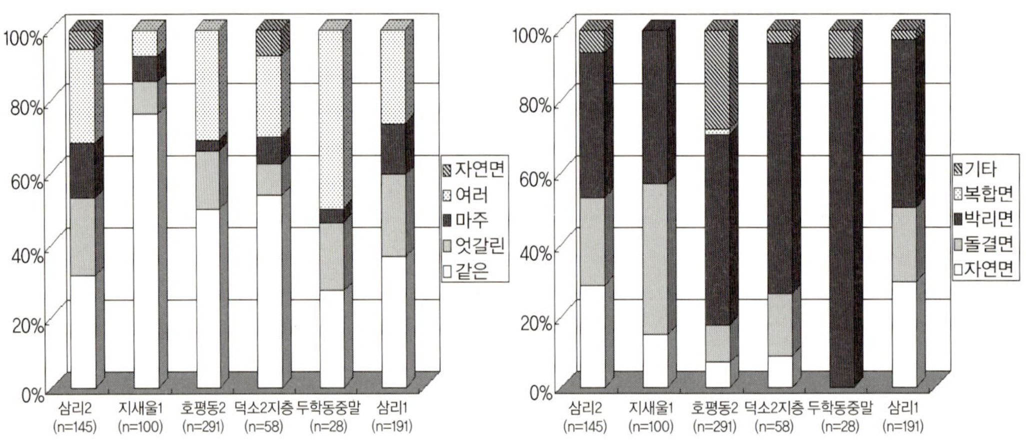

표 53. Ⅲ기 유적의 격지 등면의 박리방향

표 54. Ⅲ기 유적의 격지 타격면의 종류

	삼리2	지새울1	호평동2	덕소2지층	두학동중말	삼리1
너비(mm)	28.1	17.6	15.4	19.8	17.6	20.8
두께(mm)	13.8	8.3	6.9	7.3	7.3	9.3

표 55. Ⅲ기 유적의 격지 타격면 크기

(4) 분석 내용의 비교 고찰

시기별 유적의 몸돌 및 격지에 대한 분석을 바탕으로 비교를 실시하였다. 비교는 시기차에 따른 박리작업의 변화를 파악하기 위해 진행되었다.

우선 Ⅰ기에서 Ⅲ기까지 분석이 이루어진 모든 유적을 대상으로 거시적으로 그 변화의 양상을 파악하고, 세부적인 비교를 실시하고자 하나의 유적에서 여러 문화층이 확인되는, 즉 다문화층 유적의 몸돌과 격지 분석 내용을 비교하였는데, 광주 삼리 1·2·3문화층, 남양주 덕소 2·3지층, 남양주 호평동 1·2문화층, 남양주 호평동 지새울 1·2문화층 등 4개 유적을 대상으로 하였다.

가. 시기별 몸돌 및 격지의 속성 비교

몸돌 및 격지에 대한 분석은 지형과 층서 편년의 시기 구분을 바탕으로 Ⅰ·Ⅱ·Ⅲ기로 구분하여 분석을 실시하였다. 여기에서는 각 시기별 유적의 분석 결과를 비교하여 박리작업의 변화를 파악하고자 하였다.

우선 몸돌에 대한 비교를 진행하였다.

각 시기별 유적의 크기를 평균값을 중심으로 살펴보면, 이른 시기에 해당되는 Ⅰ기에서 그 값이 제일 크고, Ⅱ기의 유적은 분석대상이 적은 바 뚜렷하게 기술하기 어렵지만 Ⅲ기의 중간 값에 해당된다.<표 56>.

몸돌의 돌감은 전 시기에 걸쳐 석영이 우세하게 이용되었으며, 규암도 지속적으로 확인된다. 한편 기타 돌감은 Ⅰ기의 연양리 유적에서는 편마암 등이 확인되나, Ⅱ기에는 새로운 돌감

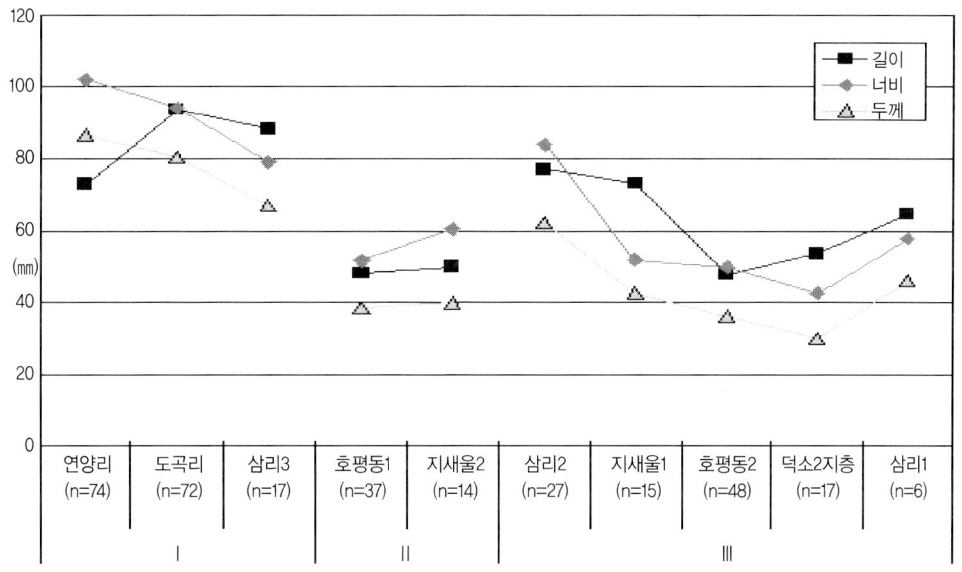

표 56. 시기별 유적의 몸돌 크기(평균값)의 비교

이 거의 확인되지 않는다. 그러나 Ⅲ기의 호평동 2문화층, 덕소 2지층에서는 응회암·사암·혼펠스를 이용한 몸돌이 나타난다.

몸돌 원석의 형태는 Ⅰ기의 연양리와 도곡리, 삼리 3문화층, Ⅲ기의 삼리 1·2문화층, 덕소 2지층 등에서는 자갈돌이 다수 관찰되지만, Ⅱ기와 Ⅲ기의 호평동 지새울 1·2문화층, 호평동 1·2문화층에서는 모난돌을 이용하여 차이가 있다. 이러한 차이의 요인으로는 유적의 입지와 관계되는 것으로 판단되는데, 하천 주변에 유적이 위치하거나 고기하성층 상부의 유적에서 자갈돌의 비율이 높게 나타난다.

몸돌 작업면의 수는 Ⅰ기의 유적 중 연양리와 도곡리에서는 2면이 그 점유율이 높고, 삼리 3문화층에서는 3면이 우점한다. Ⅱ기의 호평동 1문화층에서는 3면이 많고, 호평동 지새울 2문화층에서는 2면이 다수이다. Ⅲ기의 삼리 2문화층에서는 2면, 호평동 지새울 1문화층, 호평동 2문화층, 덕소 2지층, 삼리 1문화층에서는 모두 3면의 작업면이 우점하는데, 유적에 따라 차이는 있으나 대체적으로 Ⅰ기에는 1, 2면의 작업면이 우세하다가 Ⅲ기로 갈수록 3면 이상의 작업면이 많아지는 양상이다.

작업면의 유형은 Ⅰ기의 연양리에서는 인접·여러작업면이 많고, 도곡리와 삼리 3문화층에서는 여러작업면과 단일작업면의 빈도가 높다. Ⅱ기에는 인접작업면과 여러작업면이 모두 우세하며, Ⅲ기에는 호평동 지새울 1문화층과 덕소 2지층에서는 인접작업면이 타 작업면에 비해 조금 많고, 삼리 2문화층과 호평동 2문화층, 삼리 1문화층에서는 여러작업면이 다수인데, 가장 많은 수를 차지하는 작업면 유형을 제거하고 나면, Ⅰ기에는 단일면, Ⅱ·Ⅲ기에는 인접작업면과 여러작업면이 우세하게 나타난다.

박리방향의 유형은 Ⅰ기부터 Ⅲ기까지 여러방향 박리가 우세한데, 우점을 제외하면 Ⅰ기에는 맞선방향 박리가 많은 편이었으며, Ⅲ기로 갈수록 엇갈린방향 박리와 한방향 박리가 증가하는 추세이다.

타격면의 수는 Ⅰ기부터 Ⅲ기에 이르기까지 2면이 다른 속성에 비해 조금 높게 나타나는데, Ⅰ에서 Ⅲ기로 갈수록 타격면은 줄어드는 양상이다.

타격면의 종류는 Ⅰ기의 연양리와 도곡리에서는 자연면이 우세하지만 삼리 3문화층에서는 복합면이 많게 나타나며, Ⅱ기의 호평동 1문화층에서는 복합면, 호평동 지새울 2문화층에서는 돌결면이 많다. Ⅲ기에는 복합면이 보편적으로 많아지며, 일부 덕소 2지층, 호평동 2문화층, 삼리 1문화층에서는 박리면의 증가가 보여진다. 한편 호평동 지새울 1문화층에서는 여전히 돌결면의 빈도가 높은 편이다. 대체적으로 타격면의 종류는 Ⅰ기의 자연면과 복합면우세에서 Ⅲ기에 복합면과 박리면의 증가로 변화된다.

다음으로 격지에 대한 비교를 실시하였다.

격지의 크기는 유적별 평균값을 중심으로 보면, Ⅰ기가 다른 시기에 비해 조금 큰 편이며, Ⅱ기의 격지는 Ⅲ기의 일부 유적보다 크거나 혹은 작은 양상을 보이고 있다<표 57>.

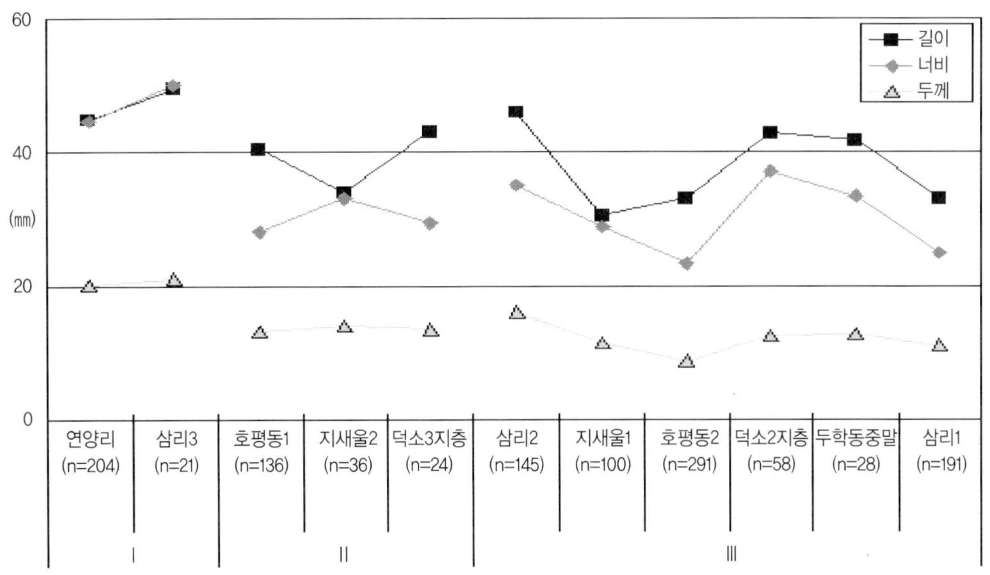

표 57. 시기별 유적의 격지 크기(평균값)의 비교

격지의 돌감은 몸돌의 양상과 큰 차이를 보이지 않는다. 대체적으로 Ⅰ기부터 Ⅲ기의 유적에서 석영의 빈도가 높은 편이며, Ⅱ기부터 양질의 돌감이 출현하는데 호평동 1문화층에서는 응회암, 덕소 3지층에서는 사암이 보여진다. Ⅲ기에는 기타 돌감의 비율은 더욱 커지는데, 특히 호평동 2문화층과 삼리 1문화층에서는 흑요석이 다수 관찰된다. 이밖에 두학동 중말에서는 응회암, 호평동 2문화층에서는 혼펠스·유문암도 보여진다.

격지 등면의 박리방향은 Ⅰ기와 Ⅱ기에는 격지박리축과 같은 방향이 우세하게 나타나는데, Ⅲ기에는 그 비율이 감소하는 반면에 두방향 이상의 박리방향이 차지하는 비율이 높아진다. 특히 여러방향의 증가가 두드러진다.

격지 타격면의 종류는 Ⅰ기에는 자연면이 우세하지만, Ⅱ기에는 돌결면과 박리면의 비율이 증가하고, Ⅲ기에는 박리면의 비율이 상당히 높아지는데, 이는 타격면의 조정과 관련이 깊은 것으로 판단된다.

격지 타격면의 크기는 격지의 크기와 마찬가지로 Ⅰ기의 크기가 가장 크며, Ⅱ기의 크기는 Ⅲ기의 유적 보다 큰 경우와 그렇지 못한 경우가 모두 확인된다<표 58>.

격지 박리각은 Ⅰ기의 연양리에서 93.4도로 직각에 가까우며, 반면에 Ⅲ기의 두학동 중말유

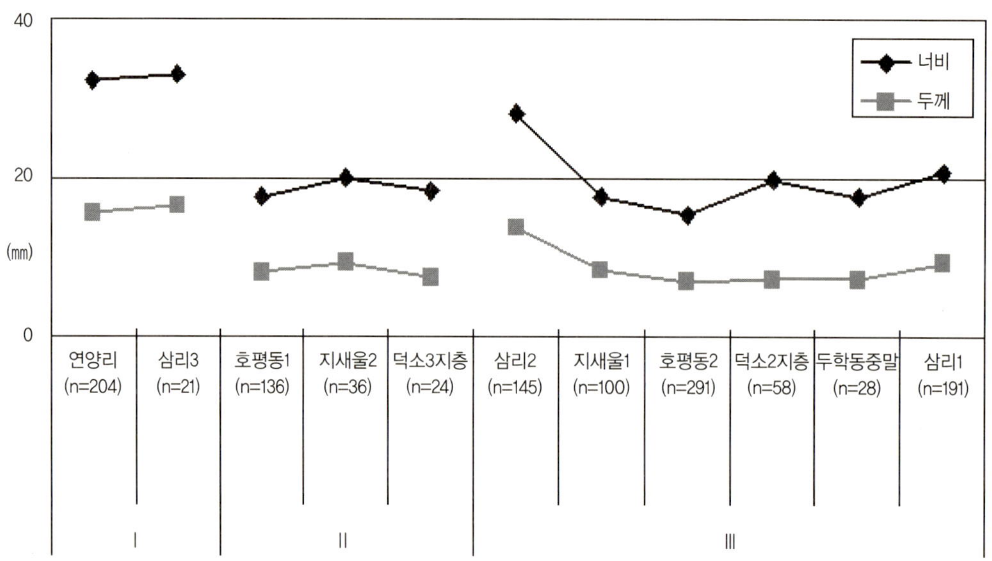

표 58. 시기별 유적의 격지 타격면의 크기(평균값) 비교

적에서는 110도로 그 각이 가장 크다. 한편 이외의 상당수 유적은 102도에서 105도 사이에 집중되며, 호평동 지새울 1문화층과 삼리 1문화층에서는 각각 99도와 100.1도로 그 각이 조금 좁은 편이다.

나. 다문화층 유적의 비교

우선 광주 삼리 유적의 1·2·3문화층을 비교하였다. 시기 구분에 의해 3문화층은 가장 이른 시기인 Ⅰ기, 1·2문화층은 Ⅲ기에 해당되었다. 이중 1·2문화층은 지층을 달리하여 유물이 출토되고 있으므로, Ⅲ기 내에서도 시기차를 가지고 있는 것으로 판단되는데, 1문화층이 2문화층에 비해 상부에 위치하여 좀 더 늦은 시기를 지시한다.

각 문화층의 몸돌과 격지에 대하여 평균 크기를 서로 비교한 결과, 시기가 이른 3문화층에서 시기가 늦은 1·2문화층으로 갈수록 크기는 감소하고 있다<표 59>.

돌감은 몸돌의 경우 석영·규암계 돌감만 확인되나, 격지의 경우에는 삼리 3문화층에서 1문화층으로 갈수록 규암의 비율은 감소하고, 기타 돌감이 비약적으로 증가하고 있다. 특히 삼리 1문화층에서는 흑요석이 다수 확인되었다<표 60>.

몸돌의 속성 비교는, 적은 유물이 분석된 1문화층의 자료를 일단 배제하고 2·3문화층의 자료만을 대상으로 하였다.

분석결과, 몸돌 타격면의 종류는 자연면과 복합면이 우세하다는 점에서 큰 차이를 보이지

126

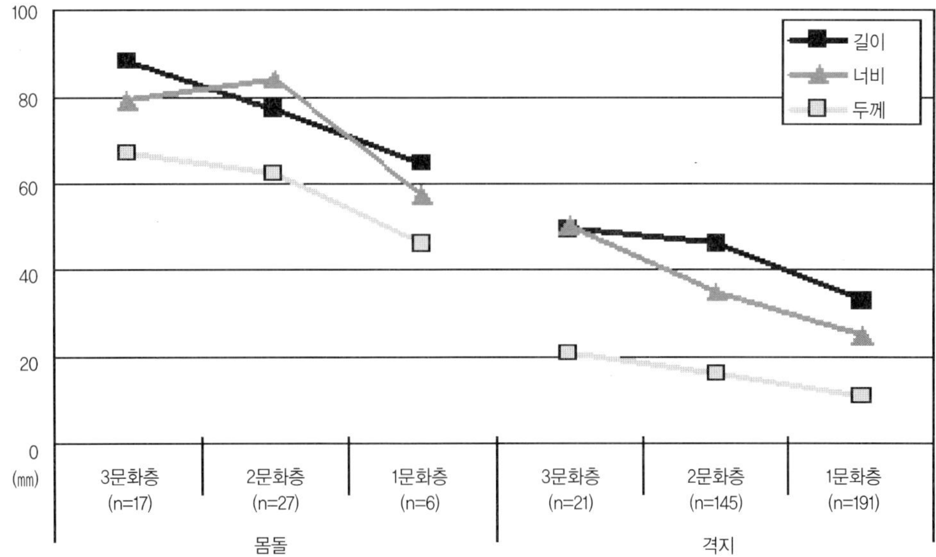

표 59. 삼리 문화층별 몸돌 및 격지의 평균 크기 비교

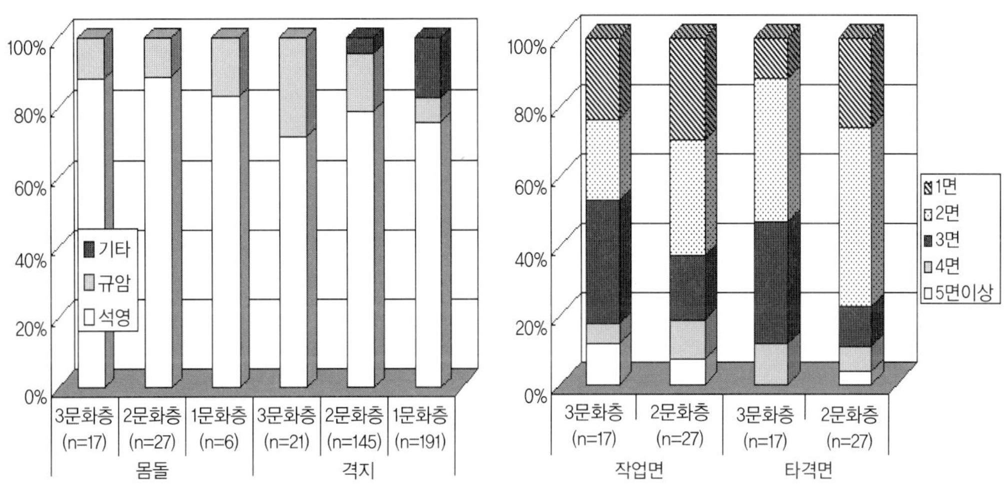

표 60. 삼리 문화층별 몸돌과 격지의 돌감 비교 표 61. 삼리 2·3문화층의 작업면과 타격면 수 비교

않았다.

　작업면의 수와 타격면의 수는 3문화층에서 2문화층으로 갈수록 그 수가 줄어드는 양상을 나타내고 있으므로<표 61>, 여러 타격면에서 여러 작업면에 걸쳐 격지생산이 이루어지던 방식에서, 제한된 타격면에서 일부 작업면을 중심으로 격지생산이 이루어지는 것으로 볼 수 있다. 이러한 양상은 작업면의 유형과 박리방향의 유형에서도 관찰된다. 즉 3문화층에서 2문화층으로 갈수록 작업면의 유형은 단일작업면과 인접작업면이 증가하고, 여러작업면의 수는 감소하는

양상을 나타내며, 박리방향의 유형 역시 한방향 박리가 증가하고 여러방향 박리가 감소한다.

이러한 원인으로는 박리작업의 정형화에 따른 것으로 판단된다.

격지를 보면, 타격면의 종류는 자연면이 우세한 가운데 박리면도 관찰되어 문화층간 큰 차이는 없다.

격지 등면의 박리방향은 격지박리축과 평행한 같은 방향이 우세하게 나타나는 가운데, 문화층별 차이는 확인되지 않는다.

타격면의 평균 크기는 3문화층에서는 33×16.6mm, 2문화층에서는 28.1×13.8mm, 1문화층에서는 20.8×9.3mm로 점차 줄어드는데, 이는 격지의 크기와 관련되는 것이다. 박리각은 3문화층에서는 102.3도, 2문화층에서는 104도, 3문화층에서는 100.1도를 보이고 있다.

다음으로 남양주 덕소 2지층과 3지층의 격지를 비교하면, 우선 격지의 평균 크기는 Ⅱ기에 속하는 덕소 3지층에서는 43.1×29.4×13.5mm, Ⅲ기에 속하는 덕소 2지층에서는 42.8×37.1×12.5mm를 보인다. 즉 길이는 3지층, 너비는 2지층에서 두터운 양상인데, 크기에 따른 차이는 나타나지 않는다.

돌감은 3지층에서는 사암을 위시한 기타 돌감이 우세하고, 2지층에서는 석영이 많은 가운데, 유문암이 중심으로 한 기타 돌감도 다수 확인된다.

격지 타격면의 종류는 덕소 3지층에는 자연면과 박리면이 많은 반면, 2지층에서는 박리면이 우세하게 관찰된다<표 62>. 이는 격지 생산과정에서 타격면 조정과 관련된 것으로 판단된다.

격지 등면의 박리방향은 덕소 2·3지층에서 모두 격지박리축과 같은 방향이 우세하게 나타나는데, 덕소 2문화층에서는 여러방향의 비율도 높게 나타난다.

타격면의 평균 크기는 덕소 3지층의 격지는 18.4×7.4mm이며, 덕소 2지층은 19.8×7.3mm이다. 격지 박리각의 평균은 3지층과 2지층에서 각각 104도, 102도로 확인된다.

따라서 격지를 통해 볼 때, 덕소 2지층과 3지층에서는 타격면의 종류에서 박리면 비율의 차이를 제외하고는 큰 차이가 확인되지 않았다.

다음으로 남양주 호평동 1·2문화층의 몸돌과 격지를 비교하였다. 호평동 1문화층은 Ⅱ기에 속하며, 호평동 2문화층은 그보다 늦은 Ⅲ기에 속하는 유적이다.

우선 평균 크기를 비교한 결과, 시기가

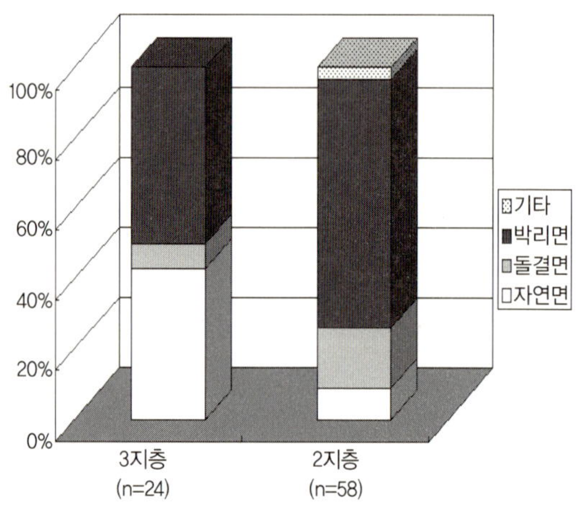

표 62. 덕소 2 · 3지층의 격지 타격면의 종류 비교

이른 1문화층의 몸돌과 격지가 2문화층에 비해 큰 편이다<표 63>.

돌감은 몸돌의 경우 대부분 석영이 많은 수를 점유하고 있는데, 격지의 경우에는 1문화층에서는 석영, 2문화층에서는 기타 돌감이 우세하게 나타난다. 2문화층 기타 돌감에는 흑요석이 다수를 차지하며, 일부 혼펠스와 유문암도 관찰된다.

호평동 유적의 몸돌 속성분석 내용을 보면, 원석의 형태는 모난돌이 대부분인데, 이는 석영맥암 덩이돌이 주로 활용되었기 때문이다.

타격면의 종류로는 1문화층에서는 자연면+돌결면 등으로 구성된 복합면이 우세하게 나타나며, 2문화층에서는 자연면을 제외하고, 돌결면, 박리면, 복합면이 다수 확인되고 있는데, 복합면은 자연면+박리면이 많다.

작업면의 수와 타격면의 수는 이른 시기인 1문화층에서 늦은 시기인 2문화층으로 갈 수록 1, 2면 작업면 및 타격면이 많아진다<표 64>.

이러한 양상은 삼리 유적에서도 관찰되는 점으로써, 박리작업의 주요한 변화라 판단된다.

격지를 보면, 타격면의 종류는 1·2문화층에서 박리면이 우세하게 나타나며, 2문화층에서는 기타도 확인되는데 대부분 알 수 없는 것이거나 깨어진 것이다.

격지 등면의 박리방향은 1·2문화층에서 격지박리축과 같은 방향이 다수를 점유하며, 1문화층에 비해 2문화층에서 여러 방향이 많다.

타격면은 평균 크기는 1문화층에서는 17.6×8.1mm, 2문화층에서는 15.4×6.9mm로 나타나는데, 격지의 크기와 비례한다. 박리각은 1문화층에서 102.2도, 2문화층에서 102.8도로 큰 차이를 보이지 않는다.

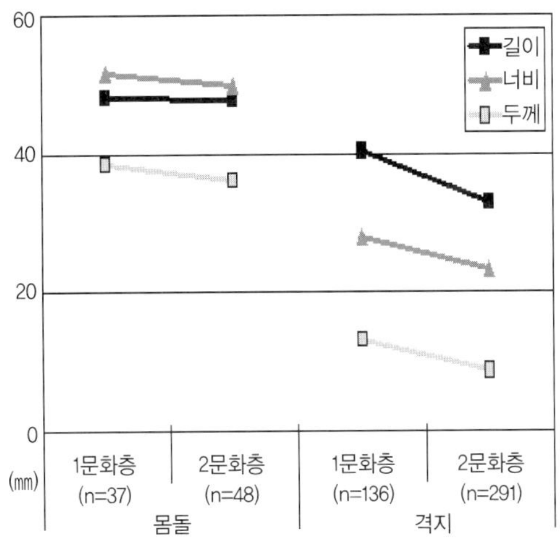

표 63. 호평동 문화층별 몸돌과 격지의 평균 크기 비교

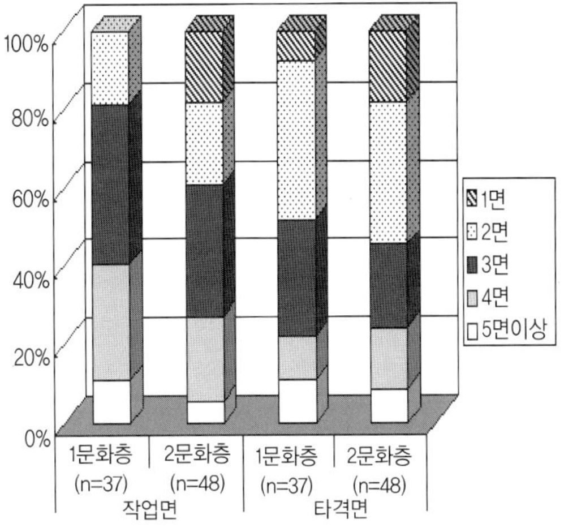

표 64. 호평동 1·2문화층의 작업면과 타격면의 수 비교

마지막으로 남양주 호평동 지새울 1·2문화층을 비교하였다. 호평동 지새울 1문화층은 Ⅲ기, 2문화층은 Ⅱ기로 설정된 유적이다.

우선 몸돌과 격지의 크기를 보면, 호평동 지새울 2문화층에서는 몸돌의 너비가 긴 반면에 1문화층에서는 길이가 긴 몸돌이 화인되고 있다. 그리고 격지의 크기는 시기가 이른 2문화층에서 1문화층에 비해 큰 양상을 나타낸다<표 65>.

몸돌과 격지의 돌감은 대부분 석영을 이용하였다.

몸돌의 속성분석 내용을 살펴보면, 원석의 형태는 모난돌이 대부분이다.

작업면의 수와 타격면의 수는 호평동 지새울 2문화층에서는 각각 2면과 1·2면이 우세하게 나타나며, 1문화층에서는 1·2·3면과 1면이 우세하게 관찰되는데, 작업면의 수는 큰 차이를 보이지는 않지만, 타격면의 수는 줄어드는 양상이다. 이러한 양상은 앞서 살펴본 삼리 및 호평동 유적과 유사한 것으로 볼 수 있다.

격지를 보면, 타격면의 종류는 2문화층에서 모두 돌결면이 우세한 반면, 1문화층에서는 박리면이 증가한 양상을 보이고 있는데<표 66>, 이는 타격면 조정에 의한 것으로 판단된다.

격지 등면의 박리방향은 격지박리축과 같은 방향이 많은 편으로 두 문화층간 큰 차이는 확인되지 않는다.

타격면의 평균 크기는 2문화층에서 20×9.4mm, 1문화층에서 17.6×8.3mm으로, 격지의 크기와 비례한다. 박리각의 평균은 2문화층에서 103.7도, 1문화층에서 99도로 나타나 1문화층에서 좀 더 직각에 가까운 각도를 나타내고 있다.

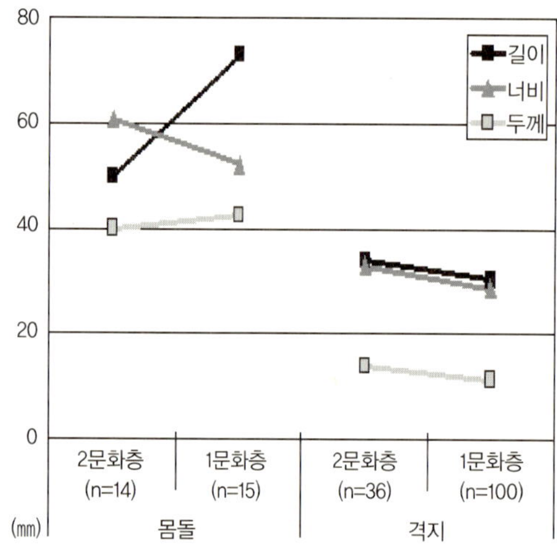

표 65. 지새울 문화층별 몸돌 및 격지의 크기 비교

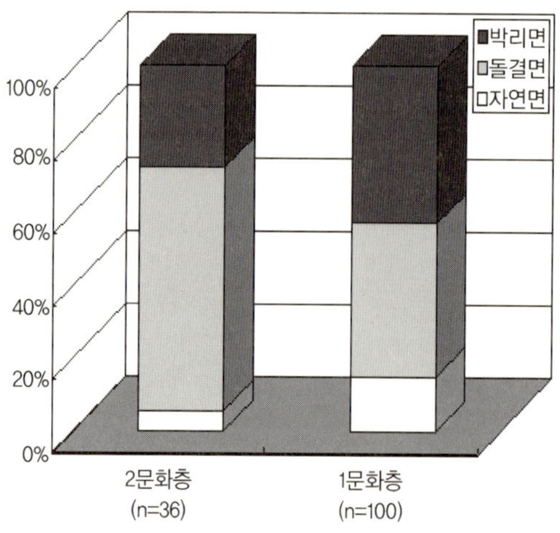

표 66. 지새울 문화층별 격지 타격면 비교

130

다. I 기 유적간 박리작업의 비교

I 기는 II 기와 III 기에 비해 시기의 폭이 크다. 따라서 I 기 유적간 박리기법의 변화가 확인되는지를 파악하기 위하여 I 기에서도 MIS 4기의 늦은 시기로 판단되는 연양리와 MIS 3기 전반부로 판단되는 삼리 3문화층의 몸돌을 대상으로 추가적인 분석을 실시하였다.

분석 대상은 연양리의 경우 퇴적층이 보다 안정적인 것으로 판단되는 II 지구 출토 몸돌 25점, 삼리 III 문화층은 주로 몸돌이 다수 출토된 2지역과 3지역의 몸돌을 중심으로 17점을 대상으로 진행하였다[19]. 분석은 상기한 몸돌의 분석과 동일한 방법으로 진행되었으며, 다만 타격면의 종류에서 복합면을 구체적으로 기술하였다.

두 유적에서 돌감의 이용은 석영이 우세하게 나타나는데, 연양리에서는 규암의 빈도도 많은 편이며, 편마암도 관찰된다.

크기는 길이와 너비의 상관관계표와 너비와 두께의 상관관계표를 통해 살펴보았다[20]<표 67·68>.

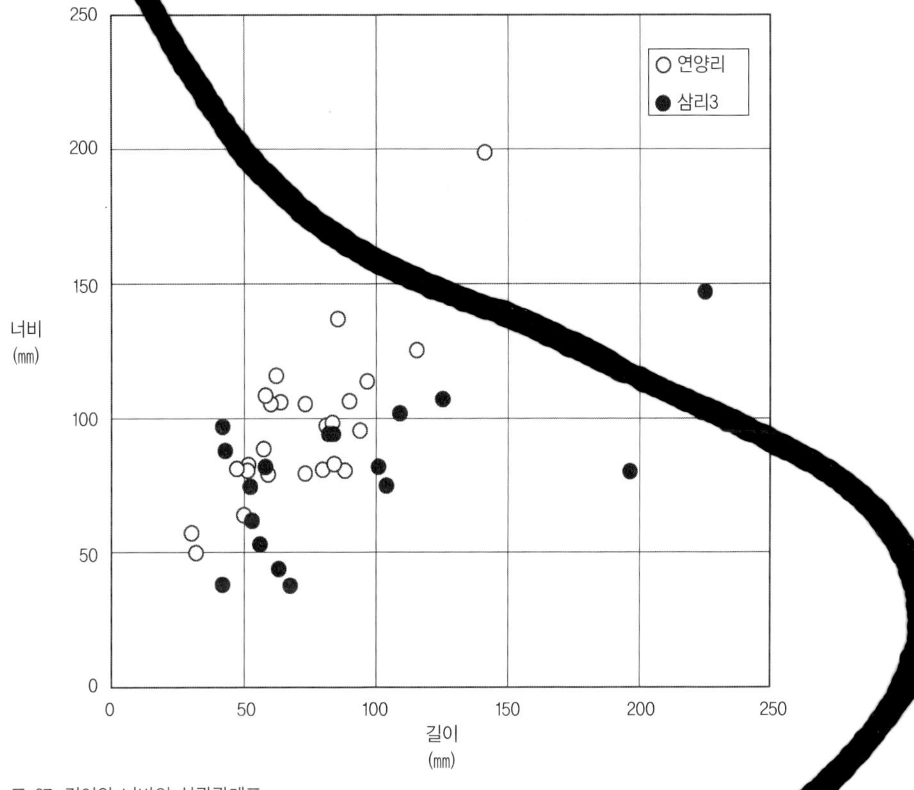

표 67. 길이와 너비의 상관관계표

19) 지역별 분석 대상은 2지역 11점, 3지역 5점, 4지역 1점이다.
20) 너비와 두께의 상관관계에서 연양리 1점은 두께가 360.15mm에 해당되는 바, 극이상점(far outlier)을 보이는데 표에 대한 이해를 높이기 위해 표기에서 제외하였다.

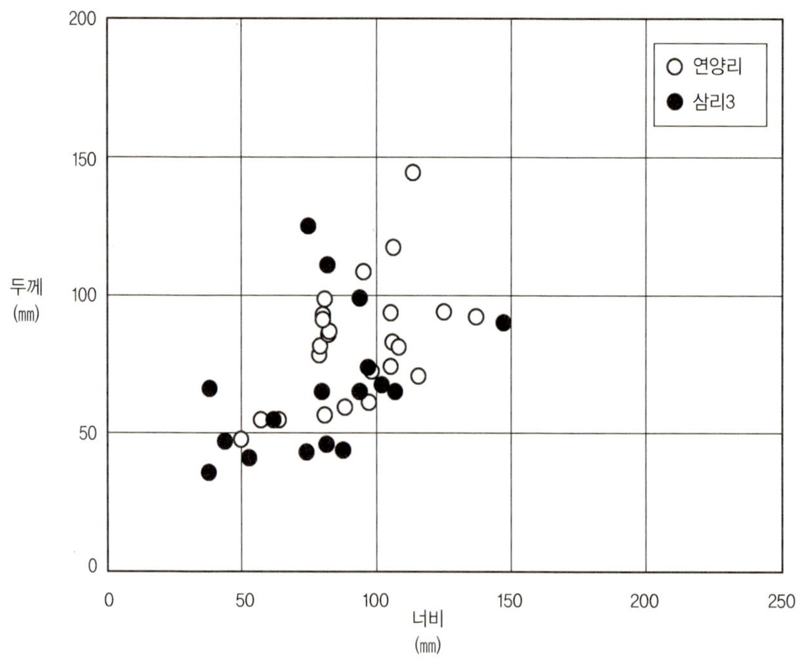

표 68. 너비와 두께의 상관관계표

크기는 두 유적에서 모두 너비가 길이
에 비해 넓은데, 연양리에서 보다 뚜렷하
다. 그리고 두께 역시 연양리에서 두텁게
나타났다. 무게의 분포 범위는 연양리에
서는 500~1,000g 사이의 많은 수가 분포하
지만, 삼리 3문화층에서는 250g 이하의 몸
돌이 많은 편이다<표 69>.

즉 몸돌의 크기는 길이에 비해 너비가
넓은 몸돌이 많은 편이지만, 연양리에서
보다 큰 양상을 보이고 있으며, 이는 무게
의 분포 범위를 통해서도 확인된다.

몸체의 형태는 두 유적에서 모두 자갈

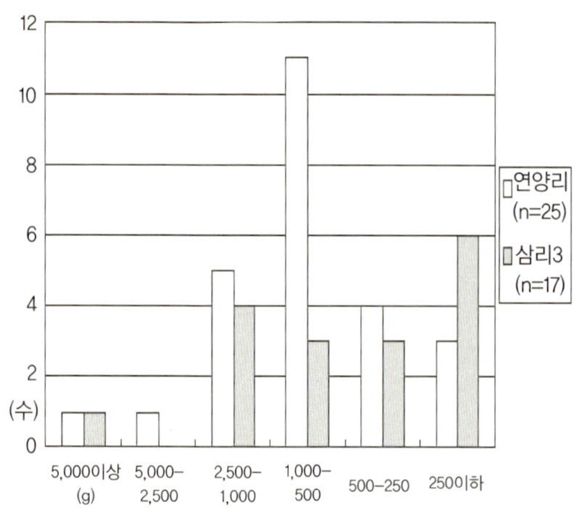

표 69. 연양리와 삼리 3문화층 몸돌 무게의 분포

돌이 우세하게 나타는데, 삼리 3문화층에서 미상의 비율이 조금 높다.

몸체에 남아있는 자연면의 비율은 연양리에서는 자연면 우세, 박리면 우세, 균일이 큰 범위
차를 보이지 않지만, 삼리 3문화층에서는 박리면 우세와 자연면 우세가 대부분이다<표 70>.

다음으로 작업면을 보면 그 수는 연양리에서는 5면이상 1면에 이르기까지 그 분포가 다양

한 편인데 비해, 삼리 3문화층에서는 3면 이하가 많은 편이다<표 71>.

작업면의 유형은 연양리에서는 여러작업면과 인접작업면이 많고, 단일면도 다수 관찰되지만, 삼리 3문화층에는 여러작업면의 비율이 높고, 단일면이 그 다음을 차지하고 있다<표 72>.

박리방향의 유형은 연양리에서는 한방향, 여러방향, 맞선방향, 엇갈린방향의 순서를 나타내는데 비해, 삼리 3문화층에서는 여러방향이 많고, 맞선방향, 엇갈린방향, 한방향의 순서로 나타나고 있다<표 73>.

타격면에서 그 종류는 연양리의 경우 자연면이 압도적으로 많은데, 삼리 3문화층에서도 자연면이 많지만, 그에 못지 않게 자연면+박리면, 자연면+돌결면 등 복합면도 다수 관찰된

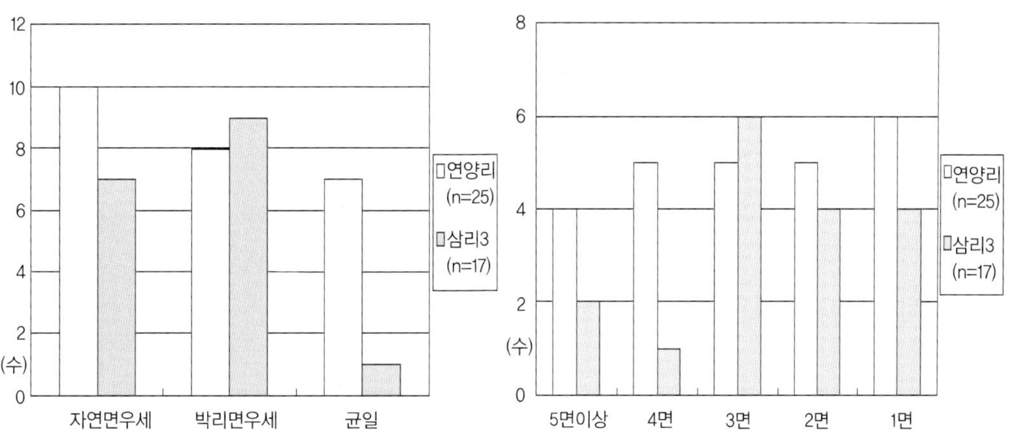

표 70. 연양리와 삼리 3문화층의 몸체 자연면의 분포 비교   표 71. 연양리와 삼리 3문화층의 작업면의 수 비교

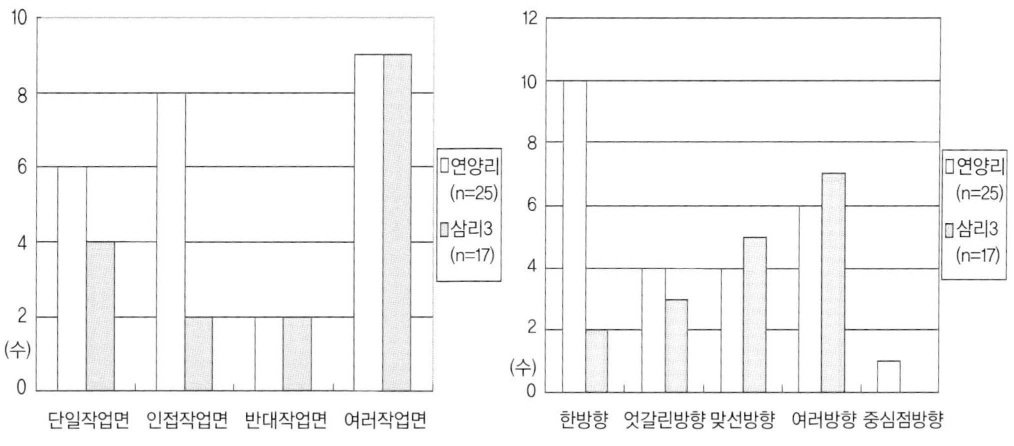

표 72. 연양리와 삼리 3문화층의 작업면의 유형 비교   표 73. 연양리와 삼리 3문화층의 타격방향의 유형 비교

다<표 74>.

타격면의 수는 연양리에서는 1면이 우세한 가운데, 3면, 2면, 4면의 순서를 보이며, 삼리 3문화층에서는 2면과 3면이 많은 편이다<표 75>.

이상의 내용을 고찰하면, 동일한 Ⅰ기 내에서 시간의 차이가 존재할 것으로 판단되는 연양리와 삼리 3문화층의 몸돌은 서로 차이가 있다.

크기와 무게는 연양리에서 삼리 3문화층에 비해 큰 편으로 나타났는데, 이러한 경향은 시기에 따른 몸돌과 격지의 분석에서 파악되었듯이 이른 시기로 가면서 나타나는 현상이라고 볼 수 있다.

몸돌에서 박리작업의 양상은 작업면과 타격면을 고려할 때, 연양리에서는 1·2면 및 여러·인접작업면에서 박리가 진행되었는데, 타격면은 1·2면에 집중되는 양상이며, 박리방향도 한방향 또는 여러방향이 우세하게 나타나고 있다. 반면 삼리 3문화층에서는 작업면은 1~3면에 집중되는 경향이 나타나며, 타격면은 2~3면이 많은 편이고, 박리방향의 유형은 여러방향 박리가 많고 두방향 박리도 다수 관찰되고 있다. 그리고 타격면의 종류는 연양리에서는 자연면이 우세하게 나타나지만 삼리 3문화층에서는 복합면의 증가가 두드러진다.

이상의 양상으로 미루어 볼 때, 연양리와 삼리 3문화층은 같은 Ⅰ기로 구분되었지만 Ⅰ기 내에서도 박리작업의 변화가 확인되며, 특히 삼리 3문화층의 일부 속성은 Ⅱ기와 유사하게 나타난다.

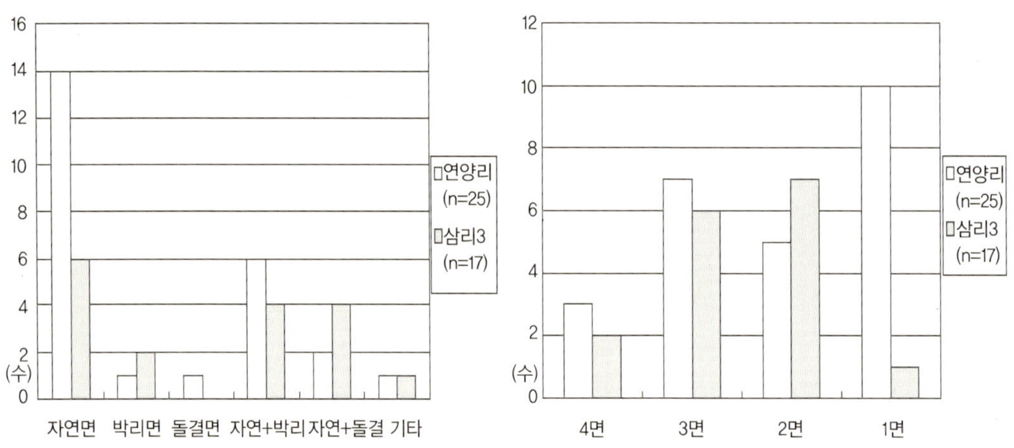

표 74. 연양리와 삼리 3문화층의 타격면의 종류 비교   표 75. 연양리와 삼리 3문화층의 타격면의 수 비교

4. 다듬은 석기

다듬은 석기는 몸돌석기와 잔손질석기로 양분한 후, 그 내에서 석기를 형태에 따라 구분하였다.

다듬은 석기의 분석은 시기별로 유적 내의 석기 구성을 살펴본 후[21], 시기에 따른 변화를 파악하였다. 그 다음 여러 시기에 걸쳐 출토되는 주요 석기에 대해 분석을 실시하여 시기의 변화에 따른 제작 속성의 차이를 뚜렷하게 판단하고자 하였다.

1) 석기 구성과 변화

가장 이른 시기에 해당되는 Ⅰ기의 모든 유적에서는 몸돌석기의 비율이 높게 나타난다. 특히 찍개와 여러면석기가 우세한 편인데, 연양리와 도곡리, 병산리 2문화층에서는 찍개의 비율이 높고, 삼리 3문화층에서는 찍개에 비해 여러면석기가 많다. 이외의 몸돌석기로는 연양리에서는 주먹대패, 도곡리유적에서는 주먹도끼, 주먹찌르개 등도 일부 관찰된다. 잔손질석기에는 긁개가 공통적으로 나타나며, 이외에 연양리에서는 홈날과 톱니날, 도곡리에서는 자르개, 병산리 2문화층에서는 톱니날과 자르개, 삼리 3문화층에서는 홈날, 톱니날, 복합석기도 관찰된다<표 76·77>.

Ⅱ기의 모든 유적에서는 잔손질석기의 비율이 높은 편이다. 잔손질석기의 종류는 긁개가 다수를 차지하고 있으며, Ⅰ기에 보여지지 않던 밀개가 등장한다. 홈날은 호평동 지새울 2문화층을 제외하고 모든 유적에서 관찰된다. 이외의 유물로는 동백리 Ⅲ문화층에서는 뚜르개·새기개·톱니날·복합석기 등이 나타나며, 동백리 Ⅱ문화층에서는 새기개와 복합석기, 호평동 지새울 2문화층에서는 뚜르개, 호평동 1문화층에서는 톱니날·복합석기·슴베찌르개, 창내에서는 뚜르개·새기개· 자르개·찌르개·복합석기 등이 관찰된다<표 78·79>.

Ⅲ기의 유적에서도 Ⅱ기와 마찬가지로 잔손질석기의 비율이 높게 나타난다. 잔손질석기 중 긁개는 모든 유적에서 관찰되고 그 수량도 전시된 유물을 대상으로 한 수양개 Ⅰ지구 유적을 제외하면 가장 많은 수를 보인다. 그리고 앞선 시기부터 보여지던 밀개·홈날 외에도 다양한 석기가 보여지고 있어 기술·형태적으로 세분되는 양상이다.

유적별로 긁개를 제외한 잔손질석기의 종류를 보면, 삼리 2문화층에서는 밀개·홈날·톱니날·복합석기, 호평동 지새울 1문화층에서는 밀개·뚜르개, 호평동 2문화층에서는 밀개·홈날·뚜

---

21) 덕소 3지층에서는 찍개 2점, 여러면석기 1점 등 3점만이 출토되어, 분석에서 제외하였다.

르개·새기개·톱니날·복합석기 등, 덕소 2지층에서는 밀개·홈날·뚜르개·새기개·복합석기, 두학
동 중말에서는 홈날·새기개·슴베찌르개, 수양개 Ⅰ지구 충북대 박물관에서는 밀개·홈날·뚜르
개·새기개·슴베찌르개 등, 수양개 Ⅲ지구 2문화층에서는 홈날·뚜르개·슴베찌르개 등, 동백리
Ⅰ문화층에서는 밀개·홈날·뚜르개·새기개·복합석기 등, 삼리 1문화층에서는 밀개·홈날·뚜르
개·새기개·톱니날·복합석기 등이 확인된다<표 80·81·82>.

다음으로 시기별 다듬은 석기의 구성 변화를 파악하기 위하여, 여러 유적에서 관찰되는 주
요 유물을 중심으로 통계화하였다[22]. 즉 몸돌석기 중 찍개·여러면석기·주먹도끼류·기타, 잔손
질석기에는 긁개·밀개·홈날·기타의 빈도 변화를 살펴보았다.

Ⅰ기에는 몸돌석기의 비율이 잔손질석기에 비해 우세하게 나타난다. 몸돌석기 중 찍개의
비율이 높게 나타나고 있으며, 여러면석기도 다수 확인된다. 그리고 잔손질석기는 긁개와 홈
날을 중심으로 일부가 관찰된다<표 83>.

Ⅱ기에는 잔손질석기의 비율이 높게 나타난다. 특히 긁개가 다수 확인되는 가운데 Ⅰ기에
서 보여지지 않던 밀개가 출현한다. 밀개는 후기 구석기시대의 대표적인 석기로 알려져 있는
데(Bordes, F. 1979), Ⅱ기의 시대적 범주를 가늠케 한다. 밀개 이외에 홈날 및 기타 잔손질석기의
빈도도 이전 시기에 비해 증가한다<표 84>

Ⅲ기에는 Ⅱ기와 마찬가지로 잔손질석기의 빈도가 우세하며, 긁개와 홈날은 조금 줄어들고
밀개와 기타 잔손질석기는 그 수량이 증가하는 양상을 보이는데, 기타 잔손질석기에는 뚜르
개·새기개·슴베찌르개 등이 있다<표 85>.

Ⅰ·Ⅱ·Ⅲ기 다듬은 석기의 평균 비율을 비교하면, Ⅰ기에는 몸돌석기가 우세하지만 Ⅱ기부
터 잔손질석기의 빈도가 급증하며, Ⅲ기에는 Ⅱ기와 마찬가지로 잔손질석기가 다수를 차지
하는 가운데, 그 종류가 보다 다양해지는 것으로 판단된다. 그리고 몸돌석기와 잔손질석기의
종류도 시기의 변화에 따라 차이가 확인된다<표 86>. 즉 Ⅰ기에는 몸돌석기인 찍개와 여러면
석기가 우세하지만, Ⅱ기에 접어들어 잔손질석기 중 긁개의 수량이 급증하고 이른 시기에는
보이지 않던 밀개가 등장하며, 기타 잔손질석기도 그 수가 많아진다. Ⅲ기에 잔손질석기의 비
율은 더욱 증가하는데 긁개, 밀개, 홈날을 비롯하여, 기타 잔손질석기의 비율이 높아진다. 특
히 기타 잔손질석기는 그 종류가 더욱 세분화된다.

---

22) 시기별 각 유적 내의 다듬은 석기의 비율을 취합하여 최대값·최소값·중앙값·평균값을 구하였으며, 이를 도표화하였다.

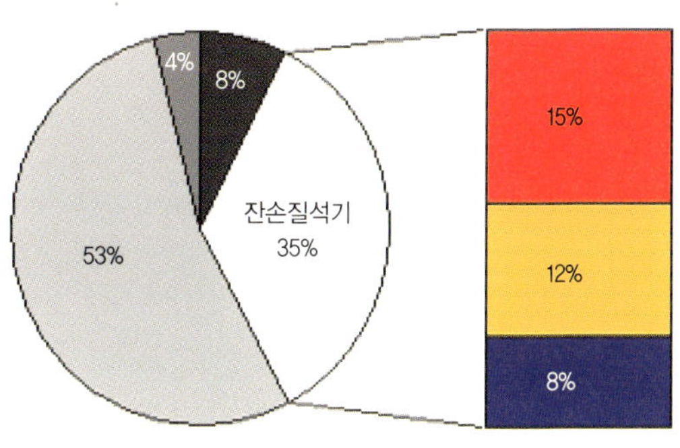

〈연양리 (n=52)〉

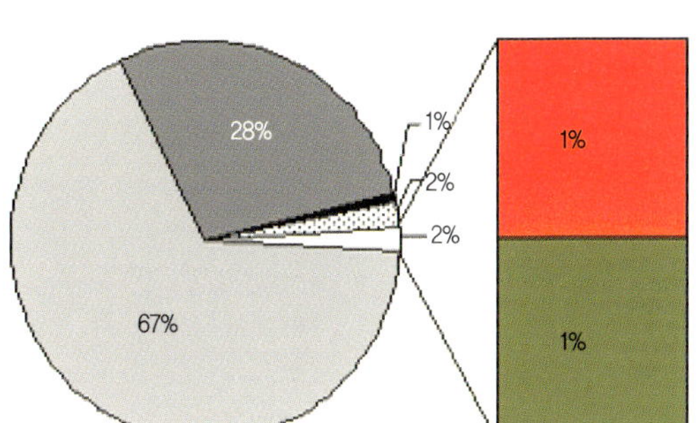
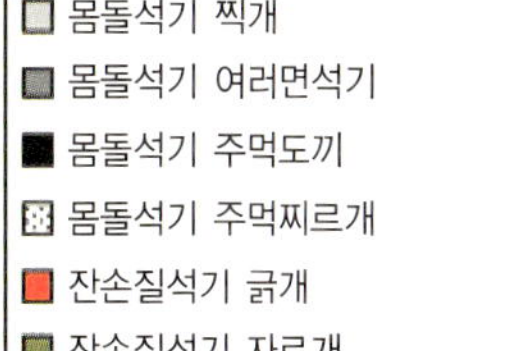

〈도곡리 (n=103)〉

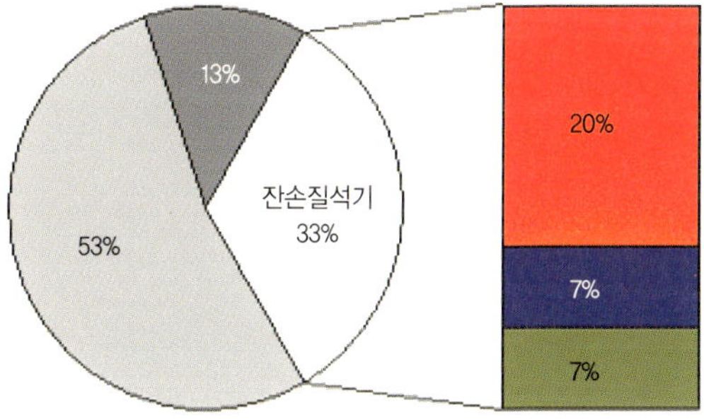
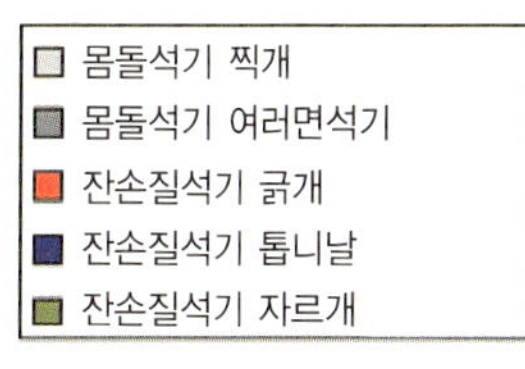

〈병산리 2문화층 (n=15)〉

표 76. Ⅰ기 유적의 다듬은 석기분포-1

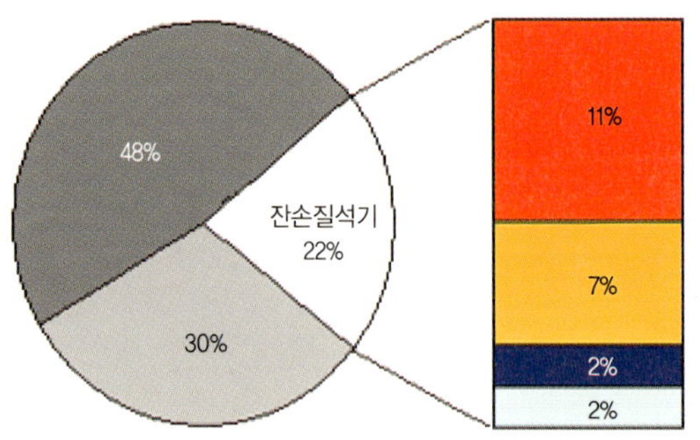

〈삼리 3문화층 (n=46)〉

표 77. Ⅰ기 유적의 다듬은 석기분포-2

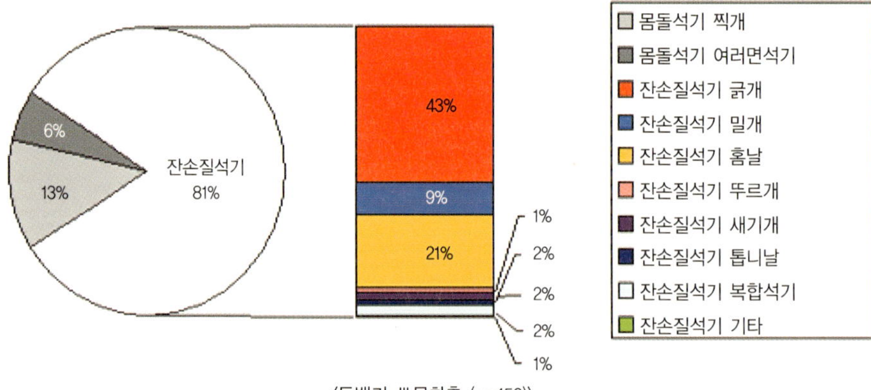

〈동백리 Ⅲ문화층 (n=456)〉

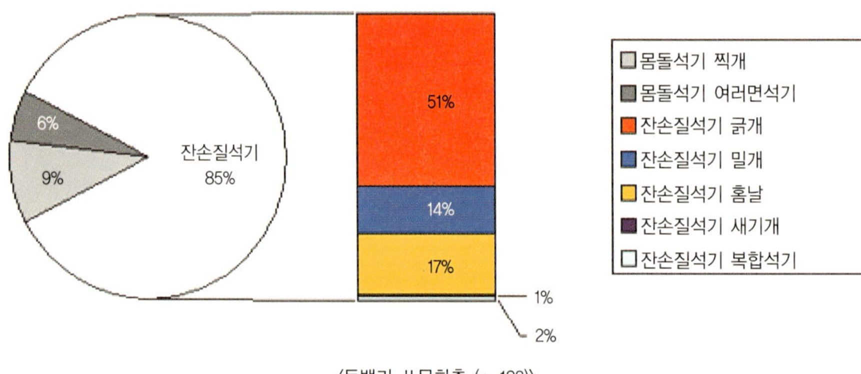

〈동백리 Ⅱ문화층 (n=182)〉

표 78. Ⅱ기 유적의 다듬은 석기분포-1

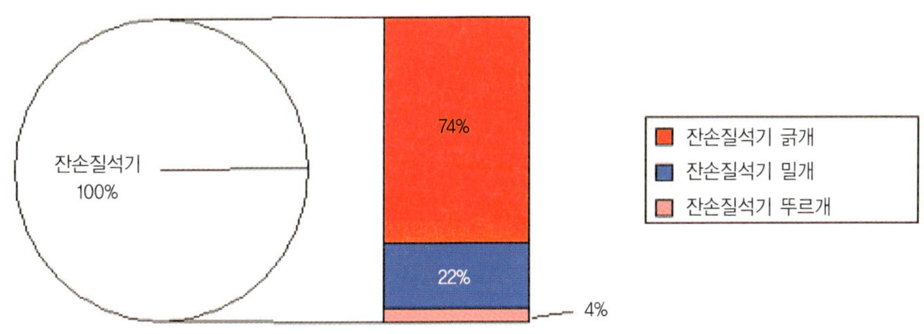

〈지새울 2문화층 (n=23)〉

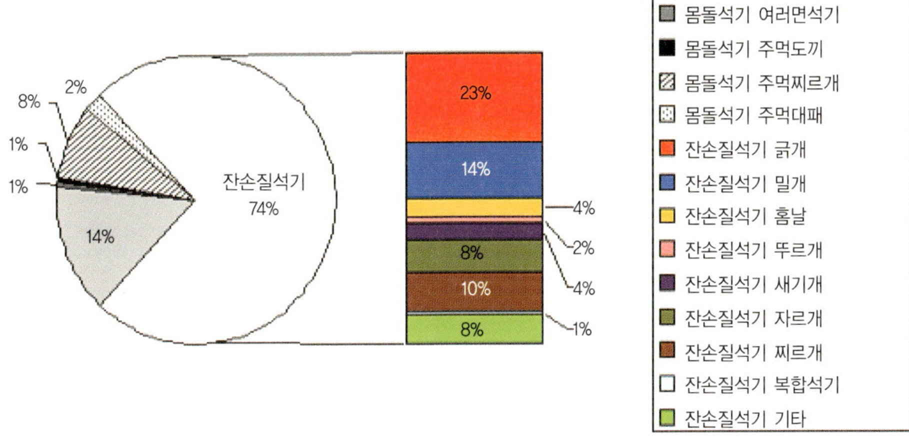

〈창내 (n=480)〉

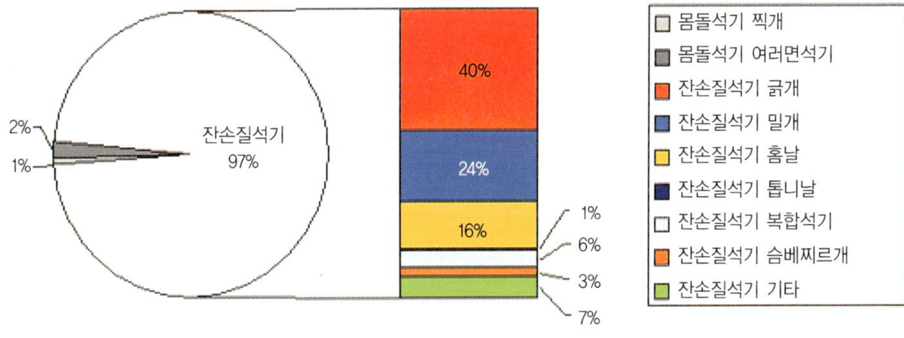

〈호평동 1문화층 (n=109)〉

표 79. Ⅱ기 유적의 다듬은 석기 분포-2

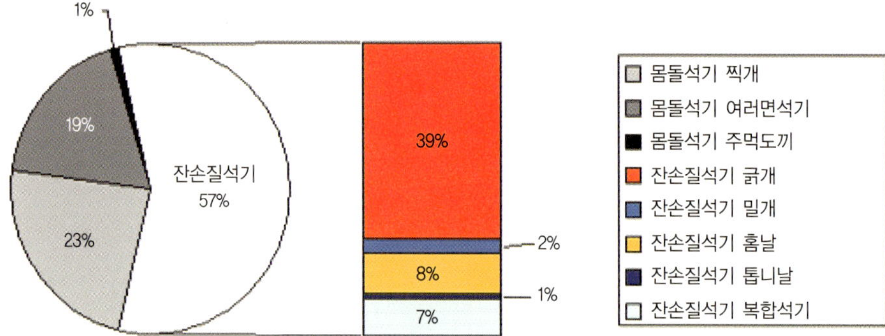

〈삼리 2문화층 (n=124)〉

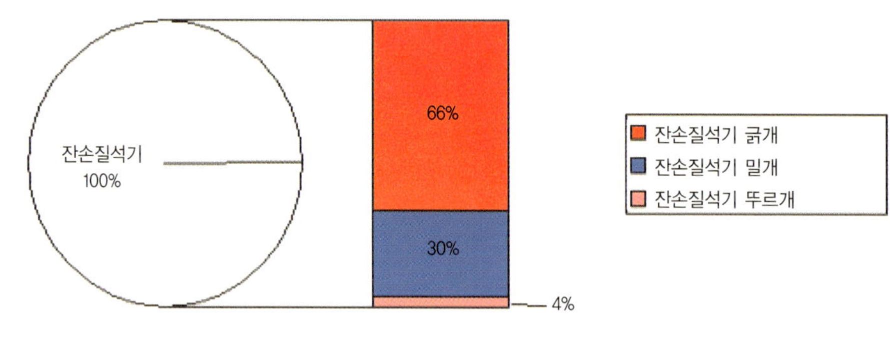

〈지새울 1문화층 (n=27)〉

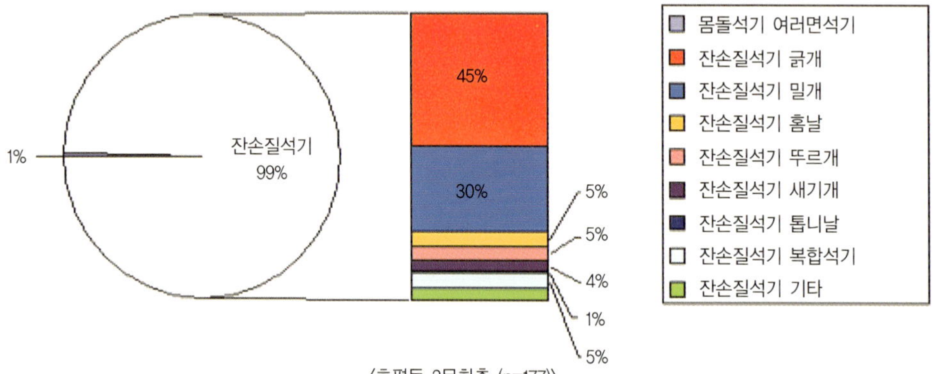

〈호평동 2문화층 (n=177)〉

표 80. Ⅱ기 유적의 다듬은 석기 분포-1

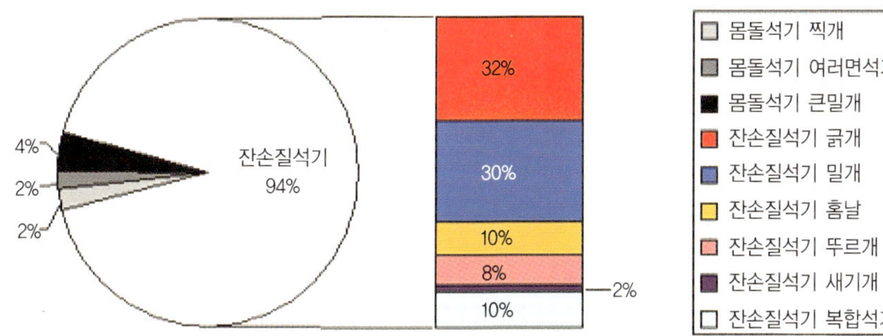

〈덕소 2지층 (n=48)〉

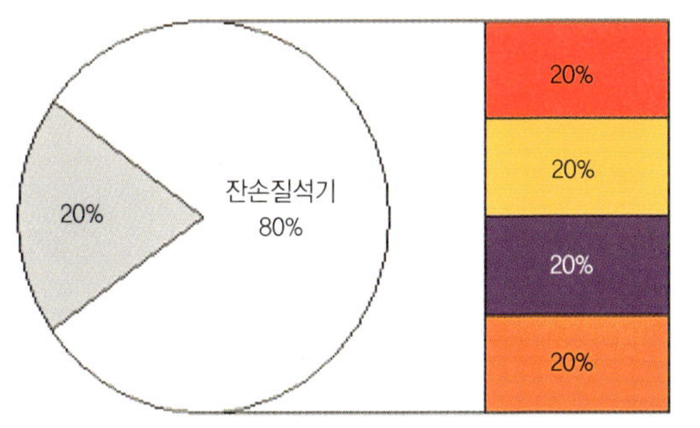

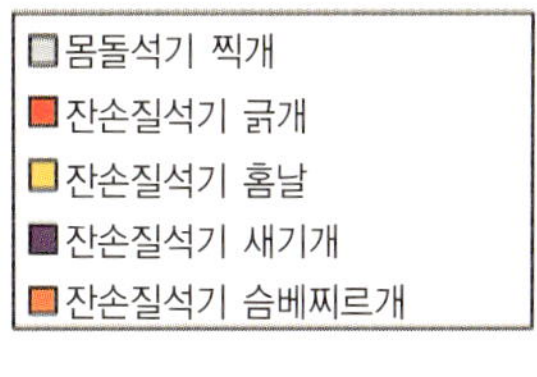

〈두학동 중말 (n=5)〉

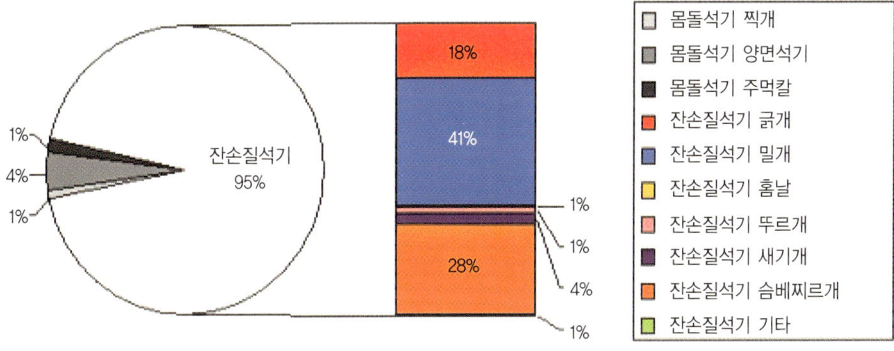

〈수양개 Ⅰ지구 충북대 박물관 (n=134)〉

표 81. Ⅲ기 유적의 다듬은 석기 분포-2

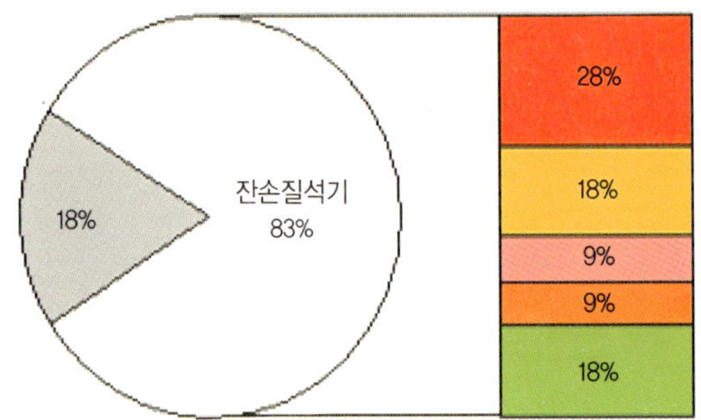

〈수양개 Ⅲ지구 2문화층 (n=11)〉

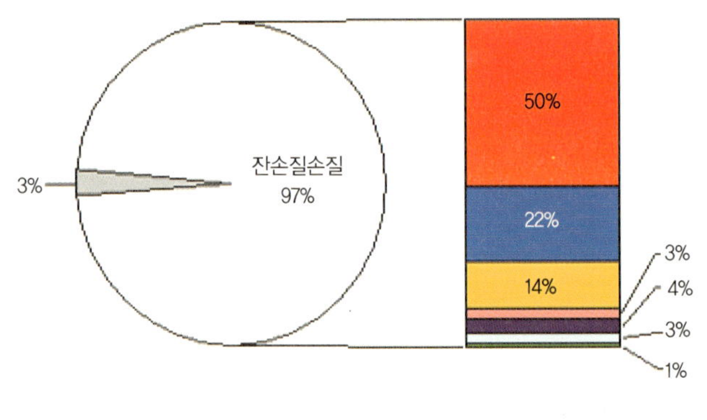

〈동백리 Ⅰ문화층 (n=72)〉

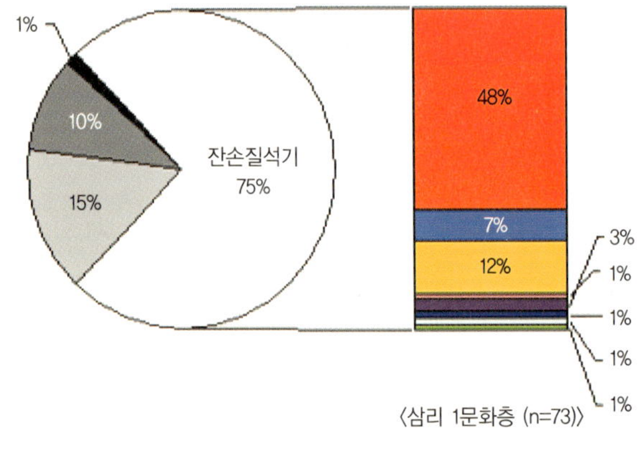

〈삼리 1문화층 (n=73)〉

표 82. Ⅲ기 유적의 다듬은 석기 분포-3

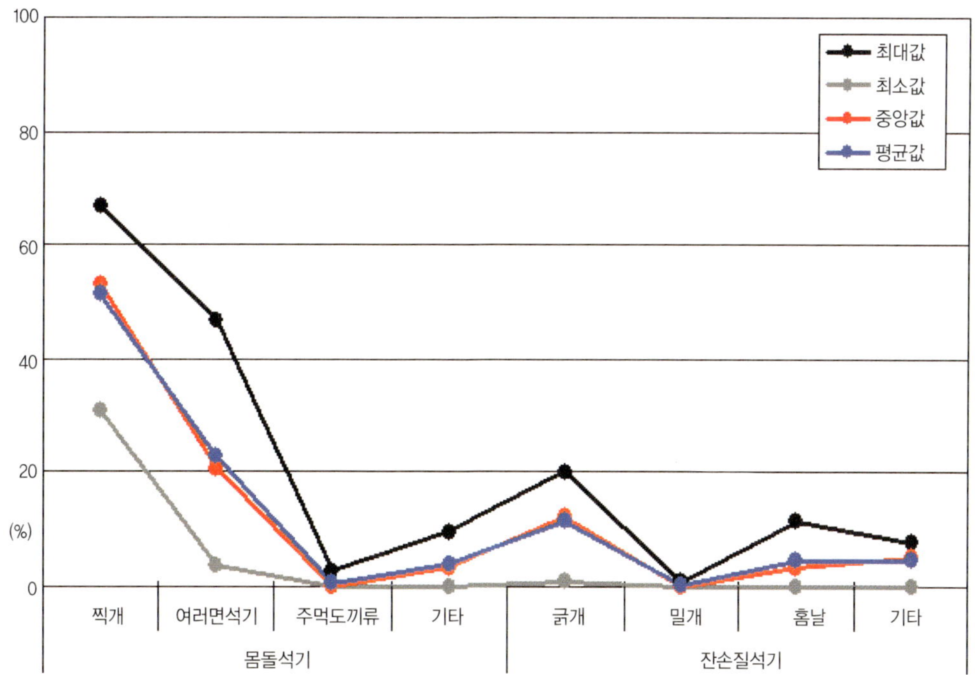

표 83. I기 다듬은 석기 비율의 최대 · 최소 · 중앙 · 평균값 분포

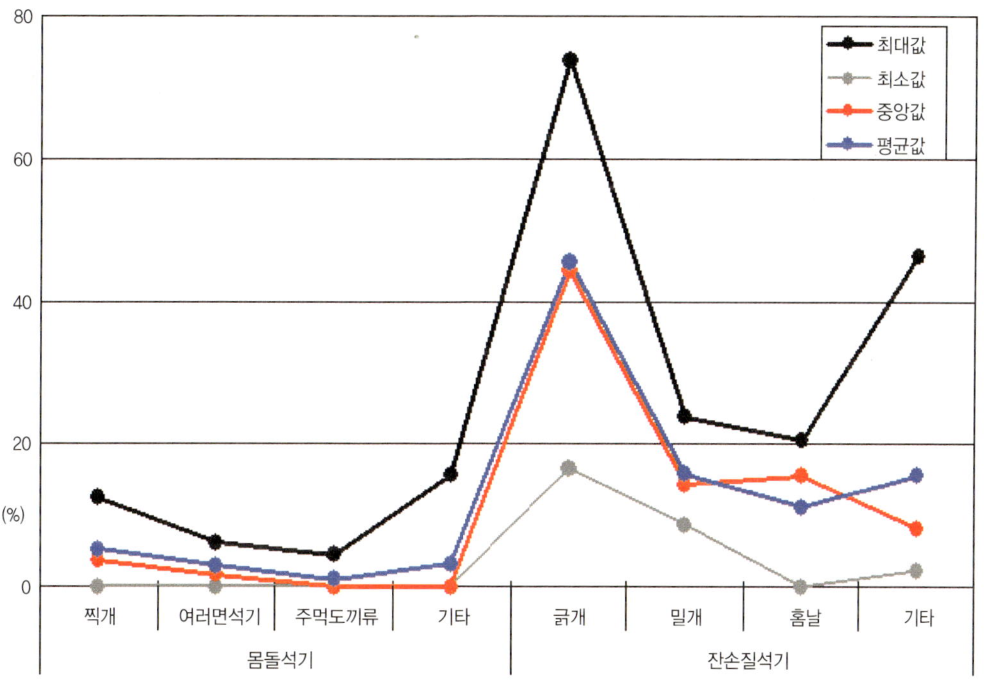

표 84. II기 다듬은 석기 비율의 최대 · 최소 · 중앙 · 평균값 분포

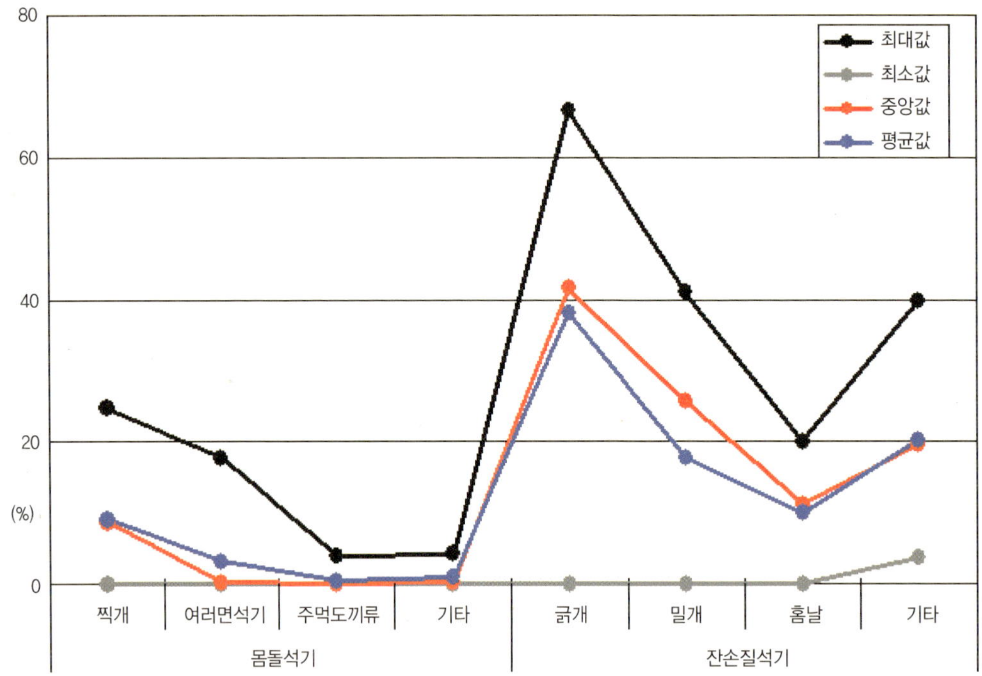

표 85. Ⅲ기 다듬은 석기 비율의 최대ㆍ최소ㆍ중앙ㆍ평균값 분포

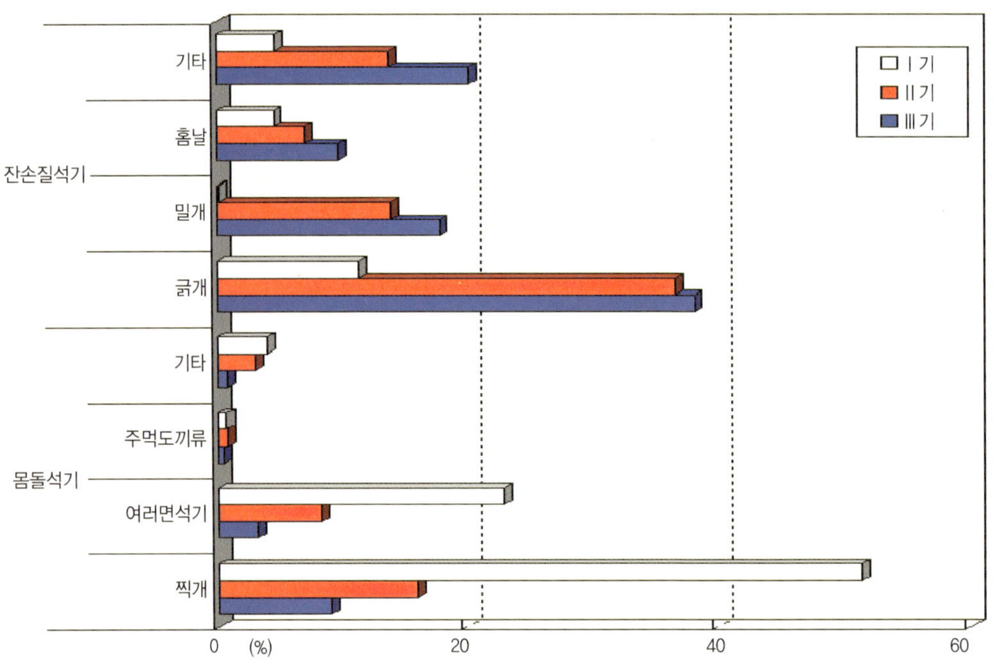

표 86. ⅠㆍⅡㆍⅢ기의 다듬은 석기 점유율 비교표

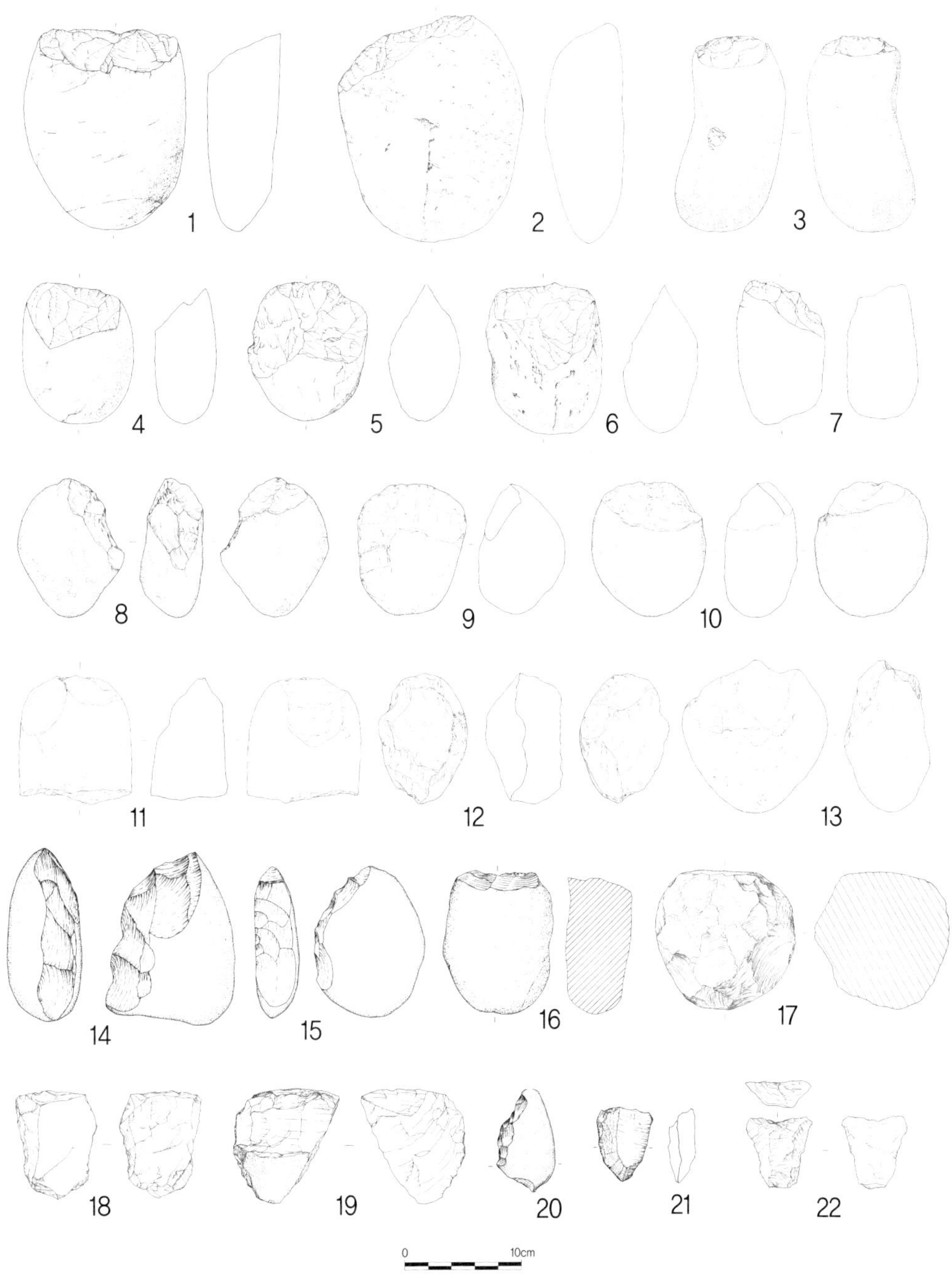

그림 29. Ⅰ기의 유물(윤내현·한창균 1994 ; 한창균 외 2003 ; 이정철 2007 ; 이융조 외 2008에서 편집) ─①~⑦⑱⑲연양리, ⑧~⑬
도곡리, ⑭~⑯⑳㉑병산리2문화층,⑰㉒삼리3문화층 / ①~⑯찍개, ⑰여러면석기, ⑱~㉑긁개, ㉒홈날─

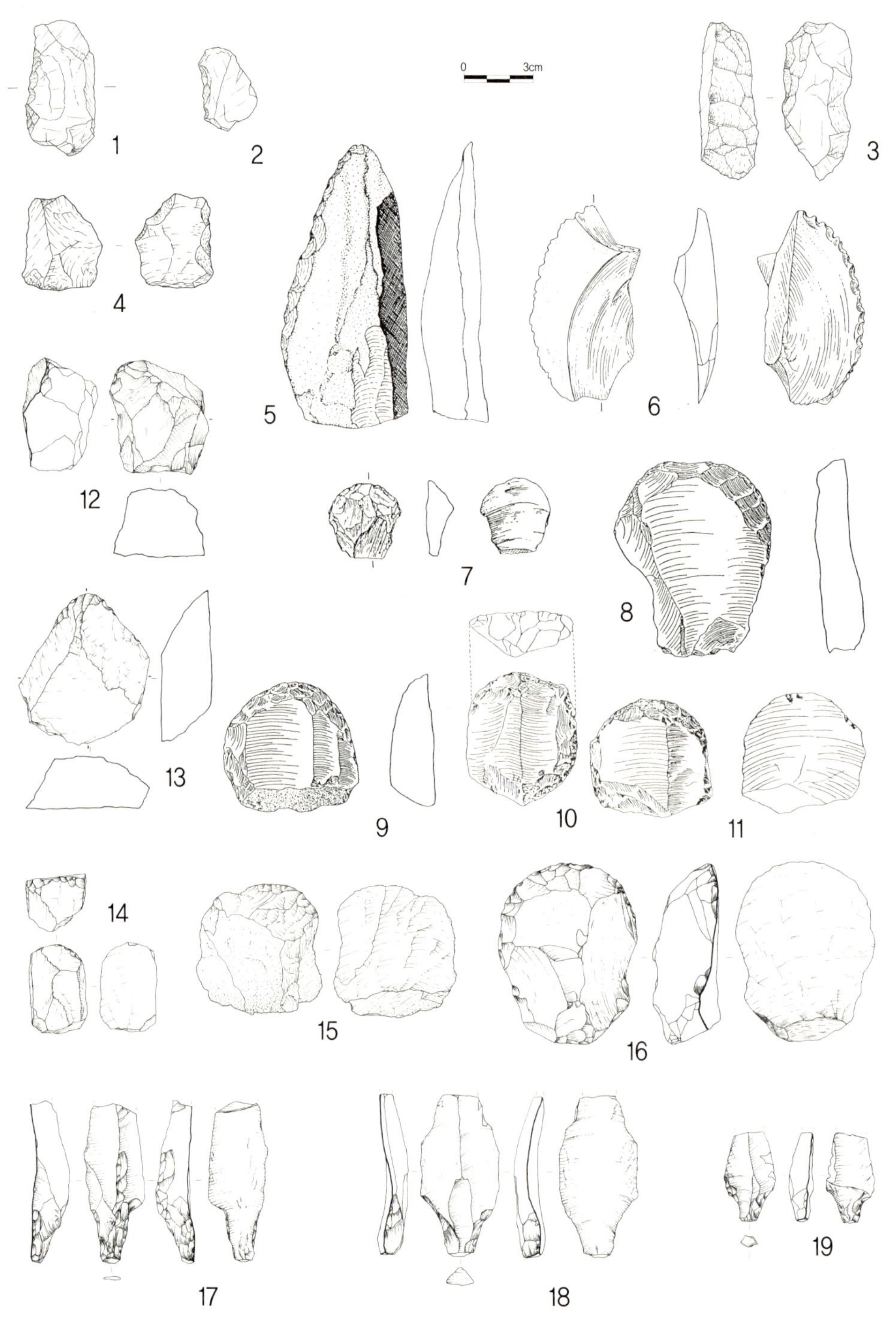

그림 30. Ⅱ기의 유물(박희현 1989 ; 노대석 외 2007 ; 홍미영·김종헌 외 2008에서 편집) ―①~④지새울2문화층, ⑤~⑪창내 ⑫~⑲ 호평동1문화층 / ①~⑤긁개, ⑥톱니날 ⑦~⑯밀개 ⑰~⑲슴베찌르개―

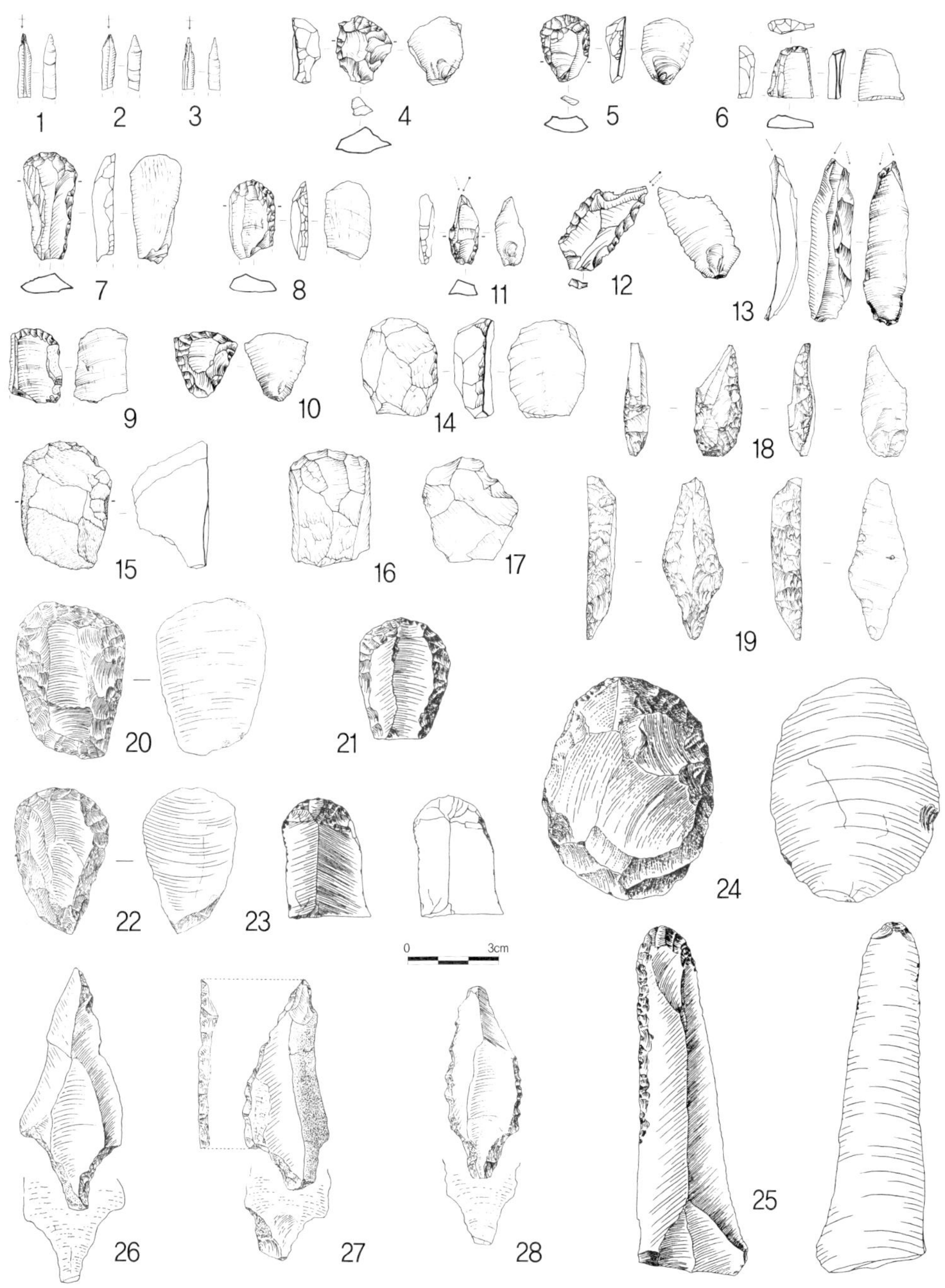

그림 31. Ⅲ기의 유물(李隆助 1984 ; 한창균 외 2003 ; 홍미영·김남호 2008 ; 홍미영·김종헌 2008에서 편집) −①∼⑭호평동2문화층, ⑮덕소2지층, ⑯∼⑲광주 삼리1문화층, ⑳∼㉘수양개 I 지구 Ⅳ ㄴ층 / ①∼③새기개 ④∼⑩밀개 ⑪∼⑬새기개 ⑭긁개 ⑮⑯밀개 ⑰긁개 ⑱새기개 ⑲슴베찌르개(?) ⑳∼㉕밀개 ㉖∼㉘슴베찌르개−

2) 주요 석기의 분석과 고찰

시기별 다듬은 석기의 구성과 그 변화를 파악한 결과, 몇몇 다듬은 석기는 시기의 구분과 상관없이 공통적으로 나타나는 양상을 보이고 있다. 그러므로 일정한 수량이 확보된 다듬은 석기의 비교를 통해 시기차에 따른 석기 제작의 변화를 파악할 수 있을 것으로 판단하였다.

즉 Ⅰ기의 대부분의 유적과 Ⅱ기와 Ⅲ기의 일부 유적에서는 몸돌석기 중 찍개가 확인되며, Ⅰ·Ⅱ·Ⅲ기에는 긁개·홈날이 모두 관찰되고, Ⅱ·Ⅲ기에는 밀개와 슴베찌르개가 나타나므로, 이들 유물에 대한 비교분석이 가능할 것으로 판단하였다.

이들 유물 중 일부에 대해서는 유적 단위의 분석이 이루어진 바 있으나(Lee, Y.J. and Yun, Y.H. 1992b ; 孫其彦 1996 ; 이융조 외 2001 ; 이융조·공수진 2006), 유적간 주요 석기에 대한 비교연구는 진행된 바 없다.

(1) 주요 석기의 분석

가. 찍개

찍개는 구석기시대의 대표적인 다듬은 석기의 하나로, 서구에서는 19세기 말에 처음 언급된 이래 최근까지 꾸준히 그 정의, 형태, 형식에 대한 분류가 진행되어 왔다(한창균 2003b).

그 정의에 대해서는 여러 의견이 있지만 일반적으로 자갈돌의 측면을 박리하여 날을 만든 석기라고 할 수 있으며, 그 제작방법에 따라 외면찍개(chopper)와 양면찍개(chopping-tool)의 두 가지 형태로 양분된다. 그리고 외면찍개와 양면찍개의 날이 형성된 위치, 날의 둘레모양 등을 통해 다양한 형식분류가 진행되고 있다.

우리나라에서도 공주 석장리 유적에서 처음으로 그 존재가 확인된 이래, 여러 구석기유적에서 출토되고 있다.

찍개에 대한 심도있는 연구는 손기언(1996)에 의해 진행되었는데, 양평 병산리 유적의 발굴조사시 출토된 유물과 주변 수습 유물, 그리고 인근 벽돌공장에서 수습된 유물 등 50여점의 찍개를 하나로 포괄하여 그 제작기법을 파악하였다. 이후 한창균과 김기태(2000)는 여주 백석리와 내양리 일대에서 지표 수습된 유물에 대한 보고에서 찍개를 분석한 바 있으며, 박진우(2006)는 금강가에 위치하는 대전 용호동 유적의 찍개를 대상으로 연구를 진행한 예가 있다.

다듬은 석기의 구성에서 찍개가 다수를 차지하는 유적으로는 Ⅰ기의 여주 연양리, 양평 도곡리·병산리 2문화층, 광주 삼리 3문화층, Ⅲ기에 삼리 2문화층이 있다[23].

이들 유적에서 출토된 찍개의 수량은 <표 87>과 같다.

---

23) Ⅱ기에도 동백리 Ⅲ문화층에서 찍개 57점 확인되었으나, 전체 유물의 비율로 볼 때, 10% 이내에 해당되며, 본고에서의 찍개의 정의와 부합되지 않는 유물이 많은 편이므로 제외하였다.

유물종류	유적명	Ⅰ기				Ⅲ기
		연양리 유적	도곡리 유적	병산리 유적	삼리 3문화층	삼리 2문화층
찍개	외면	27	54	6	12	30
	양면	1	15	2	2	2

표 87. 유적별 찍개 출토 수량

본 연구에서는 기존 찍개 연구(손기언 1996, 한창균·김기태 2000)의 분석방법에 약간의 수정을 가하여 진행하였는데, 이는 대체적으로 동일한 분석기준을 적용함으로써 효과적인 비교연구가 가능할 것으로 판단했기 때문이다.

찍개의 분석은 Ⅰ기의 연양리, 도곡리, 병산리 2문화층과 Ⅲ기의 삼리 2문화층의 찍개는 보고된 유물 전량에 대해 분석을 실시하였으며, Ⅰ기의 삼리 3문화층에서는 11점을 대상으로 하여, 총 분석 대상 찍개는 148점이었다.

찍개를 만든 돌감은 규암·석영·편마암 등이 대부분이다. 연양리에서는 규암 4점, 석영 14점, 편마암 9점, 기타 1점, 도곡리에서는 석영 4점, 규암 65점, 병산리 2문화층에서는 규암 4점, 석영 2점, 편마암 2점, 삼리 3문화층에서는 규암 4점, 석영 7점, 삼리 2문화층에서는 규암 13, 석영 17, 기타 2점이었다<표 88>. 그리고 박리작업은 몸체의 일부에서만 진행되어 자연면이 남아 있는 경우가 많다.

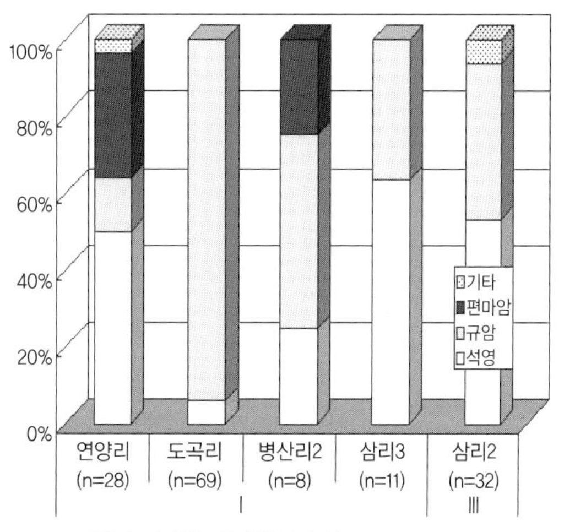

표 88. 찍개의 시기별 · 유적별 돌감 빈도

크기와 무게는 평균값에서는 약간의 차이를 보였다<표 89>. 길이와 너비 그래프와 너비와 두께 그래프를 통해 본 바 Ⅲ기의 삼리 2문화층의 찍개는 길이와 너비의 비율은 Ⅰ기의 유적과 큰 차이를 보이지 않지만, 너비와 두께에서는 너비에 비해 두께가 얇은 편이었다. 한편 외면찍개와 양면찍개의 크기 차이는 확인되지 않았다<표 90~93>. 그리고 무게는 501~1,100g 사이에 집중되는 양상을 나타내고 있다<표 94>.

찍개 날의 위치는 Ⅰ기의 연양리와 병산리에서는 가로날과 세로날 등 단면 날이 우세한 편이나 도곡리에서는 가로+세로날, 복합날 등 여러 날이 많은 편이며, 삼리 3문화층에서는 가로+세로날이 우세하였다. 그리고 Ⅲ기의 삼리 2문화층에서는 세로날, 가로날이 다수 확인되었다<표 95>.

시기	유적명 (수량)	크기와 무게	평균값	최대값	최소값
I 기	연양리 (N=28)	길이(mm)	124.8	181	74
		너비(mm)	104.6	169	65
		두께(mm)	61.6	85	35
		무게(g)	1,131	2,904	265
	도곡리 (N=69)	길이(mm)	102.8	161	69
		너비(mm)	84.8	121	48
		두께(mm)	66.8	125	30
		무게(g)	804.7	1,504	244.5
	병산리 (N=8)	길이(mm)	107.6	144	64
		너비(mm)	81.6	107	55
		두께(mm)	57.3	82	34
		무게(g)	682.9	1,180	129
	삼리 3문화층 (N=11)	길이(mm)	120	170	81
		너비(mm)	99	149	70
		두께(mm)	74	115	54
		무게(g)	1,040	2,140	371
III기	삼리 2문화층 (N=32)	길이(mm)	122	238	83
		너비(mm)	101	195	57
		두께(mm)	66	146	34
		무게(g)	1,166	5,000이상	288

표 89. 유적별 찍개의 크기와 무게에 대한 평균 · 최대 · 최소값

날의 형태는 대부분의 유적에서 볼록날 형태가 우세하게 나타나며, 연양리에서는 곧은날의 빈도도 높은 편이다<표 96>. 날의 각도는 60도 이상이 다수이다.

전체 둘레 길이를 1로 할 때 날 둘레 길이의 평균값은 연양리 유적의 경우 0.34, 도곡리 유적의 경우 0.49, 병산리 2문화층의 경우에는 0.31, 삼리 3문화층은 0.37로써, 도곡리 유적의 날 둘레 길이가 다른 유적에 비해 긴 편이다. 그리고 시기를 달리하는 삼리 2문화층에서는 0.37였다.

한편 외면찍개가 양면찍개에 비해 훨씬 많은 양을 보이는데, 그 요인에 대해서는 기능의 차이, 유적 입지 환경의 차이 등 여러 가설을 상정할 수 있겠지만, 이에 대해서는 향후 연구 성과에 기대해 본다.

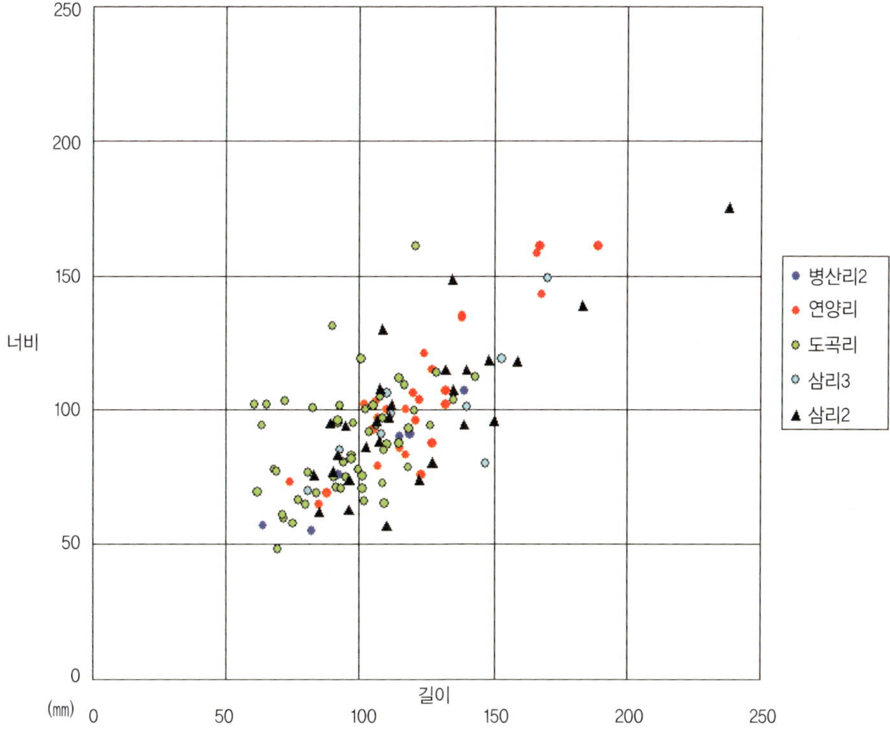

표 90. 외면찍개의 길이와 너비 분포

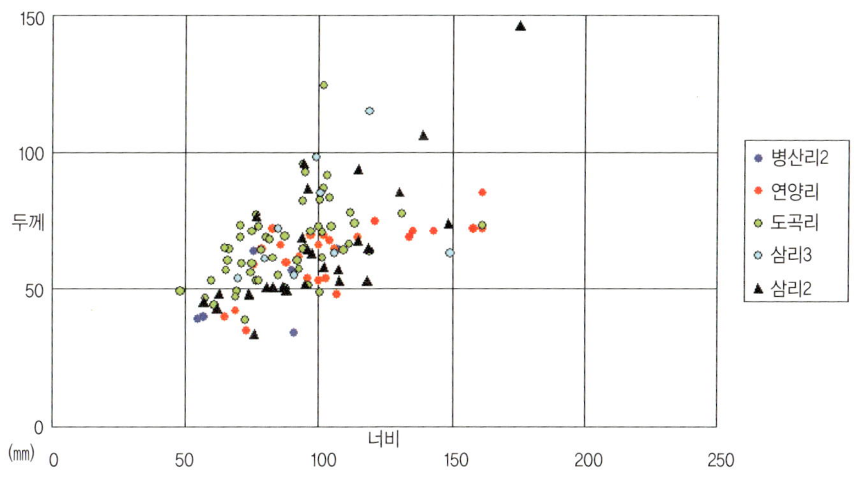

표 91. 외면찍개의 너비와 두께 분포

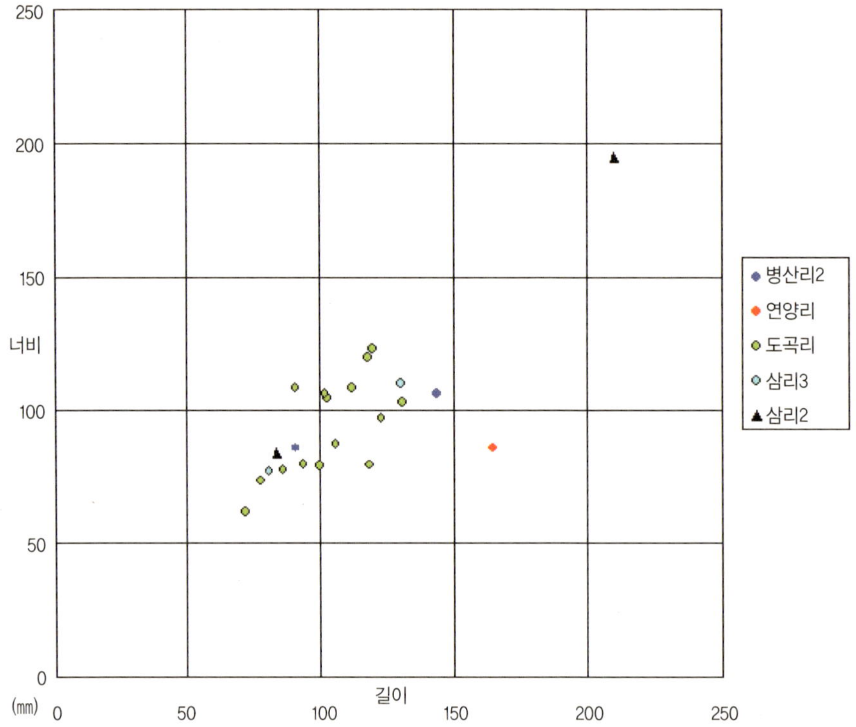

표 92. 양면찍개의 길이와 너비 분포

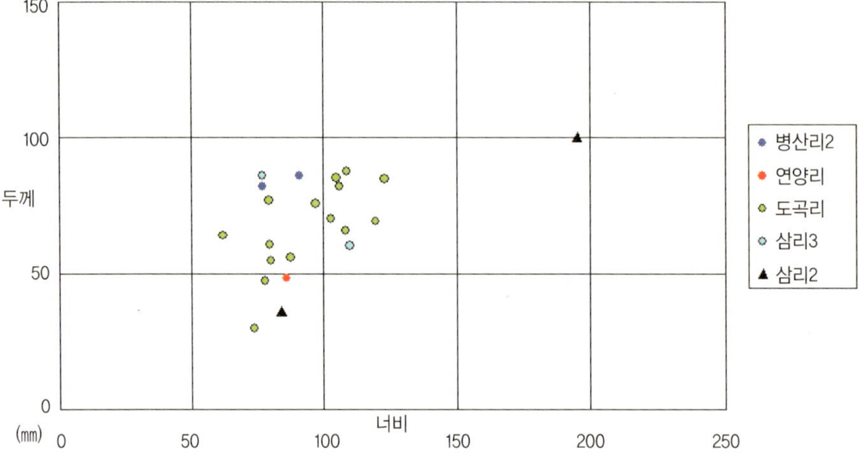

표 93. 양면찍개의 너비와 두께 분포

152

유적명	I기				III기
무게범위	연양리	도곡리	병산리 2문화층	삼리 3문화층	삼리 2문화층
500이하	3	14	2	1	8
501-1000	14	36	5	6	12
1001-1500	5	17	2	2	6
1501-2000	2	2		1	2
2001이상	4			1	4

표 94. 찍개의 무게 범위에 따른 유적별 유물수의 분포

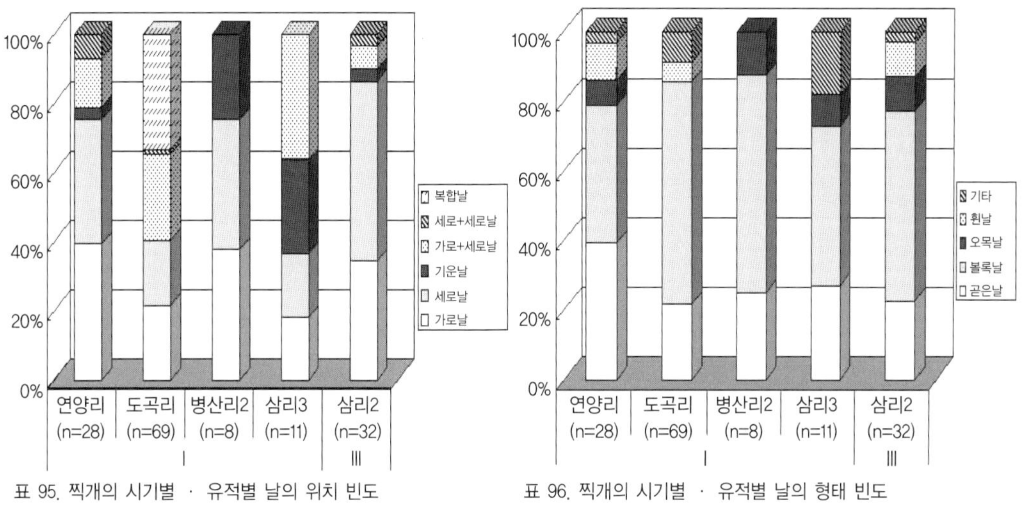

표 95. 찍개의 시기별 · 유적별 날의 위치 빈도   표 96. 찍개의 시기별 · 유적별 날의 형태 빈도

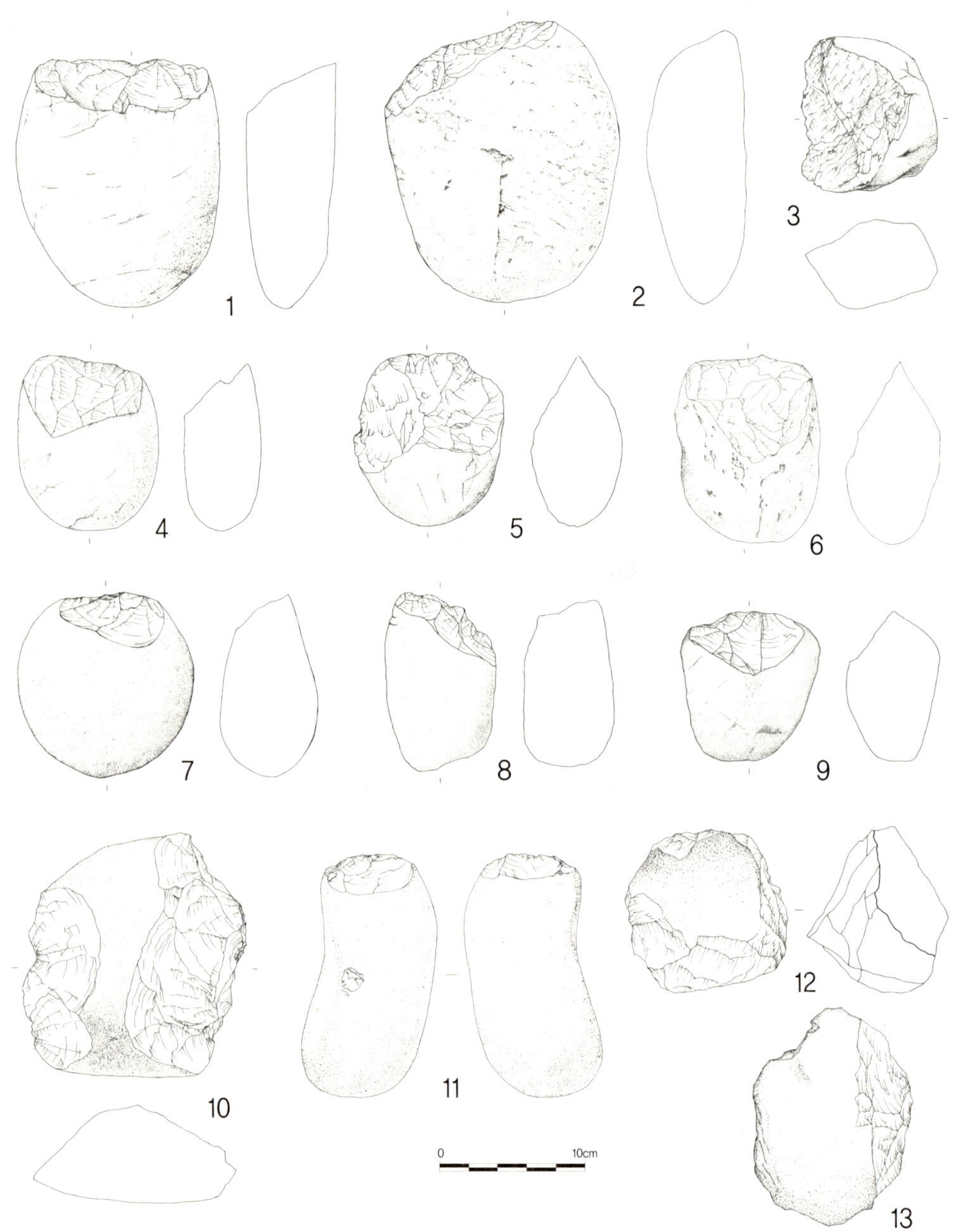

그림 32. 각종 찍개-1(한창균 외 2003 ; 이정철 2007에서 편집 · 수정) － Ⅰ기 ①~⑪연양리, ⑫⑬삼리 3문화층－

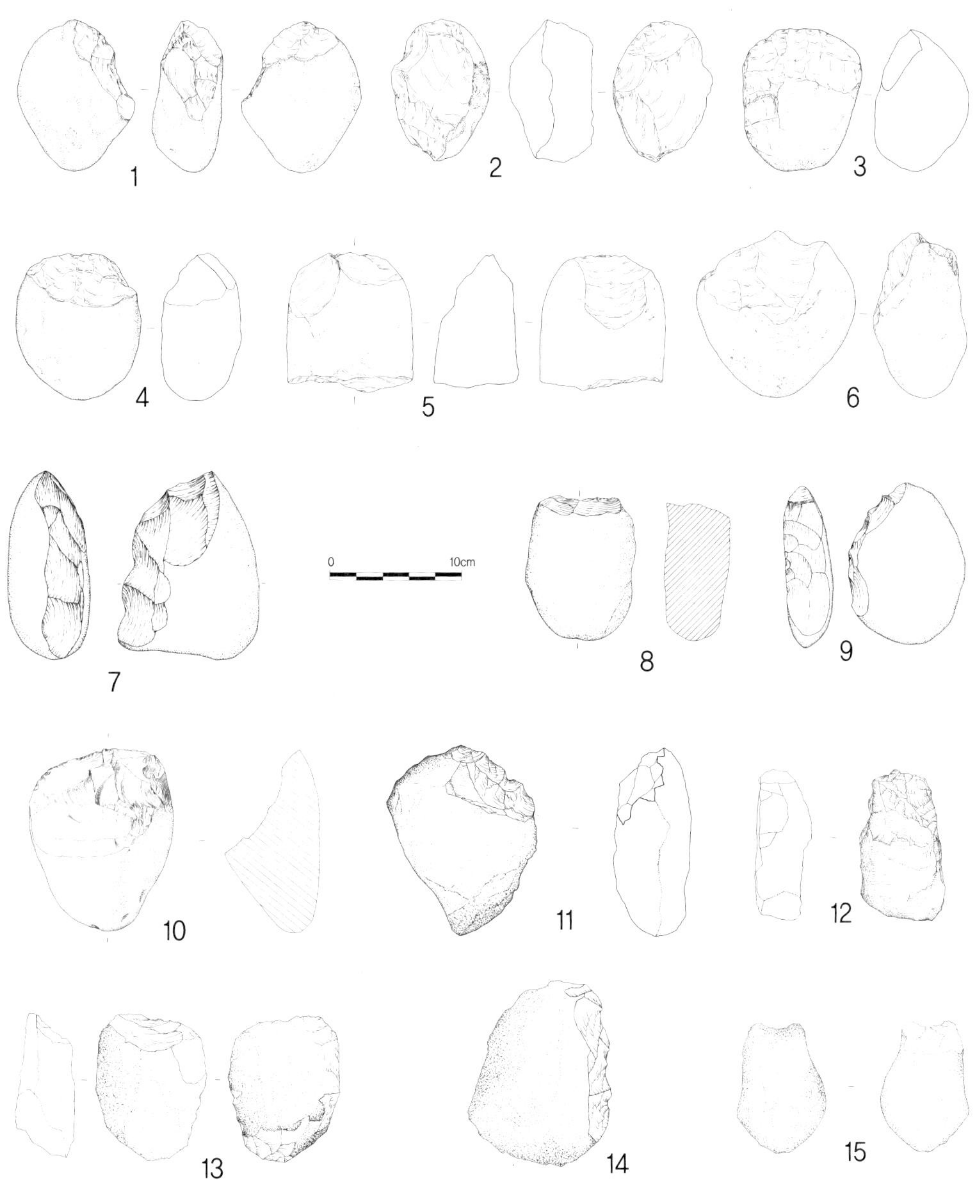

그림 33. 각종 찍개-2(윤내현 · 한창균 1994 ; 한창균 외 2003 ; 李隆助 외 2008에서 편집) - Ⅰ기 ①~⑥도곡리, ⑦~⑨병산리 2문화층 / Ⅲ기 ⑩~⑮삼리 2문화층-

나. 긁개

긁개는 격지나 돌날의 한변 또는 여러변에 의도적으로 잔손질을 가하여 날을 형성한 석기를 말하는데(Bordes, F. 1979), 우리나라에서는 돌날과 격지를 비롯하여 조각이나 몸돌 등을 몸체로 활용하여 한변 또는 여러변에 잔손질을 가하여 날을 형성한 석기를 포함하고 있다.

긁개는 그 수량이 풍부한 반면 속성분석의 내용은 제한적이어서 심층적인 연구가 이루어진 바 없고, 보고서에서 불란서의 석기 분류방법을 적용하여 석기분석이 이루어진 사례가 일부 확인된다(이융조 외 2000).

한강유역에서 긁개는 Ⅰ기부터 Ⅲ기에 이르는 기간 동안 모두 확인되는데, Ⅰ기의 연양리와 삼리 3문화층, Ⅱ기의 호평동 1문화층, 호평동 지새울 2문화층, 동백리 Ⅱ문화층, 동백리 Ⅲ문화층, Ⅲ기의 삼리 1·2문화층, 호평동 2문화층, 덕소 2지층, 동백리 Ⅰ문화층, 수양개 Ⅰ지구 충북대 박물관 전시유물을 중심으로 분석을 실시하였다.

여러 유적에서 출토된 긁개의 수량은 대단히 많은 바, 실견이 이루어진 유물로 수량을 제한하여 분석을 진행하였다.

보고서에 명기된 유물의 수량과 분석이 이루어진 수량은 <표 97>와 같다[24].

시기	Ⅰ기		Ⅱ기			Ⅲ기						
유적명	연양리	삼리 3	동백리 Ⅲ	동백리 Ⅱ	호평동 1	삼리 2	지새울 1	호평동 2	덕소 2지층	수양개 Ⅰ충대	동백리 Ⅰ	삼리 1
보고서 유물수	8	5	202	93	45	48	18	82	15	30	36	35
분석 수량	8	5	13	10	45	48	6	79	14	30	4	31

표 97. 분석 대상 유적의 긁개 수량과 분석 수량의 비교

긁개의 분석은 몸체와 날을 중심으로 진행하였다. 몸체에는 돌감과 소재, 크기의 분포를 파악하였으며, 날은 그 수와 위치, 형태를 중심으로 살펴보았다.

몸체의 돌감은 대부분의 유적에서 시기와 상관없이 석영·규암계 돌감이 우세하게 나타난다. 그러나 연양리, 호평동 2문화층, 삼리 1문화층, 수양개 Ⅰ지구 충북대 박물관 유물의 경우에는 일부 기타 돌감이 확인되며, 특히 수양개 Ⅰ지구 유물은 셰일이 압도적으로 우세한 양상을 보인다<표 98>.

몸체의 소재는 대부분의 유적에서 격지와 조각의 비율이 높게 나타난다. 몸돌을 이용한 경우는 Ⅱ기 유적에서 그 양상이 현저하게 높다. Ⅲ기에는 조각의 이용이 이전 시기에 비해 많아지

---

24) 동백리 Ⅰ·Ⅱ·Ⅲ문화층의 경우에는 보고서에 기술된 긁개에 대한 실견만이 이루어졌다. 따라서 소량의 긁개에 대한 분석 결과가 긁개 전체를 대표할 수 있는가라는 한계를 지니고 있다. 그러나 보고서상에 기술된 유물로써 대표성을 띄고 있고, Ⅱ기의 긁개의 양상을 여러 유적에서 확인하기 위하여 부득이하게 분석 결과를 제시하였다.

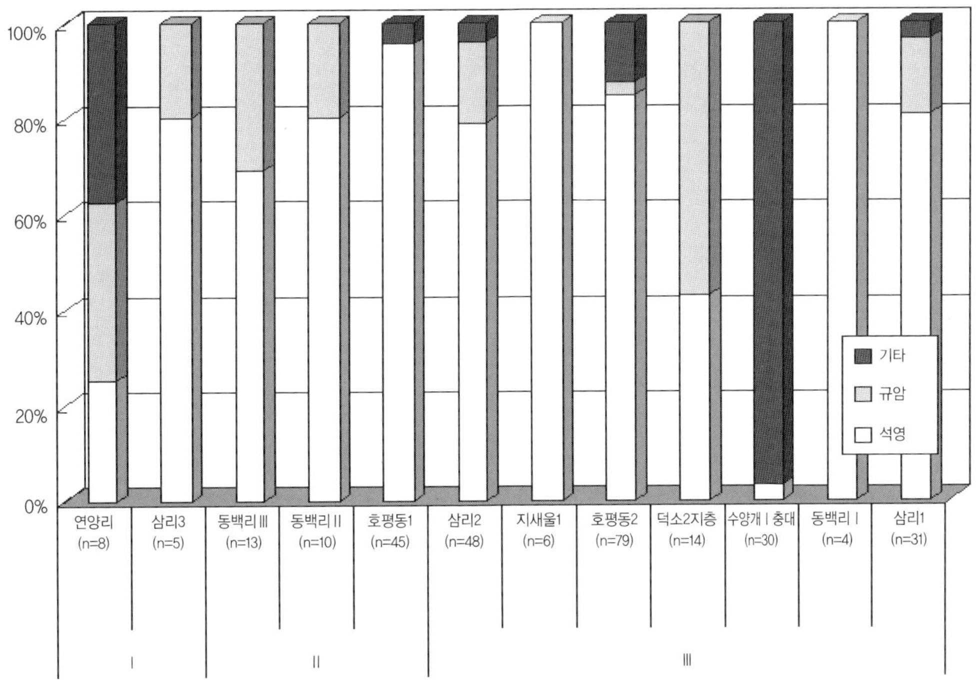

표 98. 긁개의 시기별·유적별 돌감 빈도

며, 호평동 2문화층과 수양개 Ⅰ지구 유물에서는 돌날을 이용하여 긁개를 제작하였다<표 99>.

몸체의 크기는 길이·너비·두께의 최대·최소·중앙·절사평균(5%)을 시기별로 구분하여 파악하였다<표 100>.

크기를 중앙값과 절사평균값을 중심으로 비교하면, Ⅰ기의 긁개가 Ⅱ, Ⅲ기에 비해 큰 편임을 알 수 있으며, Ⅲ기의 긁개가 Ⅱ기에 비해 큰 것으로 보여진다. 그러나 Ⅱ, Ⅲ기에 해당되는 다문화층 유적인 동백리와 호평동의 문화층을 비교하면 크기의 차이는 거의 관찰되지 않는다.

긁개의 날은 그 수와 특징에 따라 외날, 두날, 집중날로 구분하였다. 집중날에는 격지박리축을 중심으로 집중날과 격지박리축을 중심으로 비낀날이 포함되었다.

날은 모든 유적에서 외날이 우세하게 나타난다<표 101>. 그리고 호평동 1문화층과 호평동 2문화층, 삼리 1문화층, 동백리 Ⅲ문화층 등에서는 일부 집중날도 확인되는데, 대부분 격지박리축을 중심으로 비낀날이며, 호평동 1문화층에서는 격지박리축을 중심으로 집중날도 관찰된다.

모든 유적에서 우세하게 나타나는 외날 긁개의 날 위치를 세분하여 세로날, 가로날, 모서리날로 구분하여 보면, 세로날이 다수를 차지하고 있다. 모서리날은 Ⅱ기와 Ⅲ기의 일부 유적에서 관찰된다<표 102>.

날의 형태는 볼록날, 곧은날, 오목날, 혼합날로 구분하여 살펴보았다. 그 결과 볼록날과 곧은날이 다수를 차지하고 있으며, 오목날과 혼합날은 적은 편이었다<표 103>.

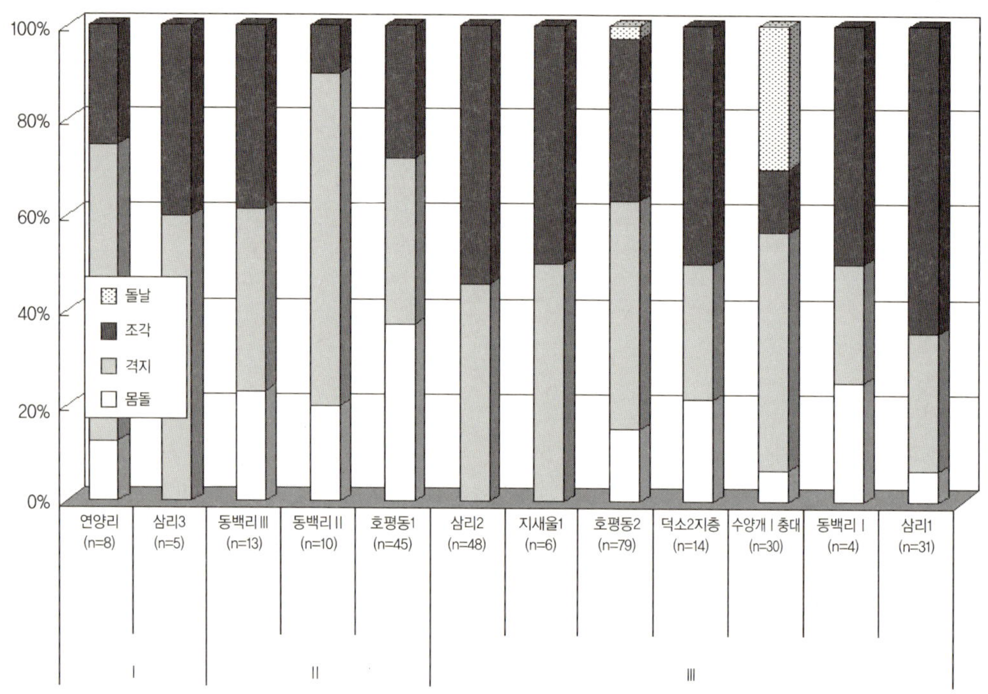

표 99. 긁개의 시기별 · 유적별 몸체 소재 빈도

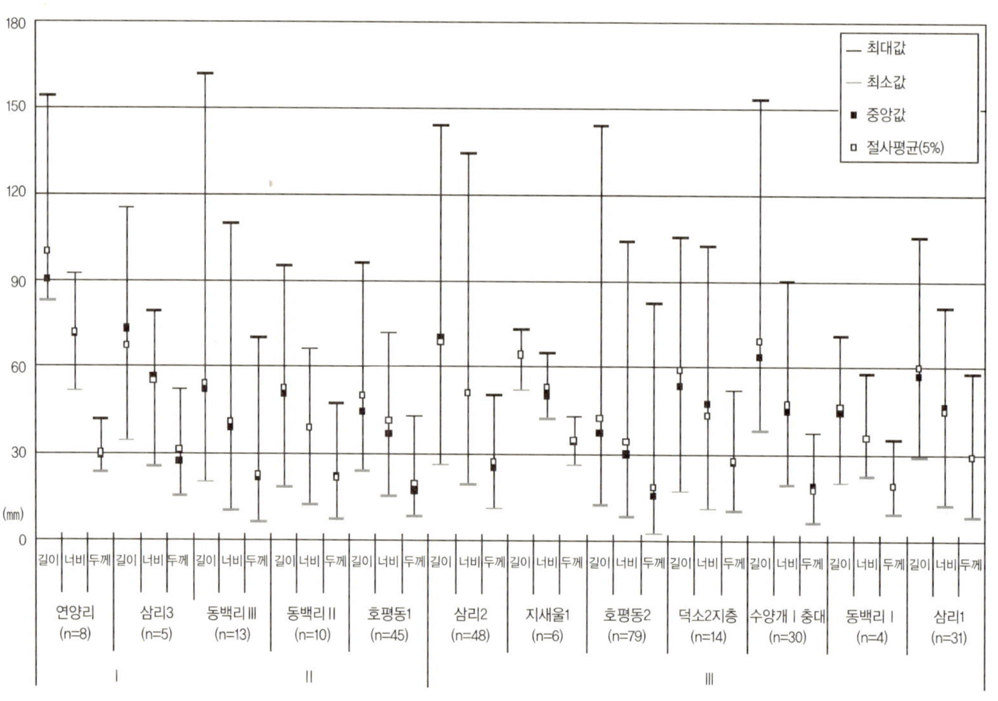

표 100. 긁개의 시기별 · 유적별 크기 분포

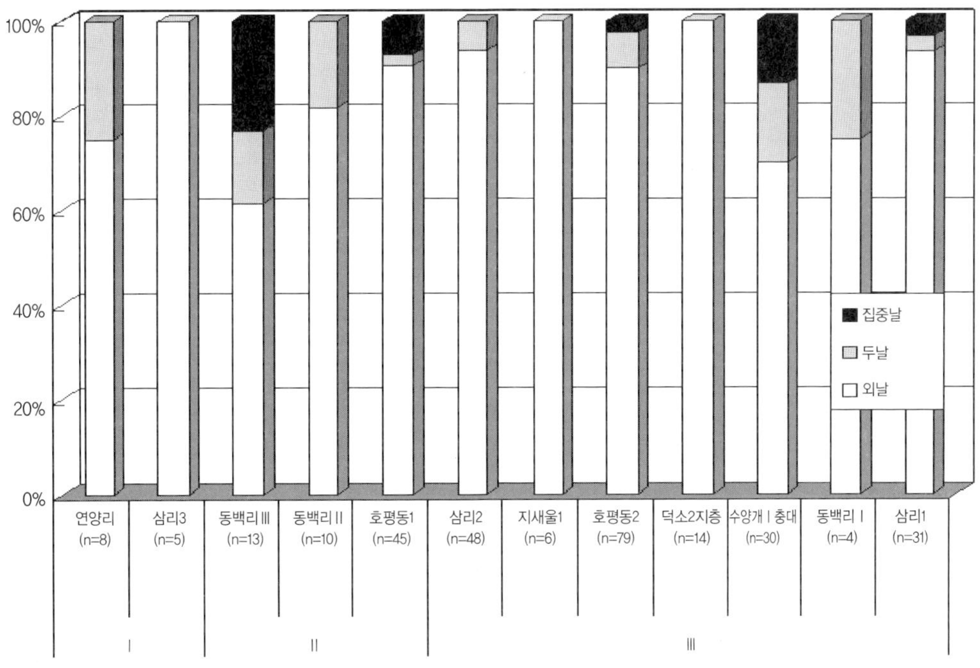

표 101. 긁개 날의 수와 특징에 따른 빈도

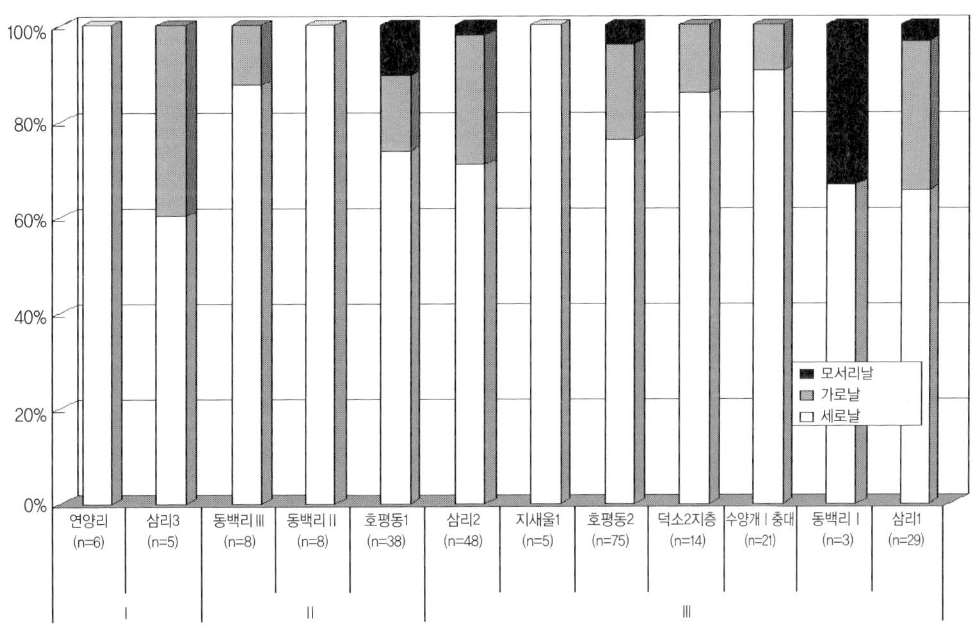

표 102. 외날 긁개 날의 위치 빈도

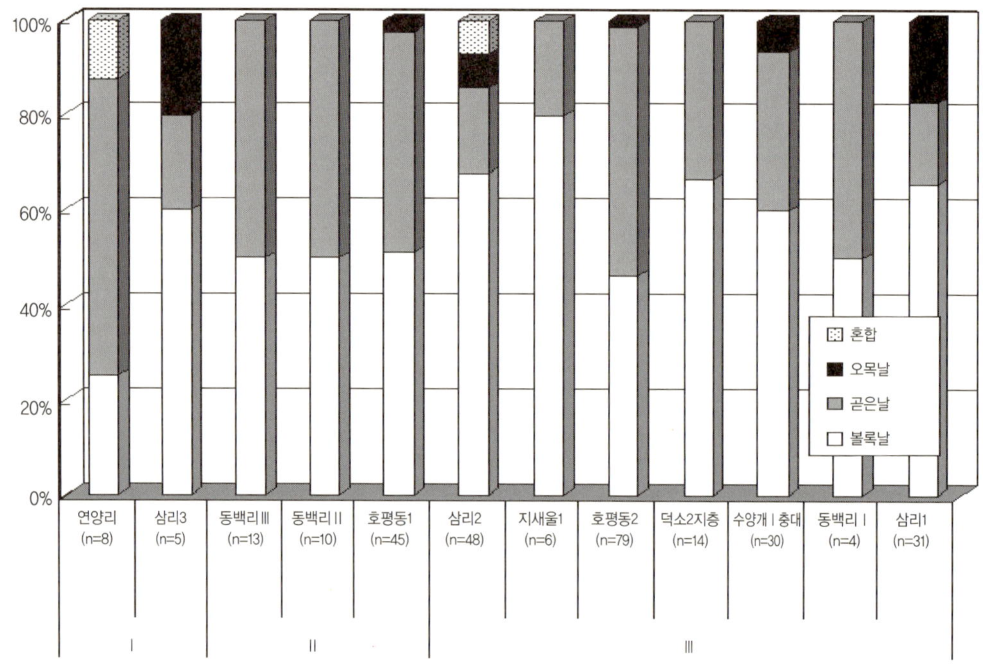

표 103. 긁개 날의 형태에 따른 빈도

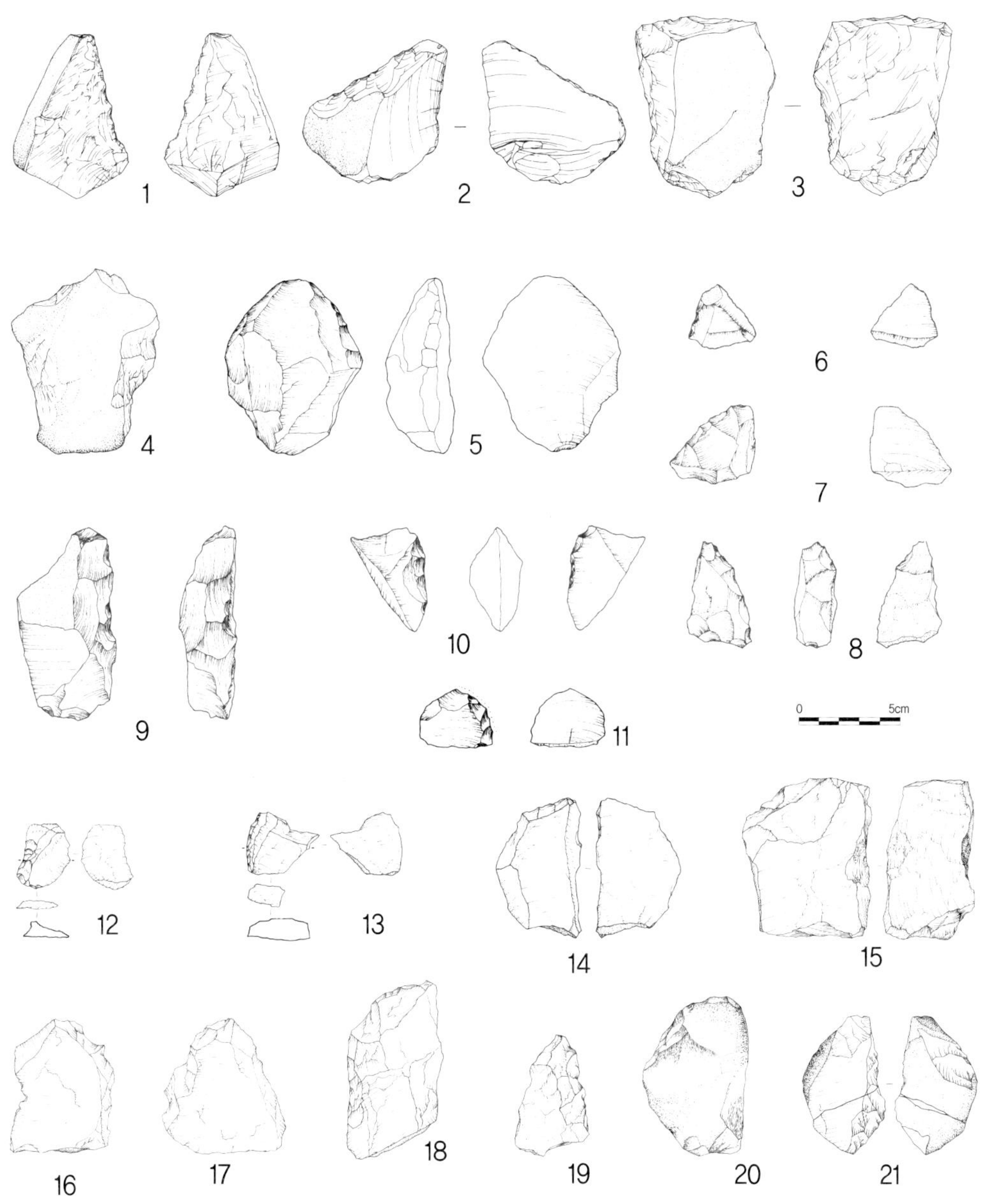

그림 34. 각종 긁개-1(한창균 외 2003 ; 정훈진 외 2005 ; 이정철 2007 ; 홍미영 · 김종헌 2008에서 편집) - Ⅰ기 ①〜③연양리, ④삼리3문화층 / Ⅱ기 ⑤〜⑧동백리 Ⅲ문화층, ⑨〜⑪동백리Ⅱ문화층, ⑫〜⑮호평동 1문화층 / Ⅲ기 ⑯〜㉑ 삼리 2문화층-

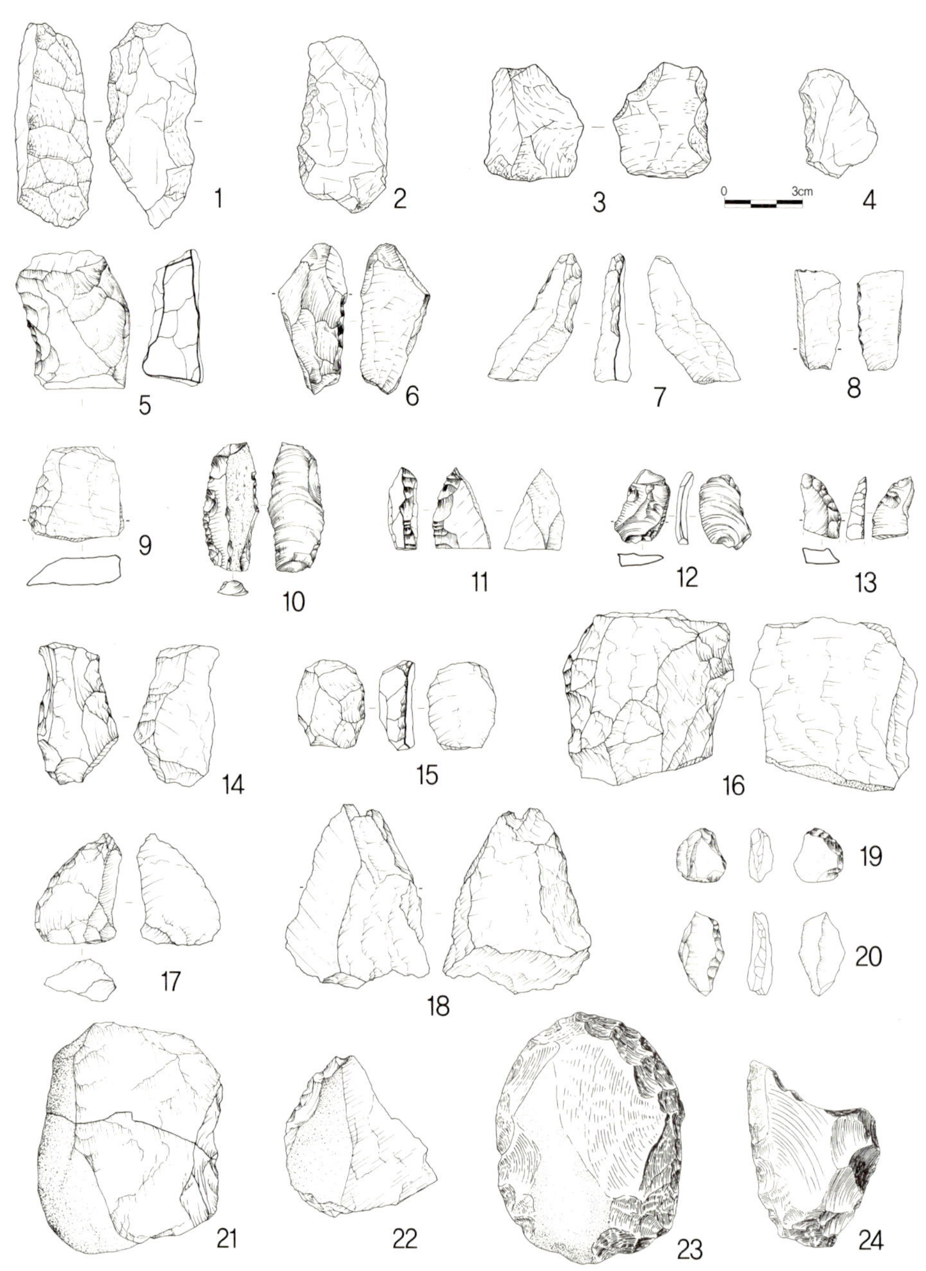

그림 35. 각종 긁개-2(李隆助 1985 ; 한창균 외 2003 ; 정훈진 외 2005 ; 노대석 외 2007 ; 홍미영 · 김남호 2008 ; 홍미영 · 김종헌 2008에서 편집) - Ⅲ기 ①~④지새울1문화층, ⑤~⑯호평동2문화층, ⑰⑱덕소2지층, ⑲⑳동백리Ⅱ문화층, ㉑㉒삼리1문화층, ㉓㉔수양개Ⅰ지구

다. 밀개

밀개는 격지나 돌날의 한 끝에 가파르지 않고 연속되는 잔손질을 실시하여 둥근 형태로 다듬은 석기를 말하는데(Bordes, F. 1979, Piel-Desruisseaux, J.-L. 2007), 일부는 타격면을 잔손질하여 날을 형성하기도 한다. 대체적으로 후기 구석기시대에 그 출현이 뚜렷한 석기이다. 우리나라에서는 격지나 돌날 이외에도 조각, 몸돌을 이용하여 날부분을 둥근 형태로 잔손질한 석기도 밀개의 범주에 포함시키는데, 몸돌과 조각으로 구분된 것은 대부분 석영·규암계 돌감을 이용하여 제작된 것이다.

우리나라에서 밀개에 대한 연구는 단양 수양개 Ⅰ지구 출토 밀개를 대상으로 진행된 연구가 유일한데(李隆助 외 2001), 몸체와 날부분에 대한 대한 속성분석을 통해 형식분류를 실시하였다.

여기에서는 밀개의 몸체에 대한 속성과 날의 제작과 관련된 특징을 살펴보고자 하였는데, 즉 몸체에서는 돌감, 소재, 크기, 형태, 날에서는 그 형태를 중심으로 분석하였다.

밀개는 Ⅱ기의 호평동 1문화층, 창내, 동백리 Ⅱ·Ⅲ문화층과 Ⅲ기의 덕소 2지층, 호평동 2문화층, 호평동 지새울 1문화층, 수양개 Ⅰ지구 유적에서 다수 확인되고 있는데, 본고에서는 실견이 이루어진 유물을 대상으로 분석을 진행하였다.<표 104>.

시기	Ⅱ기				Ⅲ기			
유적명	호평동1	창내	동백리Ⅱ	동백리Ⅲ	덕소2지층	호평동2	지새울1	수양개 Ⅰ
보고서유물수	26	53	25	39	14	53	8	51
분석수량	18	16	5	9	13	35	2	(전시유물)

표 104. 분석 대상 유적의 밀개 수량과 분석 수량의 비교

우선 밀개 몸체의 돌감을 살펴보았다.

대부분의 유적에서는 석영의 비율이 높은 편이다. 특히 Ⅱ기의 유적에서는 석영과 기타 돌감만이 확인된다. 창내와 수양개 Ⅰ지구 충북대 박물관 유물은 기타 돌감이 우세한데, 대부분 셰일로 구성된다. 또한 호평동 2문화층에서도 기타 돌감이 많은데, 흑요석, 유문암, 혼펠스 등이 이용되었다<표 105>.

몸체의 소재로는 격지와 조각의 비율이 높은 가운데, 몇몇 유적에서는 몸돌의 비율도 높은 편이다. 특히 Ⅱ기의 유적에서 그 양상이 뚜렷한 편이다. 그리고 Ⅱ기의 창내, Ⅲ기의 호평동 2문화층과 수양개 Ⅰ지구 충북대 박물관 유물에서는 돌날을 이용하여 밀개의 제작이 이루어졌다<표 106>.

다음으로 밀개의 크기를 살펴보았다. 우선 유적별로 길이·너비·두께에 대한 최대·최소·평균값을 파악하였는데<표 107>, 시기에 따른 뚜렷한 차이는 관찰되지 않는다.

밀개의 크기는 특정 형태와 관련되는데, 소형의 엄지손톱형 밀개(Thumb nail scraper)가 대

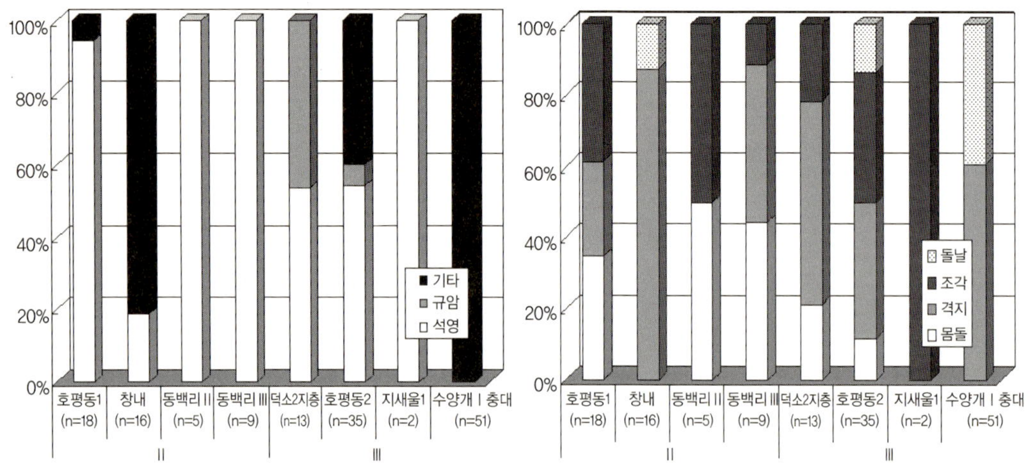

표 105. 밀개의 시기별 · 유적별 돌감의 빈도   표 106. 밀개의 시기별 · 유적별 몸체 소재의 빈도

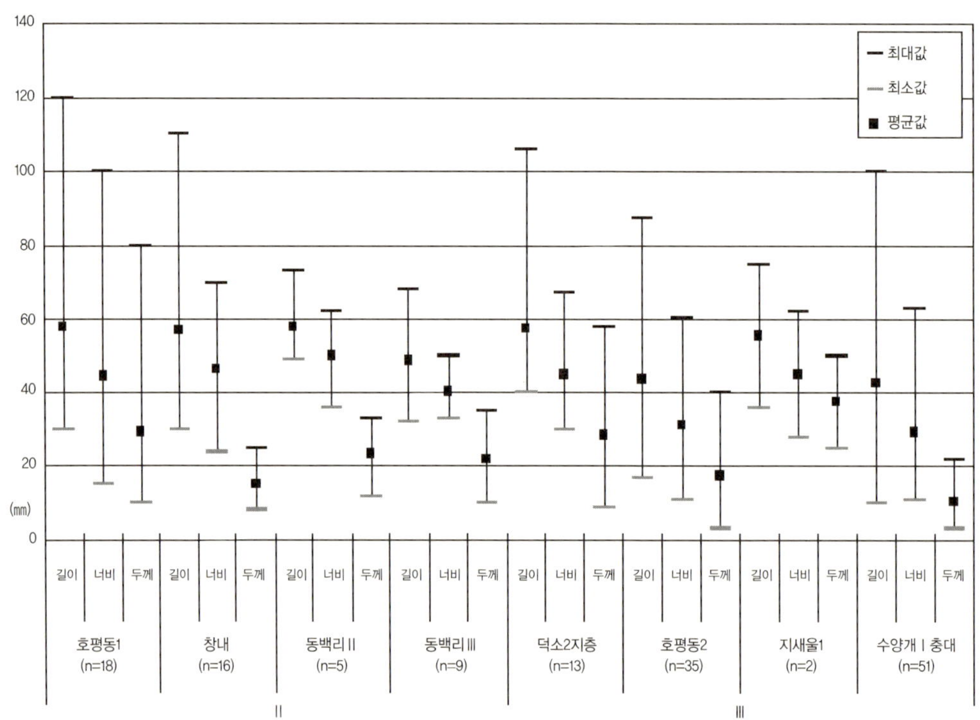

표 107. 밀개의 시기별 · 유적별 크기 분포

표적이다. 따라서 최대·최소·평균값으로는 그 양상을 확인하기 어려우므로, 길이와 너비 및 너비와 두께의 상관도표를 통해 그 양상을 파악하였다.

길이와 너비에 대한 상관도표를 통해 그 크기가 30mm 이내에 해당되는 소형의 밀개는 창내, 호평동 2, 수양개 I지구 전시유물에서만 관찰되고 있으며, 전체적으로 밀개는 길이가 너비에 비해 약간 긴 형태를 띠는 것으로 볼 수 있다<표 108>.

너비와 두께의 상관관계 도표를 보면<표 109>, 길이와 너비의 상관관계 도표와 마찬가지로

164

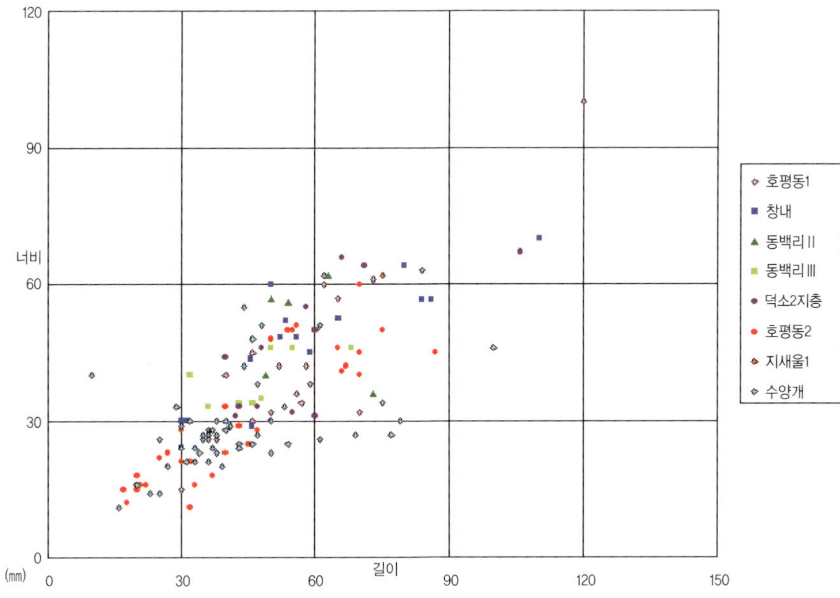

표 108. 유적별 밀개의 길이와 너비의 상관관계표

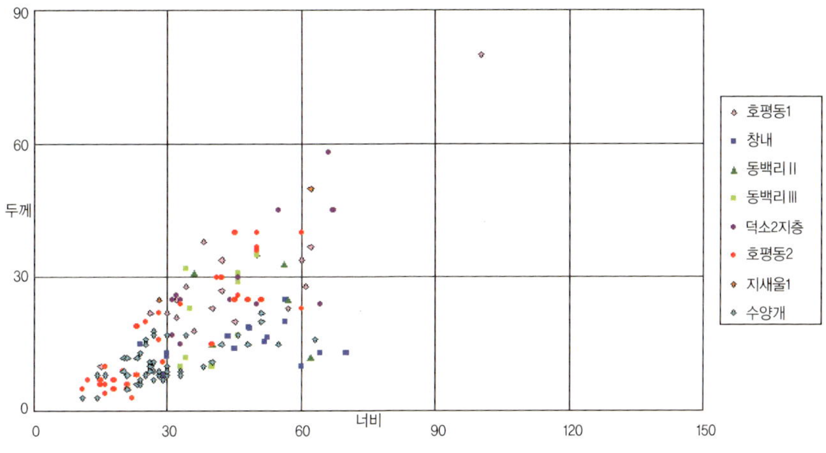

표 109. 유적별 밀개의 너비와 두께의 상관관계표

호평동 2문화층과 수양개 Ⅰ지구에서 소형의 밀개가 확인되고 있으며, 이들을 제외한 유적에서는 약 10mm이상의 두께를 가지는 밀개가 확인되고 있다.

　따라서 크기를 통해 볼 때 Ⅲ기에 해당되는 호평동 2문화층, 수양개 Ⅰ지구에서 소형의 밀개가 다수 관찰되는 것으로 판단할 수 있으며, Ⅱ기의 밀개는 그보다 큰 형태를 나타낸다.

　다음으로 밀개 몸체의 형태를 바탕으로, 원형, 타원형, 반원형, 부채꼴형, 긴네모형, 네모형, 엄지손톱형으로 구분하여 보았다. 그 결과 Ⅱ기의 유적에 비해 Ⅲ기에는 긴네모형이 증가하고, 엄지손톱형도 그 수가 증가하는데, 돌날을 소재로 하거나 소형화된 밀개의 제작이 본격화된다고 볼 수 있다<표 110>.

유적 형태	II기				III기			
	호평동1	창내	동백리III	동백리II	덕소2	호평동2	지새울1	수양개 I
원	1	8	2	1	5	4		5
타원	5	3	1		5	5		6
반원	2	1				4		4
부채꼴	1	2(돌날)	1	2	1	2	1	9(돌날)
긴네모	4	1(돌날)		1	1	9(돌날)		20(돌날)
네모	5		5	1	1	6	1	3
엄지손톱		1				5		4
수량(n)	18	16	9	5	13	35	2	51

표 110. 밀개의 몸체 형태에 유물 수의 분포

그리고 날의 형태는 대부분 둥근날로 이루어져 있으며, 잔손질 범위에 따라 넓은 둥근날과 좁은 둥근날로 구분할 수 있으며, 일부 콧등날도 관찰된다. 날의 형태는 늦은 시기로 갈수록 좁은 둥근날이 증가하는 양상을 나타내고 있다<표 111>.

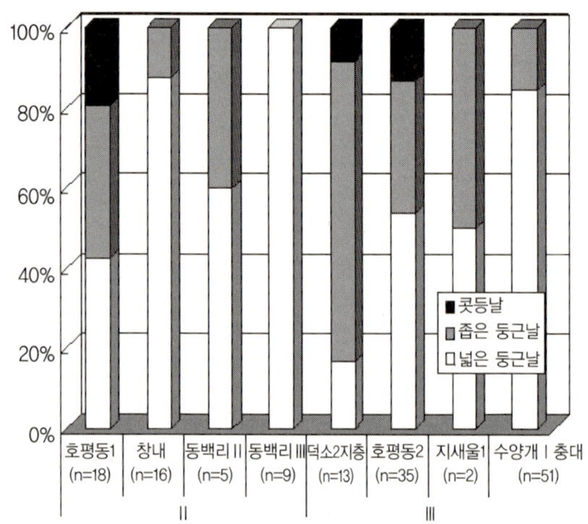

표 111. 밀개 날의 형태에 따른 빈도

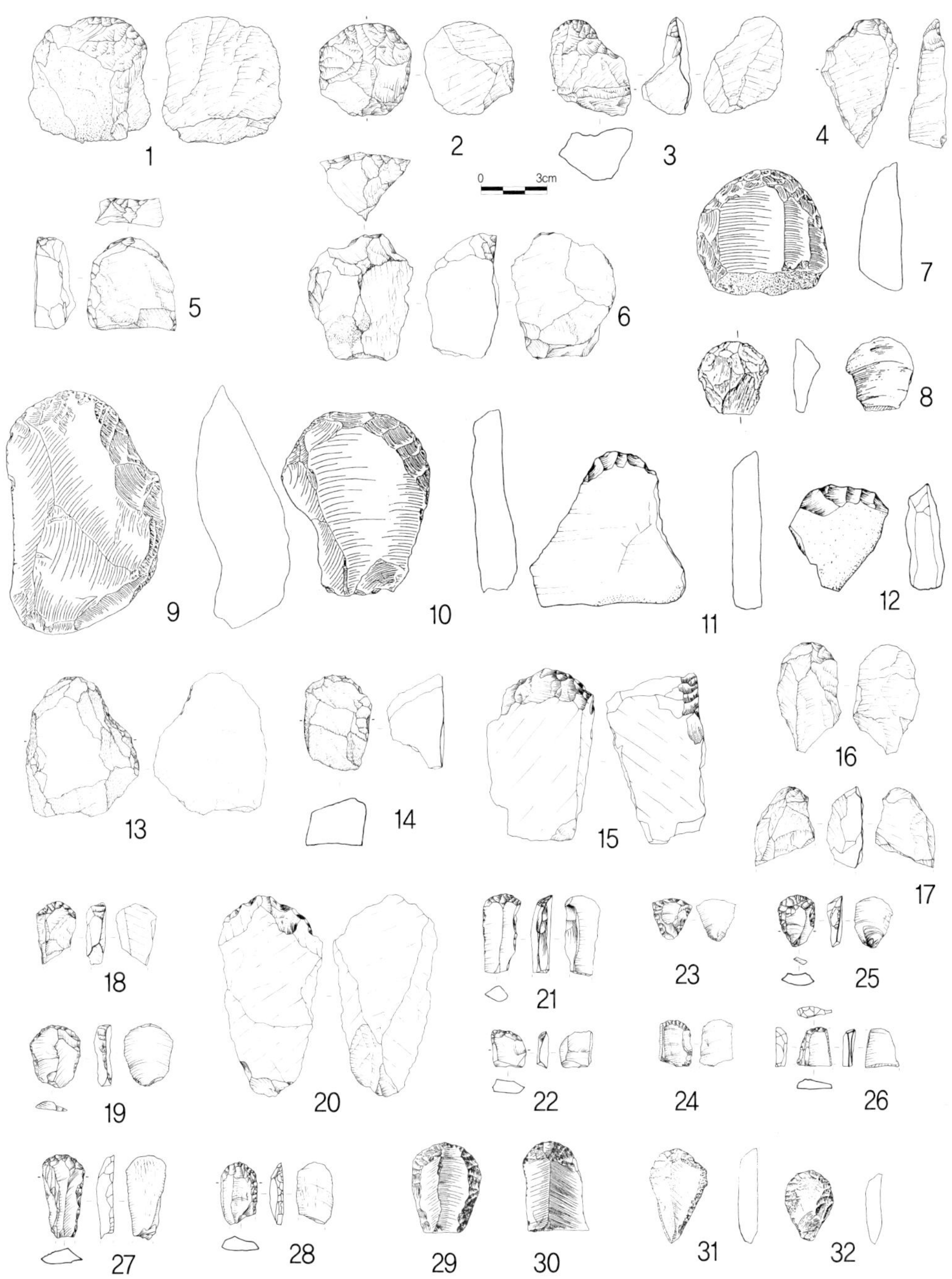

그림 36. 각종 밀개(홍미영 · 김종헌 2008 ; 박희현 1989 ; 정훈진 외 2005 ; 홍미영 · 김남호 2008 ; 이융조 1984, 1985에서 편집) -
Ⅱ기 ①~⑥호평동1문화층, ⑦~⑩창내, ⑪⑫동백리Ⅱ문화층 / Ⅲ기 ⑬⑭덕소2지층, ⑮~㉘호평동2문화층, ㉙~㉜ 수양개Ⅰ
지구 -

라. 홈날

홈날은 격지나 조각, 또는 몸돌의 한변 이상에 타격을 가하여 홈을 만든 석기로써, 그 제작방법에 따라 클락토니안식과 잔손질된 홈날로 구분할 수 있다(Debénath and Dibble 1994). 클락토니안식 홈날은 한차례에 걸쳐 타격을 가해 홈을 만든 것이며, 잔손질 홈날은 짧고 가파른 잔손질을 실시하여 날을 형성한 것이다.

한강유역의 주요 구석기유적에서 홈날은 Ⅰ기부터 Ⅲ기에 이르는 여러 유적에서 관찰되는데, 여기에서는 이중 몇몇 유적을 대상으로 몸체의 돌감과 소재, 크기에 대한 계량적 분석과 날 제작 유형만을 파악하고자 하였다.

홈날에 대한 분석은 Ⅰ기에서는 연양리, Ⅱ기는 호평동 1문화층, 동백리 Ⅱ문화층, Ⅲ기에는 덕소 2지층, 삼리 1·2문화층, 호평동 2문화층의 홈날을 대상으로 진행하였으며, 실견 유물을 대상으로 진행하였다.

분석 유물의 수량은 다음의 <표 112>와 같다.

시기	Ⅰ기	Ⅱ기		Ⅲ기			
유적명	연양리	호평동 1	동백리Ⅱ	삼리 2	호평동2	덕소 2	삼리 1
보고서 유물수	6	17	31	11	8	8	9
분석수량	6	12	7	10	8	8	9

표 112. 홈날의 시기별 유적의 수량과 분석 수량의 비교

먼저 홈날을 만들기 위해 선택된 돌감을 살펴보았다.

돌감은 모든 유적에서 석영이 우세하게 나타난다. 그리고 규암과 기타 돌감은 연양리, 삼리 2문화층, 호평동 2문화층에서만 확인된다. 연양리의 기타 돌감은 편마암이다<표 113>.

따라서 홈날의 제작은 비교적 강도가 높은 돌감을 사용한 것으로 판단하였다.

홈날이 만들어진 몸체의 소재는 모든 유적에서 조각의 비율이 가장 높고, 격지도 일부 사용되었다. 하지만 몸돌을 이용하여 홈날을 제작한 경우는 호평동 1·2문화층에서만 관찰된다<표 114>.

다음으로 홈날의 크기에 대한 계량적 분석을 실시하였다.

홈날의 계측을 위한 방향잡기는 격지의 경우 격지박리축을 중심으로 타격면이 아래에 위치하도록 하였으며, 몸돌과 조각은 장축방향을 길이로 설정하였다.

홈날의 계측을 실시한 후, 각 유적별로 최대·최소·평균값을 파악하여 비교하였다<표 115>. 그 결과 광주 삼리 2문화층을 제외하면, Ⅰ기에서 Ⅲ기로 갈수록 크기는 대체적으로 소형화되는 양상을 나타내고 있었다.

168

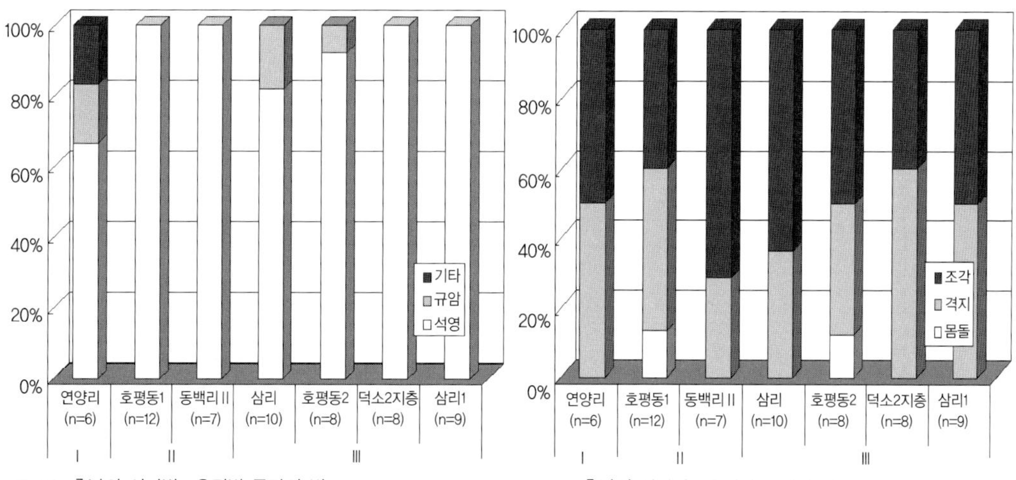

표 113. 홈날의 시기별 · 유적별 돌감의 빈도

표 114. 홈날의 시기별 · 유적별 소재의 빈도

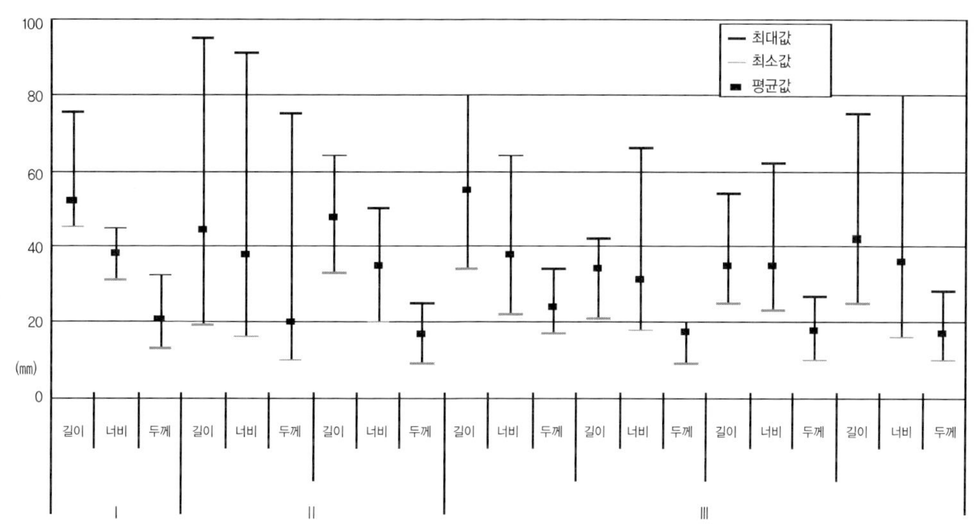

표 115. 홈날 크기에 대한 시기별 · 유적별 최대 · 최소 · 평균값의 분포

　　이를 보다 자세히 살펴보기 위하여, 길이와 너비의 상관관계 도표 및 너비와 두께의 상관관계 도표를 통해 크기의 분포를 파악하였다<표 116·117>. 길이와 너비가 30mm 이하의 소형 홈날은 호평동 1·2문화층, 삼리 1문화층, 덕소 2지층 등에서만 확인되고 있는데, 호평동 1문화층을 제외하면 Ⅲ기에 속하는 유적이다. 한편 비교적 큰 크기의 홈날은 호평동 1문화층, 삼리 2문화층 등에서 관찰되는데, 특히 호평동 1문화층에서는 홈날의 크기가 큰 것과 작은 것으로 구분된다.

　　길이와 너비로 볼 때, 대체적으로 길이가 너비에 비해 약간 큰 형태를 보이고 있다.

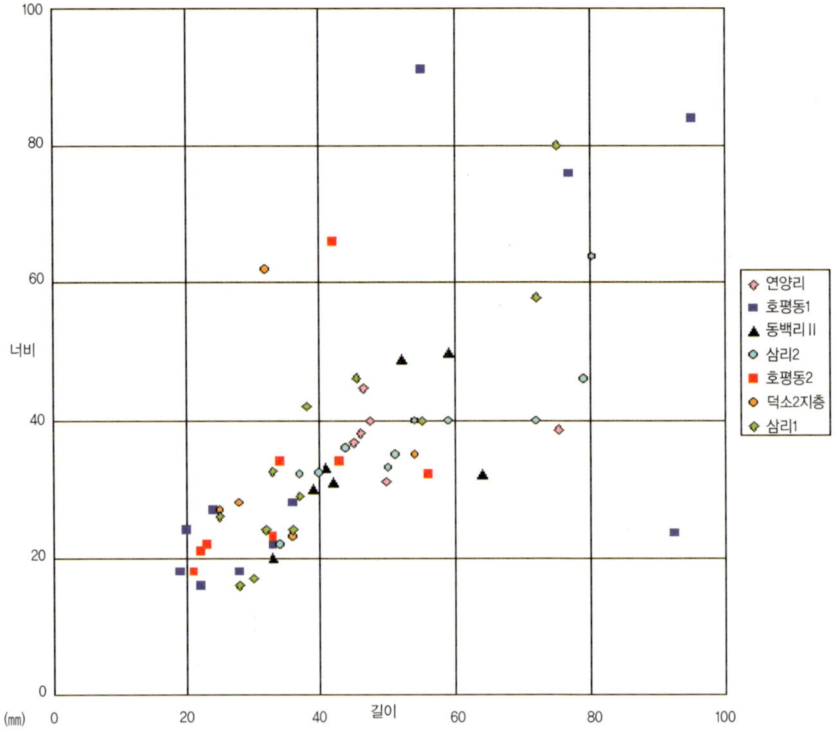

표 116. 유적별 홈날의 길이와 너비의 상관관계표

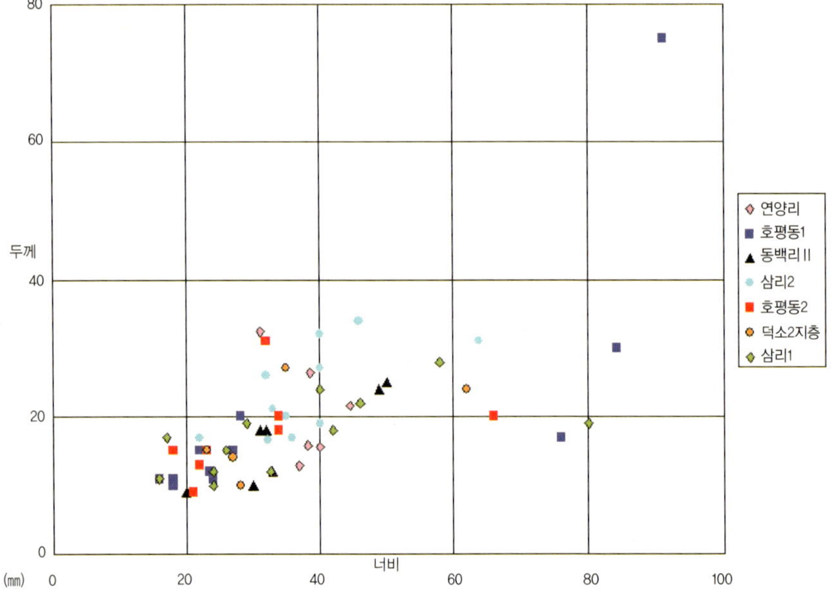

표 117. 유적별 홈날의 너비와 두께의 상관관계표

170

너비와 두께의 상관관계 도표를 보면, 너비는 두께에 비해 1.5배에서 2배가 더 긴 양상을 나타나며, 비교적 두터운 두께를 가지고 있는 것으로 볼 수 있다.

다음으로 홈날의 제작 형태를 클락토니안식 홈날과 잔손질된 홈날로 구분하여 살펴보았다 <표 118>.

Ⅰ기의 연양리 유적을 제외하고 모든 유적에서는 한번의 타격으로 날을 만든 클라토니안식 홈날이 우세하게 나타난다. Ⅱ기와 Ⅲ기의 유적에서는 홈날 제작 형태를 통해 시기차를 설명하기는 어렵다.

그러므로 홈날의 분석을 통해서는 대체적으로 Ⅰ기에서 Ⅲ기로 갈수록 소형화된다는 점과 Ⅰ기의 연양리에서 잔손질된 홈날이 다수 확인되고 있다는 특징이 있다.

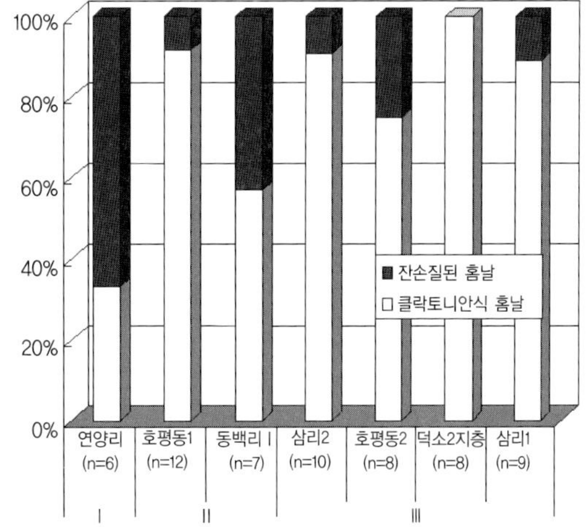

표 118. 홈날의 시기별 · 유적별 제작형태에 따른 빈도

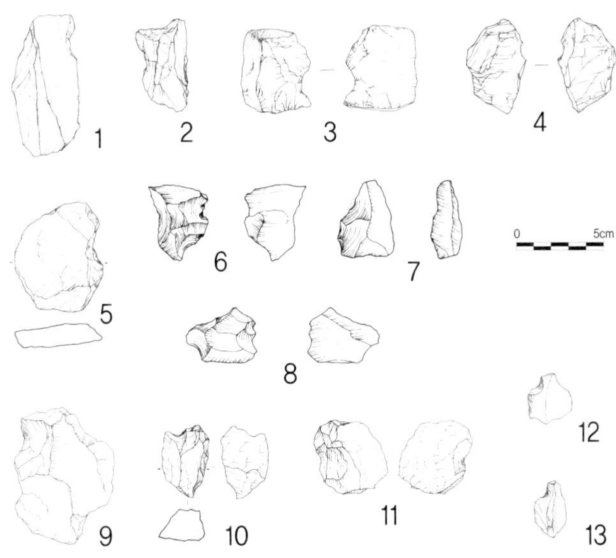

그림 37. 각종 홈날(한창균 · 홍미영 · 김기태 2003, 정훈진 외 2005, 이정철 2007, 홍미영 · 김종헌 2008, 홍미영 · 김남호 2008에서 편집) −Ⅰ기 ①~④연양리 / Ⅱ기 ⑤호평동1문화층, ⑥~⑧동백리Ⅱ문화층 / Ⅲ기 ⑨삼리2문화층, ⑩⑪호평동2문화층, ⑫⑬ 삼리1문화층−

마. 슴베찌르개

슴베찌르개는 좀돌날과 함께 우리나라 후기 구석기시대의 표식적인 유물로 알려져 있다. 슴베찌르개에 대한 연구는 1980년대 충주댐 수몰지구 내 조사의 일환으로 시작된 단양 수양개유적에서 다수 출토됨으로써 시작되었고, 현재에는 전국적으로 약 20개의 발굴조사된 유적에서 확인되었다. 한편 지속적으로 유물이 출토되고 있는 상태이므로 앞으로 발굴조사를 통해 그 수의 증가가 예상된다.

슴베찌르개는 그 시기적, 형태적 특성상 그 동안 지속적으로 연구자의 관심을 받아왔으며, 또한 일본 큐슈 출토의 박편첨두기(剝片尖頭器)와 그 계통상 동일한 유물로 판단되어 한·일간 구석기시대의 교류의 한 증거로 언급되어지기도 하였다(松藤和人 1989 ; 장용준 2004 ; 이기길 1999, 2007 ; 이정철 2008a).

한강유역에서 슴베찌르개가 출토된 유적은 단양 수양개 유적을 대표로, 광주 삼리, 남양주 호평동, 제천 두학동 중말 유적에 출토되었다. 그 수량은 수양개 유적에서 49점[25], 광주 삼리에서 1점, 남양주 호평동에서 3점, 제천 두학동 중말에서 1점이 출토된 것으로 보고되었다.

슴베찌르개에 대한 연구는 개별 유적에서 출토된 슴베찌르개를 제작방법과 모양을 통해 분류한 방법(李隆助 1985), 찌르개부분과 슴베부분으로 나눠 잔손질의 유무, 잔손질 방법과 잔손질된 부분에 따라 구분한 방법(이기길 1999), 날부분의 잔손질을 중심으로 분류한 방법(이융조·공수진 2006)이 있으며, 유형 분류를 진행하지는 않았지만 계량적 분석과 제작수법을 파악하고 절단면에 대한 분석을 진행한 경우도 있다(金煥逸 2006).

본고에서는 슴베찌르개의 유형을 설정하는 작업은 뒤로 미루고, 슴베찌르개 제작과 관련된 속성을 살펴보고자 하였다.

분석대상 유물은 각 유적에서 보고자에 의해 슴베찌르개로 구분된 유물로써, 수양개 유적에서 38점, 두학동 중말 1점, 삼리 1점, 호평동 3점으로 총 43점을 선정하였다.

우선 슴베찌르개에 대한 속성분석을 진행하기에 앞서 정의를 설정하였다. 이는 일부 슴베찌르개는 일반적인 형태를 감안할 때, 그 범주로 포함시키기 어려운 유물이 포함되어 있기 때문이다.

따라서 슴베찌르개의 정의에 대해 필자는 슴베부의 형성이 석기의 가장 특징적인 부분이므로, 몸돌에서 박리한 격지나 돌날을 소재로 하여 타면부 양쪽을 손질하여 슴베를 만들어 낸 석기(이정철 2008a) 및 일부 타면부의 반대편에 슴베를 만든 석기로 설정하였다.

이러한 정의를 바탕으로, 수양개 유적의 38점 중 9점은 슴베형성이 이루어지지 않거나 형태

---

25) 최근의 분석을 통해(이융조·공수진 2006)를 통해 슴베찌르개는 48점으로 보고되었으며, 2008년 Ⅲ지구에서 진행된 조사를 통해 1점이 추가적으로 출토되었다((재)한국선사문화연구원 2008).

172

적으로 차이가 있어 1차적으로 제외되었고, 광주 삼리 유적의 슴베찌르개로 분류된 유물 역시 형태상으로 보아 제외하였다[26]. 따라서 속성분석은 수양개 유적 29점, 두학동 중말 1점, 호평동 3점 등 총 33점을대상으로 시기의 구분없이 통합하여 진행하였다.

속성분석은 크게 몸체, 슴베, 날, 등면, 배면, 타격면으로 구분하였으며, 몸체에는 돌감과 크기, 슴베에서는 손질 방향과 부위, 날은 잔손질부위와 날각도, 등면은 박리면의 수와 자연면의 유무, 배면은 두덩부분의 제거 여부, 타격면은 종류와 크기, 박리각 등으로 세분하여 살펴보았다.

33점의 슴베찌르개 중 수양개 유적 출토 29점의 슴베찌르개는 모두 세일을 돌감으로 활용하고 있으며, 두학동 중말과 호평동 유적 출토 2점은 응회암, 호평동 유적 출토 1점은 유문암을 이용하였다.

슴베찌르개의 방향잡기는 선단부와 슴베부를 장축방향으로 수직으로 놓고 이를 길이, 수직방향에 수평하는 최대길이를 너비, 그 측면의 최대길이를 두께로 하였다.

슴베찌르개의 크기는 최대값, 최소값, 중앙값, 절사평균(5%)을 이용하여 파악하였으며, 그 결과는 <표 119>과 같다.

	길이(mm)	너비(mm)	두께(mm)
최대값	93	37	16
최소값	38	16.8	3.8
중앙값	62.6	23.8	7.3
절사평균(5%)	61.9	25.1	7.3

표 119. 슴베찌르개 크기의 최대 · 최소 · 중앙 · 평균값

한편 길이와 너비, 두께와 너비의 상관관계를 보면, 길이와 너비의 관계에서는 유적간 슴베찌르개의 크기에 큰 차이를 보이지 않으며<표 120>, 그리고 너비와 두께의 관계에서는 대체적으로 호평동 유적의 슴베찌르개가 조금 두터운 것으로 볼 수 있다<표 121>. 하지만 대체적으로 길이와 너비, 너비와 두께는 크기에 비례한다.

슴베의 잔손질 방향은 배면→등면으로 잔손질된 것이 27점(81.8%)로 대부분을 차지하며, 슴베를 'V'자 형태로 잔손질하면서 한측은 배면→등면으로 다른 한측은 등면→배면으로 잔손질한 경우는 6점(18.1%)이었다. 한편 등면→배면으로만 잔손질이 진행된 것은 한점도 확인되지 않았다.

슴베를 만들기 위해서는 타격면 부분을 'V'자를 이루도록 대칭적으로 손질하는데, 두 측을

---

26) 광주 삼리 1점 및 수양개 유적 1점으로 흑요석을 이용하여 제작되어진 슴베찌르개로 명명된 유물은 편평한 바닥면을 지니고 있으며, 배면에서 등면으로 급각도의 잔손질을 석기를 돌려가면서 모든 측면에서 진행하는데, 슴베찌르개의 제작과는 차이를 보이고 있다. 따라서 새로운 명칭의 설정이 요구된다.

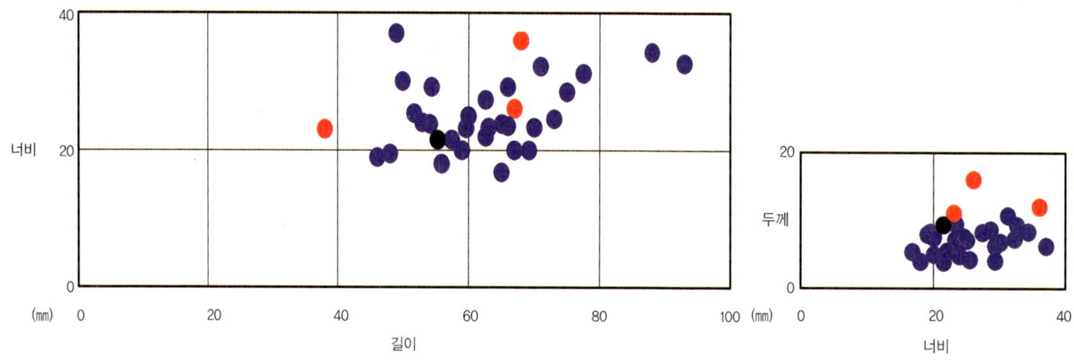

표 120. 슴베찌르개의 길이와 너비의 상관관계표(● 수양개, ● 호평동, ● 두학동 중말)_좌
표 121. 슴베찌르개의 너비와 두께의 상관관계표(● 수양개, ● 호평동, ● 두학동 중말)_우

모두 손질한 경우가 31점(93.9%)으로 압도적이며, 2점만이 우측부분만을 손질하였다.

날의 잔손질은 없는 경우가 17점(51.5%)으로 많고, 한측면 전부를 잔손질한 경우가 7점(21.2%), 한측면 일부를 잔손질한 경우가 6점(18.2%), 좌우측면 일부를 잔손질한 경우가 1점, 한측면은 일부만 잔손질하고 다른 한측면 전부를 잔손질한 경우가 1점, 기타가 1점이었다[27]. 그리고 날의 각도는 최대 89도에서 최소 55도이며, 평균 71.5도를 나타냈다.

등면에 남아있는 격지자국의 수는 2매가 16점(48.5%)으로 가장 많고, 3매가 12점(36.4%), 1매가 4점, 4매가 1점을 이루고 있었다. 그리고 등면에 자연면이 일부 남아있는 경우는 6점에 불과하였다.

다음으로 배면에 발달된 두덩을 제거한 경우를 파악하였는데, 23점(69.7%)은 두덩 부분을 제거하려는 손질이 이루어지지 않았으며, 6점(18.2%)은 일부분을 손질하였고, 4점은 두덩 전체를 제거하였다.

타격면의 형태는 손질된 면이 22점(66.7%)으로 자연면 11점에 비해 높은 빈도를 보인다.

타격면의 크기를 최대값, 최소값, 중앙값, 절사평균을 통해 보면, 다음의 <표 122>와 같으며, 타격면의 너비, 두께의 상관관계를 보면 대체적으로 두께에 비해 너비의 폭이 조금 넓은 편이지만, 그 비율이 대등한 경우도 다수 확인된다<표 123>.

	최대값	최소값	중앙값	절사평균(5%)
너비(mm)	1.2	0.22	0.7	0.71
두께(mm)	0.95	0.16	0.51	0.54

표 122. 슴베찌르개 타격면의 최대, 최소, 중앙, 절사평균

---

27) 기타는 슴베찌르개로 이용되다가 후에 재가공된 것으로 판단되는 슴베밀개이다.

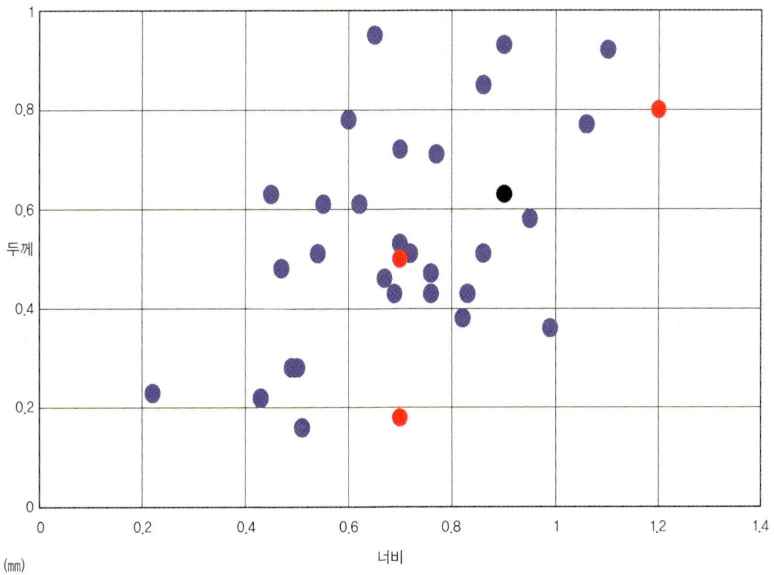

표 123. 슴베찌르개 타격면의 유적별 크기 분포(● 수양개, ● 호평동, ● 두학동 중말)

박리각은 평균 96.4도인데, 그 분포는 91~100도 사이에 18점(54.5%)으로 가장 많고, 101~110도 가 7점(21.2%), 81~90도가 6점(18.2%), 110도 이상이 2점이었다.

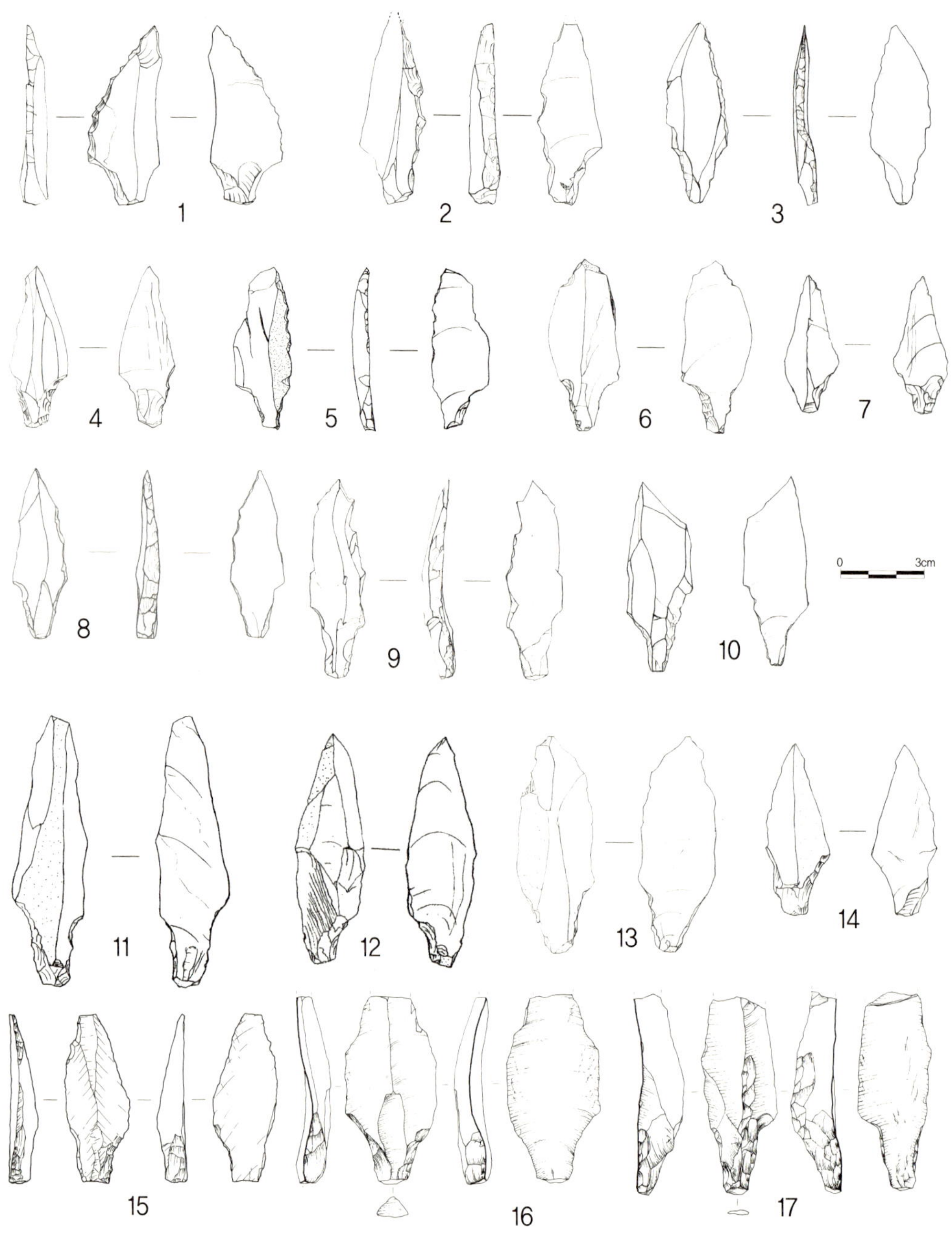

그림 38. 각종 슴베찌르개(홍미영·김종헌 2008 ; 李隆助 외 2009에서 편집)-①~⑭단양 수양개 ⑮제천 두학동 중말 ⑯⑰남양주 호
평동-

(2) 분석 내용의 고찰

각 시기별 주요 석기의 제작과 관련하여 그 변화의 내용을 중심으로 고찰하였다.

찍개는 Ⅰ기의 연양리, 도곡리, 병산리 2문화층, 삼리 3문화층 4개 유적과 Ⅲ기의 삼리 2문화층의 유물을 대상으로 분석을 진행하였으며, 모든 유적에서는 외면찍개가 양면찍개에 비해 다수를 차지하고 있었다.

찍개에 대한 분석 내용을 종합하면, 돌감은 Ⅰ기의 연양리, 삼리 3문화층, Ⅲ기의 삼리 2문화층에서는 석영이 우세한 편이었지만, Ⅰ기의 도곡리와 병산리 2문화층에서는 규암의 빈도가 높은 편이었다. 그리고 편마암은 연양리와 병산리 2문화층에서만 확인되었으며, 기타 돌감은 연양리와 삼리 2문화층에서만 일부 보여진다.

크기는 평균값을 통해 보면, 도곡리와 병산리 2문화층의 것이 다른 유적에 비해 작은 편으로 나타났다. 하지만 길이와 너비, 너비와 두께의 상관관계표를 통해 보면 유적간 그리고 외면찍개와 양면찍개 사이에 특별한 군집은 확인되지 않으며, 다만 Ⅲ기의 삼리 2문화층에서는 너비에 비해 두께가 좀더 얇은 양상만이 관찰된다. 무게는 공통적으로 501~1,000g 사이에 집중되는 편이다.

날의 위치는 Ⅰ기의 연양리와 병산리 2문화층, Ⅲ기의 삼리 2문화층에서는 가로날, 세로날 등 단면 날이 우세한 편이었지만, 도곡리와 삼리 3문화층에서는 두날 이상이 많은 편이었다.

날의 형태는 모두 볼록날이 우세한 편이었는데, 연양리에서는 곧은날도 차지하는 비율이 높은 편이었다.

날길이지수는 연양리, 병산리 2문화층, 삼리 3문화층에서는 0.31~0.37의 평균값을 가지고 있고, Ⅲ기의 삼리 2문화층에서는 0.37을 나타내고 있다. 그러나 도곡리에서는 날길이지수가 0.49를 차지하고 있는 바, 날의 가공이 다른 유적에 비해 많은 범위에서 진행되었다고 볼 수 있고, 이는 두날 이상이 많은 날의 위치와 관련이 깊은 것으로 생각된다.

결론적으로 찍개는 시기에 따른 제작 속성의 차이는 거의 보여지지 않는 것으로 판단되는데, 찍개의 제작은 비교적 단순하게 진행되기 때문이다. 다만 도곡리 유적의 경우에는 같은 시기에 속하는 유적과 비교하여 날의 위치, 날길이지수에 차이를 보이고 있는데, 이는 날의 가공이 보다 넓은 범위에서 진행되었다고 볼 수 있다. 도곡리에서는 찍개 이외에도 그 수량은 적지만 주먹도끼, 주먹찌르개 등이 출토되었는데, 이들 석기의 제작은 날의 손질이 여러 번 이루어져야 된다는 점에서 석기제작 과정상 일련의 관계가 있을 가능성이 있다.

그리고 Ⅰ기 유적에서는 찍개가 다듬은 석기 중 40%를 초과하는데, 최근에 연구가 진행된 강원지역에서 비교적 이른 시기에 속하는 유적의 찍개 비율이 25% 내외인 점을 감안하면(崔承燁 2010), 그 빈도는 매우 높다고 볼 수 있다. 또한 유적의 분포가 남한강 하류와 한강본류의 상류에 해당된다는 점도 특이하다.

　이러한 양상은 한강본류의 하류 유적과 대조적이다. 김포·파주 일대의 비교적 이른 구석기시대로 판단되는 유적에서는 주먹도끼류의 빈도가 뚜렷하게 관찰되는데(전범환 2009, (재)한국선사문화연구원 2010b), 이것은 임진-한탄강유역의 주먹도끼류와도 그 맥을 같이 하는 것으로 판단되기 때문이다. 그러므로 향후 다양한 각도의 연구가 진행되어야 하겠지만 특정 지역을 중심으로 특징적인 석기가 관찰되는 양상은 주요한 연구과제가 될 수 있다.

　긁개는 Ⅰ기의 연양리와 삼리 3문화층, Ⅱ기의 호평동 1문화층, 동백리 Ⅱ·Ⅲ문화층, 호평동 지새울 1문화층, Ⅲ기의 삼리 1·2문화층, 호평동 2문화층, 덕소 2지층, 동백리 Ⅰ문화층, 수양개 Ⅰ지구 충북대 박물관 전시유물을 대상으로 분석을 진행하였다.

　돌감의 이용은 시기와 상관없이 대부분의 유적에서 석영이 우세하였으나, Ⅰ기의 연양리에서는 규암과 기타 돌감의 비율이 높은 편이었고, Ⅲ기의 덕소 2지층과 수양개 Ⅰ지구에서는 각각 규암과 기타 돌감이 우세하였다. 특히 수양개 Ⅰ지구에서는 셰일이 차지하는 비율이 압도적이다.

　긁개의 몸체는 Ⅰ기에는 격지의 비율이 높고, Ⅱ기에는 격지의 비율이 높은 가운데 몸돌을 이용한 것이 일부분을 차지하며, Ⅲ기에는 조각을 이용하는 빈도가 많아진다. 그리고 Ⅲ기에 호평동 2문화층과 수양개 Ⅰ지구에서는 돌날을 몸체로 이용하기도 한다.

　긁개의 크기는 Ⅰ기의 것이 다른 시기에 비해 큰 편이며, Ⅲ기의 것이 Ⅱ기에 비해 크다. 그러나 다문화층 유적을 비교할 때, Ⅱ기의 긁개가 Ⅲ기에 비해 크게 나타나므로 그 해석에 주의가 필요하다.

　날은 시기와 상관없이 외날이 대부분인데, Ⅱ기와 Ⅲ기에는 두날 및 집중날의 출현 빈도가 높아진다. 외날 긁개를 중심으로 날의 위치는 모든 유적에서 세로날이 우세하며, 늦은 시기로 갈수록 모서리날이 증가한다. 날의 형태는 대부분 볼록날이 우세하며, 다음으로 곧은날이 많은 편이다. 반면 Ⅰ기의 연양리에서는 곧은날이 우세하게 나타난다.

　날로 미루어 볼 때, 늦은 시기로 갈수록 날의 수가 증가하고, 모서리 부분에 날을 형성하는 정선된 잔손질이 증가한다고 볼 수 있다. 이외에 차이점은 뚜렷하게 관찰되지 않는데, 향후 몇 가지 속성의 내용을 추가하여 정밀하게 살펴볼 필요가 있다.

　밀개는 Ⅰ기의 유적에서는 확인되지 않으며, Ⅱ기와 Ⅲ기 유적에서만 관찰된다. 그러므로 Ⅱ기의 호평동 1문화층, 창내, 동백리 Ⅱ·Ⅲ문화층, Ⅲ기의 덕소 2지층, 호평동 2문화층, 호평동 지새울 1문화층, 수양개 Ⅰ지구 충북대 박물관 전시유물을 대상으로 분석을 진행하였다.

　밀개를 만들기 위해 이용된 돌감은 석영이 많은 편이지만, Ⅱ기의 창내에서는 셰일을 비롯한 기타 돌감의 비율이 높고, Ⅲ기에는 덕소 2지층에서는 규암, 호평동 2문화층과 수양개 Ⅰ지구에서는 기타 돌감의 비율이 높게 나타난다. 특히 호평동 2문화층에서는 흑요석, 유문암, 혼펠스를 이용하였고, 수양개 Ⅰ지구에서는 셰일이 대부분이다.

몸체는 다양한 소재를 이용하였는데, Ⅱ기에는 몸돌과 격지의 비율이 높은 반면, Ⅲ기에는 격지와 조각을 활용하였다. 그리고 Ⅲ기에는 돌날을 이용한 경우가 확인된다. 크기는 최대값과 최소값, 평균값을 통해 볼 때, 시기에 따라 큰 차이를 보이고 있지 않다. 그러나 길이와 너비, 너비와 두께의 상관관계표를 통해 보면, 30mm 이하의 소형밀개가 Ⅱ기의 창내, Ⅲ기의 호평동 2문화층, 수양개 Ⅰ지구에서 확인되며, 특히 Ⅲ기에 그 수량이 많아지므로 소형화되는 추세이다.

밀개 몸체의 형태는 Ⅱ기에는 원형과 타원형, 네모형이 많았으나, Ⅲ기에는 이외에 긴네모형과 엄지손톱형이 많아진다. 특히 긴네모형의 증가는 소재로써 돌날을 이용한 것과 관계가 깊으며, 엄지손톱형은 소형 밀개의 증가와 연관된다.

날의 형태는 Ⅱ기에는 넓은 둥근날이 다수를 차지하나, Ⅲ기에는 좁은 둥근날이 증가하는 양상을 보인다.

밀개는 늦은 시기로 갈수록 소형화되는 경향이 있으며, 돌감의 변화에 따라 그 형태 역시 변화한다. 그리고 날의 잔손질 역시 폭이 좁아지는데, 이는 석기의 종류가 세분화되면서 밀개의 활용이 보다 제한적으로 이루어졌을 것이다.

홈날은 Ⅰ기의 연양리, Ⅱ기의 호평동 1문화층과 동백리 Ⅱ문화층, Ⅲ기의 삼리 1·2문화층, 호평동 2문화층, 덕소 2지층의 유물을 대상으로 분석하였다.

홈날의 돌감은 대부분 석영을 이용하였으며, 연양리에서는 유일하게 기타 돌감이 확인되는데 비교적 강도가 높은 편마암이다. 이는 석기의 기능상 강한 강도가 요구되는 점과 부합된다고 볼 수 있다.

몸체의 소재는 전 시기에 걸쳐 조각의 활용이 높은 편이며, 격지도 다수 확인된다.

크기는 최대값·최소값·평균값을 통해 보면, Ⅰ기에서 Ⅲ기로 갈수록 소형화된다. 그리고 길이와 너비, 너비와 두께의 상관관계표에서는 30mm 이하의 홈날은 호평동 1·2문화층, 삼리 1문화층, 덕소 2지층 등에서만 관찰되는데, 호평동 1문화층을 제외하면 Ⅲ기에 속하는 유적이다.

홈날의 제작은 Ⅰ기의 연양리에서 잔손질된 홈날이 우세하였지만, 늦은 시기로 갈수록 한 번의 타격으로 날을 만든 클락토니안식 홈날의 증가가 뚜렷하다.

이상으로 볼 때, 홈날은 늦은 시기로 갈수록 크기가 소형화되고, 그 제작은 단순화된다.

마지막으로 슴베찌르개는 Ⅱ기와 Ⅲ기의 유적에서 확인되는데, Ⅱ기의 호평동 1문화층의 슴베찌르개 3점을 제외하면, 모두 Ⅲ기에 속한다. 대부분 수양개 Ⅰ지구에서 출토된 것이다. 따라서 분석은 시기를 구분하기 보다는 모든 유물을 묶어서 분석하였다.

우선 슴베찌르개의 정의를 통해 분석 대상유물을 선정하였는데, 슴베의 제작이 뚜렷하지 않은 유물을 제외하였다.

슴베찌르개의 제작은 모두 기타 돌감을 이용하여 제작되었는데, 셰일과 응회암, 유문암 등이 활용되었다. 크기는 일정한 길이와 너비, 두께에 집중되는데, 호평동 1문화층의 것이 두께가 약간 두터운 편으로 확인되었다.

슴베의 잔손질은 배면에서 등면으로 이루어졌으며, 슴베는 타격면 부분을 'V'자 형태를 이루도록 두측을 대칭적으로 손질한 경우가 대부분이었다.

날의 잔손질은 없는 경우가 절반 정도를 차지하고, 다음으로 한측면 전부, 한측면 일부의 순이었다.

등면에 남아있는 격지자국은 2~3매가 많은 편이며, 자연면은 일부만이 관찰되는데, 이를 통해 볼 때, 여러 번의 박리작업 후 슴베찌르개의 소재가 확보된다고 볼 수 있다. 배면에 발달된 두덩의 제거는 일부분에서만 진행되었고, 타격면의 형태는 손질된 면이 많았다. 타격면은 대체적으로 두께에 비해 너비가 조금 넓지만, 그 비율이 비례하는 경우도 다수 확인되었다.

슴베찌르개에 대한 분석은 유물의 수량이 제한적이어서 시기에 따른 비교가 불가능하였다. 그러나 비슷한 속성을 나타내는 점이 많은 것으로 볼 때, 정형화된 제작방법을 가지고 있었던 것으로 판단된다. 즉 슴베찌르개가 출현하는 시점의 석기제작기술은 일정한 수준에 도달해 있었다고 볼 수 있으며, 슴베찌르개가 출토된 유적에서는 모두 돌날기법이 관찰되는 바, 돌날기법과 슴베찌르개는 중요한 연관성을 지닌다.

한편 앞으로 타 지역 슴베찌르개와의 상호 비교를 통해 그 변화의 양상을 구체적으로 파악할 수 있는 연구가 이루어져야 할 것이다. 이는 일본의 연구를 참조할 때(稻原昭嘉 1986 ; 萩 幸二 1987 ; 木崎康弘, 2001, 2003), 시기 추론을 가능하게 할 수 있는 자료가 될 수 있기 때문이다.

5. 각 시기별 석기공작의 양상

1) Ⅰ기

Ⅰ기에 해당되는 유적의 연대 범위는 MIS 4기(59~74ka)와 MIS 3기 전반(37~59ka)으로 설정되었다. 이중 MIS 4기 또는 그 이상에 속할 가능성이 있는 유적으로는 여주 연양리와 양평 도곡리·병산리 3문화층 유적이 있으며, MIS 3기 전반에 속하는 유적으로는 양평 병산리 2문화층과 광주 삼리 3문화층이 있다. 이들 유적은 대체적으로 남한강 하류를 중심으로 하는 지역에 위치한다. 석기공작 연구는 유물의 수량이 적은 병산리 3문화층의 유물을 제외하고 진행되었다.

돌감은 대부분의 유적에서 석영·규암계가 주로 활용되었다. 연양리의 경우에는 기타 돌감이 일정 부분을 차지하는데, 편마암이 다수이다.

유물의 구성은 연양리 유적에서는 박리작업 유물 1,282점(72%), 다듬은 석기 52점(2.9%), 기타 448점(25.1)로 구성되며, 도곡리 유적에서는 박리작업 유물 299점(52.3%), 다듬은 석기 103점(18%), 기타 170점(29.7%)로 나타난다. 병산리 2문화층에서는 유물의 수량은 적은 편인데, 박리작업 유물 15점, 다듬은 석기 15점으로 구성되고, 삼리 3문화층에서는 박리작업 유물 225점(73.1%), 다듬은 석기 45점(14.6%), 기타 38점(12.8%)로 확인되었다. 연양리를 제외한 유적에서는 다듬은 석기의 비율 약 15%를 상회하고 있다.

박리작업에서 이와 관련된 석기의 비율은 연양리에서는 조각>격지>망치>몸돌>모루의 순이며, 도곡리에서는 몸돌>조각>기타>격지, 병산리 2문화층에서는 격지>몸돌>망치, 삼리 3문화층에서는 조각>몸돌>격지>망치의 빈도를 나타내는데, 몸돌의 수량이 격지에 비해 많은 삼리 3문화층과 도곡리는 유적의 입지와 토양·퇴적물 분석을 통해 유적의 변형이 인정되었다.

박리작업을 파악하기 위한 몸돌과 격지에 대한 분석은 연양리, 도곡리, 삼리 3문화층에서만 진행되었으며, 도곡리에서 격지의 분석은 유물 수량의 적어 진행되지 못하였다.

몸돌의 평균 크기는 연양리에서 72.75×102.13×86.69mm, 도곡리에서 94×94.3×80.3mm, 삼리 3문화층에서 88.4×79×67mm로 연양리에서 큰 편이며, 평균 무게 역시 평균 크기와 비례하는데, 연양리 1,177g, 도곡리 998g, 삼리 3문화층 883g이다.

몸돌의 돌감은 석영·규암계가 대부분을 차지하고 있으며, 몸체를 이루는 원석의 형태는 자갈돌이 대부분이다.

작업면의 수는 연양리와 도곡리에서는 2면이 우세하고 삼리 3문화층에서는 3면이 많은 편이다.

작업면의 유형은 연양리에서는 인접(36.7%), 여러작업면(32.9%)의 비율이 높고, 도곡리와 삼리 3문화층에서는 여러작업면이 다수인데, 특히 삼리 3문화층에서 여러작업면의 비율은 52.9%에 달한다.

박리방향의 유형은 연양리에서는 한방향, 맞선방향, 여러방향 등 다양하게 관찰되지만, 도곡리와 삼리 3문화층에서는 여러방향이 우세한 가운데 차순위로 맞선방향이 확인된다.

타격면의 종류는 연양리와 도곡리에서는 자연면이 60% 이상을 차지하지만, 삼리 3문화층에서는 자연+박리면 등 복합면이 52.9%로 다수이다.

타격면의 수는 모든 유적에서 2면이 우세한데, 연양리에서는 1·2면을 합쳐 77.1%를 차지하며, 도곡리와 삼리 3문화층에서는 2·3면을 합쳐 각각 64.9%, 76.5%에 달한다. 한편 도곡리에서는 4면도 22.8%를 차지하고 있다. 따라서 연양리에 비해 도곡리와 삼리 3문화층에서는 여러면에서 타격 진행되었다고 볼 수 있다.

다음으로 격지를 보면, 평균 크기는 연양리 44.9×44.6×20.2mm, 삼리 3문화층 49.5×50×21mm 이다. 돌감은 석영·규암계가 압도적으로 다수를 차지한다.

격지 등면의 박리방향은 격지박리축과 같은 방향이 대부분인데, 연양리에서는 등면이 모두 자연면인 1차 격지가 19.1%를 차지하고 있다.

타격면은 몸돌과 마찬가지로 자연면이 우세하게 나타났으며, 타격면의 크기는 연양리에서 는 32.3×15.5mm, 삼리 3문화층에서는 33×16.6mm이다. 박리각은 연양리에서 93.4도, 삼리 3문화 층에서는 102.3도였다.

몸돌과 격지의 분석을 통해 동일 시기의 유적 사이에도 박리작업의 차이가 확인된다. 즉 연 양리에서는 비교적 적은 타격면을 이용하여 일부 작업면에 박리가 이루어진데 비하여, 도곡 리와 삼리 3문화층에서는 많은 타격면에서 여러작업면에 걸친 박리가 우세한 편이다. 이러한 양상은 격지에서도 관찰되는데, 1차 격지가 다수 확인되는 연양리에 비해 삼리 3문화층에서 는 격지의 등면에 비교적 다양한 방향의 박리 양상이 확인된다.

이러한 박리작업의 차이를 보다 자세하게 확인하고자 연양리 Ⅱ지점과 삼리 2·3·4지역의 3 문화층 몸돌을 비교하였다.

크기와 무게는 연양리에서 보다 크고 무거운 편이며, 작업면과 타격면은 연양리가 삼리 3문 화층에 비해 적은 편이었다. 그리고 타격면의 종류는 연양리에서는 자연면이 우세하지만, 삼 리 3문화층에서는 복합면이 우세하였다. 이러한 양상은 연양리에서 삼리 3문화층보다 박리작 업이 보다 단순하였다고 볼 수 있다.

다듬은 석기의 구성은 모든 유적에서 몸돌석기의 비율이 높게 나타났다. 즉 연양리에서는 몸돌석기의 비율이 65%, 도곡리 95%, 병산리 2문화층 66%, 삼리 3문화층 78%였다. 그중 다듬 은 석기에서 찍개의 비율은 연양리 53%, 도곡리 67%, 병산리 53%, 삼리 3문화층 30%로 특징적 이다. 그리고 도곡리와 삼리 3문화층에서는 여러면석기도 많은 편인데, 다듬은 석기 중 28%, 48%를 차지하고 있다. 특히 삼리 3문화층에서는 다른 유적과 달리 찍개보다 여러면석기의 비 율이 높은 편이었다.

한편 빈도가 적은 잔손질석기는 긁개가 공통적으로 보이고, 기타 잔손질석기도 일부 관찰 되는데 그 수량이 적었다.

Ⅰ기 유적 중 주요 석기에 대한 분석은 찍개와 긁개, 홈날에 대해서 진행되었는데, 찍개는 연 양리, 도곡리, 병산리 2문화층, 삼리 3문화층, 긁개는 연양리와 삼리 3문화층, 홈날은 연양리의 자료만을 대상으로 진행되었다.

찍개는 외면찍개가 양면찍개에 비해 압도적으로 우세한 편이다. 분석결과 유적간 날 제작

형태상 크기의 차이는 거의 없으며, 날의 위치는 연양리와 병산리에서는 가로날과 세로날 등 단면 날이 우세하지만, 도곡리와 삼리 3문화층에서는 가로+세로날 등 두날 이상이 많은 편이었다. 그리고 날의 형태와 각도 역시 큰 차이를 보이지 않았다. 날의 둘레는 도곡리가 다른 유적에 비해 긴 편이었다. 즉 유적간 날의 위치과 그 수에 차이가 있으며, 날길이지수 역시 차이를 보이는데, 연양리와 병산리 2문화층에서는 비교적 단순하게 한면에서 손질이 이루어진 반면 도곡리와 삼리 3문화층에서는 두면 이상에서 손질이 진행되어 석기가 제작되었다.

긁개의 절사평균(5%) 크기는 연양리에서는 99.8×71.9×29.9mm, 삼리 3문화층은 67×55×31mm 이다. 돌감은 연양리에서는 석영, 규암, 기타가 모두 확인되지만, 삼리 3문화층에서는 석영의 이용률이 높다. 몸체의 소재로는 격지와 조각을 이용하여 제작되었다. 날의 수와 특징에 의하면 외날이 많은 편인데, 연양리에서는 두날도 보여진다. 날의 위치는 연양리에서는 세로날이, 삼리 3문화층에서는 세로날이 많은 가운데 가로날도 확인되었다. 날의 형태는 볼록날과 곧은 날이 대부분이었다.

Ⅰ기 유적 내의 긁개는 크기의 뚜렷한 차이를 제외하고는 출토 수량이 적어 세부 속성의 차이를 설명하기에 한계가 있다.

홈날은 연양리의 것만을 대상으로 분석을 실시하였다. 평균 크기는 51.7×38.3× 20.7mm이며, 돌감은 석영이 우세한 가운데, 규암과 기타도 관찰된다. 몸체는 격지와 조각을 이용하여 제작되었다. 날의 제작 형태는 클락토니안 홈날에 비해 잔손질된 홈날이 우세하게 나타난다.

2) Ⅱ기

Ⅱ기는 MIS 3기 후반(24~37ka)의 연대 범위를 가지고 있다. 이 시기에 해당하는 유적은 남양주 덕소 3지층, 남양주 호평동 1문화층, 남양주 호평동 지새울 2문화층, 용인 동백리 Ⅱ·Ⅲ문화층, 제천 창내 유적이 있다.

돌감은 유적마다 차이를 보이는데, 동백리 Ⅱ·Ⅲ문화층, 호평동 1문화층에서는 석영·규암 계 돌감이 압도적으로 우세하게 관찰되며, 호평동 지새울 2문화층은 거의 석영으로 구성된다. 반면 덕소 3지층과 창내 유적에서는 기타 돌감이 차지하는 비율이 높은 편이다. 덕소 3지층에서는 사암과 응회암, 창내에서는 셰일을 비롯하여 화강암, 사암, 편마암이 다수를 차지하고 있다.

유물의 구성은 몸돌, 격지, 조각 등 박리작업에서 발생하는 유물이 대부분을 차지하고 있다. 덕소 3지층에서는 박리작업 유물 81점(93.1%), 다듬은 석기 3점(3.45%). 기타 3점(3.45%)이며, 동백리 Ⅲ문화층은 박리작업 유물 1,307점(74.2%), 다듬은 석기 456점(25.8%), 동백리 Ⅱ문화층은 박리작업 유물 1,184점(86.7%), 다음은 석기 182점(13.3%)이다. 호평동 지새울 2문화층에서는 박리작업 유물 406점(94.7%), 다음은 석기 23점(5.3%), 호평동 1문화층에서는 박리작업 유물 2,879점(95.2%), 다음은 석기 108점(3.6%), 기타 36점(1.2%)으로 확인되었다.

다듬은 석기의 비율은 호평동 지새울 2문화층, 호평동 1문화층, 덕소 3지층에서는 5%이하로 나타나며, 동백리 Ⅱ문화층에는 15% 이내, 동백리 Ⅲ문화층에서는 25%에 달하고 있다. 그중 동백리 Ⅲ문화층에서는 다듬은 석기의 비율이 25.8%로 나타나는데, 이러한 현상은 사면기원 퇴적물의 유입 과정에서 유물의 재이동 가능성을 내포하고 있다.

박리작업과 관련된 석기의 비율은 덕소 3지층을 제외하고 대체적으로 조각>격지>몸돌>망치>모루로 나타나며, 호평동 지새울 2문화층에서는 망치·모루는 확인되지 않으며, 호평동 1문화층에서는 망치·모루에 이어서 돌날몸돌·돌날이 일부 관찰된다. 덕소 3지층에서는 격지>조각>돌날>몸돌>망치>돌날몸돌로 나타나고 있다. 이중 주목되는 점은 호평동 1문화층과 덕소 3지층에서 나타나는 돌날몸돌과 돌날이며, 이는 후기 구석기시대의 대표적인 박리기법이다.

박리작업을 파악하기 위하여 수량이 적고 일부 유적에서만 출토되는 돌날몸돌과 돌날은 제외하고 일반적인 몸돌과 격지에 대한 분석을 실시하였다. 그중에서도 몸돌은 재활용된 몸돌 및 깨진 몸돌은 제외하였으며, 격지는 타격점과 타격면이 분명한 온전한 격지를 대상으로 하였다. 몸돌 분석은 남양주 호평동 1문화층, 호평동 지새울 2문화층에서만 진행되었고, 격지의 분석은 이들 유적 이외에 덕소 3지층까지 포함하였다.

몸돌의 평균 크기는 호평동 1문화층에서는 48.2×51.5×38.4mm, 호평동 지새울 2문화층에서 50×60.5×40mm으로 나타나며, 평균 무게는 호평동 1문화층 176.1g, 호평동 지새울 2문화층 180g이었다.

몸돌의 돌감은 모두 석영이 압도적으로 우세하며, 몸체를 이루는 원석의 형태는 모난돌이 많은 편이다.

작업면의 수는 호평동 1문화층에서는 3면이 많은 가운데(35.1%), 4면 27%, 2면 16.2%로 관찰되며, 호평동 지새울 2문화층에서는 2면이 35.7%, 1면, 3면, 4면도 골고루 확인된다.

작업면의 유형은 두 유적에서 모두 인접작업면과 여러작업면이 우세하게 나타난다.

타격면의 종류는 호평동 1문화층에서는 박리면+돌결면으로 구성된 복합면이 우세한 편이나, 호평동 지새울 2문화층에서는 돌결면으로 구성된 것이 많고, 이외에도 자연면+돌결면로 이루어진 복합면이 다수를 차지한다. 즉 호평동 1문화층에서는 박리된 면에 대한 이용이 호평동 지새울 2문화층에 비해 높다고 볼 수 있다.

타격면의 수는 호평동 1문화층에서는 2면이 우세하며(35.1%), 호평동 지새울 2문화층에서는 1면과 2면이 다수이다. 따라서 타격면은 일부면으로 제한되었다.

다음으로 격지를 보면, 평균 크기는 호평동 1문화층 40.5×28×13.2mm, 호평동 지새울 2문화층 34×33×14mm, 덕소 3지층 43.1×29.4×13.5mm이다.

돌감은 호평동 1문화층과 호평동 지새울 2문화층에서는 석영이 우세하며, 덕소 3지층에서는 기타와 규암의 빈도가 높은데, 기타 돌감에는 사암이 다수를 차지한다. 한편 호평동 1문화층에서는 일부 기타 돌감이 관찰되는데, 응회암이 대부분이다.

격지 등면의 박리방향은 모든 유적에서 격지박리축과 평행한 같은방향이 65%를 상회하며, 이외에 엇갈린방향도 일부 관찰되는데, 호평동 1문화층 20%, 호평동 지새울 2문화층 14%, 덕소 3지층 13%로 나타난다.

타격면은 호평동 1문화층과 덕소 3지층에서는 박리면이 67%와 50%로 우세하며, 호평동 지새울 2문화층에서는 돌결면이 66%를 차지하고 있어 차이가 있다. 타격면의 크기는 호평동 1문화층에서 17.6×8.1mm, 호평동 지새울 2문화층에서 20×9.4mm, 덕소 3지층에서 18.4×7.4mm이다. 박리각의 평균값은 호평동 1문화층 102.2도, 호평동 지새울 2문화층에서 103.7도, 덕소 3지층에서 104도이다.

몸돌과 격지의 분석을 통해 보면, 호평동 1문화층과 호평동 지새울 2문화층 사이에는 타격면의 종류와 관련된 차이가 눈에 띈다. 즉 호평동 1문화층에서는 박리면이 많은 편이며, 반면 호평동 지새울에서는 돌결면이 다수를 차지하고 있다. 그리고 덕소 3지층에서도 타격면이 박리면인 경우가 많은 편이다. 따라서 호평동 지새울 2문화층에 비해 호평동 1문화층과 덕소 3지층에서는 타격면 조정이 보다 활발하였다고 볼 수 있다.

다듬은 석기의 구성은 몸돌석기에 비해 잔손질석기의 비율이 높게 나타난다. 다듬은 석기의 수량이 극히 적은 덕소 3지층을 제외하고 살펴본 바에 의하면, 동백리 Ⅲ문화층에서는 잔손질석기가 81%, 동백리 Ⅱ문화층에서는 85%, 호평동 지새울 2문화층에서는 100%, 창내에서는 74%, 호평동 1문화층에서는 97%를 차지하고 있다.

그 종류로는 긁개가 모든 유적에서 가장 많은 수를 차지하고 있으며, Ⅰ기에서 확인되지 않던 밀개가 등장하며, 홈날과 기타 잔손질석기의 빈도가 증가한다. 기타 잔손질석기에는 새기개·뚜르개·톱니날 등이 있다.

Ⅱ기 유적에서 주요 석기에 대한 분석은 긁개, 밀개, 홈날, 슴베찌르개에 대해 진행하였다. 긁개는 호평동 1문화층, 동백리 Ⅱ·Ⅲ문화층, 밀개는 호평동 1문화층, 창내, 동백리 Ⅱ·Ⅲ문화층, 홈날은 호평동 1문화층, 동백리 Ⅱ문화층, 슴베찌르개는 호평동 1문화층을 대상으로 진행하였다.

긁개의 절사평균(5%) 크기는 동백리 Ⅲ문화층에서는 54.3×40.6×22.4mm, 동백리 Ⅱ문화층 52.2×39×21.6mm, 호평동 1문화층 49.7×41.3×19.6mm이다.

돌감은 모두 석영이 우세한 가운데 동백리 Ⅱ·Ⅲ문화층에서는 규암이 일부 확인되며, 호평동 1문화층에서는 소량의 기타 돌감이 이용되었다.

몸체의 소재로는 동백리 Ⅲ문화층에서는 격지와 조각, 몸돌이 다양하게 확인되며, 동백리 Ⅱ문화층에서는 격지의 이용률이 높은 가운데 일부 몸돌과 조각을 이용하였다. 그리고 호평동 1문화층에서는 몸돌의 이용률이 높고, 격지와 조각도 확인된다.

날의 수와 특징에 의하면 모든 유적에서는 외날이 우세한데, 동백리 Ⅲ문화층에서는 두날과 집중날도 확인되며, 동백리 Ⅱ문화층에서는 두날, 호평동 1문화층에서는 집중날도 일부 관찰된다.

외날 긁개를 중심으로 한 날의 위치는 세로날이 우세하며, 동백리 Ⅲ문화층과 호평동 1문화층에서는 가로날도 나타난다. 한편 호평동 1문화층에서는 모서리날도 확인된다. 날의 형태는 곧은날과 볼록날이 대등하게 나타나는 양상이다.

밀개를 보면, 돌감은 석영의 빈도가 압도적으로 높으며, 창내 유적에서는 기타 돌감 중 셰일이 다수를 차지하고 있다.

몸체의 소재는 호평동 1문화층과 동백리 Ⅲ문화층에서는 몸돌, 격지, 조각을 이용하여 제작되었으나, 동백리 Ⅱ문화층에서는 몸돌과 조각만을 사용하였으며, 창내에서는 격지와 돌날을 이용하였다.

평균 크기는 호평동 1문화층 58×44.6×29.2mm, 창내 56.9×46.2 ×15.2mm, 동백리 Ⅲ문화층 48.7×40.4× 22.1mm, 동백리 Ⅱ문화층 57.8×50.2×23.2 mm이다.

몸체의 형태는 호평동 1문화층에서는 타원형과 네모, 긴네모형이 두드러지며, 창내에서는 원형, 동백리 Ⅲ문화층에서는 네모형이 우세한 편이다. 한편 창내 유적에서는 길이와 너비가 30mm 이내에 해당되는 소형의 엄지손톱형 밀개도 확인된다.

날의 형태는 넓은 둥근날이 많은 편이며, 호평동 1문화층과 동백리 Ⅱ문화층에서는 좁은 둥근날도 어느 정도 관찰된다. 그리고 호평동 1문화층에서는 콧등날도 나타난다.

홈날의 평균 크기는 호평동 1문화층에서 44.5×37.5×20mm, 동백리 Ⅱ문화층에서는 47.4×35×16.6mm이며, 그 제작에는 석영만이 이용되었으며, 격지와 조각이 주로 이용되었다. 날의 제작 형태는 호평동 1문화층에서는 클락토니안식 홈날이 다수이고, 동백리 Ⅱ문화층에서는 클락토니안식 홈날이 많지만 잔손질된 홈날의 비율도 높게 나타난다.

슴베찌르개는 호평동 1문화층의 3점이 있는데, 그 크기는 68×36×12mm, 67×26 ×16mm, 한점은 선단부가 깨진 것으로 38×23×11mm이다. 돌감은 응회암 2점, 유문암 1점이다. 슴베의 잔손질 방향은 배면에서 등면으로 이루어졌으며, 한점의 한측연은 등면에서 배면으로도 잔손질이 이루어졌다. 슴베를 만들기 위해서 좌우를 대칭으로 손질하였다. 날 부분에는 잔손질이 이루어지지 않았으며, 날의 평균 각도는 두 점이 55도, 한 점은 66도이다. 등면에는 1~3매의 격지자국이 있으며, 배면의 두덩에 대한 제거는 1점에서 진행되었다. 타격면은 모두 손질되어 있다. 그리고 박리각은 92, 94, 106도이다.

3) Ⅲ기

Ⅲ기는 MIS 2기(11~24ka)의 연대범위를 가지고 있으며, 이 시기에 해당되는 유적은 광주 삼리 1·2문화층, 남양주 덕소 2지층, 남양주 호평동 2문화층, 남양주 호평동 지새울 1문화층, 단양 수양개 Ⅰ지구 Ⅳㄴ층(후기 구석기문화층), 단양 수양개 Ⅲ지구 2문화층, 용인 동백리 Ⅰ문화층, 양평 병산리 1문화층, 제천 두학동 중말 유적 등이 있는데, 가장 많은 수의 유물출토층을 포함하고 있다. 이들 유적 중에서도 삼리 1문화층, 동백리 Ⅰ문화층, 병산리 1문화층은 유물이 출토되는 층위로 미루어 볼 때, Ⅲ기에서도 비교적 늦은 시기로 판단된다. 석기공작 연구는 유물의 수량이 적은 병산리 1문화층의 유물은 제외하고 진행하였다.

Ⅲ기의 유적에서 돌감의 이용은 삼리 1·2문화층, 호평동 지새울 1문화층, 동백리 Ⅰ문화층, 덕소 2지층에서는 석영과 규암을 중심으로 한 돌감이 대부분을 차지하지만, 수양개 Ⅰ지구와 수양개 Ⅲ지구 2문화층, 두학동 중말, 호평동 2문화층에서는 기타 돌감이 차지하는 비율이 높다.

수양개 Ⅰ지구와 Ⅲ지구에서는 셰일이 많은 수를 차지하며, Ⅰ지구에서는 흑요석도 관찰된다. 두학동 중말에서는 응회암과 사암, 호평동 2문화층에서는 흑요석이 많은 가운데 혼펠스와 유문암도 보여진다.

한편 석영·규암계 돌감이 우세한 덕소 2지층과 삼리 1문화층에서도 기타 돌감이 일부 확인되는데, 덕소 2지층에서는 사암과 응회암, 삼리 1문화층에서는 흑요석이 보여진다.

특히 흑요석은 Ⅲ기의 몇몇 유적에서만 확인되므로, 다른 돌감과 차이가 있다.

전체 석기의 구성은 모든 유적에서 박리작업 유물이 대부분이며, 다듬은 석기의 비율은 충북대 전시유물만을 대상으로 한 수양개 Ⅰ지구를 제외하면 낮은 편이다.

즉 삼리 2문화층에서는 박리작업 유물 1,524점(85.4%), 다듬은 석기 129점(7.2%), 기타 132점(7.4%), 호평동 지새울 1문화층은 박리작업 유물 659점(96%), 다듬은석기 27점(4%), 호평동 2문화층에서는 박리작업 유물 4,582점(96.3%), 다듬은 석기 177점(3.7%), 기타 2점(0.04%), 덕소 2지층에서는 박리작업 유물 842점(93.9%), 다듬은 석기 48점(5.5%), 기타 6점(0.6%), 두학동 중말은 박리작업 유물 59점(78.5%), 다듬은 석기 5점(6.7%), 기타 11점(14.8%), 수양개 Ⅲ지구 2문화층에서는 박리작업 유물 225점(89.3%), 다듬은 석기 11점(4.4%), 기타 16점(6.3%)이다. 그리고 동백리 Ⅰ문화층에서는 박리작업 유물 830점(92%), 다듬은 석기 72점(8%), 삼리 1문화층에서는 박리작업 유물 1,684점(93.2%), 다듬은 석기 76점(4.2%), 기타 47점(2.6%)이었다.

박리작업에서 그와 관련된 몸돌, 격지, 조각 등의 비율이 조각>격지>몸돌 등의 양상을 보이는 유적은 삼리 1·2문화층, 호평동 지새울 1문화층, 수양개 Ⅲ지구 2문화층, 동백리 Ⅰ문화층 등이며, 격지>조각>몸돌 등의 양상은 두학동 중말, 호평동 2문화층, 덕소 2지층이었다. 이와 같은 박리작업 유물의 구성에 덕소 2지층, 두학동 중말, 수양개 Ⅲ지구 2문화층, 호평동 2문화층에서는 돌날몸돌 또는 돌날이 관찰되고 있으며, 덕소 2지층과 두학동 중말, 수양개 Ⅲ지구 2문화층, 호평동 2문화층, 삼리 1문화층에서는 좀돌날몸돌 및 좀돌날이 확인되고 있다.

박리작업을 파악하기 위하여 그 수량이 적고 일부 유적에서만 확인되는 돌날몸돌·돌날, 좀돌날몸돌·좀돌날을 제외하고 일반 몸돌과 격지에 대한 분석을 진행하였다. 분석은 삼리 1·2문화층, 호평동 지새울 1문화층, 호평동 2문화층, 덕소 2지층, 두학동 중말에서 진행되었는데, 두학동 중말 유적에서는 격지만을 대상으로 분석이 이루어졌다.

몸돌의 평균 크기는 삼리 2문화층에서는 77×83.8×62.4mm, 호평동 지새울 1문화층은 73.2×52×42.7mm, 호평동 2문화층 47.8×49.9×36.1mm, 덕소 2지층 53.5×42.5 ×29.8mm, 삼리 1문화층에서는 64.75×57.6×46.03mm이다.

몸돌의 돌감은 석영이 우세한 가운데, 삼리 2문화층, 덕소 2지층, 삼리 1문화층에서는 규암도 확인되며, 호평동 2문화층과 덕소 2지층에서는 기타 돌감도 관찰된다. 기타 돌감은 주로 응회암이 이용되었다.

몸돌 원석의 형태는 삼리 2문화층과 덕소 2지층에서는 자갈돌이 많은 편인데 비해, 호평동 지새울 1문화층과 호평동 2문화층에서는 모난돌이 많은 편이다. 그리고 삼리 1문화층에서는 미상이 다수이다.

작업면의 수는 삼리 2문화층에서는 2면이 다수인데, 호평동 지새울 1문화층, 호평동 2문화층, 덕소 2지층, 삼리 1문화층에서는 3면이 많은 편이다. 삼리 1·2문화층에서는 1·2면의 작업면이 우세하며, 호평동 지새울 1문화층, 호평동 2문화층, 덕소 2지층에서는 3면 이상의 작업면이 우세하게 나타난다.

작업면의 유형은 삼리 1·2문화층, 호평동 2문화층에서는 여러 작업면이 많은 편이며, 호평동 지새울 1문화층과 덕소 2지층에서는 인접작업면이 많은 편이다. 한편 삼리 1·2문화층에서는 단일작업면도 다수이다.

박리방향의 유형은 삼리 2문화층과 호평동 지새울 1문화층에서는 한방향 박리가 우세하며, 호평동 2문화층, 덕소 2지층, 삼리 1문화층에서는 여러방향 박리가 많은 편이다.

타격면의 종류는 삼리 1·2문화층에서는 자연면과 복합면(자연면+박리면)이 우세하게 확인되며, 호평동 지새울 1문화층에서는 돌결면과 복합면, 덕소 2지층에서는 복합면과 박리면이 다수이다. 그리고 호평동 2문화층에서는 돌결면, 박리면, 복합면이 다양하게 확인되고 있다.

타격면의 수는 삼리 1·2문화층, 호평동 지새울 1문화층, 호평동 2문화층에서는 1면과 2면이 많은 수를 차지하며, 덕소 2지층에서는 3면 이상이 많은 수를 차지한다. 한편 호평동 2문화층에서는 3면 이상도 다수를 나타낸다.

다음으로 격지를 보면, 평균 크기는 삼리 2문화층에서는 46×35×16mm, 호평동 지새울 1문화층에서는 30.5×28.8×11.4mm, 호평동 2문화층은 33×23.3×8.7mm, 덕소 2지층에서 42.8×37.1×12.5mm, 두학동 중말에서 41.7×33.4×12.7mm, 삼리 1문화층에서 33×25×11mm이다. 돌감은 삼리 1·2문화층과 호평동 지새울 1문화층에서는 석영의 빈도가 우세하지만, 호평동 2문화층, 덕소 2지층, 두학동 중말에서는 기타 돌감의 비율이 높은 편인데, 호평동 2문화층에서는 흑요석, 덕소 2지층에서는 유문암, 두학동 중말에서는 응회암이 다수를 차지한다.

격지 등면의 박리방향은 호평동 지새울 1문화층, 호평동 2문화층, 덕소 2지층, 삼리 1·2문화층에서는 격지박리축과 평행한 같은 방향 박리가 많은데, 두학동 중말에서는 여러 방향이 다수이다. 한편 삼리 2문화층, 호평동 2문화층, 덕소 2지층, 삼리 1문화층에서도 여러 방향 박리가 일정 빈도 관찰되고 있다.

격지 타격면의 종류는 호평동 지새울 1문화층을 제외하고 여러 유적에서 박리면이 우세하게 나타난다.

격지 타격면의 크기는 삼리 2문화층에서 28.1×13.8mm, 호평동 지새울 1문화층 17.6×8.3 mm, 호평동 2문화층 15.4×6.9mm, 덕소 2지층 19.8×7.3mm, 두학동 중말 17.6× 7.3mm, 삼리 1문화층 20.8×9.3mm이다. 격지의 박리각은 99~104도의 범위에 집중되며, 두학동 중말에서는 박리각이 110도로 큰 편이다.

몸돌과 격지의 분석을 통해 박리작업의 양상은 삼리 1·2문화층과 다른 유적간 약간의 차이가 확인된다. 삼리 1·2문화층에서는 비교적 제한된 타격면에서 한두 작업면으로 박리가 이루어졌지만, 다른 유적에서는 제한된 타격면에서 세면 이상의 작업면으로 박리가 이루어진 것으로 볼 수 있다. 그리고 그 과정에서 삼리 1·2문화층에서는 자연면과 복합면의 타면을 이용하였고, 덕소 2문화층, 호평동 2문화층에서는 박리면과 복합면이 우세한데 타격면 조정이 보다 활발하게 이루어졌다고 볼 수 있다. 즉 삼리 1·2문화층에서는 몸돌의 활용도가 다른 유적에 비해 낮은 편이라고 볼 수 있다. 이러한 양상은 원석의 형태와 관련되었거나 또는 돌날기법의 활용 유무와 관련된 석기공작의 차이에 기인하였을 가능성이 있다.

한편 몸돌 타격면의 종류와 달리 격지 타격면에서는 모든 유적에서 박리면이 우세하게 관찰되고 있는데, 이는 박리작업을 위한 사전 조정이 이루어졌다고 볼 수 있다.

Ⅲ기의 다듬은 석기 구성은 잔손질석기가 우세하다. 잔손질석기의 비율은 삼리 2문화층에서 57%로 가장 낮고, 삼리 1문화층 75%, 두학동 중말 80%, 수양개 Ⅲ지구 2문화층 83%이며, 다

른 유적은 모두 94% 이상을 점유한다. 그중 긁개의 빈도가 높으며, 밀개·홈날·기타 잔손질석기가 확인된다. 특히 기타 잔손질석기의 종류는 다양해지고 있는데, 톱니날, 뚜르개, 새기개, 슴베찌르개, 복합석기 등이 나타난다.

Ⅲ기의 주요 석기 분석은 찍개와 긁개, 밀개, 홈날, 슴베찌르개를 중심으로 진행하였다.

찍개는 삼리 2문화층의 자료를 대상으로 하였는데, 외면찍개가 압도적으로 우세하다. 평균 크기는 83×57×34mm이며, 평균 무게는 288g이었다. 날의 위치는 세로날이 많은 가운데 가로날도 다수 확인된다. 날의 형태는 볼록날이 우세하였다. 날길기지수는 0.37이다.

긁개는 삼리 1·2문화층, 호평동 2문화층, 덕소 2지층, 동백리 Ⅰ문화층, 수양개 Ⅰ지구 충북대 전시유물을 대상으로 진행하였다.

긁개의 절사평균(5%) 크기는 삼리 2문화층에서 69×51×27mm, 호평동 지새울 1문화층에서 64.3×53.3×34.7mm, 호평동 2문화층 42.4×34.3×18.7mm, 덕소 2지층 59.4×43.1×27.5mm, 수양개 Ⅰ지구 충북대 전시유물 69.4×47.1×17.5mm, 동백리 Ⅰ문화층 46.4×36.1×19.1mm, 삼리 1문화층 60×45×29mm이다.

돌감은 대부분의 유적에서 석영이 우세하나, 덕소 2지층에서는 규암이 많고, 수양개 Ⅰ지구에서는 기타 돌감 중 셰일이 다수를 차지하였다. 몸체의 소재로는 격지와 조각을 주로 이용하였으며, 호평동 지새울 1문화층과 삼리 2문화층을 제외하고 몸돌을 이용한 경우도 보여진다. 특히 호평동 2문화층과 수양개 Ⅰ지구 후기 구석기문화층에서는 돌날을 이용하여 제작된 경우가 보여져 주목된다.

날은 모든 유적에서 외날의 세로날이 우세하게 관찰되었다. 날의 형태는 볼록날과 곧은날이 대부분을 차지한다.

Ⅲ기의 긁개는 크기의 차이를 제외하고는 그 속성에 뚜렷한 차이는 나타나지 않지만, 호평동 2문화층과 삼리 1문화층 등의 기타 돌감이 다수를 차지하는 유적에서 집중날 등 비교적 정선된 잔손질이 요구되는 날의 형태가 관찰된다.

밀개는 덕소 2지층, 호평동 2문화층, 호평동 지새울 1문화층, 수양개 Ⅰ지구 유물을 대상으로 분석을 실시하였다.

밀개의 평균 크기는 덕소 2지층은 57.4×44.8×28.3mm, 호평동 2문화층 43.6×31×17.6mm, 호평동 지새울 1문화층 55.5×45×37.5mm, 수양개 Ⅰ지구 42.9×29.2×10.6mm이다.

돌감은 호평동 지새울 1문화층은 석영만을 이용하였으며, 덕소 2지층에서는 석영과 규암, 호평동 2문화층에서는 석영과 기타 돌감, 수양개 Ⅰ지구는 기타 돌감으로만 구성된다. 호평동 2문화층의 기타 돌감으로는 흑요석, 유문암, 혼펠스, 수양개 Ⅰ문화층에서는 셰일이 이용되었다.

몸체의 소재는 덕소 2지층과 호평동 2문화층에서는 격지, 조각 등을 활용하였으며, 수양개 Ⅰ지구에서는 격지, 호평동 지새울 1문화층에서는 조각만이 이용되었다. 한편 호평동 2문화층과 수양개 Ⅰ지구에서는 돌날의 이용도 확인된다.

밀개의 형태는 덕소 2지층에서는 원과 타원형이 많고, 호평동 2문화층에서는 긴네모와 네모, 타원형, 엄지손톱형이 우세하다. 수양개 Ⅰ지구에서는 긴네모형과 부채꼴이 많은 편이다. 그중 호평동 2문화층과 수양개 Ⅰ지구에서는 엄지손톱형 밀개가 확인되는데, 이 밀개는 크기와 밀접하게 관련되는 것으로써 길이와 너비가 30mm 이내의 소형 밀개에 해당된다.

날의 형태는 넓은 둥근날이 많지만, 대부분의 유적에서 좁은 둥근날도 다수 확인되며, 덕소 2지층과 호평동 2문화층에서는 콧등날도 확인된다. 좁은 둥근날의 점유율이 높게 나타나는 것은 다듬은 석기의 종류가 세분화되면서 밀개의 활용이 보다 제한적으로 이루어졌을 가능성을 나타낸다.

홈날의 분석은 삼리 2문화층, 호평동 2문화층, 덕소 2지층, 삼리 1문화층에서 이루어졌다.

홈날의 평균 크기는 삼리 2문화층에서 55×38×24mm, 호평동 2문화층 34.3×31.3×17.6mm, 덕소 2지층 35×35×18mm, 삼리 1문화층 42×36×17mm인데, 길이와 너비가 30mm 이내의 홈날이 확인된다.

돌감은 석영을 이용한 경우가 대부분이며, 몸체의 소재로는 격지와 조각이 주로 활용되었다. 몸체의 소재는 격지와 조각을 이용한 경우가 대부분이며, 호평동 2문화층에서는 몸돌도 일부 이용하였다.

홈날을 제작 형태를 보면, 모든 유적에서 클락토니안식 홈날이 우세하게 나타난다.

홈날은 삼리 2문화층의 것에 비해, 호평동 2문화층, 덕소 2지층, 삼리 1문화층의 것이 소형의 양상을 나타내는데, 이 외의 차이는 확인하기 어렵다.

다음으로 슴베찌르개는 대부분 수양개 Ⅰ지구의 유물이며, 두학동 중말에서 출토된 것이 1점이다.

그 크기는 대체적으로 일정하며, 슴베의 제작은 배면에서 등면으로 잔손질된 것이 대부분이었다.

슴베의 손질은 좌우 두측에서 모두 이루어진 경우가 많았다. 날은 잔손질 되지 않은 것은 다수이며, 한측면 일부나 전부를 손질한 경우가 뒤를 이었다.

격지 등면에는 격지자국의 수가 2매, 3매 등이 많았는데, 여러 번의 박리작업을 통해 얻어진 돌날이나 격지를 이용하였다고 볼 수 있다.

그리고 일부 유물에는 볼록하게 나온 두덩부분을 제거하려는 손질이 이루어졌다.

슴베찌르개 타격면의 형태는 손질된 면이 많았으며, 일부 자연면도 관찰되었다. 타격면의 평균 크기는 2×1.6mm였다. Ⅲ기의 슴베찌르개는 그 제작방법에 큰 차이를 나타내지 않는 점으로 미루어 정형화된 제작이 진행되었던 것으로 판단된다.

IV

한강유역의 구석기문화

IV. 한강유역의 구석기문화

1. 기존 편년의 검토

우리나라 구석기시대의 편년은 서구의 삼시대 구분법을 그대로 차용하여 사용하는 경우가 대부분이다. 서구의 삼시대 구분은 석기공작의 발달에 의한 특징을 기반으로 하고 있다.

즉 전기 구석기시대의 석기공작은 찍개나 여러면석기 등의 비교적 단순한 손질을 통해 제작되었거나 혹은 그보다 발달된 석기공작으로 주먹도끼를 기반으로 한다. 중기 구석기시대는 르발루아기법을 기반으로 하는 다양한 격지석기가 증가되는 양상을 나타내며, 후기 구석기시대는 돌날기법의 출현과 함께 보다 정교한 소형석기가 증가한다. 그 연대의 범위에 대해서는 전기 구석기시대는 석기의 출현부터 약 10만년 전까지, 중기 구석기시대는 약 10만년 전부터 3~4만년, 후기 구석기시대는 3~4만년부터 1만년 전까지로 판단하고 있다(배기동 1997).

우리나라에서 전기 구석기시대에 속하는 유적은 많지 않으며, 일부는 편년에 대한 논란이 있다. 그러나 연천 전곡리 유적의 경우에는 지질학적 분석을 통해 지속적으로 그 편년의 해석을 적극적으로 시도하고 있으며, 현무암 상부의 유물이 출토되는 점토층의 연대는 최대 40만년 전으로 소급될 가능성이 제시되었다(배기동 2009). 따라서 전기 구석기시대의 유적으로써 전곡리 유적을 표지유적으로 설정하고 그 내용을 보았다.

전곡리에서는 주먹도끼 공작이 특징적으로 나타나고 있는데, 이를 제외하면 비교적 손질이 적고 형태적으로도 정형성이 높지 않다. 다듬은 석기는 타원형 혹은 첨두형의 주먹도끼, 가로날도끼, 주먹찌르개 등의 주먹도끼류와 찍개, 대형 긁개, 여러면석기 등의 대형 또는 몸돌석기가 중심을 이루고 있으며, 소형석기 또는 잔손질석기는 드문 편인데 긁개, 톱니날, 홈날 등이 관찰되고 있을 뿐이다(배기동 2002b).

중기 구석기시대에 속하는 유적은 우리나라 각지에서 발견되고 있는데, 석기공작의 양상은 서구와 큰 차이를 나타내고 있다. 즉 서구에서 중기 구석기시대의 특징적 석기공작으로 판단하고 있는 르발루아기법이 확인되지 않는다. 이러한 양상은 비단 우리나라에만 국한되는 것이 아니라 동아시아에서 보편적인 현상이다.

중기 구석기시대 동아시아에서는 르발루아기법이 현저하게 나타나지 않고 소형석기가 증가하며[28], 많은 지역에서 전기 구석기시대의 원시적인 석기공작이 지속되고 있는데 이는 주먹도끼 공작이 두드러지게 발달하지 않은 것과 관계가 있는 것으로 판단하거나(배기동 1997), 서구 지역과 석기공작 발달과정에서 기술적 배경의 차이가 존재하는 것으로 보고 있다(이헌종 2000).

---

28) 소형석기에 많은 잔손질이 보여지는 것은 드문 편이다.

이 시기 석기공작의 특징은 대체적으로 몸돌석기가 우세한 가운데, 잔손질석기가 일부 포함되는 양상이라 할 수 있다. 다듬은 석기의 구성은 전기 구석기시대와 큰 차이를 보이고 있지 않다. 다만 주먹도끼의 유무와 잔손질석기의 빈도를 감안하여 석기공작의 양상 차이를 기술하는 경우가 있다(이선복 2000 ; 이헌종 2000 ; 성춘택 2006)

후기 구석기시대의 시작은 특징적 석기공작인 돌날기법과 관련된다. 동북아시아에서 돌날기법의 시작은 약 40,000~30,000BP 사이에 나타나며(加藤眞二 2000), 양질의 돌감을 선택하여 제작하였다. 우리나라에서도 MIS 3기 후반부에 등장하여 MIS 2기에 이르기까지 활용되고 있다(한창균 2003a ; 성춘택 2006 ; 장용준 2006 ; Lee 2010). 즉 우리나라에서 돌날기법의 등장은 본 연구에서 다루어진 남양주 덕소 3지층의 절대연대를 참조할 때, 약 37,000BP를 상한으로 한다. 하지만 돌날기법을 통한 석기제작이 보편화되는 것은 호평동 1문화층의 상한 연대인 30,000BP 이후로 판단된다.

따라서 후기 구석기시대의 시작은 돌날기법의 등장 뿐만이 아니라, 다듬은 석기의 구성에서 관찰되는 변화에 주목할 필요가 있다. 일부 연구자는 이전 시기의 몸돌석기가 병행되지만 격지석기의 증가를 석기공작의 주요한 변화로 파악하고 있으며(이헌종 2004b), 소형 석영계 석기의 증가를 주목한 경우도 있다(성춘택 2006). 이들 석기는 후기 구석기시대 말기까지 지속되고 있다.

한편 후기 구석기시대 내에는 돌날기법의 뒤를 이어 좀돌날기법이 관찰된다. 좀돌날기법의 등장은 몇몇 유적의 절대연대를 참고할 때, 약 25,000BP를 상한으로 하고 있다. 하지만 중심적인 연대는 20,000BP를 전후한 시점 이후로 판단된다. 특히 좀돌날기법의 등장 이후 돌감의 뚜렷한 변화가 관찰된다. 돌날기법의 등장과정에서 양질의 돌감이 일부 등장하였지만, 좀돌날기법 등장 이후에는 흑요석이라는 유리질 돌감이 급증하는 양상을 나타내는 것이다. 다듬은 석기에 있어서도 기능이 보다 세분화되고 소형화된다.

그러므로 우리나라 구석기공작의 양상은 기존 구석기시대의 편년 하에서 몸돌석기 위주의 석기공작에서 잔손질석기 공작으로 변화하며, 잔손질석기의 증가 과정에서 돌날기법과 좀돌날기법이 활용되었다고 볼 수 있다.

우리나라 구석기시대의 일반적인 편년과 그 양상을 파악하였는데, 전·중기 구석기시대에 대한 구분에서 뚜렷한 석기공작의 변화는 확인되지 않는다는 점에서 지속적인 논의가 필요할 것으로 판단되며, 현 단계에서는 전·중기 구석기시대를 묶어 전기나 이른 구석기시대, 후기 구석기시대를 후기나 늦은 구석기시대로 양분하는 것이 가능하다. 다만 본 연구에서는 전기 구석기시대의 시기적 범위에 해당되는 유적의 연구가 이루어지지 못한 바, 기존 편년의 구분을 적용하였다.

2. 석기공작의 변화와 특성

지형과 층서를 통한 시기구분은 우선 산록완사면에서 관찰되는 조립질의 사면기원퇴적물 유입 이전과 이후로 양분할 수 있다. 사면기원퇴적물의 유입은 MIS 3기에 활발했던 것으로 판단되는데, 시기의 구분을 위해 특정 시점을 경계로 삼을 필요성이 있었다.

이에 조립질의 사면기원퇴적물 상부에 형성된 구석기유적의 절대연대를 파악하였는데, 남양주 덕소 3지층에서 37,300±200BP, 36,800±200BP라는 가장 이른 연대가 확보되었다. 또한 호평동 유적의 문화층 아래의 사면기원퇴적물에 대한 절대연대의 범위는 31,000±500BP~46,400±2,000BP가 얻어졌다. 따라서 31,000~37,000BP 사이를 경계구간으로 판단할 수 있는데, 광주 삼리 유적 등 일부 유적에서는 입지 차이에 의해 그 연대가 비교적 이른 시기에 해당될 가능성이 제기되었다. 그러므로 덕소 3지층의 절대연대를 감안하여 37,000BP를 하나의 경계점으로 구분하였다.

그리고 37,000BP 이내의 시간적 범위에서는 토양·퇴적물 분석 내의 식생분석 및 토양분석의 대자율을 통해 환경의 변화가 있었다고 보여지는데, 이러한 양상은 범지구적인 현상으로 볼 수 있다. 따라서 MIS 3기에서 MIS 2기로의 변화에 주목하였으며, 여러 유적에서 얻어진 절대연대도 특정 연대를 중심으로 양분되는 양상을 나타내고 있었다. 즉 24,000BP를 경계로 또 하나의 구분이 이루어질 수 있었다.

이와 같은 시기의 경계를 바탕으로 한강유역 주요 구석기유적은 37,000BP 이전의 Ⅰ기, 37,000~24,000BP의 Ⅱ기, 24,000~11,000BP의 Ⅲ기로 구분하였다.

Ⅰ기의 유적에는 MIS 4기의 늦은 시기에 속할 가능성이 있는 여주 연양리와 양평 도곡리·병산리 3문화층, MIS 3기 전반에 속하는 것으로 판단되는 양평 병산리 2문화층과 광주 삼리 3문화층이 있다. 그리고 수양개 Ⅲ지구 1문화층도 이 시기에 속한다고 보여진다.

Ⅱ기에 해당하는 유적은 남양주 덕소 3지층, 남양주 호평동 1문화층, 남양주 호평동 지새울 2문화층, 용인 동백리 Ⅱ·Ⅲ문화층, 제천 창내 유적이 있다.

Ⅲ기의 유적은 가장 많은 수가 분포하는데, 이 시기에 해당되는 유적은 광주 삼리 1·2문화층, 남양주 덕소 2지층, 남양주 호평동 2문화층, 남양주 호평동 지새울 1문화층, 단양 수양개 Ⅰ지구 Ⅳㄴ층(후기 구석기문화층), 단양 수양개 Ⅲ지구 2문화층, 용인 동백리 Ⅰ문화층, 양평 병산리 1문화층, 제천 두학동 중말 유적 등이 있다.

각 시기별 석기공작의 양상을 통해 그 한강유역 구석기문화를 파악하였다.

돌감의 구성은 Ⅰ기에는 석영과 규암, 편마암 등의 돌감이 관찰되었고, Ⅱ기에는 석영·규암이 우세하지만 덕소 3지층에서는 사암과 응회암, 창내에서는 셰일 등의 기타 돌감이 나타나기

시작한다. Ⅲ기에 이르러 기타 돌감은 이전 시기보다 그 수가 더욱 증가하며 일부 유적에서는 흑요석의 등장한다.

우리나라의 구석기유적에서 흑요석은 공주 석장리, 남양주 호평동, 단양 수양개 Ⅰ지구, 대구 월성동, 양구 상무룡리, 의정부 민락동, 장흥 신북, 철원 장흥리, 홍천 하화계리·하화계리Ⅲ 유적 등에서 출토되었는데, 그 연대는 약 24,000BP 이후에 집중되는 양상을 나타내고 있다. 대표적인 양질의 돌감인 흑요석이 Ⅲ기 이후에 등장하게 된 배경에는 석기의 소형화와 기능상의 분화가 큰 영향을 미쳤을 것으로 판단된다. 또한 이들 흑요석이 출토된 유적에서는 대부분 좀돌날기법이 관찰된다.

한편 Ⅲ기에 해당하는 유적 중에서도 삼리 2문화층, 호평동 지새울 1문화층, 동백리 Ⅰ문화층 등에서는 기타 돌감이 확인되지 않고, 석영·규암계 돌감이 우세한 양상을 나타낸다. 이러한 원인에는 돌감과 관련되는 지질구조의 차이 외에도, 석영·규암계 돌감을 이용할 수 밖에 없는 기술 및 기능적 요인이 작용했을 가능성이 있고, 이들 유적에서는 돌날 및 좀돌날기법이 보여지지 않는다는 점에서 석기제작집단의 차이도 고려할 필요성이 있다.

전체 석기의 구성은 거의 모든 유적에서 박리작업 관련 유물이 많은 편이었으며, Ⅰ기의 병산리 2문화층과 도곡리, Ⅱ기의 동백리 Ⅲ문화층에서는 다듬은 석기의 비율이 다른 유적에 비해 상대적으로 높게 나타나는데, 병산리 2문화층의 경우 조사범위의 제한, 도곡리와 동백리 Ⅲ문화층은 유적 변형과 관련된 것으로 판단하였다.

한편 시기와 상관없이 하천과 인접하고 있는 유적 및 과거 고기하성층이 유적의 하부에 존재하는 곳에서는 기타 중 반입자갈돌의 비율이 높게 나타났다.

박리작업에서는 그와 관련된 유물인 몸돌과 격지, 돌날몸돌과 돌날, 좀돌날몸돌과 좀돌날, 조각, 망치·모루 등의 빈도를 확인하였는데, 대부분의 유적에서는 조각이나 격지의 비율이 높은 가운데 몸돌 등이 그 뒤를 따르는 양상이었다. 그러나 삼리 3문화층과 도곡리에서는 몸돌이 격지나 조각에 비해 다수를 차지하는 현상이 관찰되었는데, 이 역시 유적 변형과 관련되는 양상으로 판단하였다.

박리작업 유물의 구성에서 주목되는 것은 Ⅱ기의 호평동 1문화층과 덕소 3지층에서는 돌날몸돌과 돌날이 관찰되는 점이며, Ⅲ기의 덕소 2지층, 두학동 중말, 수양개 Ⅲ지구 2문화층, 호평동 2문화층에서 돌날몸돌과 돌날의 등장 빈도가 높아지는 것과 함께 좀돌날몸돌과 좀돌날이 등장한다. 그리고 삼리 1문화층에서는 돌날몸돌 및 돌날은 확인되지 않고 좀돌날만이 확인되고 있다. 즉 Ⅰ~Ⅲ기에는 일반적인 박리작업이 모두 확인되나, Ⅱ기에는 일반적 박리작업과 돌날기법, Ⅲ기에는 일반적 박리작업과 돌날기법, 좀돌날기법이 모두 나타나는 양상으로 변화된다.

한강유역을 제외하고 우리나라에서 돌날기법이 관찰되는 곳은 공주 석장리, 대전 용산동, 밀양 고례리, 순천 죽내리, 순천 월평, 임실 하가 유적, 진안 진그늘, 청원 용방 유적 등이 있는데, 절대연대가 얻어진 유적을 참조할 때(이기길 2004a, 천권희 2007, 金煥逸·陸心英 2007, 이기길 외 2008), 대체적으로 25,000 BP 이후에 집중되는 양상을 나타낸다. 따라서 한강유역의 덕소 3지층에서 확인된 돌날몸돌 및 돌날의 경우에 절대연대인 37,300±200BP, 36,800±200BP(AMS)를 신뢰할 경우 가장 이른 돌날기법 관련 유적일 가능성이 크며, 후기 구석기시대의 개시기와 직결될 수 있다. 다만 전체 유물의 수량이 87점에 불과하고, 이중 돌날몸돌이 1점, 돌날이 10점 출토되었기 때문에 그 해석에 주의가 필요하다. 그러나 호평동 1문화층에서 30,000BP를 상한으로 하는 절대연대가 얻어진 바 한강유역에서 돌날기법의 출현은 다른 지역에 비해 비교적 이른 편이다.

한편 좀돌날기법과 관련된 유적은 공주 석장리, 양구 상무룡리, 장흥 신북, 철원 장흥리, 청원 용방, 화순 대전, 홍천 하화계리·하화계리Ⅲ 유적 등이 있는데, 절대연대는 약 25,000BP가 상한으로 나타난다(崔福奎 외 2001, 이기길 2004b, 천권희 2007). 일부 유적의 연대에 대해서는 주의가 필요하지만, 중심적인 연대는 20,000BP를 전후한 시점 이후로 판단되고, 한강유역에서도 이와 비슷한 양상을 나타낸다.

다음으로 Ⅰ기에서 Ⅲ기까지 공통적으로 확인되는 일반적 박리작업을 반영하는 몸돌과 격지에 대한 분석을 내용을 살펴보았다. 몸돌과 격지의 속성은 각 시기 내에서도 약간의 차이가 관찰되는데, 여기에서는 시기적 박리작업의 특성을 파악하기 위하여 공통되는 부분을 중점적으로 서술하였다.

몸돌의 경우에 그 크기는 Ⅰ기의 것이 가장 크고, Ⅱ기와 Ⅲ기에는 큰 차이를 나타내지 않았는데, 호평동을 비롯한 다문화층 유적의 분석을 통해 보면, Ⅱ기의 몸돌이 Ⅲ기의 것에 비해 크게 나타나는 점이 확인되었다. 이러한 양상은 후기 구석기시대로 갈수록 돌날을 이용하여 제작된 석기를 제외하면, 대체적으로 소형화되는 석기 양상과 관련이 깊다고 볼 수 있다.

몸돌의 돌감은 전체 석기의 돌감 구성과 큰 차이를 나타내지 않는다. 즉 전 시기에 걸쳐 석영이 우세하게 사용되었고, 규암도 지속적으로 확인되는데, Ⅲ기에 이르러 응회암·사암·혼펠스 등을 이용한 몸돌이 호평동 2문화층, 덕소 2지층 등에서 관찰되고 있다.

몸돌의 원석 형태는 유적의 입지와 관련하여 하천에 인접한 유적 및 유적의 하부에 고기하성층이 존재하는 산록완사면 유적에서는 자갈돌의 사용이 우세하지만, 대부분의 산록완사면에 위치하는 유적에서는 모난돌의 이용이 높다.

몸돌의 작업면의 수는 Ⅰ기의 연양리와 도곡리에서는 2면이 우세하고, 삼리 3문화층에서는 3면이 많은 편이다. Ⅱ기에는 호평동 1문화층에서 3면, 호평동 지새울 2문화층에서는 2면이 우세하나, 대체적으로 2~4면에 해당되는 작업면이 다수 확인된다. Ⅲ기에는 여러 유적에서 3면 이상의 작업면이 우세하게 나타나는데, 삼리 1·2문화층에서는 1·2면의 작업면이 다수이다.

작업면의 유형은 Ⅰ기부터 Ⅲ기까지 여러작업면과 인접작업면이 우세한데, 원석으로 자갈돌을 사용한 경우 한·두 작업면의 비율이 높은 편이다.

박리방향의 유형은 여러방향 박리가 모든 시기에 우세하게 나타나는데, 이를 제외하면 Ⅰ기에는 두방향 이상의 박리이 우세하였지만, Ⅲ기로 가면서 한·두방향이 다수를 차지한다.

타격면의 종류는 Ⅰ기에는 자연면이 우세하지만, 삼리 3문화층에서는 복합면(자연면+박리면)도 다수 확인된다. Ⅱ기에는 돌결면과 복합면이 우세해지며, Ⅲ기에는 복합면은 보편적이고 덕소 2지층, 호평동 2문화층, 삼리 1문화층에서 박리면이 많아지는 양상으로 변해가는데, 박리면의 증가는 타격면 조정과 관련되는 것으로 볼 수 있다.

몸돌 타격면의 수는 Ⅰ기의 연양리에서는 1·2면, 도곡리와 삼리 3문화층에서는 2·3면이 다수를 차지하고 있다. Ⅱ기에는 호평동 1문화층에서는 2면이 우세하고, 호평동 지새울 2문화층에서는 1·2면이 다수이다. Ⅲ기에도 1·2면의 타격면이 다수를 차지하는데, 덕소 2지층에서는 3면 이상이 많은 편이다.

몸돌에 대한 타격면과 작업면의 변화를 보다 구체적으로 살펴보기 위해 다문화층 유적을 살펴보면, 시기에 따른 박리작업의 변화와 조금은 차이가 있다. 즉 Ⅰ기와 Ⅲ기의 문화층이 존재하는 삼리 유적과 Ⅱ기와 Ⅲ기의 문화층이 존재하는 호평동에서는 타격면과 작업면은 늦은 시기로 갈수록 점차 그 수가 줄어드는 양상을 나타내고, Ⅱ기와 Ⅲ기 문화층에 해당되는 호평동 지새울에서는 작업면의 변화는 뚜렷하지 않지만 타격면은 줄어든다.

이는 늦은 시기로 갈수록 타격면이 일부 면으로 제한된다고 볼 수 있다. 이러한 양상은 작업면의 유형과 타격면의 유형에서도 관찰되는데, Ⅰ기나 Ⅱ기의 문화층에서 Ⅲ기의 문화층으로 갈수록 작업면의 유형은 여러작업면에서 인접작업면으로 변화되며, 박리방향의 유형도 한방향 박리가 증가하고 여러방향 박리가 감소하는 양상을 보이고 있었다.

한편 Ⅰ기에서도 시기가 이른 것으로 판단되는 연양리와 그 보다 늦은 시기의 삼리 3문화층의 몸돌을 보다 자세하게 비교한 결과, Ⅰ기 내에서도 늦은 시기에는 일부 속성이 Ⅱ기와 유사해지는 양상을 나타내고 있어 점진적인 박리작업의 변화가 진행되었다고 보인다.

격지를 살펴보면, Ⅰ기의 것이 다른 시기에 비해 큰 편이며, Ⅱ기의 격지는 Ⅲ기의 것과 큰 차이를 보이지 않는데, 시기를 달리하는 다문화층이 존재하는 유적의 분석을 통해 보면 늦은 시기로 갈수록 그 크기가 작아지는 양상이 관찰된다. 그러므로 몸돌의 크기 변화와 연동되는 것으로 볼 수 있다.

격지의 돌감 역시 몸돌과 유사한데, Ⅰ기부터 Ⅲ기까지 석영의 빈도가 높고, Ⅱ기부터 양질의 돌감이 출현하는데, 호평동 1문화층에서는 응회암, 덕소 3지층에서는 사암이 보여진다. Ⅲ기에는 기타 돌감의 비율이 더욱 높아지는데, 특히 호평동 2문화층과 삼리 1문화층에서는 흑요석이 다수 관찰된다. 이밖에 두학동 중말에서는 응회암, 호평동 2문화층에서는 혼펠스와 유문암도 보여진다.

격지 등면의 박리방향은 모든 시기에 걸쳐 격지박리축과 같은 방향이 우세하게 나타는데, Ⅲ기에 이르러 그 비율이 감소하는 반면 두방향 이상의 박리방향이 차지하는 비율이 높아진다.

격지 타격면의 종류는 Ⅰ기에는 자연면이 우세하지만, Ⅱ기에는 돌결면과 박리면의 비율이 증가하고, Ⅲ기에 이르러서는 박리면의 비율이 대단히 높아진다. 이는 몸돌과 마찬가지로 타격면의 조정과 관련이 깊다.

격지 타격면의 크기는 격지의 크기와 마찬가지로, Ⅰ기에서 크게 나타나며, Ⅱ기와 Ⅲ기에서는 큰 차이를 보이지 않는데, 다문화층 유적에서는 늦은 시기로 갈수록 작아진다.

격지의 박리각은 Ⅰ기의 연양리에서 그 각의 폭이 좁고, Ⅲ기의 두학동 중말에서 그 각이 넓게 나타나는데, 대부분의 유적은 시기와 상관없이 99~105도의 범위에 해당한다.

즉 몸돌과 격지를 통해 박리작업의 변화를 파악하면, 크기는 늦은 시기로 갈수록 소형화되며, 타격면의 종류로 볼 때 타격면 조정이 활발해 진다고 볼 수 있다. 그리고 격지 등면의 박리방향으로 미루어 몸돌의 박리방향은 보다 다양해진다.

다듬은 석기는 Ⅰ기에는 찍개와 여러면석기를 중심으로 하는 몸돌석기가 우세한데, 찍개의 비율이 높고, 도곡리와 삼리 3문화층에서는 여러면석기도 확인된다.

이러한 석기공작의 양상은 상당히 고식에 해당되는데, 한강유역에서는 Ⅰ기 유적의 토양·퇴적물 분석의 내용을 고려할 때, MIS 3기 전반부까지 이른 시기를 대표하는 석기가 다수 이용되었다는 가정이 가능하다.

본 논문에서 다루지는 않았지만, 남한강유역에서 전기 구석기시대에 해당되는 유적으로 설명되어진(손보기 1990 ; 이융조 2002 ; 박희현 2002), 단양 금굴 1문화층과 2문화층의 다듬은 석기의 종류를 보면, 몸돌석기가 우세한 가운데 1문화층에서는 찍개가 63%, 주먹도끼가 18%, 2문화층에서는 찍개 45%, 주먹찌르개 10%, 주먹도끼 3%, 여러면석기 6%로 나타나고 있다(孫寶基 1985).

이러한 다듬은 석기 중 몸돌석기의 구성은 Ⅰ기에 해당하는 연양리 유적에서 찍개 54%, 여러면석기 4%, 주먹대패 8%와 큰 차이가 없으며, 또한 유물의 재이동 가능성이 크지만 Ⅰ기에 해당되는 도곡리 유적의 몸돌석기 비율 역시 찍개 67%, 여러면석기 28%, 주먹도끼 1%, 주먹찌르개 2% 등으로 나타나는 바 유사하다.

연대에 대해서는 금굴 2문화층의 절대연대는 전자회전반응(ESR)을 이용하여 185,807BP가 얻어졌고, Ⅰ기의 유적은 MIS 3기 전반부 이전의 시기에 해당되는데, 만약 금굴 2문화층의 절대연대를 신뢰한다면, 한강유역에서 몸돌석기 중 찍개를 중심으로 하는 석기공작은 상당 기간을 점유하였던 것으로 볼 수 있다.

한편 여러면석기가 다수 확인된 도곡리와 삼리 3문화층은 유적 변형에 의해 유물이 재이동되었다고 판단된 곳인데, 우리나라에서 여러면석기가 다수 확인된 진천 송두리, 파주 운정(1) 36-5지점 등의 유적은 대부분 사면말단부나 골짜기 내에 자리잡고 있는 바, 그 연관관계에 대한 논의가 필요하다.

다듬은 석기는 Ⅱ기에 이르러 잔손질석기 중 긁개의 빈도가 급증하고, 홈날과 기타 잔손질석기의 비율이 높아지는 편이다. 또한 밀개는 Ⅱ기부터 새롭게 등장한다. 이러한 양상은 우리나라 구석기시대의 편년에서 후기 구석기시대의 보편적인 양상으로 판단되는데, 돌날을 이용하여 제작된 석기보다는 격지·조각 등을 이용한 경우가 많으며, 돌감 역시 일부 유적을 제외하면 석영·규암계 돌감이 다수를 차지하고 있다.

Ⅲ기에는 여전히 잔손질석기가 압도적으로 우세하다. 긁개, 밀개, 홈날, 기타 잔손질 석기의 비율이 증가한다. 특히 이 시기에는 석기의 크기가 소형화되는 양상이 뚜렷하고, 좀돌날을 이용하여 석기제작이 본격화되는 시기이다. 또한 돌날을 이용한 다수의 석기가 제작되고 있는데, 슴베찌르개가 대표적이라 할 수 있다.

다듬은 석기 중 시기별 여러 유적에서 관찰되는 석기를 중심으로 속성분석을 실시하여, 석기제작상의 변화를 파악하고자 하였다. 즉 몸돌석기 중 찍개, 잔손질석기 중 긁개, 밀개, 홈날, 슴베찌르개에 대한 분석을 진행하였다.

몸돌석기 중 찍개는 유물의 수량과 빈도를 고려하여 Ⅰ기와 Ⅲ기의 유적을 대상으로 분석이 실시되었는데, 찍개는 날의 형태, 날의 둘레길이 등에서 약간의 차이가 관찰되지만, 대체적으로 나머지 속성은 유사한 양상을 나타내고 있다. Ⅲ기의 찍개도 Ⅰ기와 큰 차이를 보이고 있지 않아, 대체적으로 Ⅰ기부터 Ⅲ기에 이르기까지 큰 변화를 거치지 않고 일정 시기를 점유하였던 석기로 판단하였다. 특히 찍개의 대부분은 외면찍개이며, 이들 유물이 출토되는 지역이 남한강 하류와 한강본류의 상류에 위치하는 점으로 미루어 지역적인 특성을 반영하는 자료가 될 수도 있다.

잔손질석기는 Ⅲ기로 갈수록 공통적으로 소형화되는 양상이 관찰된다.

긁개의 돌감은 모두 석영과 규암을 주로 사용하였는데, 석영의 수가 더 많은 편이다. 하지만 수양개 Ⅲ지구 충북대 박물관 유물은 대부분이 셰일을 이용한 기타 돌감의 빈도가 매우 높다.

긁개는 격지와 조각을 이용하여 제작된 빈도가 높은 가운데 몸돌도 대부분의 유적에서 확인된다. 한편 돌날을 이용하여 제작된 경우는 Ⅲ기의 호평동 2문화층과 수양개 Ⅰ지구 충북대

전시유물에서 보여진다. 긁개의 크기는 Ⅰ기의 것이 큰 편이며, Ⅱ기와 Ⅲ기의 긁개는 크기에 큰 차이는 없다.

긁개의 날 수는 모든 유적에서 외날이 우세하며, Ⅱ기와 Ⅲ기에는 집중날도 관찰된다. 날의 위치는 세로날이 많은 편이며, Ⅱ기와 Ⅲ기에는 모서리날도 관찰되는데, 주로 Ⅲ기에 그 비율이 높게 나타난다. 날의 형태는 볼록날과 곧은날이 많은데, 시기에 따른 차이는 확인되지 않는다.

대체적으로 긁개는 늦은 시기로 갈수록 정선된 잔손질이 실시된 것으로 판단할 수 있으나, 그 외의 차이점은 확인되지 않았다.

밀개는 Ⅱ기와 Ⅲ기의 유적에서만 관찰된다. Ⅱ기의 돌감은 석영이 우세하고, 창내 유적에서는 기타 돌감이 많은 편인데, 대부분 셰일이다. 반면 Ⅲ기에는 석영이 다수를 차지하지만, 규암도 확인되며, 기타 돌감은 호평동 2문화층의 흑요석·유문암·혼펠스, 수양개 Ⅰ지구 충북대 박물관 전시유물은 기타 돌감 중 셰일이 대부분이다.

밀개는 격지와 조각을 이용하여 만든 경우가 많은데, Ⅱ기에는 몸돌의 비율도 많은 편이다. 그리고 Ⅱ기의 창내와 Ⅲ기의 호평동 2문화층, 수양개 Ⅰ지구에서는 돌날을 이용하여 제작된 경우도 있다.

밀개의 크기는 길이와 너비, 너비와 두께의 분포를 통해 보면, 길이와 너비가 30mm이내의 것은 호평동 2문화층과 수양개 Ⅰ지구 등 Ⅲ기에 해당되는 유적에서 주로 확인된다.

밀개 몸체의 형태는 Ⅱ기에는 원형과 타원형, 네모형이 다수 확인되었지만, Ⅲ기에는 그 외에도 돌날 이용에 따른 긴네모형과 소형 밀개의 엄지손톱형 밀개의 증가가 뚜렷하다. 날의 형태는 Ⅱ기에는 넓은 둥근날이 많은 편이지만, Ⅲ기에는 좁은 둥근날이 차지하는 비율이 높다.

홈날의 분석은 Ⅰ기에서 Ⅲ기의 일부 유적을 대상으로 하였다. 홈날의 돌감은 시기와 상관없이 모든 유적에서 석영의 비율이 높은 편이며, 몸체는 조각과 격지를 이용한 경우가 많았다. 날은 Ⅰ기에는 잔손질된 홈날이 우세한 반면, Ⅲ기로 갈수록 클락토니안식 홈날의 비율이 높은 편이었다.

슴베찌르개는 Ⅱ기의 호평동 1문화층의 자료를 제외하면 모두 Ⅲ기에 해당되는데, 크기에서 호평동 1문화층 슴베찌르개가 두터운 점을 제외하면, 다른 차이는 확인되지 않았다. 즉 슴베찌르개 제작은 대단히 정형화되었다고 볼 수 있다. 특히 슴베찌르개 분석이 이루어진 유적에서는 모두 돌날이 확인되는 바, 돌날기법과 슴베찌르개는 서로 중요한 연관관계를 지니고 있다.

이상 한강유역의 석기공작의 변화와 특성을 기존 편년에 대비시켜 보면, Ⅰ기는 중기 구석기시대, Ⅱ·Ⅲ기는 후기 구석기시대에 해당되며, Ⅱ기와 Ⅲ기는 다시금 후기 구석기시대 전반과 후기 구석기시대 후반으로 구분할 수 있다.

이러한 시대적 구분을 바탕으로 최근 연구가 진행된 강원지역의 구석기문화(崔承燁 2010a, 2010b)와 대비하였다.

강원지역에서는 한강유역의 중기 구석기시대(Ⅰ기)에 해당되는 시기를 지층의 선후관계를 바탕으로 중기 구석기시대 1기에서 3기로 구분하였는데, 1기는 80~100ka BP, 2기는 80~65ka BP, 3기는 40~65ka BP로 연대범위가 설정되었다.

강원지역 중기 구석기시대 1기에서 3기의 석기구성은 대체적으로 주먹도끼, 주먹찌르개, 찍개, 여러면석기, 주먹대패 등 대형의 몸돌석기가 차지하는 비중이 이후의 시기에 비해 높게 나타난다. 동해 망상동(360-34) 3유물층과 노봉 3유물층에서는 찍개, 춘천 금산리 갈둔 4유물층에서는 주먹도끼류, 백이 유적에서는 찍개, 주먹대패, 주먹도끼류가 비교적 높은 비율을 차지한다. 이러한 점은 한강유역 중기 구석기시대의 다듬은 석기 중 몸돌석기의 점유 만큼 그 비율이 높은 편은 아니지만 이후 시기에 비해 몸돌석기는 우세하다.

그러므로 한강유역의 중기 구석기시대(Ⅰ기)와 강원도지역의 중기 구석기시대 1기~3기는 몸돌석기를 중심으로 하는 석기공작이 주목되는데, 한강유역에서 찍개를 중심으로 석기가 더욱 우세하게 관찰된다. 즉 지역간에 석기구성의 차이는 나타내고 있지만 두 지역에서 비교적 오랜 시간 동안 몸돌석기를 기반으로 하는 석기공작이 지속되었다고 볼 수 있다.

한강유역의 후기 구석기시대 전반(Ⅱ기)에는 돌날몸돌 및 돌날이 일부 유적에서 확인되고 있는데, 그 시기는 덕소 3문화층의 절대연대를 고려할 때, 상한은 37,300BP이다. 돌날기법의 등장과 함께 다듬은 석기의 구성은 중기 구석기시대(Ⅰ기)와 큰 차이를 보이는데, 잔손질석기를 기반으로 하는 긁개의 수량이 급증하고 이전 시기에는 보이지 않던 밀개가 등장한다. 강원지역에서도 후기 구석기시대 1기(20~40ka)에 해당하는 시점에 몸돌석기가 급격히 감소하고, 긁개, 홈날, 밀개 등이 주를 이루는 잔손질석기가 증가하고 있는데, 돌날기법은 거의 확인되지 않는다. 하지만 돌날기법의 출현을 제외하더라도 다듬은 석기의 구성이 급격히 전환된 점으로 미루어 석기문화의 전환이 이루어졌다고 볼 수 있다.

그리고 한강유역의 후기 구석기시대 후반(Ⅲ기)에는 돌날몸돌과 돌날은 지속적으로 증가하였으며, 좀돌날기법이 등장하는데 절대연대 등을 고려할 때, 환경 변화의 영향에 의한 새로운 석기공작의 등장으로 판단된다. 또한 잔손질석기가 여전히 우세한 가운데 긁개, 밀개, 홈날, 기타 잔손질석기의 빈도는 증가한다. 특히 기타 잔손질석기의 증가는 기능의 세분화에 따른 다양한 석기의 출현을 의미한다. 이러한 현상은 강원지역 구석기문화의 양상에서도 비슷하게 나타나며, 후기 구석기시대 2기로 설정된 시기이다.

따라서 한반도 중부지방에 해당되는 한강유역과 강원지역의 석기공작 양상은 다듬은 석기의 구성으로 볼 때, 주요 석기의 빈도 차이는 일부 관찰되지만 거시적인 관점에서 볼 때, 시기의 변화에 따른 유사성을 나타내고 있다. 한편 돌날기법은 한강유역에서 비교적 이른 시기에 일부가 확인되고, 강원지역에서는 그 양상이 뚜렷하지 않은데 그 원인에 대해서는 돌날기법을 이용한 석기의 제작이 특정 석기에 국한되고, 대부분의 석기는 일반적인 박리작업과 잔손질을 통해 충분히 생산이 가능했기 때문으로 볼 수 있다.

V

맺음말

V. 맺음말

한강유역은 우리나라 구석기연구의 흐름을 볼 때, 연구 초창기부터 주목받은 지역이며 다수의 구석기유적이 분포되어 있다. 하지만 개별유적에 대한 연구만이 주로 진행되었을 뿐 유적을 서로 비교하여 한강유역의 구석기문화를 종합적으로 분석하기 위한 연구는 진행된 바 없었다.

이에 본고에서는 발굴조사된 유적을 중심으로 입지 지형과 층서를 통해 시기적 편년을 설정하고 각 시기별로 석기공작의 분석을 실시하여 한강유역 구석기문화를 파악하고자 하였다. 이러한 연구는 1990년대 후반부터 최근까지 행정 구역 및 하천 유역을 중심으로 진행되고 있는 우리나라 구석기연구의 경향, 즉 지역단위 비교연구의 성격을 지니고 있는 것으로써 궁극적으로 우리나라 구석기문화의 양상을 밝히기 위한 작업의 일환이라고 할 수 있다.

한강유역에서 발굴조사된 유적 중 유물의 수량이 풍부하거나, 특징적인 석기공작 및 지형·층서가 확인되는 12개소의 주요한 야외유적을 대상으로 연구를 진행하였다.

지형과 층서에 대한 연구를 통해 한강유역 구석기유적의 시기 구분은 Ⅰ기·Ⅱ기·Ⅲ기로 삼분될 수 있었는데, Ⅰ기와 Ⅱ기의 구분은 산록완사면을 피복하는 사면기원퇴적물의 퇴적시기와 지질연대측정 자료 등을 고려하여 37,000BP를 경계점으로 설정하였으며, Ⅱ기와 Ⅲ기의 구분은 토양 입도분석, 지질연대측정 자료, 대자율 등의 지질분석과 화분·수종 분석 등의 식생 분석을 통해 확인되는 기후변동과 연관하여 MIS 2기와 MIS 3기의 경계점인 24,000BP로 설정하였다.

그 결과, Ⅰ기의 유적으로는 여주 연양리, 양평 병산리 2·3문화층, 양평 도곡리 유적, 광주 삼리 3문화층, 단양 수양개 Ⅲ지구 1문화층, Ⅱ기의 유적은 남양주 덕소 3지층·호평동 1문화층·호평동 지새울 2문화층, 용인 동백리 Ⅱ·Ⅲ문화층, 제천 창내, Ⅲ기 유적에는 광주 삼리 1·2문화층, 남양주 덕소 2지층, 남양주 호평동 2문화층, 남양주 호평동 지새울 1문화층, 단양 수양개 Ⅰ지구 Ⅳㄴ층, 단양 수양개 Ⅲ지구 2문화층, 용인 동백리 Ⅰ문화층, 양평 병산리 1문화층, 제천 두학동 중말 유적 등이 포함되었다.

석기공작 연구는 크게 돌감과 석기 구성, 박리작업, 다듬은 석기를 중심으로 살펴보았다. 돌감은 Ⅰ기에는 석영·규암계 돌감이 우세하였지만, Ⅱ기부터 기타 돌감이 조금씩 나타나고, Ⅲ기에 이르러서는 흑요석을 비롯한 양질의 돌감이 급증하였다. 석기의 구성에서는 대부분의 유적의 박리작업 관련 유물이 다수를 차지하고 있었다.

박리작업은 관련 유물의 구성과 몸돌과 격지의 분석 및 고찰로 나누어서 진행하였다. 박리작업 유물은 대부분 격지와 조각이 다수를 차지하는 가운데 몸돌, 망치, 모루 등은 적은 편이었다. 일부 유적에서는 몸돌이 격지나 조각에 비해 우세한 유적이 있는데, 지형과 층서의 연구를 통해 변형이 이루어진 것으로 판단된 유적이었다. 한편 Ⅱ기에는 일부 유적에서 돌날몸돌·돌날 등이 확인되고, Ⅲ기에는 여기에 더하여 좀돌날몸돌·좀돌날 등이 관찰되어 석기공작의 변화가 관찰된다.

몸돌 및 격지의 분석은 몇몇 유적을 제외하고 진행하였는데, 그 크기는 늦은 시기로 갈수록 소형화되고, 돌감 역시 양질의 돌감이 증가하였다. 박리작업은 늦은 시기로 갈수록 타격면은 감소하고, 타격면 조정이 이루어진다. 그리고 격지 등면에는 늦은 시기로 갈수록 여러방향 박리가 진행되는데 몸돌의 활용을 극대화하였던 것으로 판단된다.

다음은 석기는 그 구성을 시기별로 살펴보고, 주요 석기의 분석을 진행하였다.

석기의 구성은 Ⅰ기에는 몸돌석기를 중심으로 하는 공작이 확인되며, 특히 찍개의 빈도가 높게 나타났다. Ⅱ기에는 주로 석영·규암계 돌감을 이용하여 만든 잔손질 석기가 급증하는데, 특히 긁개의 수량이 급증하였으며, 이전 시기에는 보이지 않던 밀개도 관찰된다. Ⅲ기에는 잔손질석기가 우세한 가운데, 긁개, 밀개, 홈날, 기타 잔손질 석기는 증가하며, 특히 기타 잔손질 석기 중 슴베찌르개의 증가가 두드러지는데, 이는 돌날기법과 연관되고 있다.

여러 시기에 걸쳐 관찰되는 주요 석기에 대해서는 분석을 실시하였는데, Ⅰ기와 Ⅲ기의 찍개는 제작상 큰 차이가 확인되지 않았으며, 긁개는 늦은 시기로 갈수록 크기가 작아지고 정선된 잔손질이 실시된 것으로 판단할 수 있으나, 그 외의 차이점은 확인되지 않았다.

밀개는 Ⅱ기와 Ⅲ기의 유적을 비교하였는데, 크기의 변화, 석기 형태의 변화, 날의 형태에서 차이가 나타난다. 대체적으로 늦은 시기로 갈수록 소형화되며, 석기의 형태는 돌날을 이용한 긴네모형이나 소형의 엄지손톱형 밀개가 증가한다. 날의 형태는 좁은 둥근날 많아진다.

홈날의 크기는 Ⅰ기에서 Ⅲ기로 갈수록 소형화되는 양상을 나타내며, 날의 제작은 Ⅰ기에는 잔손질된 홈날이 우세한 반면, Ⅲ기로 갈수록 클락토니안식 홈날의 비율이 높은 편이었다.

슴베찌르개는 속성이 유사하여 상당히 정형화되었다고 볼 수 있으며, 슴베찌르개 출토 유적에서는 모두 돌날이 확인되고 있다.

Ⅰ기는 한강유역에서 가장 이른 유적으로 설명된 금굴 1·2문화층과 비교되는데, Ⅰ기의 연대범위를 넘어서는 시기부터 상당 기간 유사한 석기공작이 지속되었다고 판단하였다.

Ⅱ기부터는 석기공작의 변화가 뚜렷해지는데, 돌날기법이 출현하고 잔손질석기의 급증하고 있다. 또한 Ⅲ기에는 돌날기법과 함께 좀돌날기법이 활용되기 시작하여, 시대적으로 Ⅱ기의 연장선으로 볼 수 있다.

즉 Ⅰ기의 석기공작은 오랜 시간을 점유했던 것으로 판단되는데, 기존 편년에 대비할 때 중기 구석기시대, Ⅱ기와 Ⅲ기는 돌날기법, 좀돌날기법의 등장과 잔손질석기의 급증으로 미루어 석기공작의 변화가 이루어진 시대로 후기 구석기시대로 설정되었고, 다시금 후기 구석기시대 전반과 후반으로 구분하였다.

본 연구를 통해 한강유역의 구석기유적 중 지질연대측정이 이루어진 대부분의 유적은 후기 구석기시대에 속하는 유적이며, 중기 구석기시대 이전으로 소급될 수 있는 유적의 경우에는 지질연대측정이 이루어지지 않은 경우가 많았다. 그러므로 향후 다양한 방법의 지질연대측정을 시도하고, 지질고고학적인 접근을 활성화시킴으로써 구석기유적의 형성시기를 구체화시킬 수 있는 연구가 보완되어야 할 것이다.

석기공작을 진행하면서 수많은 보고서에 수록된 다수의 유물을 실견한 결과, 석기판정에 있어 연구자간의 견해 차이가 어느 정도 존재하고 있음을 알 수 있었다. 향후 석기명칭 및 판정의 기준에 대한 연구자간 합의가 이루어져야 할 것이며, 이에 대한 끊임없는 노력이 필요하다.

본 연구는 한강유역 구석기유적에 대하여 면밀한 분석을 진행하고자 노력하였지만, 지형·층서와 관련된 자료의 부족과 일부 유적의 몇몇 석기에 대한 실견이 이루어지지 못하였다. 따라서 연구 결론의 한계가 있었다고 판단되며, 앞으로 이를 보완하기 위한 노력을 지속해 나갈 것이다.

참고문헌

참고문헌

단행본

국문

江原考古學會, 2003,「강원지역의 구석기문화」.

경기도박물관, 2002,『한강 -환경과 삶-』Vol. 1, 경기출판사.

국립공주박물관, 2005,『금강의 구석기 문화』, 예맥출판사.

국립대구박물관, 2005,『사람과 돌』, 통천출판사.

국립문화재연구소, 2006,『한국 매장문화재 조사연구방법론』2, 학연문화사.

국사편찬위원회, 1997,『한국사』2, 탐구당문화사.

권동희, 2008,『한국의 지형』, 한울아카데미.

權赫在, 2006,『地形學』, 法文社.

박용안·공우석 외, 2001,『한국의 제4기 환경』, 서울대학교출판부.

손보기, 1990,『한국구석기의 종합연구』, 한국선사문화연구소.

연세대학교 박물관 편, 2001,『한국의 구석기』, 연세대학교 출판부.

연세대학교 박물관, 2004,『연당 쌍굴 -사람, 동굴에 살다』, 범우사문화.

嶺南考古學會, 1999,「嶺南地方의 舊石器文化」第8回 嶺南考古學會 學術發表會.

李隆助 편, 2003,『舊石器人의 生活과 遺蹟』, 學研文化社.

이융조 편, 2006,『중원지역의 구석기문화』, 학연문화사.

이융조·우종윤 편, 2005,『중원지역의 구석기유적』, 충북대학교 박물관.

이융조·이승원 편저, 2010,『인류 지혜의 첫 꽃 돌에 피다』, (재)한국선사문화연구원·국립청주
　　　　　　박물관.

이헌종 외, 2003,『자갈돌석기 전통에 대한 연구』, 학연문화사.

이헌종 외, 2006,『영산강 유역의 구석기 고고학과 4기 지질학』, 학연문화사.

이형석·김주환, 2001,『한강』, 대원사.

崔夢龍·崔盛洛·申叔靜, 1998,『고고학연구방법론』, 서울대학교출판부.

최승엽, 2010b,『강원지역의 구석기 고고학』, 서경문화사.

콜린 렌프류·폴 반(이희준), 2006,『현대고고학의 이해』, 사회평론.

쿠마 다쯔다께·나카즈카 시즈오(최대웅·정영상), 1994,『토양학과 고고학』, 강원대학교출판부.

크리스 펠란트(사공 희), 2005,『암석과 광물』, 두산동아.

키스 윌킨스·크리스 스티븐스(안승모·안덕임), 2007,『환경고고학』, 학연문화사.

한국구석기학회, 2011, 「학술대회 발표집」, 제11회 한국구석기학회 정기학술대회.

한국선사고고학회·한양대학교 문화재연구소, 2009, 「한탄강유역 선사문화의 특성」.

湖南考古學會, 2001, 「호남지역의 구석기문화」, 제9회 호남고고학회 학술대회.

불문

Brézillon, M. N. 1971. *La dénomination des objets de pierre taillée,* Ⅳe supplément à 《Gallia Préhistoire》, CNRS.

Bordes, F. 1979. *Typologie du Paléolithique ancien et moyen*, Cahiers du Quaternaire 1, 2 tomes, CNRS.

de Lumley, H. 1979. Lexique des caractéristiques de l'industrie lithique, manuscript.

Piel-Desruisseaux, J.-L. 2007. *OUTILS PRÉHISTORIQUSE*, DUNOD.

영문

Debénath, A. and Dibble, H.L. 1994. HANDBOOK OF PALEOLITHIC TYPOLOGY, University Museum·University of Pennsylvania, Philadelphia.

Bradley, R. S. 1999. *Paleoclimatology : reconstructing climates of the qurternary*, Academy Press.

Brown A.G. 1997. *Alluvial Archaeology*, Cambridge University Press.

Dincauze, D. F. 2000. *ENVIRONMENTAL ARCHAEOLOGY*, Cambridge University Press.

Rapp, G., Jr. and C. L. Hill, 1998. *Geoarchaeology*, Yale University.

Goldberg, p. and Macphail R. I. 2006. *Practical And Theoretical Geoarchaeology*, Blackwell Pub.

Clark, J.D. and Kleindienst, M.R. 1974. The Stone Age cultural sequence : terminology, typology and raw material, *KALAMBO FALLS PREHISTORIC SITE Ⅱ*, CAMBRIDGE AT THE UNIVERSITY PRESS.

Isaac, G. Ll. 1977. *Ologesailie : Archaeological Study of the Middle Pleisticene Lake Basin in Kenya*, The University of Chicage Press.

Lowe, J.J. and M.J.C. Walker. 1997. *Reconstructing Quaternary Environments*, LONGMAN.

Leakey, M.D. 1971. Olduvai Gorge, Vol. 3 : *Excavations in Beds Ⅰ and Ⅱ, 1960-1963.* bridge University Press.

Butzer, K.W. 1987. *Archaeology as human ecology : Method and theory for a contextual approach*, Cambridge University Press.

Maddy, D. *et al.* eds., 2001. *River basin sediment systems : archives of environmental change*, Balkema.

Maher, B. A. and Thompson, R. eds., 1999. *Quaternary climates, environments, and magnetism*, Cambridge

University Press.

Inizan, M.-L. *et al.,* 1992. *Technology of Knapped Stone*. CREP.

Inizan, M.-L. *et al.,* 1999. *Technology and Terminology of Kanpped stone*. CREP.

Qin Yunshan and Zhao Songling. eds., 1991. *QUATERNARY COASTLINE CHANGES IN CHAINA*. CHINA OCEAN PRESS BEIJING.

Williams, M.A.J. *et al.,* 1998. *Qurternary Environments*, Arnord.

Zhang Zonghu. *et al.* eds., 1991. *THE QUATERNARY OF CHINA*. China Ocean Press.

일문

Inizan, M.-L. *et al.* (大沼克彦 外), 1998, 『石器研究入門』, KUBAPRO.

加藤眞二, 2000, 『中國北部の舊石器文化』, 同成社.

金正培, 2005, 『韓國の舊石器文化』, 六一書房.

大沼克彦, 2002, 『文化としての石器づくり』, 學生社.

明治大學博物館·國立忠北大學校博物館, 2004, 『韓國スヤンゲ遺蹟と日本の舊石器時代』.

比田井民子 외, 2008, 『後期旧石器時代の成立と古環境復元』, 六一書房.

松井 章, 2003, 『環境考古學マニュアル』, 同成社.

安齊正人, 2003, 『旧石器社会の構造変動』, 同成社.

町田 洋 외, 2003, 『第四紀學』, 朝倉書店.

堤 隆, 2004, 『黑曜石 3万年の旅』 日本放送出版協會.

竹岡俊樹, 1989, 『石器研究法』, 言叢社.

竹岡俊樹, 2003, 『石器の見方』, 勉誠出版.

중문

王幼平, 2006, 『石器研究』, 北京大學出版社.

논문

국문

강영복·신광식, 2005, 「경안천 유역 하성면에 발달한 토양 특성」, 『한국지구과학회지』 제27권 제5호, 한국지구과학회.

강영복·이상민, 2005, 「남한강 중류 하성고위면의 고적색토」, 『한국지구과학회지』 제26권 8호,

한국지구과학회.

공수진, 1987, 「금굴유적의 구석기격지연구」, 연세대학교 대학원 석사학위논문.

金煥逸, 2006, 「대전 용산동 구석기유적 출토 슴베찌르개의 성격」, 『研究論文集』, 중앙문화재연구원.

김경희 외, 2007, 「단양 구낭굴 퇴적층 출토 숯의 수종으로 해석된 기후변동」, 『한국구석기학보』 제15호, 한국구석기학회.

김기태·이정철, 2006, 「여주 연양리 구석기유적」, 『한국구석기학보』 제11호, 한국구석기학회.

김기태, 2001, 「광주군 삼리 구석기유적(2지역)의 석기 연구」, 단국대학교 대학원 석사학위논문.

김남돈, 1995, 「원주 월송리 구석기유적」, 『博物館誌』 第2號, 江原大學校 博物館.

김성진, 2009, 「파주 운정(1)지구 내 구석기유적(7-1지점) 발굴조사 개보」, 『제10회 학술대회 발표집』, 한국구석기학회.

김소영, 2011, 「남양주 호평동 후기구석기유적의 밀개 연구」, 서울시립대학교 대학원 석사학위논문.

김정학, 1958, 「한국에 있어서의 구석기문화의 문제」, 『고려대학교 문리논집』3, 고려대학교 문리대학.

김주용·양동윤, 2002, 「한강유역 제4기 지질과 구석기유적 형성환경」, 『한강유역 구석기문화의 최근 연구성과』 제3차 학술대회 발표집, 한국구석기학회.

김주용 외, 2004, 「단양일대 남한강 유역의 제4기 하성퇴적층 형성환경 연구」, 『先史와 古代』 20, 韓國古代學會.

김주용 외, 2005, 「한국 단양지역 구낭굴 동굴퇴적층 형성과정과 시기 고찰」, 『先史와 古代』22, 韓國古代學會.

김주용 외, 2006a, 「여주 연양리 일대의 충적지형과 하성단구 퇴적층 형성 -DEM를 이용한 하천지형의 인식과 퇴적단면의 분석을 중심으로-」, 『한국지형학회지』 제13권 제1호, 한국지형학회.

김주용 외, 2006b, 「단양 일대 남한강 유역의 제4기 하성퇴적층 형성환경 연구-수양개 구석기유적지를 중심으로」, 『중원지역의 구석기문화』, 충북대학교 중원문화연구소·한국학술진흥재단.

김주용 외, 2006c, 「한국 청원군 두루봉 흥수굴 퇴적층의 지질분석 연구」, 『先史와 古代』 제25집, 韓國古代學會.

박성진, 2011, 「후기구석기시대 유적의 '기능' 탐색을 위한 시론 -중원지역 한데유적을 중심으로-」,『한국구석기학보』제24호, 한국구석기학회.

박성진 외, 2011,「김포 풍곡리 구석기유적」,『제11회 한국구석기학회 정기학술대회 학술대회 발표집』, 한국구석기학회.

박영철, 2002,「경남지역 구석기문화」,『우리나라의 구석기문화』, 연세대학교 박물관.

박영철 외, 2007,「강원도 평창군 미탄면 기화리 쌍굴유적 시굴조사의 해석」,『제8회 학술대회 발표집』, 한국구석기학회.

박원규 외, 2005,「단양 구낭굴 출토 숯의 수종분석을 통한 기후복원」,『학술발표자료집』제4기학회 2005년 추계학술대회, 한국제4기학회.

박원규 외, 2006,「수양개 후기구석기유적 출토 숯의 수종분석」,『중원지역의 구석기문화』, 충북대학교 중원문화연구소·한국학술진흥재단.

박진우, 2006,「대전 용호동 구석기유적의 찍개 연구」, 연세대학교 대학원 석사학위논문.

朴喜斗, 1992,「南漢江 中·上流 盆地의 堆積層 層序와 地形編年」,『地理學硏究』제20집, 한국지리교육학회.

박희두, 1995,「忠州盆地의 地形分析 (堆積物 分析을 中心으로)」,『한국지형학회지』제2권 제1호, 한국지형학회지.

박희현, 1983,「충북 제원군 창내유적의 문화 성격」,『湖西文化論叢』2, 西原大學校 湖西文化硏究所. 57-88쪽.

박희현, 1989,「제원 창내 후기구석기문화의 연구」, 연세대학교 대학원 박사학위논문.

박희현, 1990,「창내 후기 구석기시대 막집의 구조와 복원」,『博物館紀要』6, 단국대학교 중앙박물관.

박희현, 2002,「남한강유역의 구석기유적」,『우리나라의 구석기문화』, 연세대학교 박물관.

배기동, 1997,「구석기시대」,『한국사』2, 국사편찬위원회.

배기동, 1999,「한국구석기연구에 있어서 자연과학방법의 응용 성과와 과제」,『한중고고학연구』5, 한국선사고고학회.

배기동, 2001,「"쐐기형 紋樣"의 形成過程에 對」한 一考」,『수양개와 그 이웃들』제6회 국제학술회의, 丹陽郡·忠北大學校 博物館·(社)丹陽鄕土文化硏究會.

배기동, 2002a,「한탄강과 임진강 유역의 구석기유적과 공작」,『우리나라의 구석기문화』, 연세대학교 박물관.

裵基同, 2002b,「全谷里 舊石器遺蹟 調査와 硏究의 成果와 展望」,『東北亞細亞舊石器硏究』, 漣川郡·漢陽大學校 文化財硏究所.

배기동, 2004,「구석기유적의 쐐기형 땅문양의 형성과정에 대한 고찰」,『고고학』제3권 제2호,

서울경기고고학회.

배기동, 2006, 「최근 구석기고고학의 성과와 전망」, 『한국선사고고학보』12, 한국선사고고학회.

배기동, 2009, 「전곡리 구석기유적의 조사성과와 유적활용전망」, 『漢灘江流域 先史文化의 特性』, 韓國先史考古學會·漢陽大學校 文化財研究所.

成春子, 1988, 「南漢江의 河床縱斷面研究」, 祥明女子大學校 大學院 碩士學位論文.

성춘택, 2004, 「한국 후기 구석기 유적의 시간층위 재고」, 『韓國上古史學報』第46號, 韓國上古史學會.

성춘택, 2005, 「유럽 중·후기 구석기시대의 전이에 대하여 : 구석기시대 문화변화를 보는 시각」, 『湖南考古學報』21, 湖南考古學會.

성춘택, 2006, 「한국 구석기시대 석기군 구성의 양상과 진화 시론」, 『韓國上古史學報』51, 韓國上古史學會.

성춘택, 2008, 「대전충남지방의 구석기문화」, 『제9회 학술대회 발표집』, 한국구석기학회.

성현경·송용식, 2006, 「고양 덕이동 구석기유적 발굴조사」, 『제7회 학술대회 발표집』, 한국구석기학회.

孫其彦, 1996, 「병산리 유적의 구석기시대 찍개 연구」, 檀國大學校 大學院 碩士學位論文.

孫明遠, 1996, 「河岸段丘와 太白山地의 地盤運動 類型」, 『한국지형학회지』第3권 1호, 한국지형학회.

孫寶基, 1972, 「팔당 댐 工事로 인한 水沒地區의 先史文化 조사발굴」, 『광산지질』5권 4호, 大韓鑛山地質學會.

孫寶基, 1973, 「石壯里의 후기 구석기시대 집자리」, 『韓國史研究』9, 韓國史研究會.

손보기, 1975, 「제천 점말동굴 발굴 중간보고」, 『韓國史研究』11, 韓國史研究會.

손보기·한창균, 1989, 「점말 용굴 유적」, 『博物館紀要』5, 檀國大學校 中央博物館.

송언근, 1998, 「동강유역 하안단구와 곡류절단의 지형 발달」, 『한국지형학회지』第5권 제2호, 한국지형학회.

신재봉 외, 2005, 「뢰스-고토양 퇴적층을 이용한 홍천강 중류에 발달한 하안단구의 형성시기」, 『지질학회지』41집, 대한지질학회.

안성민, 2006, 「성남 삼평동 보뜰 구석기유적 발굴 조사 보고」, 『제7회 학술대회 발표집』, 한국구석기학회.

염종권 외, 2006, 「구낭굴 유적의 연대측정과 고환경변화」, 『중원지역의 구석기문화』, 충북대학교 중원문화연구소·한국학술진흥재단.

오경섭·김남신, 1994, 「전곡리 용암대지 피복물의 형성과 변화과정」, 『한국제4기학회지』8권 1

호, 한국제4기학회.

俞鏞郁, 2003, 「石英系 石材의 再考察 : 坪倉里 遺蹟의 例」, 『全谷里遺蹟의 地質學的 形成科程과 東亞細亞舊石器』, 漣川郡·漢陽大學校 文化財研究所.

윤순옥·이광률, 2000, 「홍천강 중·하류의 하안단구 지형 발달」, 『대한지리학회지』제35권 제2호, 대한지리학회.

尹承姬, 2003, 「광주 삼리 구석기 유적의 박리기법 변화에 대한 연구」, 성균관대학교 대학원 석사학위논문.

윤용현, 2004, 「한국 좀돌날몸돌 제작기술의 재 고찰」, 『제5회 학술대회 발표집』, 한국구석기학회.

이광률, 2003, 「북한강 유역분지 하안단구의 퇴적물 특성과 지형발달」, 경희대학교 대학원 박사학위논문.

이광률, 2004, 「북한강 하안단구 퇴적층의 풍화 특성」, 『대한지리학회지』제39권 제3호, 대한지리학회.

이기길, 1999, 「슴베찌르개와 공반 유물에 대하여」, 『嶺南地方의 舊石器文化』, 嶺南考古學會.

이기길, 2002, 「호남의 구석기유적」, 『우리나라의 구석기문화』, 연세대학교 박물관.

이기길, 2004a, 「진안 진그늘 구석기유적 구석기문화층의 성격과 의미」, 『湖南考古學報』18, 湖南考古學會.

이기길, 2004b, 「장흥 신북유적의 발굴 성과와 앞날의 과제」, 『동북아시아의 후기구석기문화와 장흥 신북유적』, 전라남도 장흥군·장흥 신북 구석기유적 보존회·조선대학교 박물관.

이기길, 2007, 「한국 서남부와 일본 큐슈의 후기구석기문화 비교 연구」, 『湖南考古學報』25輯, 湖南考古學會.

李東瑛, 1987, 「韓半島 第四紀 地層의 層序的 考察」, 『제4기학회지』1-1, 제4기학회.

이동영, 1995, 「선사유적지층의 형성시기와 고환경해석을 위한 지질연구」, 『韓國上古史學報』第20號, 韓國上古史學會.

이동영, 1996, 「한반도 문화유적지층의 지질학적 특징」, 『古文化』제49집, 한국대학박물관협회.

이선복, 1988, 「新發見 舊石器遺蹟 紹介」, 『손보기박사정년기념 고고인류학논총』, 지식산업사.

이선복, 1996, 「임진강 유역 구석기유적의 연대에 대하여」, 『한국고고학보』34집, 한국고고학회.

이선복, 2000, 「구석기 고고학의 편년과 시간층위 확립을 위한 가설」, 『한국고고학보』42집, 한국고고학회.

이승원, 2008a,「파주 운정(1) 택지개발지역 내 구석기유적(5·34·35지점) 발굴조사 개보」,『제9회 학술대회 발표집』, 한국구석기학회.

이승원, 2008b,「파주 야당리 구석기유적의 발굴조사 성과」,『忠北史學』第21輯, 忠北大學校 史學會.

이융조, 1974,「팔당댐 수몰지역의 선사유물」,『人文科學』32, 연세대학교 인문과학연구소.

이융조, 1976,「새로이 발굴된 구석기 및 구석기 전통유물의 몇예」,『白山學報』20, 白山學會.

이융조, 1988,「단양 수양개 후기구석기문화」,『한국학의 과제와 전망』, 한국정신문화연구원.

이융조, 1989,「단양 수양개 후기구석기시대의 배모양석기의 연구」,『古文化』제35집, 한국고대학회.

이융조, 1995,「우리의 구석기 연구 반세기」,『韓國學報』第八十一輯, 一志社.

이융조, 2002,「한강유역 구석기유적의 연구성과」,『한강유역 구석기문화의 최근 연구성과』한국구석기학회 제3차 학술대회 발표집, 한국구석기학회.

이융조·이승원, 2007,「양평 도곡리유적의 조사 성과」,『충북사학』제18집, 충북대학교 사학회.

李隆助·孔秀眞, 2003,「垂楊介 Ⅲ地區의 舊石器文化와 그 年代」,『全谷里遺蹟의 地質學的 形成過程과 東亞細亞舊石器』, 漣川郡·漢陽大學校 文化財研究所.

이융조·공수진, 2006,「수양개유적의 슴베연모에 대한 새로운 연구」,『중원지역의 구석기문화』, 충북대학교 중원문화연구소·한국학술진흥재단.

이융조·김종찬, 2006,「수양개 구석기유적의 연대측정에 대하여」,『중원지역의 구석기문화』, 충북대학교 중원문화연구소·한국학술진흥재단.

李隆助·尹用賢, 1994,「한국 좀돌날몸돌의 연구 -수양개수법과의 비교를 중심으로-」,『先史文化』2, 충북대학교 선사문화연구소.

이융조·윤용현, 1996,「수양개 좀돌날 몸돌과 한국의 좀돌날 몸돌의 비교연구」,『東北亞 舊石器文化』, 한국 국립충북대학교 선사문화연구소·중국 요령성 문물고고연구소.

이융조 외, 1996,「단양 수양개유적 발굴조사 개보(6·7차)」,『年報』5, 충북대학교 박물관.

李隆助 외, 2000a,「丹陽 垂楊介 Ⅰ地區의 最近 發掘成果」,『수양개와 그 이웃들』제5회 국제학술회의, 丹陽郡廳·(社)丹陽鄉土文化研究會·韓國古代學會.

李隆助 외, 2001,「垂楊介 Ⅰ地區 後期 舊石器時代 밀개」,『수양개와 그 이웃들』제6회 국제학술회의, 丹陽郡·忠北大學校 博物館·(社)丹陽鄉土文化研究會.

이융조 외, 2004,「단양 수양개유적 흑요석의 특성화 연구」,『한국구석기학보』제10호, 한국구석기학회.

이융조 외, 2006,「남한강 유역의 후기구석기시대의 문화적 양태 -수양개와 창내 유적을 중심으로-」, 『중원지역의 구석기문화』, 충북대학교 중원문화연구소·한국학술진흥재단.

이정철, 2006a, 「파주 운정(1)택지개발지구 내의 구석기문화 양상」, 『한국구석기학회 제7회 학술대회 발표집』, 한국구석기학회.

이정철, 2006b, 「남한강유역 구석기공작의 일례 - 여주 연양리 구석기유적 Ⅱ지점을 중심으로 -」, 『先史와 古代』第25輯, 韓國古代學會.

이정철, 2007b, 「남한강유역 이른 구석기시대 유적의 지층과 편년」, 『白山學報』第79輯, 白山學會.

이정철, 2008a, 「일본 후기 구석기시대 슴베찌르개(剝片尖頭器) 연구에 대한 검토」, 『忠北史學』第20輯, 忠北大學校 史學會.

이정철, 2008b, 「우리나라 구석기유적 출토 흑요석의 원산지 연구 동향」, 『忠北史學』第21輯, 忠北大學校 史學會.

이정철, 2009, 「驪州 淵陽里 舊石器遺蹟 硏究」, 『漢灘江流域 先史文化의 特性』, 한국선사고고학회·한양대학교 문화재연구소.

이헌종·김혜연, 2006, 「영산강 중·상류지역 구석기시대의 문화적 성격 연구」, 『先史와 古代』24, 韓國古代學會.

이헌종, 2000, 「동북아시아 중기구석기문화 연구」, 『韓國上古史學報』33, 韓國上古史學會.

이헌종, 2004a, 「우리나라 서남해안 일대의 구석기시대 유적 분포와 문화적 성격에 대한 고찰」, 『한국구석기학보』제9호, 한국구석기학회.

이헌종, 2004b, 「우리나라 후기구석기시대의 편년과 석기의 기술형태적 특성의 상관성 연구」, 『韓國上古史學報』44, 韓國上古史學會.

이형우 외, 2009, 「전북 임실 구석기 문화」, 『한국구석기학보』제19호, 한국구석기학회.

이형우, 2010, 「만경강 유역의 구석기 문화」, 『한국구석기학보』제21호, 한국구석기학회.

任昌周, 1989, 「南漢江의 河岸段丘에 관한 硏究」, 東國大學校 大學院 博士學位論文.

任昌周, 1994, 「南漢江 河岸段丘의 聚落立地 分析」, 『社會科學硏究』第6號, 상명대학교 사회과학연구소.

任昌周, 1997, 「南漢江 下流의 河岸段丘 硏究」, 『社會科學硏究』第10號, 상명대학교 사회과학연구소.

임현수 외, 2004, 「전곡 및 나주지역에서 관찰되는 대형 서관구조에 대한 예비연구」, 『지질학회지』제40권 제4호. 대한지질학회.

임현수 외, 2006, 「테프라연대학의 원리와 응용 : 한국에서 발견되는 AT(Aira- Tanzawa) 광역테프라」, 『지질학회지』제42권 제4호, 대한지질학회.

장용준, 2004,「한반도와 일본 구주지역의 후기 구석기문화의 교류」,『한·일 교류의 고고학』제4회 영남고고학회·일본구주고고학회 합동학술회의, 영남고고학회.

장용준, 2006,「韓國 後期舊石器의 製作技法과 編年硏究」, 부산대학교 대학원 박사학위논문.

전범환, 2008,「김포 장기동 유적의 발굴조사 성과」,『한국구석기학보』제17호, 한국구석기학회.

전범환, 2009,「파주 상지석리 구석기유적의 발굴조사 성과」,『제10회 학술대회 발표집』, 한국구석학회.

정영화, 1980,「한국 구석기문화의 연구 -신자료를 중심으로-」,『인류학연구』제1집, 영남대학교 문화인류학연구회.

趙南哲, 2005,「성분분석, 미세조직 및 자기적 특성에 의한 한반도 흑요석의 분류 연구」, 江原大學校 大學院 工學博士學位論文.

천권희, 2007,「청원 용방 구석기유적의 석기 연구」, 충북대학교 대학원 석사학위논문.

최복규, 2002,「강원지역의 구·중석기유적」,『우리나라의 구석기문화』, 연세대학교 박물관.

최복규, 2011,「한반도 중부내륙지역의 구석기양상」,『제11회 한국구석기학회 정기학술대회 학술대회 발표집』, 한구국석기학회.

최삼용, 2002,「금강유역의 구석기유적」,『우리나라의 구석기문화』, 연세대학교 박물관.

최성길, 2007,「한국 동해안 후기 갱신세 단구지형의 발달과정」,『한국지형학회지』제14권 제4호, 한국지형학회.

최승엽, 2006,「홍천강 유역 구석기유적의 층위 구성과 연대」,『한국구석기학보』제13호, 한국구석기학회.

최승엽, 2007,「강원도 동해안 지역의 구석기문화 전개」,『한국구석기학보』제16호, 한국구석기학회.

최승엽, 2009,「강원지역의 구석기고고학 연구성과와 전망」,『한국구석기학보』제19호, 한국구석기학회.

崔承燁, 2010a,「江原地域의 舊石器文化 硏究」, 강원대학교 대학원 박사학위논문.

韓昌均, 1997,「양평 병산리 구석기유적에 발달한 제2단구의 형성시기에 대하여」,『수양개와 그 이웃들』제2회 국제학술회의, (社)丹陽鄕土文化硏究會·忠北大學校 博物館.

한창균, 2003a,「한국 구석기유적의 연대 문제에 대한 고찰」,『한국구석기학보』제7호, 한국구석기학회.

한창균, 2003b,「자갈돌석기와 찍개의 형식 분류」,『동북아시아 구석기시대의 자갈돌석기 전통에 대한 연구』, 학연문화사.

한창균, 2008, 「호서지역 구석기유적 발굴 반세기」, 『한국구석기학보』제18호, 한국구석기학회.

한창균, 2009, 「천안-아산 지역의 구석기유적 연구」, 『한국구석기학보』제20호, 한국구석기학회.

한창균·김기태, 2000, 「여주 백석리·내양리 구석기유적의 석기」, 『한국구석기학보』제1호, 한국구석기학회.

한창균 외, 1989, 「남한강 상류의 구석기유적 조사예보」, 『博物館紀要』5, 단국대학교 중앙박물관.

홍미영·니나 코노넨코, 2005, 「남양주 호평동 유적의 흑요석제 석기와 그 사용」, 『한국구석기학보』제12호, 한국구석기학회.

황용훈, 1970, 「서울 面牧洞遺蹟 發見 舊石器의 形態學的 調査」, 『慶熙史學』第2輯, 慶熙史學會.

영문

Bae, K. D., 2009. Origin and Patterns of the Upper Paleolithic Industries in the Korean Peninsula and Movement of Modern Humans in East Asia. *Quaternary International xxx.*

Lee, C., *et al.*, 1990. A Classification of Obsidian Artifacts by Applying Pattern Recognition to Trace Element Date, *Bull. Korean Chem. Soc., Vol 11, No 5.*

Lee, D. Y., 1985. Qurternary deposits in the coastal fringe of the Korean Penisular. Doctoral dissertation, Vriji Universiteit Brussel, Fakulteit Wetenschappen.

Lee, H. J., 2010. Preliminary Consideration of Complexity of Culture Lines of the Upper Paleolithic in Korea. *The 15th International Symposium : SUYANGGAE and Her Neighbours.* Institute of Korean Prehistory and Danyang-Gun.

Lee, Y. J. and Kim, J. Y., 2010. Geoarchaeological Matrix of Suyanggae Site, Korea. *Recent Discoveries and Interpretations from Korean Paleolithic Sites(Ⅲ).* Institute of Korean Prehistory.

Lee, Y. J. and Otani, K., 2010. Preliminary Study on Microblade -cores in Siberia with Suyanggae Typology. *Recent Discoveries and Interpretations from Korean Paleolithic Sites(Ⅲ).* Institute of Korean Prehistory.

Lee, Y. J. and Yun, Y. H., 1992a. Micro-Blade Cores from Suyanggae Site, Korea. *Chronstratigraphy of Paleolithic of North, Central East, and America.*

Lee, Y. J. and Yun, Y. H., 1992b. Tanged-points and Micro-blade Cores from Suyanggae Site, Korea. *Micro-blade Industry in Northern Eurasia and Northern North America.*

Martinson, D. G., *et al.*, 1987. Age Dating and the Orbital Theory of the Ice Ages: Developemtn of a High-Resolution 0 to 300,000-year Chronostratigraphy *Quaternary Research*, Volume 27.

일문

檀原 徹, 2008,「韓國·中國の舊石器遺蹟で檢出されに火山ガラスとその廣域テフラ比較の試み」,『東アジアにおける舊石器編年·古環境變遷に關する基礎的研究』, 平成16~19年度科學研究費補助金 基盤研究(A) 研究結果報告書.

稻原昭嘉, 1986,「剝片尖頭器に關する一考察」,『舊石器考古學』32, 舊石器文化談話會.

木崎康弘, 2001,「九州地方の剝片尖頭器」,『수양개와 그 이웃들』제6회 국제학술회의, 단양군·충북대학교 박물관·(사)단양향토문화연구회.

木崎康弘, 2003,「後期 舊石器時代の變遷と剝片尖頭器の評」,『舊石器人의 生活과 遺蹟』, 學研文化社.

成瀨敏郎 외, 2008,「東アジア舊石器編年構築のための90萬年前以降のレス-古土壤層序と編年」,『東アジアにおける舊石器編年·古環境變遷に關する基礎的研究』, 平成16~19年度科學研究費補助金 基盤研究(A) 研究結果報告書.

松藤和人, 1989,「朝鮮半島から日本列島へ-剝片尖頭器の系譜」,『季刊考古學』29, 雄山閣.

萩 幸二, 1987,「九州地方のナイフ形石器文化」,『舊石器考古學』34, 舊石器文化談話會.

보고서/지도위원회의 자료집

(재)기호문화재연구원, 2008,「金浦 馬松 宅地開發事業地區 內 遺蹟 發掘調査 指導委員會議 資料(Ⅱ-4·Ⅳ지점)」.

(재)한국선사문화연구원, 2008,「단양 수양개 Ⅲ지구 구석기유적 학술발굴조사 약보고서」.

(재)한국선사문화연구원, 2009,「파주 운정(1)지구 내 유적 8차 발굴조사 36-1지점 지도위원회의 자료집」.

(재)한국선사문화연구원, 2010a,「제천 고명동 세거리 구석기유적 발굴조사 약보고서」.

(재)한국선사문화연구원, 2010b,「파주 운정(1)지구 내 유적 4차, 8차 발굴조사 약보고서 -36지점외 3개 지점-」.

(재)한국선사문화연구원, 2010c,「서울 남부순환로 ~ 부천 오정대로 삼거리간 도로개설기본 및 실시설계용역 문화재 지표조사 보고서」.

(재)한국선사문화연구원, 2011a,「단양 구낭굴 구석기유적 학술발굴조사(5차) 약보고서」.

(재)한국선사문화연구원, 2011b,「단양 수양개 Ⅲ지구 구석기유적 발굴조사 약보고서」.

강상준·김정희, 1999,「꽃가루분석」,『丹陽 九郎窟 遺蹟(Ⅱ)』, 忠北大學校 博物館·丹陽郡.

강원문화재연구소, 2008,「영월 동강리조트 조성부지내 유적 발굴(2차)조사 지도위원회의 자

226

료집」.

강원문화재연구소, 2009,「영월 동강리조트 조성부지내 유적 발굴조사 약보고서」.

강형태, 1989,「흑요석재의 성분 분석」,『上舞龍里』, 江原道·江原大學校 博物館.

경기문화재단 부설 기전문화재연구원, 2008,「파주 운정(1)지구 5차 문화재 추가시굴 및 발굴조사 3차 지도위원회의 자료」.

괴산군·(재)중원문화재연구원, 2004,『文化遺蹟分布地圖 -槐山郡-』.

金元龍 외, 1974,「楊平郡 大心里 遺蹟發掘報告」,『八堂·昭陽댐水沒地區文化遺蹟發掘綜合調査報告』, 文化公報局 文化財管理局.

金煥逸·陸心英, 2007,『大田 龍山洞 舊石器遺蹟』, 中央文化財研究院.

기전문화재연구원, 2000a,『광주시의 역사와 문화유적』.

기전문화재연구원, 2000b,『시흥시의 역사와 문화유적』.

기전문화재연구원, 2005a,「여주 연양리 구석기유적 -여주 연양리 아파트 신축부지내 유적 발굴조사 3차 지도위원회의 자료」.

기전문화재연구원, 2005b,「여주 번도~초현간 도로 확·포장공사 구간내 문화유적 시굴조사 지도위원회 회의자료」.

김기태·송용식, 2009,『高陽 德耳洞 舊石器遺蹟』, 京畿文化財團 京畿文化財研究院·韓國土地公社.

김명진·이병철. 2007,「여주 연양리 구석기유적 광 여기 루미네센스(OSL) 연대측정」,『驪州 淵陽里 舊石器遺蹟』, 京畿文化財團附設 畿甸文化財研究院·영진씨엔아이(주).

김소영, 2010,『남양주 호평동 구석기유적 Ⅲ』, 경기문화재단 경기문화재연구원·한국토지주택공사.

김영화 외, 2010,『坡州 瓦洞里Ⅳ 遺蹟 -구석기시대-』, 京畿文化財團 京畿文化財研究院·韓國土地住宅公社.

김종찬, 2008a,「남양주 덕소 유적의 AMS 연대측정 결과(1)」,『남양주 덕소 유적』, 수원대학교 박물관·(주)동부건설.

김종찬, 2008b,「남양주 호평동 구석기유적의 연대측정결과(AMS)」,『남양주 호평동 구석기유적 Ⅰ』, 한국토지공사·경기문화재단 기전문화재연구원.

김종찬, 2008c,「남양주 호평동 구석기유적 출토 흑요석의 PIXE 분석」,『남양주 호평동 구석기유적 Ⅰ』, 한국토지공사·경기문화재단 기전문화재연구원.

김주용·김진관, 2007,「금릉동 유적의 지형과 제4기 지질」,『충주 금릉동 유적』, 충북대학교 박물관.

김주용·오근창, 2009,「제천 두학동 중말 구석기유적의 제4기 지질 및 자연과학분석」,『堤川 頭鶴洞 중말 舊石器遺蹟』, (재)한국선사문화연구원·(사)한국문화재조사연구기관협회.

김주용 외, 2003a,「조사지역의 제4기 지질연구」,『垂楊介 Ⅲ地區 舊石器遺蹟』, 忠北大學校 博物館·丹陽郡.

김주용 외, 2003b,「유적의 지형과 지질」,『광주 삼리 구석기 유적』, 경기문화재단 부설 기전문화재연구원·광주시·2001세계도자기엑스포조직위원회.

김주용 외, 2008a,「남양주 호평동 구석기유적의 지형환경과 토양분석」,『남양주 호평동 구석기유적Ⅰ』, 한국토지공사·경기문화재단 기전문화재연구원.

김주용 외, 2008b,「남양주 덕소 유적의 제4기 지질 및 자연과학 분석 연구」,『남양주 덕소 유적』, 수원대학교 박물관·(주)동부건설.

김주용 외, 2008c,「양평 도곡리 구석기유적의 제4기 지질조사 및 자연과학분석 연구」,『楊平 道谷里 舊石器遺蹟』, (재)한국선사문화연구원·한국철도기술공단.

김주용, 2007,「여주 연양리 구석기유적 제4기 지질조사 및 자연과학분석(Ⅱ)」,『驪州 淵陽里 舊石器遺蹟』, 京畿文化財團附設 畿甸文化財研究院·영진씨엔아이(주).

노대석 외, 2007,『남양주 호평동 지새울 유적』, 경기문화재단 부설 기전문화재연구원·서울지방국토관리청·(주)한진중공업.

盧爀眞 외, 1995,「寧越郡의 先史·考古·關防·陶窯址遺蹟」,『寧越郡의 歷史와 文化遺蹟』, 翰林大學校 博物館·江原道·寧越郡.

단양군·(재)충청북도문화재연구원, 2007,『文化遺蹟分布地圖 -丹陽郡-』.

문화재청 외, 2004a,『文化遺蹟分布地圖 -寧越郡-』.

문화재청 외, 2004b,『文化遺蹟分布地圖 -平昌郡-』.

박원규 외, 2007,「구낭굴 4차 발굴 출토 숯의 수종분석」,『丹陽 九郎窟 舊石器遺蹟(Ⅲ)』, (재)한국선사문화연구원·단양군.

박원규·김요정, 2008,「남양주 호평동 구석기유적 출토 숯의 수종분석」,『남양주 호평동 구석기유적Ⅰ』, 한국토지공사·경기문화재단 기전문화재연구원.

朴喜顯, 1984,「堤原 沙器里 後期舊石器 遺蹟發掘調査 報告」,『忠州댐水沒地區文化遺蹟發掘調査綜合報告書 -考古·古墳分野(Ⅰ)-』, 忠北大學校 博物館.

裵基同, 1989,『全谷里 -1986年度 發掘調査報告-』, 서울大學校 博物館.

상명대학교박물관·양평군, 2006,『文化遺蹟分布地圖 -楊平郡-』.

세종대학교박물관·여주군, 2004,『여주군의 역사와 문화유적』.

손보기·이융조, 1974,「양평군 앙덕리지역·앙덕리지역 유적발굴보고」,『八堂·昭陽댐水沒地區 文化遺蹟發掘綜合調査報告』, 文化公報局 文化財管理局.

孫寶基 외, 1986,「廣州 宮坪里遺蹟 發掘調査 報告」,『中部高速道路 文化遺蹟發掘調査報告書』, 忠北大學校 博物館·韓國道路公事.

손보기, 1984a,『상시 1그늘 옛살림터』, 연세대학교 선사연구실.

孫寶基, 1984b,「丹陽 島潭里地區 遺蹟發掘調査報告 -1983·1984年度-」,『忠州댐 水沒地區 文化遺蹟發掘調査綜合報告書』, 忠北大學校 博物館.

孫寶基, 1985,「丹陽 島潭里 금굴 遺蹟發掘調査 報告 -1985年度-」,『忠州댐 水沒地區 文化遺蹟延長發掘調査報告書』, 忠北大學校 博物館.

손보기, 1989,「상무룡리에서 발굴된 흑요석의 고향에 대하여」,『上舞龍里』江原道·江原大學校 博物館.

송기웅·김명진, 2008,「남양주 덕소 유적의 구석기 퇴적층과 기와 OSL연대측정」,『남양주 덕소 유적』, 수원대학교 박물관·(주)동부건설.

송용식, 2009,『坡州 瓦洞里Ⅰ 遺蹟 <구석기시대>』, 京畿文化財團 京畿文化財研究院·大韓住宅公社.

양보경·홍금수, 2002,「한강유역의 역사·인문지리」,『한강』vol. 1, 경기도박물관.

연세대학교 박물관, 2008,「강원도 평창군 미탄면 기화리 쌍굴유적 발굴조사 현장설명회 자료」.

연세대학교 박물관, 2009,『영월 연당 피난굴(쌍굴) 유적』, 범우사문화.

禹鍾允 외, 2007a,『忠州 金陵洞 遺蹟』, 忠北大學校 博物館.

禹鍾允 외, 2007b,『堤川 鷄山里 舊石器遺蹟』, 忠北大學校 博物館.

원주시·연세대학교 원주박물관, 2004,『文化遺蹟分布地圖 -原州市-』.

윤내현·한창균, 1992,『양평 병산리 유적』, 단국대학교 중앙박물관·경기도.

윤내현·한창균, 1994,『양평 병산리 유적(2)』, 경기도·단국대학교 중앙박물관.

이기길 외, 2008,『임실 하가유적』, 조선대학교박물관·호남문화재연구원.

이동영, 1992a,「6. 지형과 지질」,『구즉동 구석기유적 시굴조사 보고서』, 한양대학교 박물관·문화인류학과.

이동영, 1992b,「유적의 지형과 지질」,『양평 병산리 유적』, 단국대학교 중앙박물관·경기도.

이동영, 1994,「병산리 유적의 지형 및 지질」,『양평 병산리 유적(2)』, 경기도·단국대학교 중앙박물관.

이동영·김주용, 1992,「지질환경조사」,『일산 새도시 개발지역 학술조사 보고』1, 한국선사문화연구소·경기도.

이동영·김주용, 1993, 「석장리 선사 유적의 지질환경」, 『석장리 선사유적』, 한국선사문화연구소·충남 공주군.

이동영 외, 1992, 「洪川 下花溪里遺蹟의 地形 및 地質」, 『中央高速道路 建設區間內 文化遺蹟發掘調査報告書』, 江原道.

이선복 외, 2000, 『龍仁 坪倉里 舊石器遺蹟』, 京畿道博物館·서울大學校 考古美術史學科.

이선복·이교동, 1993, 「충주시 용탄동 구석기유적 시굴조사 보고」, 『파주 주월리·가월리 구석기 유적』, 서울대학교 고고미술사학과·경기도.

이승원 외, 2011, 『高陽 新院洞·元興洞遺蹟』, (재)한국선사문화연구원·한국토지주택공사.

이용일, 2007, 「여주 연양리 구석기유적 제4기 지질조사 및 자연과학분석(Ⅰ)」, 『驪州 淵陽里 舊石器遺蹟』경기문화재단 부설 기전문화재연구원·영진씨엔아이(주).

李隆助, 1984, 「丹陽 수양개舊石器 遺蹟發掘調査 報告 -1983·84年度」, 『忠州댐水沒地區 文化遺蹟發掘調査綜合報告書』, 忠北大學校 博物館.

李隆助, 1985, 「丹陽 수양개舊石器 遺蹟發掘調査 報告」, 『忠州댐水沒地區 文化遺蹟延長發掘調査報告書』, 忠北大學校 博物館.

李隆助·金慧伶, 2007, 『丹陽 九郎窟 舊石器遺蹟(Ⅲ)』, (재)한국선사문화연구원·단양군.

이융조 외, 1991, 『단양 구낭굴 발굴보고(Ⅰ)』, 충북대학교 박물관.

이융조 외, 1992, 「일산 2지역 고고학조사」, 『일산 새도시 개발지역 학술조사보고』1, 한국선사문화연구소·경기도.

李隆助 외, 1999, 『丹陽 九郎窟 遺蹟(Ⅱ)』, 忠北大學校 博物館·丹陽郡.

이융조 외, 2000b, 「청원 소로리 구석기유적 : A지구-발굴조사」, 『淸原 小魯里 舊石器遺蹟』, 忠北大學校 博物館·韓國土地公社.

李隆助 외, 2003, 『垂楊介 Ⅲ地區 舊石器遺蹟』, 忠北大學校 博物館·丹陽郡.

李隆助 외, 2008, 『楊平 道谷里 舊石器遺蹟』, (재)한국선사문화연구원·한국철도시설공단.

李隆助 외, 2009, 『堤川 頭鶴洞 중말 舊石器遺蹟』, (재)한국선사문화연구원·(사)한국문화재조사연구기관협회.

이정철, 2007a, 『驪州 淵陽里 舊石器遺蹟』, 京畿文化財團 附設 畿甸文化財研究院·영진씨엔아이(주).

任孝宰, 1978, 『欣岩里住居址』4, 서울大學校 博物館·서울大學校 人文大 考古學科.

전범환 외, 2011, 『金浦 場基洞 遺蹟』, 한국문화재보호재단·한국토지주택공사.

정선군·강릉대학교 박물관, 2007, 『文化遺蹟分布地圖 -旌善郡-』.

정훈진·노선호, 2005,『龍仁 東栢里·竹里遺蹟 Ⅲ -舊石器遺蹟-』, 韓國文化財保護財團·韓國土地公社.

정훈진 외, 2008,『仁川 元堂洞遺蹟(Ⅱ)』, 韓國文化財保護財團·仁川市 黔丹開發事業所.

제천시·연세대학교 박물관, 2009,『제천 점말동굴유적 종합보고서』.

조병구 외, 2010,『金浦 新谷里 舊石器 遺蹟』, 韓國文化財保護財團·(주)밴티지건설.

조병택 외, 2011,『坡州 瓦洞里Ⅲ 遺蹟 -구석기시대-』, 京畿文化財團 京畿文化財研究院·韓國土地住宅公社.

청주대학교 박물관·한국철도시설공단, 2004,『태백선 제천-쌍용간 제1공구 복선전철 건설사업구간내 문화유적 지표조사보고서』.

청주대학교 박물관, 2000,『丹陽郡 文化遺蹟』.

崔夢龍 외, 1996a,『議政府 民樂洞遺蹟』, 서울大學校 博物館·韓國土地公社 서울支社.

최몽룡 외, 1996b,『용인시의 문화유적』, 서울대학교 박물관·용인시.

최몽룡 외, 1998,『이천시의 문화유적』, 서울대학교 박물관·이천시.

崔茂藏, 1984a,「堤原 鳴梧里 B地區 遺蹟發掘調査 報告 -1983年度-」,『忠州댐 水沒地區 文化遺蹟發掘調査綜合報告書』, 忠北大學校 博物館.

崔茂藏, 1984b,「堤原 鳴梧里 B地區 遺蹟發掘調査 報告 -1984年度-」,『忠州댐 水沒地區 文化遺蹟發掘調査綜合報告書』, 忠北大學校 博物館.

최복규·최승엽, 1998,『횡성 부동리 구석기유적』, 강원고고학연구소.

崔福奎 외, 2001,『長興里 舊石器遺蹟』, 江原考古學研究所.

최복규 외, 1995,「횡성군의 선사유적·고분」,『橫城郡의 歷史와 文化遺蹟』, 江原道·橫城郡·江原鄉土文化研究會.

최복규 외, 1999,『횡성 현천교 접속도로 공사장 매장 문화재 시굴조사 보고서』, 강원도 도로관리사업소·강원대학교 유적조사단.

충북대학교 박물관·제천시, 2003,『文化遺蹟分布地圖 -堤川市-』.

충북대학교 박물관, 1980,『충주댐수몰지구문화유적지표조사보고서』.

충북대학교 박물관, 2002,『단양 성신양회 석회석광산 개발예정지역 문화유적 지표조사』.

충북대학교 박물관, 2004,『제천 계산관광지 조성지역내 문화재 지표조사 보고서』.

충주시·충북대학교 중원문화연구소, 1998,『文化遺蹟分布地圖 -忠州市-』.

한국토지박물관·양평군, 1999,『양평군의 역사와 문화유적』.

한양대학교 박물관, 1999,『김포시의 역사와 문화유적』.

한창균 외, 2003,『광주 삼리 구석기유적』, 경기문화재단 부설 기전문화재연구원·광주시·2001

세계도자기엑스포조직위원회.

현남주 외, 2007, 『仁川 不老洞遺蹟』, 韓國文化財保護財團·仁川市 黔丹開發事業所.

홍덕균·김명진, 2008, 「남양주 호평동 유적의 구석기 문화층에 대한 광 여기 루미네센스를 이
　　　　용한 연대측정」, 『남양주 호평동 구석기유적 I』, 한국토지공사·경기문화재단 기전
　　　　문화재연구원.

홍미영·김남호, 2008, 「구석기 시대」, 『남양주 덕소 유적』, 수원대학교 박물관·(주)동부건설.

홍미영·김종헌, 2008, 『남양주 호평동 구석기유적』, 한국토지공사·경기문화재단 기전문화재
　　　　연구원.

횡성군·강원문화재연구소, 2008, 『文化遺蹟分布地圖 -橫城郡-』.

색인

기호

Ⅰ기 82, 97, 98, 105, 106, 107, 108, 110, 111, 112,
113, 123, 124, 125, 126, 131, 134, 135, 136, 137,
138, 143, 144, 145, 148, 149, 150, 153, 154, 155,
156, 157, 161, 168, 171, 177, 178, 179, 180, 182,
183, 185, 187, 189, 190, 191, 197, 198, 199, 200,
201, 202, 203, 204, 209, 210

Ⅱ기 82, 97, 100, 101, 105, 106, 107, 108, 109, 114,
115, 116, 117, 123, 124, 125, 128, 130, 131, 134,
135, 136, 138, 139, 140, 141, 143, 144, 146, 148,
156, 157, 161, 163, 165, 166, 167, 168, 171, 178,
179, 183, 197, 198, 199, 200, 201, 202, 203, 204,
209, 210

Ⅲ기 82, 97, 98, 102, 103, 104, 105, 106, 108, 109,
117, 118, 119, 120, 121, 122, 123, 124, 125, 126,
128, 130, 131, 135, 136, 142, 144, 147, 148, 149,
150, 153, 155, 156, 157, 161, 162, 163, 165, 166,
167, 168, 169, 171, 177, 178, 179, 197, 198, 199,
200, 201, 202, 203, 204, 209, 210

번호

2단구 47, 224
3단구 46, 51

A

AT화산물질 78

M

MIS 2기 50, 57, 65, 68, 69, 72, 73, 76, 77, 79, 80, 81, 82,
187, 196, 197, 209

MIS 3기 53, 54, 65, 67, 68, 69, 72, 73, 76, 78, 79, 80, 81,
82, 131, 180, 183, 196, 197, 201, 202, 209

MIS 4기 50, 51, 57, 65, 78, 79, 82, 131, 180, 197

MIS 5기 65

MIS 6기 50, 51

MIS 7기 51

MIS 8기 50, 51

ㄱ

각력퇴적물 52, 53

간빙기 46, 57, 70, 76

갈린 흔적 33

강원지역 36, 177, 204, 205

건흔 58

격지박리축 89, 90, 91, 93, 94, 113, 116, 122, 125, 128,
129, 130, 157, 168, 182, 185, 189, 201

격지석기 40, 41, 195, 196

계량적 속성 32, 40

계산리 19, 20, 26, 27, 28, 48, 51

고갈된 몸돌 40

고기하성(퇴적)층 66, 124, 198

고례리 199

고명동 세거리 20, 26, 28

고위면 47, 50

고위면단구(고위단구면) 26, 51

고토양 57

109, 110, 111, 112, 113, 114, 117, 118, 119, 120, 121, 122, 123, 124, 125, 126, 127, 129, 130, 131, 132, 133, 134, 135, 136, 138, 140, 142, 145, 147, 148, 149, 150, 153, 154, 155, 156, 157, 161, 162, 168, 169, 171, 172, 173, 177, 178, 179, 180, 181, 182, 183, 187, 188, 189, 190, 191, 197, 198, 199, 200, 201, 202, 209

삼송 20, 29, 30

삼시대 구분(법) 17, 195

삼옥리 20, 21, 26, 27, 28

삼평동 보뜰 20, 21, 26, 29, 30

상대편년 22, 35, 78

상무룡리 198, 199

상시 (1)바위그늘 19, 20, 23, 28

상위면단구(상위단구면) 47, 48

상지석리 20, 21, 29, 30

새로운 퇴적물 64, 65, 67

서관구조 38, 59, 60

석기공작 17, 19, 21, 22, 25, 31, 35, 36, 37, 39, 41, 42, 83, 85, 98, 108, 180, 187, 189, 195, 196, 197, 201, 202, 203, 204, 209, 210, 211

석기분류 체계 40

석기분석 31, 39, 156

석기연구 41

석기제작(공정) 31, 34, 42, 86, 96, 98, 177, 180, 196, 198, 202

석기제작소 31

석영 25, 26, 32, 40, 41, 86, 87, 89, 91, 92, 93, 94, 96, 97, 98, 110, 111, 113, 114, 115, 116, 118, 120, 122, 123, 125, 126, 128, 129, 130, 131, 149, 156, 163, 168, 177, 178, 179, 181, 182, 183, 184, 185, 186,

187, 188, 189, 190, 191, 196, 197, 198, 199, 200, 202, 203, 209, 210

석영·규암계 돌감 86, 96, 97, 98, 110, 111, 113, 116, 126, 156, 163, 187, 198, 209, 210

석영제 소형석기 25, 26

석장리 22, 31, 148, 198, 199

석회암지대 26

설치류 59

세립질 퇴적물 55, 64, 66, 68, 71, 79

셰일 86, 96, 97, 98, 121, 156, 163, 173, 178, 179, 180, 183, 186, 187, 190, 197, 202, 203

소형석기 25, 26, 195

소형화 122, 165, 168, 171, 179, 196, 198, 199, 201, 202, 210

속성분석 31, 32, 33, 40, 41, 86, 89, 91, 92, 93, 94, 95, 107, 110, 129, 130, 156, 163, 172, 173, 202

송두리 202

쇄설물 38, 68, 80

수성기원퇴적물 61, 66

수양개 Ⅰ·Ⅲ지구 20, 45, 85

수양개 Ⅰ지구 21, 22, 24, 25, 26, 28, 30, 32, 33, 34, 41, 47, 48, 51, 55, 62, 64, 71, 73, 74, 75, 76, 78, 79, 85, 97, 103, 105, 107, 108, 135, 136, 141, 156, 157, 163, 165, 178, 179, 187, 190, 191, 198, 202, 203, 209

수양개 Ⅲ지구 21, 22, 25, 28, 30, 37, 47, 48, 55, 62, 63, 71, 82, 85, 97, 103, 105, 108, 110, 136, 142, 187, 188, 189, 197, 198, 202, 209

슴베밀개 33, 174

부 록

연구대상 유적 개요

부록_연구대상 유적 개요

1. 한강본류역

1) 광주 삼리 유적(廣州 三里 遺蹟)[1]

유적은 행정구역상 경기도 광주시 실촌면 삼리 산 29-9번지 일대에 위치한다. 2001 세계 도자기 엑스포 행사장 조성에 따른 구제발굴의 성격으로 2000년 경기문화재단 부설 기전문화재연구원(현 경기문화재단 경기문화재연구원)에 의해 62,433㎡의 면적이 발굴조사되었다.

조사지역은 해발 130m 내외의 구릉정상부(앞산)에서 북쪽방향으로 길게 뻗어나온 두개의 큰 가지사면의 말단부에 해당하거나(1∼4지역), 해발 147m의 평장능산에서 북으로 뻗은 능선의 사면말단부이다(5지역). 그리고 전면으로는 곤지암천이 노곡천과 합류하여 흐르고 있는

사진 1. 광주 삼리 유적 전경(경기문화재연구원 제공)

---

1) 한창균 외, 2003. 『광주 삼리 구석기유적』, 경기문화재단 부설 기전문화재연구원·광주시·2001세계도자기엑스포조직위원회.

지역이다.

유적은 서에서 동으로 1부터 5지역으로 구분되었으며, 층위 및 유물빈도에 약간의 차이가 있다.

1지역의 층위는 상부부터 1층 표토 - 2층 암갈색점토층 - 3층 적갈색점토층 - 4층 사질·역층 - 5층 적색점토층 - 6층 회청색점토층으로 구성된다. 3층과 6층에는 토양쐐기가 발달하여 있다. 층위양상을 통해 볼 때, 적갈색점토층의 상부(3층) 그리고 3층의 하부와 사질·역층(4층) 윗면의 경계면에서 유물이 출토되었다. 이 두 유물포함층은 다른 지역 층위와의 비교를 통해 각각 2문화층과 3문화층으로 명명되었다.

1지역에서 출토된 석기는 모두 33점이다. 2문화층에서는 몸돌, 격지, 조각과 외면찍개, 양면찍개, 긁개, 홈날 등 27점, 3문화층에서 몸돌과 격지, 조각 등 6점이 출토되었다.

2지역의 층위는 상부부터 1층 표토층 - 2층 암갈색점토층 - 3층 적갈색점토층 - 4층 사질·역층 - 5층 적갈색점토층 - 6층 황갈색사질점토층 - 7층 모래·자갈층 - 8층 기반암-화강편마암풍화대로 구성된다. 3층과 5층에는 토양쐐기가 관찰되는데, 5층의 토양쐐기 상부는 침식되었다. 그리고 7층은 구하상 하천기원의 모래와 자갈층으로 판단된다.

사진 2. 광주 삼리 유적 2지역 조사 모습(경기문화재연구원 제공)

　유물은 2층인 암갈색점토층(1문화층), 3층인 적갈색점토층(2문화층), 4층인 사질·역층과 3층인 적갈색점토층의 하부와의 경계면(3문화층)에서 출토되었다.

　2지역에서 출토된 석기는 모두 1,081점으로 1문화층에서 217점, 2문화층에서 683점, 3문화층에서 181점이 출토되었다. 1문화층에서 출토된 석기는 몸돌, 격지, 조각과 외면찍개, 여러면석기, 긁개 등이 출토되었다. 2문화층에서는 몸돌, 격지, 조각을 비롯하여 외면찍개, 양면찍개, 여러면석기, 긁개, 홈날, 밀개, 복합석기 등 54점의 다듬은 석기가 출토되었다. 3문화층에서는 몸돌, 격지, 조각과 외면찍개, 양면찍개, 여러면석기, 홈날, 긁개 등이 출토되었다.

　3지역의 층위는 상부부터 1층 표토층 - 2층 암갈색점토층 - 3층 적갈색점토층 - 4층 사질·역층 - 5층 적갈색점토층 - 6층 사질·역층으로 구성된다. 3층과 5층에서는 토양쐐기가 확인되는데, 5층에서는 그 끝부분만 보여진다. 유물은 2지역과 거의 동일한 퇴적층위에서 출토되어 3개의 문화층으로 구분된다.

　3지역에서 출토된 석기는 모두 1,320점으로 1문화층에서 380점, 2문화층에서 848점, 3문화층에서 92점이 출토되었다. 1문화층에서 출토된 석기는 몸돌, 격지, 조각과 외면찍개, 여러면석기, 긁개, 밀개, 홈날 등, 2문화층에서는 몸돌, 격지, 조각과 외면찍개, 양면찍개, 여러면석기, 주먹도끼, 긁개, 홈날, 톱니날 등 55점의 다듬의 석기가 출토되었다. 3문화층에서는 몸돌, 격지, 조각과 외면찍개, 양면찍개, 여러면석기, 긁개 등이 확인되었다.

　4지역의 층위는 상부부터 1층 표토층 - 2층 암갈색점토층 - 3층 어두운황갈색점토층 - 4층 사질·역층 - 5층 밝은갈색점토층 - 6층 적갈색점토층 - 7층 황갈색점토층 - 8층 사질·역층 - 9층 적색사질점토층 - 10층 사질·역층으로 구성된다. 3층과 5층, 7층에는 토양쐐기가 확인된다.

　4지역에서 유물은 앞의 지역과 마찬가지로 2층, 3층, 4층의 상부면에서 출토되지만 그 출현 양상은 다른 지역과 차이가 있다. 즉 1문화층의 유물은 남쪽과 북쪽 두곳에 집중되어 확인되며, 2문화층 유물은 조사지역의 남쪽에, 3문화층의 유물은 동쪽사면에 집중된다.

　4지역에서 출토된 유물은 모두 1,188점으로 1문화층에서 932점, 2문화층에서 227점, 3문화층에서 29점이 출토되었다. 1문화층에서는 몸돌, 격지, 조각과 외면찍개, 여러면석기, 큰밀개, 긁개, 홈날, 톱니날, 밀개, 새기개가 출토되었다. 2문화층에서는 몸돌, 격지, 조각과 외면찍개, 양면찍개, 큰밀개, 긁개, 밀개 등이 있다. 3문화층에는 몸돌, 격지, 조각과 여러면석기, 톱니날, 복합날석기 등이 출토되었다.

　이상의 1부터 4지역에서 출토된 석기는 대부분이 석영을 이용하였으며, 그 외에 규암이 일부를 차지하고 있다.

　5지역의 층위는 상부부터 1층 표토층 - 2층 암갈색점토층 - 3층 갈색점토층 - 4층 어두운황갈색점토층 - 5층 사질·역층으로 구성된다. 5지역에서는 모두 2지층인 1문화층에서만 유물이 출토되었는데 모두 278점이다.

5지역에서 출토된 석기는 돌감에 따라 구분된다. 석영·규암제 석기는 211점으로 몸돌, 격지, 조각과 외면찍개, 양면찍개, 여러면석기, 긁개, 홈날과 밀개, 톱니날 등이며, 흑요석제 석기는 모두 67점인데 격지가 52점, 좀돌날이 15점이다. 좀돌날 중 잔손질된 것은 긁개, 새기개, 뚜르개 등이다.

유적의 연대에 관해서는 1문화층과 2문화층의 것은 후기 구석기시대, 3문화층의 것은 중기 구석기시대의 늦은 시기로 추정하였다.

2) 남양주 덕소 유적(南楊州 德沼 遺蹟)[2]

유적은 행정구역상 경기도 남양주시 와부읍 덕소리에 위치한다. 학교 신축을 위한 구제발굴의 성격으로 2005년 수원대학교 박물관에 의해 발굴조사되었다.

유적의 입지는 동북쪽으로는 천마산에서 남쪽으로 이어진 묘적산이 위치하고, 동쪽에는 조조봉이 자리하고 있다. 월문천이 이 사이를 가르며 서남류하여 한강에 합류한다. 유적에서 월문천까지는 약 300m이며, 한강까지는 직선거리로 1.58km이다.

층위는 상부부터 1지층 표토교란층 - 2지층 기와교란층 - 3지층 적색점토층 - 4지층 암갈색점토층 - 5지층 담황색사질점토층 - 6지층 황갈색사질점토층 - 7지층 하천퇴적층으로 구성된다. 3지층과 6지층에는 토양쐐기가 발달하여 있으며, 5지층에는 풍화암편이 우세하며 망간이 집적되어 있다. 한편 3지층과 4지층은 사면붕적기원 퇴적물로 추정하고 있다. 2지층은 토양 및 석기의 성격으로 미루어보아 3지층 적색점토층의 교란층인 것으로 판단하고 있다.

유물은 2지층과 3지층에서 확인되었는데, 2지층에서는 896점, 3지층에서는 87점의 석기가 출토되었다.

3지층에서 출토된 석기의 종류로는 몸돌·돌날몸돌, 격지·돌날, 조각과 찍개, 여러면석기 등으로 일부 구역을 중심으로 분포하고 있다.

2지층에서 출토된 석기의 종류는 몸돌·돌날몸돌·좀돌날몸돌, 격지·돌날·좀돌날, 조각을 비롯하여 긁개, 홈날, 밀개, 뚜르개 등이다.

유적의 연대는 2지층과 3지층에 대해 절대연대측정을 실시한 결과, 2지층의 경우16,700±100BP, 18,400±400BP(이상 AMS)가 얻어졌고, 3지층에서는 37,300±200BP, 36,800±200BP, 26,020±200BC(이상 AMS), 24,500±1,400BC, 25,400±1,400BC(이상 OSL)가 얻어졌다.

---

2) 홍미영·김남호, 2008, 「구석기 시대」, 『남양주 덕소 유적』, 수원대학교 박물관·(주)동부건설.

3) 남양주 호평동 유적(南楊州 好坪洞 遺蹟)[3]

유적은 행정구역상 경기도 남양주시 호평동 64-1전 일대에 위치한다. 택지개발사업을 위한 구제발굴의 성격으로 2002년부터 2004년까지 3차례에 걸쳐 경기문화재단 부설 기전문화재연구원(현 경기문화재단 경기문화재연구원)에 의해 20,208㎡의 면적이 발굴조사되었으며, 이후 2007년과 2008년에 걸쳐서는 경원선 철도부지였던 823㎡에 대하여 추가 발굴조사가 이루어졌다.

조사지역은 북쪽의 천마산과 남쪽의 백봉산으로 둘러싸인 분지 지형을 이루며, 상대적으로 낮은 동쪽에는 마치고개, 서쪽에는 돌팍고개가 있다. 분지 내에는 구룡천이 분지 중앙을 가로지르면서 서쪽으로 흘러 사능천에 유입되는데, 이 하천을 중심으로 북쪽에는 호평동, 남쪽에는 평내동이 자리한다. 유적은 북쪽의 구룡천의 북쪽에 자리잡고 잇다. 이 일대는 천마산의 산록완사면에 해당하며, 주변으로는 작은 골이 여러 갈래 발달하여 구룡천으로 흘러든다.

유적은 총 4개의 지역으로 구분되어 발굴조사되었으며, 추가 발굴조사된 철도부지는 1지역의 북쪽에 위치한다. 각 지역별 입지는 다음과 같다.

사진 3. 남양주 호평동 유적 전경(경기문화재연구원 제공)

---

3) 홍미영·김종헌, 2008, 『남양주 호평동 구석기유적』, 한국토지공사 · 경기문화재단 기전문화재연구원.
   김소영, 2010, 『남양주 호평동 구석기유적 -추가발굴조사보고서』, 경기문화재단 경기문화재연구원 · 한국토지주택공사.

　1지역은 경춘선의 남쪽에 자리잡은 구릉의 사면부에 해당되며, 동고서저의 지형이다. 1지역을 중심으로 2지역은 1지역의 동쪽 구릉에 위치하며 북쪽으로는 경춘선이 지나간다. 이 지역은 민가가 자리하던 평탄대지와 남쪽의 사면부로 구분된다. 3지역은 1지역의 서쪽 구릉에 위치하며, 이곳은 천마산에서 남서방향으로 내려 뻗은 능선의 남쪽 사면에 해당하며 경춘선 철도가 놓이면서 능선에서 분리되었다. 구릉은 북동에서 남서방향으로 완만한 경사를 이루고 있으며, 비교적 평탄한 모양을 보인다. 4지역은 1지역 북쪽의 산사면에 위치한다. 이곳은 원래 1지역과 이어지는 사면인데 현재는 경춘선 철도가 지나가면서 서로 분리되었다.

　1지역의 층위는 상부부터 1지층 갈색사질점토층(경작층 내지 교란층) - 2지층 사면붕적기원쇄설층 - 3지층 갈색점토층 - 4지층 사면붕적기원쇄설층 - 5지층 사면붕적기원쇄설층 - 6지층 담회청색과 암회색니사질층 - 7지층 화강암질 편마암의 현지성 풍화대로 구성된다. 이중 3지층은 상부의 갈색사질점토층(3a)과 하부의 암갈색점토층(3b)으로 구분된다. 이 지층 내에는 토양쐐기가 발달해 있으며, 쐐기의 상부는 2지층에 의해 삭박된 상태이다. 2·4·5지층은 각력질 자갈, 점토, 사질물이 혼재하여 분포하는데, 특히 5지층 내에는 암쇄류층 사이에 풍화암편에서 비롯된 사질을 포함한 갈색 점토층이 분포하며, 이 층을 중심으로 황갈색사질층, 암회색 유기물 점토층이 얇은 줄무늬를 이루며 나타난다. 지역에 따라서는 4지층 바로 아래에 퇴적된 갈색점토층 내에 토양쐐기가 발달해 있는 경우도 있는데, 이는 전체 층위구조에서 볼 때 두 번째 토양쐐기를 포함하는 점토층이다.

　1지역에서 유물은 첫 번째 토양쐐기가 발달한 갈색점토층(3지층)의 상부(2문화층) 및 하부(1문화층)에서 출토되었다. 2문화층 석기는 1지역 조사지역 전면에 걸쳐 분포하는 한편 1문화층 석기는 3지층이 가장 두텁게 남아있는 일부지역에서만 확인되었다.

　갈색점토층 하부(3b)에서 확인된 1문화층 석기들은 주로 크기가 다양한 암편들로 구성된 4지층과의 경계면에서 출토되었다. 석기의 대부분은 석영으로 만들어졌으며 응회암, 유문암, 사암, 화강암 등의 돌감도 드물게 확인된다. 출토 석기는 몸돌·돌날몸돌, 격지·돌날, 조각을 비롯하여 찍개, 긁개, 홈날, 슴베찌르개, 밀개, 망치, 모룻돌 등으로 구성된다.

　갈색점토층 상부(3a)에서 확인된 2문화층 석기들은 1문화층과 마찬가지로 석영을 주된 돌감으로 활용하였을 뿐만 아니라 흑요석을 비롯한 응회암, 유문암, 혼펠스, 셰일, 처트, 역암, 옥수, 벽옥, 수정 등의 다양한 돌감이 이용되었다. 흑요석과 기타 돌감에 제작된 석기들은 일정한 구역을 중심으로 집중 분포한다. 출토된 석기는 몸돌·좀돌날몸돌, 격지·돌날·좀돌날, 조각을 비롯하여 긁개, 홈날, 밀개, 새기개, 뚜르개 등의 잔손질된 석기 등으로 구성된다.

　1지역에서 발굴조사를 통해 출토된 석기는 6,562점인데 1문화층 유물은 1,825점, 2문화층 유물은 4,737점이다.

사진 4. 남양주 호평동 유적 1지역 2문화층 유물출토 모습(경기문화재연구원 제공)

1지역 3a층(2문화층)의 절대연대값은 16,190±50BP, 16,900±500BP, 17,500±200 BP, 17,400±400BP, 21,100±200BP, 22,200±600BP, 23,900±400BP, 24,100±200 BP(이상 AMS), 15,000±1,100BC(OSL), 16,600±720BP(C14)로 24,100~16,190BP 사이에 분포하며, 3b(1문화층)의 절대연대값은 27,500±300BP, 27,600±300BP, 29,200 ±900BP, 30,000±1,500BP(이상 AMS)이다.

2지역의 층위는 대체적으로 상부부터 1지층 암갈색표토층 - 2지층 교란된 명갈색점토층 - 3지층 (암)갈색점토층 - 4지층 암갈색쇄설층 - 5지층 암갈색사질층으로 구성된다. 대부분의 석기는 3지층과 4지층의 경계면을 중심으로 집중출토되었다(1문화층). 한편 발굴조사지역의 북쪽 일부 지점에서 출토된 흑요석을 포함한 수점의 석기들은 출토상황으로 추정할 때 3지층 상부의 교란층(2층)에서 비롯된 것으로 판단된다(2문화층).

2지역에서 발굴된 석기는 1,222점이며, 1문화층에서 1,198점의 석기가 출토되었다.

1문화층 석기는 북동에서 남서로 해발고도 145.5m에서 147.0m의 완만한 경사를 이룬 지형에 따라 타원형의 모양을 이루며 집중분포한다. 출토된 석기는 몸돌, 격지, 조각 등 석기제작에서 비롯된 산물 및 부산물을 비롯하여 찍개, 여러면석기 등의 몸돌석기와 긁개, 홈날, 밀개, 슴베찌르개 등의 잔손질된 석기로 구성된다. 대부분의 석기는 석영맥암을 활용한 것이다. 3지층과 4지층의 경계면에서 출토된 숯을 연대측정한 결과 30,000±1,500BP(AMS)의 값이 얻어졌다.

3지역의 지층은 지대가 높은 곳과 낮은 곳의 층위양상이 차이를 보이는데, 지대가 높은 곳의 지층은 상부부터 1지층 표토층 - 2지층 갈색/황갈색사질점토층 - 3지층 암갈색점토층 - 4지층 갈색쇄설층 - 5지층 화강암질 편마암 풍화대로 구성된다. 3지층에서는 토양쐐기가 발달하여 있다. 한편 지대가 낮은 곳의 지층은 상부부터 1지층 표토층 - 2지층 갈색점토층 - 3a지층 (암)갈색점토층 - 3b지층 황갈색사질점토층 - 4지층 회청색실트질점토층 - 5지층 기반암풍화대로 구성된다. 3지층 내에서는 토양쐐기가 관찰된다.

3지역에서 출토된 석기는 대부분이 지표와 교란층에서 수습되었다.

4지역의 지층은 상부부터 1지층 암갈색사질점토층(경작층/교란층) - 2지층 갈색점토층 - 3지층 사면붕적기원의 각력질 쇄설층 - 4지층 사면붕적기원의 쇄설층 - 5지층 사면붕적기원의 암회색 각력질 쇄설층으로 구성된다. 한편 2층은 시굴 구덩의 위치에 따라 상부의 갈색 사질점토층(2a)와 하부의 적갈색 점토층(2b)로 구분되며, 부분적으로 토양쐐기가 선명하게 확인된다.

4지역의 발(시)굴조사에서는 갈색점토층(2지층)에서 114점이 출토되었다. 출토 유물은 대부분이 석영으로 제작되었으며, 그 종류로는 소형몸돌, 격지, 조각 등이며, 다듬은 석기는 긁개와 밀개가 있다.

추가 발굴조사가 실시된 철도부지의 지층은 상부부터 1지층 표토교란층 - 2지층 사면기원 퇴적층 - 3지층 암갈색점토층 - 4지층 사면퇴적기원의 쇄설층으로 구성되며, 3지층에는 쐐기구조가 발달하여 있으며, 이 층의 상부에서 대부분의 석기가 출토되었는데, 1지역의 3a층(2문화층)에 해당된다.

철도부지에서 발굴된 석기는 5,464점이며, 몸돌 · 좀돌날몸돌, 격지 · 돌날 · 좀돌날, 조각을 비롯하여, 다듬은 석기로는 긁개, 밀개, 홈날 등이 출토되었다. 석기의 돌감은 석영이 80%를 상회하고 있으며, 혼펠스가 15% 가량을 차지한다.

철도부지에서는 다수의 숯이 출토되었으며, 이에 대한 AMS연대측정이 이루어졌는데, 17,710±100BP, 17,840±110BP, 17,930±90BP, 17,930±100BP, 18,110±110BP, 19,860±100BP, 20,660±110BP, 20,850±130BP, 23,020±220BP, 23,410±130BP, 23,540±150BP(이상 AMS)가 얻어졌다. 이중 석영석기가 집중되어 출토된 구역에서 연대값은 20,660~110BP~23,540±150BP의 범위를 보이며, 반면 혼펠스가 집중적으로 출토된 구역에서의 연대는 17,930±90BP~18,100±110BP로 나타나 같은 문화층 내에서도 돌감에 따른 석기군에 따라 시기차이가 존재한다.

4) 남양주 호평동 지새울 유적(南楊州 好坪洞 지새울 遺蹟)[4]

유적은 행정구역상 경기도 남양주시 호평동 562일대에 위치하며, 도로개설 공사에 따른 구제발굴의 일환으로 2004년과 2005년에 걸쳐 경기문화재단 부설 기전문화재연구원(현 경기문화재단 경기문화재연구원)에 의해 1,100㎡의 면적이 발굴조사되었다.

유적의 입지는 천마산 서쪽 산자락에서 남쪽으로 흘러내린 가지능선의 말단부에 해당된다.

층위는 상부부터 Ⅰ지층 표토층 - Ⅱ지층 황갈색점토층 - Ⅲ지층 암갈색점토층 - Ⅳ지층 적갈색쇄설층 - Ⅴ지층 황갈색실트질점토층 - Ⅵ지층 갈색쇄설층 - Ⅶ지층 기반암풍화대로 구성된다.

Ⅲ지층에는 토양쐐기가 발달되어 있으며, 이 층은 다시 상부를 Ⅱ지층과 인접한 Ⅲa층, Ⅳ지층과 인접된 층으로 Ⅲb층으로 세분하고 있다. Ⅲ지층의 하부부터 Ⅳ지층·Ⅵ지층에서는 다수의 암편이 섞여 있는 상황으로 미루어 볼 때 사면퇴적의 영향 및 그 기원의 층으로, Ⅴ지층은

사진 5. 남양주 호평동 지새울 유적 전경(경기문화재연구원 제공)

---

4) 노대석 외, 2007, 『남양주 호평동 지새울 유적』, 경기문화재단 부설 기전문화재연구원·서울지방국토관리청·(주)한진중공업.

유수퇴적층으로 판단된다.

　문화층은 세분된 Ⅲ층으로 Ⅲa층을 1문화층으로 Ⅲb층을 2문화층으로 구분하였다.1문화층에서는 686점의 석기가 출토되었다. 그 종류로는 몸돌, 격지, 조각과 긁개, 밀개, 뚜르개 등의 다듬은 석기 27점이 있다. 2문화층에서는 429점의 석기가 출토되었는데, 그 종류로는 몸돌, 격지, 조각과 다듬은 석기가 있다. 다듬은 석기에는 긁개, 밀개, 뚜르개 등 23점이다. 석기제작에는 주변에서 쉽게 구할 수 있는 석영맥암이 주로 이용되었다.

　유적의 연대에 대해서는 1문화층에 대한 AMS연대측정을 통해 20,680±80BP(AMS)를 얻었다.

5) 용인 동백리 유적(龍仁 東栢里 遺蹟)[5]

　유적은 행정구역상 경기도 용인시 구성읍 동백리 574대, 234-4임 일대에 위치한다. 택지개발사업을 위한 구제발굴의 성격으로 2003년과 2004년에 걸쳐 한국문화재보호재단에 의해 약 5,600㎡의 면적이 발굴조사되었다.

　유적의 입지는 석성산에서 북서쪽으로 완만하게 흘러내리는 구릉의 말단부로써, 사면퇴적의 영향을 받은 곳이다.

　층위는 상부부터 제Ⅰ층 표토층 - 제Ⅱ층 갈색점토층 - 제Ⅲ층 암갈색사질점토층 - 제Ⅳ층

사진 6. 용인 동백리 유적 원경(한국문화재보호재단 제공)

---

5) 정훈진·노선호, 2005, 『龍仁 東栢里·竹里遺蹟 Ⅲ -舊石器遺蹟-』, 韓國文化財保護財團·韓國土地公社.

사진 7. 용인 동백리 유적 전경(한국문화재보호재단 제공)

황갈색·적갈색사질토층 - 제Ⅴ층 회청색니질토층 - 제Ⅵ층 각력질층 - 제Ⅶ층 적갈색 사질점토층 - 제Ⅷ층 각력질층 - 제Ⅸ층 풍화암반층으로 구성되어 있다.

제Ⅱ층은 지형상 일부만 남아있으며, 제Ⅲ층은 토양쐐기가 발달되어 있다. 제Ⅳ층은 사면기원퇴적층으로 파악된다. 한편 제Ⅴ층의 경우에는 수성퇴적물일 가능성이 높다.

유물은 제Ⅱ층, 제Ⅲ층, 제Ⅳ층에서 출토되었으며, 이 층을 모두 문화층으로 파악하여 3개의 문화층으로 구분하였다.

가장 상부에 해당되는 Ⅰ문화층에서는 902점의 석기가 출토되었다. 그 종류로는 몸돌, 격지, 조각을 비롯하여 긁개, 홈날, 밀개, 새기개 등의 다듬은 석기가 있다. Ⅱ문화층에서는 1,366점의 석기가 출토되었는데, 그 종류로는 몸돌, 격지, 조각을 비롯한 석기제작과정의 유물과 찍개, 긁개, 홈날, 밀개 등의 석기가 있다. Ⅲ문화층에서는 1,763점의 석기가 출토되었고, 그 종류로는 몸돌, 격지, 조각과 찍개, 여러면석기, 긁개, 홈날, 밀개, 새기개, 복합석기 등의 다듬은 석기가 있다.

한편 각 문화층에서는 석영이나 규암을 주로 이용하여 석기제작이 진행되었다.

유적의 연대는 Ⅱ문화층(제Ⅲ층)에 대한 AMS연대측정결과 20,670±410BP, 27,000±300BP, 31,100±300BP의 연대값이 얻어졌는데, 연대의 폭이 넓게 나타난 것은 제Ⅲ층의 여러 높이에서 얻어진 시료를 대상으로 분석하였기 때문으로 추측된다. 한편 Ⅲ문화층(제Ⅳ층)의 연대에 대해서는 보고자도 언급하였듯이 사면기원퇴적층으로 석기들이 재퇴적되었을 가능성을 제시하는 바, 그 연대에 대해서는 신중함이 요구된다.

2. 남한강유역

1) 단양 수양개 Ⅰ지구 유적(丹陽 垂楊介 Ⅰ地區 遺蹟)[6]

유적은 행정구역상 충청북도 단양군 적성면 애곡리 전 182-2번지 일대에 위치한다. 충주댐 수몰지구에 대한 구제발굴의 성격으로 1983년부터 1985년까지 4차례, 그리고 문화층 및 유적 분포범위 확인차원에서 진행된 1996년 1차례 등 모두 5차례에 걸쳐 충북대학교 박물관에 의해

사진 8. 수양개 유적 원경 및 지구 구분(재단법인 한국선사문화연구원 제공)

---

6) 李隆助, 1984,「丹陽 수양개舊石器 遺蹟發掘調査 報告 -1983·84年度」,『忠州댐水沒地區 文化遺蹟發掘調査綜合報告書』, 忠北大學校 博物館, 101-186쪽.
　李隆助, 1985,「丹陽 수양개舊石器 遺蹟發掘調査 報告」,『忠州댐水沒地區 文化遺蹟延長發掘調査報告書』, 忠北大學校 博物館, 101-252쪽.
　이융조·김종찬, 2006,「수양개 구석기유적의 연대측정에 대하여」,『중원지역의 구석기문화』, 충북대학교 중원문화연구소·한국학술진흥재단, 299-206쪽.

사진 9. 수양개 Ⅰ지구 유적 전경(충북대학교 박물관 제공)

발굴조사가 진행되었다.

유적은 남한강을 남동쪽으로 바라보는 해발 132m 정도의 낮은 구릉에 입지한다.

층위는 상부부터 Ⅰ층 표토층 - Ⅱ층 부토층 - Ⅲㄱ층 부토층 - Ⅲㄴ층 고운모래찰흙층 - Ⅲㄷ층 고운모래층 - Ⅲㄹ층 모래찰흙층 - Ⅲㅁ층 모래찰흙층 - Ⅳㄱ층 가는모래찰흙층 - Ⅳㄴ층 가는모래찰흙층 - Ⅴ층 자갈층으로 구성되어 있다.

구석기문화층의 구분은 석기의 특성에 의해 구분되었는데, 문화층은 2개 층으로써 가는모래찰흙층(Ⅳ층)은 후기 구석기문화층(특히 Ⅳㄴ층)이며, 자갈층(Ⅴ층)은 중기 구석기문화층으로 파악하였다.

중기 구석기문화층에서 출토된 석기들은 자갈돌을 이용하여 직접떼기로 제작된 몸돌석기가 우세하며, 약간의 잔손질만이 베풀어졌다. 출토된 석기로는 찌르개, 찍개, 주먹대패, 긁개가 있으나, 그 수는 매우 적다.

그리고 후기 구석기문화층에서는 약 50여개소의 석기제작소가 확인되었으며, 출토된 석기는 몸돌·돌날몸돌·좀돌날몸돌, 격지·돌날·좀돌날, 조각,망치·모룻돌을 비롯하여 슴베찌르개, 긁개, 밀개, 홈날, 톱니날 등이 출토되었다. 이들 석기의 돌감은 대부분 셰일이며, 약간의 수정과 흑요석도 확인되었다.

유적의 연대에 대해서는 Ⅳ층인 후기 구석기문화층에 대한 절대연대측정을 통해 대체적으로 18,000-15,000년 전에 형성된 것으로 판단하고 있다.

2) 단양 수양개 Ⅲ지구 유적(丹陽 垂楊介 Ⅲ地區 遺蹟)[7]

유적은 행정구역상 충청북도 단양군 적성면 애곡리 산24-1번지 일대에 위치한다. 수양개유물전시관 부지에 대한 구제발굴의 성격으로 2001년 충북대학교 박물관에 의해 약 4,000㎡의 면적이 발(시)굴조사되었고, 이후 수양개유물전시관 주변에 대한 조사로써 2008년 200㎡, 2011년 900㎡에 대하여 재단법인 한국선사문화연구원에 의해 추가적으로 발굴조사가 이루어졌다.

유적의 맞은편 동쪽으로는 해발 671m의 실금산이, 북쪽으로 해발 579m의 천주봉이 있다. 유적이 위치한 곳은 천주봉에서 남서쪽으로 길게 뻗어 내려온 능선의 끝부분으로 그곳에 발달된 비교적 넓고 경사가 완만한 곳이다. 유적의 앞으로는 남한강이 굽이쳐 흐르고 있다. 조사지역은 해발 160-175m 사이에 해당되며, 수양개 Ⅰ지구와는 30-40m의 고도차를 나타낸다.

사진 10. 단양 수양개 Ⅲ지구 2구역 O15 구덩(충북대학교 박물관 제공)

7) 李隆助 외, 2003,『垂楊介 Ⅲ地區 舊石器遺蹟』, 忠北大學校 博物館·丹陽郡.
  (재)한국선사문화연구원, 2008.「단양 수양개 Ⅲ지구 구석기유적 학술발굴조사 약보고서」.
  (재)한국선사문화연구원, 2011,「단양 수양개 Ⅲ지구 구석기유적 발굴조사 약보고서」.

2001년 발굴조사를 내용을 중심으로 보면, 1·2·3구역으로 구분하여 조사가 실시되었는데 대표층위는 1구역의 11구덩이다.

층위구성은 아래로부터 Ⅰ지층 기반암 - Ⅱ지층 자갈층 - Ⅲ지층 모래+실트층 - Ⅳ지층 청홍색찰흙층 - Ⅴ지층 황갈색찰흙층 - Ⅵ지층 적갈색찰흙층 - Ⅶ지층 황갈색찰흙층 - Ⅷ지층 적색찰흙층 - Ⅸ지층 겉흙층으로 구성되며, 문화층은 Ⅱ지층(1문화층)과 Ⅶ지층(2문화층)이다.

석기는 1구역과 2구역에서만 확인되었는데, 1구역에서는 12점, 2구역에서는 99점이 출토되었다. 1구역에서 2문화층의 유물은 확인되지 않았으며, 2구역의 유물은 1문화층에서 출토된 것이 44점, 2문화층에서 출토된 것이 55점이다.

1구역의 1문화층 유물로는 격지, 홈날 등이 있다. 그리고 2구역의 1문화층에서는 몸돌, 격지, 조각과 주먹대패 등이 출토되었으며, 2문화층에서는 몸돌, 격지·돌날을 비롯해 여러면석기, 긁개, 밀개, 새기개, 뚜르개, 자르개 등이 있다.

유적의 연대와 관련하여 1문화층은 중기 구석기시대 이전, 2문화층에서는 돌날제작 기법이 확인되고 유물 역시 이를 반영하는 점으로 미루어 후기 구석기문화층으로 파악하였다.

이후 2008년 조사에서는 이전 조사에 비해 층위구성에서 약간의 차이가 확인되지만 문화층의 위치는 2001년 조사와 동일시되는데, 2문화층에서는 몸돌·돌날몸돌·좀돌날몸돌, 격지·돌날·좀돌날, 긁개, 슴베찌르개 등 252점의 석기가 출토되었으며, 1문화층에서는 몸돌, 격지, 찍개를 비롯하여 소량의 석기가 확인되었다.

2011년 조사에서는 이전 조사와 달리 층위 양상을 Ⅰ층 겉흙층 - Ⅱ층 적황색 모래질 찰흙층 - Ⅲ층 황갈색 모래질 찰흙층 - Ⅳ층 황갈색 찰흙층 - Ⅴ층 황색 찰흙층 - Ⅵ층 자갈층으로 구분하였는데, Ⅱ층부터 Ⅴ층까지 4개의 층에서 모두 유물이 출토되고 있다. 하지만 각 유물층의 유물 구성을 보면 유물이 소량 출토된 최상부의 1유물층의 제외하면, 2~4유물층 간에 유사점이 확인되고 있다. 특히 돌날이 공통적으로 출토되고 있다는 점과 긁개와 밀개 등이 관찰되는 점으로 미루어 후기 구석기시대에 속한다.

3) 양평 병산리 유적(楊平 屛山里 遺蹟)[8]

유적은 행정구역상 경기도 양평군 강상면 병산4리에 위치하며, 학술조사의 일환으로 1992년과 1994년 두 번에 걸쳐 단국대학교 중앙박물관에 의해 발굴조사되었다.

유적의 입지는 양평읍의 맞은편 남서부의 하안 구릉에 해당되며, 단구면이 발달되어 있는 남한강변의 두 번째 단구면 상부이다.

---

8) 윤내현·한창균, 1992, 『양평 병산리 유적』, 단국대학교 중앙박물관·경기도.
　윤내현·한창균, 1994, 『양평 병산리 유적(Ⅱ)』, 경기도·단국대학교 중앙박물관.

층위는 상부부터 1지층 경작토층 - 2지층 옅은갈색찰흙층 - 3지층 상위찰흙층 - 4지층 하위찰흙층 - 5지층 홍수퇴적층 - 6지층 단구퇴적층으로 구성되어 있다.

3지층과 4층에는 토양쐐기가 발달되어 있으며, 6지층인 단구퇴적층은 2단구로 파악하였다.

유물은 2지층·3지층·4지층에서 출토되었으며, 각 1문화층·2문화층·3문화층으로 명칭하였다.

1문화층에서는 11점의 석기가 출토되었다. 그 종류로는 격지, 망치와 함께 다듬은 석기인 밀개, 새기개가 있다. 2문화층에서는 30점의 석기가 출토되었다. 그 종류로는 몸돌, 격지, 망치와 다듬은 석기인 외면찍개, 여러면석기, 긁개, 톱니날, 자르개 등이 있다. 3문화층에서는 7점의 석기가 출토되었는데, 격지, 망치와 다듬은 석기인 외면찍개이다. 이들 문화층에서 출토된 석기들은 주로 석영계통 또는 편마암류의 석재가 주로 사용되었다.

유적의 연대는 토양쐐기의 형성에 주목하여 추정하였다. 보고자는 토양쐐기는 추운 기후에서 나타나는 것으로 판단하여, 이를 Martinson 외(1987)의 산소동위원소 분석자료와 비교하여 하부에 위치하는 토양쐐기는 OIS 4(73,910±2,590 - 58,960±5,560BP), 상부에 위치하는 토양쐐기는 OIS 2(21,110±4,930 - 12,050±3,140BP)에 대비되는 것으로 파악하였다. 이를 통해 병산리유적의 4·5·6지층은 OIS 5(129,840 ±3,050- 73,910±2,590BP)에 해당되며, 2문화층인 3지층은 OIS 3기, 1문화층인 2지층은 OIS 1기에 형성된 것으로 판단하였다. 즉 1문화층은 후기 구석기시대의 아주 늦은 시기, 2문화층은 중기 구석기와 후기 구석기시대, 3문화층은 중기 구석기시대로 판단하였다.

4) 양평 도곡리 유적(楊平 道谷里 遺蹟)[9]

유적은 행정구역상 경기도 양평군 도곡리 756-1, 772번지 일대에 위치한다. 복선전철화 구간에 따른 구제발굴의 성격으로 2005년과 2006년에 걸쳐 재단법인 한국선사문화연구원에 의해 발굴조사가 진행되었다.

유적은 해발 81m의 비교적 낮은 야산의 북향사면 말단부에 자리한다. 남한강으로부터 동쪽으로 1.3km정도 떨어져 있으며, 해발고도 약 50m 안팎의 능선말단부에 자리하고 있어 남한강보다는 20-25m정도 높은 곳에 자리하고 있다. 유적에서 북쪽으로 500m정도 떨어져 해발 60m 내외의 비교적 낮고 완만한 경사의 능선이 동-서로 발달하여 있으며, 그 사이로 도곡천이 북동에서 남서방향으로 흘러 남한강에 유입되는데, 하천 주위로 비교적 넓은 충적평야가 형성되어 있다.

조사지역의 층위는 전체적으로 중앙부에는 골짜기가 형성되어 있으며, 골짜기의 토층단면

---

9) 이융조·이승원, 2007, 「양평 도곡리유적의 조사 성과」, 『충북사학』제18집, 충북대학교 사학회, 189-210쪽.
　이융조 외, 2008, 『楊平 道谷里 舊石器遺蹟』, (재)한국선사문화연구원·한국철도시설공단.

사진 11. 양평 도곡리 유적 원경(재단법인 한국선사문화연구원 제공)

상에서 모래층이 반복되고 있고, 그 주위로는 곧바로 기반암풍화층이 노출되고 있다. 도곡리 유적의 퇴적양상은 발굴조사지역 중앙에 형성된 골짜기를 중심으로 동-서간 차이를 보이고 있다.

즉 조사지역 서쪽부분은 상부부터 8층 표토층(경작층) - 7층 갈색 모래질 찰흙층 - 6층 흑갈색 모래질 찰흙층 - 5층 명갈색 모래질 사질층(구 지표면) - 4층 각력질 잔자갈을 포함하는 모래층 - 3층 명적갈색찰흙층(고토양층) - 2층 고기하성퇴적층(자갈층+굵은모래층) - 1층 기반암풍화토로 구성된다. Ⅲ층에서는 토양쐐기가 일부 관찰되나 4층의 잔자갈을 포함하는 모래층이 고토양층 상부를 침식후 퇴적되었다.

한편 중앙 계곡부에서 능선정상부인 조사지역 동쪽으로 갈수록 상부부터 4층 표토층 - 3층 각력질자갈과 굵은모래로 이루어진 회흑색 모래층 - 2층 각력질 자갈이 섞인 황갈색 모래질 찰흙층 - 1층 기반암풍화토로 구성되거나, 혹은 표토층과 기반암풍화층으로 이루어진 매우 단순한 층위양상을 보인다.

발굴된 유물은 572점인데, 유물의 대부분은 발굴지역 중앙에 형성된 골짜기, 즉 황갈색모래질찰흙이 섞인 각력질자갈로 충진된 골짜기에서 출토되었다. 석기들은 주로 규암이나 석영 자갈돌을 돌감으로 하였으며, 석기의 종류는 몸돌, 격지, 조각을 비롯아여 여러면석기, 주먹찌

사진 12. 양평 도곡리 유적 유물 출토 모습(재단법인 한국선사문화연구원 제공)

르개, 찍개 등의 다듬은 석기가 있다.

이들 석기들은 골짜기의 퇴적양상으로 미루어 석기를 사용하던 원래의 자리가 아니라 홍수와 같은 짧은 시간에 걸친 급격한 지형의 변화를 통해 멀지 않은 곳에서 이동된 것으로 추정하고 있다.

유적의 형성시기와 관련하여 2층 고기하성퇴적층에 대한 광여기루미네센스 연대측정 결과 81,000±6,000BP, 99,000±9,000BP의 연대값을 얻었으며, 유적에서 유물이 출토되는 곳은 일차적으로 기반암풍화층과 상부의 사면에서 흘러내린 조립사질층이며, 지형침식으로 인해 재이동된 경우 계류지 혹은 곡상부에 석기가 포함되어 있다. 이러한 유물층은 최종 빙기 초기 말에서 중기 초(4-6만년 전)에 걸친 빙기성 잔류암층(relict gravel pavement) 형성과 관련하여 석기유물의 분포양상을 해석할 수 있을 것으로 판단하였다.

5) 여주 연양리 유적(驪州 淵陽里 遺蹟)[10]

유적은 행정구역상 경기도 여주군 여주읍 연양리 348-4번지 일대에 위치한다. 아파트 건축을 위한 구제발굴의 성격으로 2004년과 2005년에 걸쳐 경기문화재단 부설 기전문화재연구원

---

10) 이정철, 2007, 『驪州 淵陽里 舊石器遺蹟』, 경기문화재단 부설 기전문화재연구원·영진씨엔아이(주).

사진 13. 연양리 유적 I지점 전경(경기문화재연구원 제공)

(현 경기문화재단 경기문화재연구원)에 의해 2,575㎡의 면적이 발굴조사되었다.

　유적은 여주읍에서 남동쪽으로 2km 떨어진 구릉의 정상부와 그 사면부에 입지하며, 남한강변에 형성된 단구면의 상부에 해당한다.

　유적의 층위는 Ⅰ지점과 Ⅱ지점의 양상이 동일한데, 상부부터 1지층 표토 혹은 교란층 - 2지층 명갈색점토층 - 3지층 암갈색점토층 - 4지층 적갈색점토층 -5지층 황적색니사질층 - 6지층 모래퇴적층 - 7지층 단구퇴적층 -8지층 기반암으로 구성되어 있다.

　1지층에서는 후기 구석기시대 석기가 일부 채집되었으며, 3지층과 4지층에는 토양쐐기가 발달되어 있다. 6지층은 고하천의 범람에 의해 퇴적된 모래퇴적층으로 판단되며, 7지층은 단구퇴적층으로 남한강일대의 단구층의 높이에 대비할 때 3단구층으로 추정된다.

　석기는 4지층의 상부에서 대부분 출토되어 단일문화층으로 파악하였다. 한편 Ⅰ지점에서는 물의 영향에 의해 형성된 웅덩이유구 2기, 그리고 부분침식에 의해 형성된 구상유구 1기에서도 다수의 석기들이 출토되었는데, 이들 유구의 형성과정에서 석기가 재퇴적된 것으로 판단하였다.

　출토된 석기는 모두 1,782점으로, 몸돌, 격지, 조각과 망치돌, 모룻돌, 자갈돌을 비롯하여 다듬은 석기로는 외면찍개, 양면찍개, 주먹대패, 여러면석기, 긁개, 홈날, 톱니날 등이 있다. 석기의 제작에는 석영이 주로 이용되었고, 편마암·규암도 다수 이용되었다.

유적의 연대는 OSL연대측정 결과를 통해 추정해 볼 수 있는데, Ⅰ지점에서 얻어진 절대연대는 63,000±4,000BC, 67,000±3,000BC이었으며, Ⅱ지점에서 얻어진 절대연대는 70,000±7,000BC, 64,000±7,000BC였다.

6) 제천 두학동 중말 유적(堤川 頭鶴洞 중말 遺蹟)[11]

유적은 행정구역상 충청북도 제천시 두학동 705번지 일원에 자리한다. 개인의 건축에 따른 소규모 발굴조사로 790㎡의 면적에 대해 구제발굴의 성격으로 2007년 재단법인 한국선사문화연구원의 의해 조사되었다.

유적은 단양군과의 경계에 솟아있는 갑산(776m)과 호명산(475m) 사이의 해발 574m의 산정상부와 북서쪽으로 길게 뻗어 내려온 가지능선의 북사면 중단부에 해당되며, 해발 260m의 비교적 완만한 경사를 이루고 있다. 조사지역 북쪽으로는 500m 정도의 거리를 두고 두학천이 동에서 서로 흐르고 있으며, 고암천 등과 합하여 제천시를 동에서 서로 관통하는 장평천으로 흘

사진 14. 제천 두학동 중말 유적 원경(재단법인 한국선사문화연구원 제공)

---

11) 李隆助·李承源·大谷薰, 2009, 『堤川 頭鶴洞 중말 舊石器遺蹟』, (재)한국선사문화연구원·(사)한국문화재조사연구기관협회.

러들고 있다. 하천 주변으로는 넓은 충적평야가 형성되어있다.

조사지역의 층위는 상부부터 1지층 표토층(경작층) - 2지층 암갈색찰흙층 - 3지층 명갈색찰흙층 - 4지층 적갈색찰흙층 - 5지층 명갈색찰흙층 - 6지층 적갈색찰흙층 - 7지층 사질층 - 8지층 자갈층으로 구성된다.

2, 3, 6지층에는 토양쐐기가 발달되어 있으며, 2지층에서 유물이 출토되었다.

발굴조사에서 출토된 유물은 모두 67점이다. 그 종류로는 몸돌, 격지·돌날, 조각 등 석기제작관련 유물이 대부분이며, 다듬은 석기는 찍개, 긁개, 홈날, 새기개, 슴베찌르개 등이다. 사용된 돌감은 응회암과 석영·규암·처트 등이 있다. 한편 시굴조사에서 좀돌날몸돌 1점이 출토되어 주목된다.

유물출토의 평면분석을 3곳의 석기집중 출토지를 확인할 수 있었는데, 발굴된 석기 67점 중 49점이 석기집중출토지에 분포한다.

7) 제천 사기리 창내 유적(堤川 沙器里 창내 遺蹟)[12]

유적은 행정구역상 충청북도 제원군 한수면 사기리 전 166번지(조사 당시)에 위치한다. 충주댐 수몰지구에 대한 구제발굴의 일환으로 1982년과 1983년의 2차례에 걸쳐 청주사범대학 조사단에 의해 발굴조사되었다.

창내 유적은 해발 약 88m의 남한강가에 자리한다. 동쪽으로는 유적 바로 앞에 남한강 본류가 흐르고 서남쪽으로는 창내 혹은 제천천이라 불리우는 지류가 흐르는 곳으로써 두개의 강물이 마주치는 합수머리에 해당한다. 유적 둘레는 산으로 둘러싸여 있다.

층위는 상부부터 Ⅶ층 표토층 - Ⅵ층 부토층 - Ⅴ층 암황갈색고운모래층 - Ⅳ층 황갈색고운모래찰흙층 - Ⅲ층 암황갈색찰흙층 - Ⅱ층 암황갈색모래층 - Ⅰ층 강자갈층 - 암반층으로 구성된다. 이중 Ⅴ층은 무문토기문화층, Ⅳ층인 신석기문화층에 해당되며, Ⅱ층에서 다수의 구석기시대 석기가 출토되었는데, 석기의 제작수법으로 미루어볼 때 후기 구석기시대로 판단되었다.

출토된 유물은 주로 찍개, 찌르개, 둥근밀개, 긁개, 자르개, 톱니날 등이 출토되었으며, 특히 둥근밀개와 긁개가 다수이다. 돌감은 쳐트, 유문암, 규장암, 반암, 석영, 흑요석을 이용하여 제작하였다.

한편 막집 1기가 확인되었는데, 형태는 원뿔이고 바닥은 원형으로 판단되며 면적은 그리 크지 않았다. 이 막집은 주생활지라기보다는 사냥이나 고기잡이를 위해 설치했던 사냥용집이며, 일시적으로 살았던 계절성 집으로 추정하였다.

---

12) 박희현, 1983, 「충북 제원군 창내유적의 문화 성격」, 『湖西文化論叢』2, 西原大學校 湖西文化研究所, 57-88쪽.
　　朴喜顯, 1984, 「堤原 沙器里後期舊石器 遺蹟發掘調查 報告」, 『忠州댐 水沒地區 文化遺蹟發掘調查綜合報告書』, 忠北大學校 博物館, 187-269쪽.